三寶感應要略錄

SANBAO GANYING YAOLÜELU

（遼）釋非濁◎　編
邵穎濤◎校注

人民出版社

中國語言文學"一流學科"建設項目成果

教育部人文社科重點研究 (培育) 基地 "中國社會主義文學研究中心"成果

馬克思主義文藝理論與批評建設工程重點研究基地 "延安文藝與中國社會主義文藝話語體系建設"成果

凡　例

一、本書以《大正藏》（據大谷大學慶安三年本，簡稱大谷本）排印本為底本，對校《卍續藏》，參校《三寶感應要略錄》徵引的《法苑珠林》《續高僧傳》等典籍，為行文方便將反復出現的典籍予以簡稱。

其簡稱及所據版本如下：

隋・費長房《歷代三寶紀》：《歷紀》（《大正藏》第四九冊）

唐・道宣《集神州三寶感通錄》：《感通》（《大正藏》第五二冊）

唐・道宣《大唐內典錄》：《內典》（《大正藏》第五五冊）

唐・道宣《釋迦方志》：《釋志》（《大正藏》第五一冊）

唐・道宣《續高僧傳》：《續傳》（麗藏本；《大正藏》第五十冊）

唐・道世《法苑珠林》：《珠林》（麗藏本；磧砂藏本；周叔迦等校：《法苑珠林校注》，中華書局 2003 年版）

唐・玄奘《大唐西域記》：《西域記》（《大正藏》第五一冊；季羨林：《大唐西域記校注》，中華書局 2000 年版）

唐・義淨《大唐西域求法高僧傳》：《求法傳》（《大正藏》第五一冊；王邦維校注：《大唐西域求法高僧傳校注》，中華書局 1988 版）

唐・慧立、彥悰《大唐大慈恩寺三藏法師傳》：《慈恩傳》（《大正

藏》第五十冊；孫毓棠、謝方點校：《大慈恩寺三藏法師傳》，中華書局
2000 版）

唐·僧詳《法華傳記》：《法傳》（《大正藏》第五一冊）

唐·懷信《釋門自鏡錄》：《自鏡》（《大正藏》第五一冊）

唐·法藏《華嚴經傳記》：《華傳》（《大正藏》第五一冊）

唐·惠詳《弘贊法華傳》：《弘贊》（《大正藏》第五一冊）

唐·智升《開元釋教錄》：《開元錄》（《大正藏》第五五冊）

唐·圓照《貞元新定釋教目錄》：《貞元錄》（《大正藏》第五五
冊）

唐·靖邁《古今譯經圖紀》：《圖紀》（《大正藏》第五五冊）

唐·智升《續古今譯經圖紀》：《續圖紀》（《大正藏》第五五冊）

唐·文諗、少康《往生西方淨土瑞應刪傳》：《瑞應傳》（《大正
藏》第五一冊）

宋·常謹《地藏菩薩像靈驗記》：《靈驗記》（《卍續藏》第八七
冊）

《地藏菩薩本願經》：《本願經》（《大正藏》第一三冊）

宋·李昉《太平廣記》：《廣記》（明談愷刻本；汪紹楹校：《太平
廣記》，中華書局 1961 年版）

日·《今昔物語集》：《物語》（鈴鹿家舊藏本；芳賀矢一：《考證
今昔物語集》，富山房 1914 年版）

日·《三國傳記》：《三國》（《大日本佛教全書》卷一四八；日本
國立國會圖書館藏本）

日·《私聚百因緣集》：《私聚》（《大日本佛教全書》卷一四八）

二、每則故事後考辨引典出處，示其源流。本書原注引典籍名稱

如無誤,考辨徑作"出某典";凡系考辨所出典籍或旁出他典,稱作
"見某典"。考辨分行述及轉引本書的日籍,因日籍時或夾雜日文、
顛倒语序,與原文有異,故凡日籍所引本書條目單獨列出,作"可參
見某書"。

三、本書無精校精刊本可據,而現存排印本錯訛較多。在校勘中
凡本書引用的原典文字與底本有文字歧異而可兩通者,均保持原文,
有參考價值者,則隨校文列出;若系明顯錯訛,則徑校出記。原文脫
漏,而又無從補出者,概以"□"標出。

四、本書分校記和注釋,校記用[一]、[二]、[三]等標示,注釋
用①、②、③等標示。若原文脫字,補作(某),極少數原書夾注亦用
( )標示。

五、本書慣用異體字,如華作花、惠作慧一般不再另注。

目　錄

前　言

　　非濁是遼代佛教史上一位重要的僧侶,其著述、思想對遼代佛教、燕京(今北京)佛教影響頗巨,但目前有關他的研究明顯不足,尤其是對其撰述的研究尚留有可供研探的餘地。本書嘗試注釋非濁《三寶感應要略錄》,以期有助於非濁研究與遼代佛教研究。

一、非濁及其著作考述

　　非濁的生平事蹟見於沙門真延《非濁禪師實行幢記》(《遼代石刻文編》題名為《純慧大師塔幢記》),該文記:

　　　京師奉福寺懺悔主,崇祿大夫、檢校太尉、純慧大師之息化也。附靈塔之巽位,樹佛頂尊勝陀羅尼幢,廣丈有尺。門弟子狀師行實,以記為請。大師諱非濁,字貞照,俗姓張氏,其先范陽人。重熙初,禮故守太師兼侍中圓融國師為師。居無何,嬰腳疾,乃遷匿盤山,數課于白繖蓋。每宴坐誦持,常有山神敬侍,尋

1

克瘳。八年冬,有詔赴闕,興宗皇帝賜以紫衣。十八年,敕授上京管內都僧錄。秩滿,授燕京管內左街僧錄。屬鼎駕上仙,驛征赴闕,今上以師受眷先朝,乃恩加崇祿大夫、檢校太保。次年,加檢校太傅、太尉。師搜訪闕章,聿修睿典,撰《往生集》二十卷進呈。上嘉贊久之,親為帙引,尋命龕次入藏。清寧六年春,鑾輿幸燕,回次花林。師坐於殿,面受燕京管內懺悔主菩薩戒師。明年二月,設壇於本寺,懺受之徒,不可勝紀。九年四月,示疾,告終于竹林寺。即以其年五月,移窆於昌平縣。司空齒國公仰師高躅,建立寺塔,並營是幢。庶陵壑有遷,而音塵不泯。清寧九年五月講僧真延撰並書。①

此文是僧人真延應非濁弟子所請,作于遼道宗清寧九年(1063)五月。《日下舊聞》記"清寧九年歲次癸卯七月庚子朔十三日壬子"將真延之文刻於塔幢之上,"塔幢原在北京白雲觀西廣恩寺內,八面刻,首經後記,正書。《盤山志》《日下舊聞》《遼文存》俱載此記。"②廣恩寺即遼之奉福寺,寺"在白雲觀西南,地名栗園,今土人猶呼為三教寺。遼之石幢浮圖及明碑俱不可考"③。塔幢所立之奉福寺為非濁駐錫之所,它是遼代燕京著名的寺院,據《永樂大典》中的殘本《順天府志》記:"奉福寺,按《舊記》寺起于後魏孝文之世,為院百有二十區,後罹兵燼。唐貞觀十年,詔仍舊基加修葺,五季盜起,一炬無遺。乾統中,有安禪大師法珍者,戒行精固,見頹垣廢址,遂結茅而

---

① 陳述輯校:《全遼文》,北京:中華書局,1992年,第180—181頁。
② 向南編:《遼代石刻文編》,石家莊:河北教育出版社,1995年,第317頁。
③ (清)吳長元輯:《宸垣識略》,北京:北京古籍出版社,1983年,第270頁。

居。會北平王鎮燕京,首割俸以倡大緣,期歲之間,化草菜為金碧。遼末擾攘,復遭焚毀。"①又據《敕賜廣恩寺碑》記:明正統二年(1437)重修奉福寺,皇帝賜名廣恩寺。此寺約廢於乾嘉之時,塔幢亦下落不明。

純慧大師塔、幢皆由遼國幽國公建立,《日下舊聞考》卷九五記石幢題曰"守司空幽國公中書令為故太尉大師特建佛頂尊勝陀羅尼幢記"②。向南《遼代石刻文編》認為耶律合里只修建塔幢,惜此說並無實據。史籍可考的幽國公有二:《遼史·耶律合里只傳》記耶律合里只在清寧七年"入為北院大王,封幽國公";《歸義寺彌陁邑特建起院碑並陰》記咸雍元年(1065)燕京歸義寺立碑人有"開府儀同三司守太尉兼中書令幽國公劉二玄"③。就官職而言,守太尉兼中書令幽國公劉二玄與石幢題字"守司空幽國公中書令"基本吻合;就地點而言,純慧大師四月多亡於燕京,而幽國公在五月便已建立寺塔、營造石幢,暗示幽國公活動於燕京附近,這與《歸義寺彌陁邑特建起院碑並陰》所記劉二玄的信息基本相符。《遼史·地理志》引薛映《記》推算遼都上京至中京約五百里,引王曾《上契丹事》記中京至燕京約九百一十里,據兩處推算可知遼上京至燕京近乎一千五百里,往返行程殆需月餘之久。北院大王耶律合里只常居上京,距離燕京較遠,不可能在非濁死後短短的一個月內便立刻得知消息並建好塔、幢,故疑建立純慧大師塔、幢的幽國公或指劉二玄。

非濁字貞照,尊號純慧大師。《新續高僧傳》卷三《燕京豐福寺

---

① 《順天府志》,北京:北京大學出版社,1983 年,第 32 頁。
② 《筆記小說大觀》45 編第 7 冊,臺北:新興書局,1987 年,第 1587 頁。
③ (清)周家楣、繆荃孫等編纂:《光緒順天府志》,北京:北京古籍出版社,1987 年,第6786 頁。

沙門釋非濁傳》記遼道宗清寧二年(1056)賜號純慧大師[1]，但據刻於遼重熙二十二年(1053)的思孝《大藏經諸佛菩薩名號集序》(下文簡稱《名號集序》)所記：非濁在重熙二十二年之前便已被尊稱爲純慧大師，"純慧"當系遼興宗所賜之號。重熙初，非濁侍圓融國師爲師，即當時名僧澄淵，澄淵在律學上頗有建樹，曾著《四分律刪繁補闕行事鈔詳集記》十四卷(韓國廣尚南道海印寺藏朝鮮世祖板《四分律刪繁補闕行事鈔詳集記》，十四卷，三七七板，每葉十六行，每行二十一字[2])、《四分律鈔評集記科》三卷[3]。非濁師事澄淵不久，便因罹患足疾而遷居盤山。"盤山在薊州西北二十五里，高二千丈，周圍百餘里"[4]。病癒之後，非濁曾至利州(今遼寧朝陽西南)講經傳法，《名號集序》記"純慧大師，鳴艫飛帆，雲離自島；懸盂掛錫，萍寄彼藍。講《花嚴》億頌圓經，傳《金剛》三聚淨戒，八方輻輳，同歸不退，轉輪四衆，子來若覲大慈悲父。"[5]重熙八年(1039)冬，興宗詔令非濁入京並賜以紫衣，這是帝王對僧侶以示尊崇的獎勵。重熙十八年(1049)，非濁被授上京管內都僧錄。重熙二十二年十二月十日(即《名號集序》所記"重熙二十有二年律中大呂冀生十葉")之前，非濁仍然擔任上京管內都僧錄，重熙二十三年之後轉任燕京管內左街僧錄，由上京轉居燕京。遼道宗登基之後，對非濁恩渥有加，屢加晉封，並將非濁所著的《隨願往生記》列入《契丹藏》。清寧七年(1061)，

---

[1] (民國)喻謙撰：《新續高僧傳四集》卷 3，北洋印刷局，1923 年版。

[2] [韓]李智冠：《韓國佛教所依經典研究》，伽山佛教文化研究院，1969 年，第 556 頁。

[3] 王巍：《遼史藝文志訂補》，《社會科學戰線》1994 年第 2 期，第 266 頁。

[4] (清)闕名：《燕京雜記》，北京：北京古籍出版社，1986 年，第 134 頁。

[5] 中國佛教協會、中國佛教圖書文物館編：《房山石經》第 27 冊，北京：華夏出版社，2000 年。

非濁設壇於奉福寺,懺受之徒,不可勝紀。清寧九年四月,非濁圓寂於燕京竹林寺,"竹林寺始於遼道宗清寧八年,宋楚國大長公主以左街顯忠坊之賜第為佛寺,賜名竹林。"①清寧九年五月,非濁靈柩移窆昌平縣,其塔、幢則建於奉福寺中。

非濁獲遼興宗、遼道宗的禮遇,受到豳國公的尊崇,加速了上層社會和世俗大眾對佛教的接受,推動了遼代佛教之傳播與擴散,展現了燕京佛教的興盛。非濁廣受世俗歡迎與其自身的佛學素養不無關係,他病居盤山時依然不廢修行,其學識與修養達到一定程度後並取得了世人的普遍認可,方才名揚上京而為遼興宗徵召入京。《新續高僧傳》"興宗契厥道要"洵為實言,他是通過才識贏得兩位皇帝的重視,並非沽名釣譽之輩。從非濁《三寶感應要略錄》摘引的典籍之廣泛性來看,非濁學識相當淵博,體現了一位學僧在知識體系上的厚重與廣博。目前可知的非濁著作有四部,《隨願往生集》二十卷、《首楞嚴經玄贊科》三卷、《三寶感應要略錄》三卷、《大藏教諸佛菩薩名號集(續)》(亦名《一切佛菩薩名集》)二卷。

《首楞嚴經玄贊科》與《隨願往生集》之名見於高麗沙門義天(1055—1101)《新編諸宗教藏總錄》(簡稱《義天錄》)卷一《首楞嚴經》條下"《玄贊科》三卷非濁述",卷三"《隨願往生集》二十卷非濁集"②。元豐八年(1085)義天入宋,遍蒐經論章疏,訪見非濁《首楞嚴經玄贊科》並帶回高麗。惜此書今已不存,據義天所記推斷此書是對唐僧惟愨《首楞嚴經玄贊》所作的科文,它以精簡扼要之文字解釋惟愨之作。惟愨生平見於《宋高僧傳》卷六,活動于唐代宗大歷前

---

①　《順天府志》,北京:北京大學出版社,1983年,第30—31頁。

②　(高麗)義天:《新編諸宗教藏總錄》卷3,《大正藏》第55冊,第1178頁。

後,他對《首楞嚴經》頗有研究,"發願撰疏,疏通經義",而非濁則循惟慤之學術印跡,對此進一步研究,同時提供了遼代傳有惟慤《首楞嚴經玄贊》的信息。

　　非濁《隨願往生集》一書,《非濁禪師實行幢記》稱為《往生集》,今亦不存。此書成書於清寧二年,撰成後進呈於遼道宗,遂得遼道宗下令收入《契丹藏》。義天《答大宋元照律師書》談及"淨土文字"時說:"此間亦有新行《隨願往生集》一部二十卷"①,可知《隨願往生集》系宣揚淨土往生之著,與日僧源信《往生要集》、雲棲袾宏《往生集》題旨相近,而今人有將之視為詩集者,實望"名"生義之誤。《答大宋元照律師書》作於義天歸國之後,由此推斷《隨願往生集》傳入朝鮮半島之時當在 1086 至 1090 年間,即義天歸國(宋元祐元年)至《新編諸宗教藏總錄》成書(高麗宣宗七年)之間。義天據《新編諸宗教藏總錄》刊行諸經,雕印《高麗續藏經》,故《新編諸宗教藏總錄》所敘的《首楞嚴經玄贊科》與《隨願往生集》皆收入《高麗續藏經》而流布海東。遺憾的是,隨著《高麗續藏經》在高麗高宗十九年(1232)毀於兵燹,收入此藏的非濁二書在高麗銷聲匿跡,自此中土、海東皆不復聞。

　　《大藏教諸佛菩薩名號集》二卷今見於《房山石經》第二十八冊(NO. 1072)。元代釋慶吉祥等撰《至元法寶勘同總錄》卷十將"《一切佛菩薩名集》二十二卷"題為"沙門思孝集"②,誤將為此書作序的思孝當作作者。據遼僧思孝《大藏經諸佛菩薩名號集序》曰:"上京臨潢府僧錄純慧大師沙門非濁進《名號集》二十二卷,撮一大藏一切

①　黃純豔點校:《高麗大覺國師文集》,蘭州:甘肅人民出版社,2007 年,第 43 頁。
②　《永樂北藏》第 177 冊,北京:綫裝書局,2004 年,第 734 頁。

名號”，對作者記載甚明。非濁所進《大藏教諸佛菩薩名號集》二十二卷中，有二十卷是利州太子寺沙門德雲所集，非濁僅續補二卷，故卷末題“上京管內都僧錄純慧大師賜紫沙門非濁續”。思孝《大藏經諸佛菩薩名號集序》刻於遼重熙二十二年（1053），說明此年之前非濁已在德雲的基礎上續撰《大藏教諸佛菩薩名號集》二卷，並被收入《契丹藏》之中，由此可知這是非濁創作較早的一部作品，大約創作於重熙十八年至重熙二十二年間，即他擔任上京管內都僧錄期間所撰的作品。金皇統七年至九年（1147—1149），二十二卷《大藏教諸佛菩薩名號集》被刻于房山雲居寺石經之中，因此有幸得以存世。此外，山西省應縣木塔文物管理所藏《一切佛菩薩名集》二十二卷中的第六卷，係遼刻《大藏經》大字本，即《契丹藏》本中的殘卷；唐山市豐潤區文管所亦藏重熙二十二年刻本《諸佛菩薩名集》。二十二卷《大藏教諸佛菩薩名號集》共集佛名號 24033 尊，菩薩名號 6954 尊，其中非濁續補的二卷集佛名號 337 尊（原書自稱 327 尊，實有 337 尊），菩薩名號 780 尊，基本上蒐全了當時宋、遼佛教典籍中所記的佛菩薩名號。

　　非濁《三寶感應要略錄》三卷亦存於世，收在《卍續藏經》乙第二十二套第三冊（臺灣新文豐影印《卍續藏》一四九冊）、《大正藏》第五十一冊，卷首誤署“宋非濁集”。卷上載非濁序文，這是一篇失傳的遼文。其序言明本書主要輯錄有關三寶感應的故事，以便將濁世末代的眾生導入佛法之門，使趣向斷惡修善之道。卷上題為佛寶聚，集錄靈像感應之事五十則；卷中是法寶聚，集錄經籍的感應故事七十二則；卷下僧寶聚，集錄菩薩的感應故事四十二則，全書共有一六四則故事。

　　《三寶感應要略錄》於中土失傳已久,在日本卻有多種版本。目前可知最古的鈔本是元永元年(1118)本(存卷下)。《三宝感应要略录》另有仁平元年(1151)金剛寺本,可據大阪大學三宝感応(應)要略錄研究会編《金剛寺本〈三宝感応要略錄〉の研究》(东京勉诚2007年出版)得知,惜僅存卷上。尊經閣文庫(日本以收藏漢籍著名的私人圖書館,屬於加賀前田家族,目前由財團法人前田育德會運營)所藏壽永三年(1184)三卷鈔本是較為完整的版本。《尊經閣文庫漢籍分類目錄》載尊經閣文庫所藏三卷本《三寶感應要略錄》系壽永鈔本,卷首誤署作者為"唐釋非獨"[①],其版本價值頗高。2008年6月八木書店據此鈔本影印《三寶感應要略錄》,收入前田育德會、尊經閣文庫編《尊經閣善本影印集成》(此叢書收集藏於尊經閣文庫的書籍)第四十三冊。從元永元年、壽永鈔本等推斷:非濁逝後几十年間,《三寶感應要略錄》便傳於日本並得到傳鈔。

　　日本大谷大學藏慶安三年(1650)刊本,系大和田九左衛門和刻本(異名《三寶感應錄》);據"日本所藏中文古籍資料庫"所載東京大學綜合圖書館藏慶安三年江戶大和田九左衛門刊本《三寶感應要略錄》三冊,題為"宋釋非濁輯",藏書編號為東大總C40—2754;京都大学付属図(圖)書館亦藏此本。本書在日本的版本尚存幾種,據金偉網络博客(http://blog.ifeng.com/article/8840219. html)載文《"三寶"の撰者》訪查,尚有"元大和國永久寺蔵本、下卷のみ、京都熊穀家(鳩居堂)所有"、"東寺観智院本、

---

　　① 尊經閣文庫:《尊經閣文庫漢籍分類目錄》,東京:株式會社精興社,1935年,第270頁。

上中下三册"。

　　此外,日本《卍續藏經》《大藏經》皆有此書排印本,經編者簡單
校勘。《大藏經》編者收入《三寶感應要略錄》時以慶安三年刊本為
底本,故《大正藏》本《三寶感應要略錄》基本可再現慶安三年刊本的
原貌。儘管《大正藏》本參校《卍續藏經》本,但《大正藏》本錯訛極
多,常有以"齋"作"齊"之類錯誤。如卷上"第六唐隴西李太安妻為
安造釋迦像救死感應"條,據《冥報記》與《法苑珠林》卷14所記主人
公應為李大安,其兄為李大亮,非為此本所云"李太高",李大亮兩唐
書皆有傳;又如卷上"第二十五破戒者稱藥師名戒還得淨感應"注引
《尚綩法師傳》,實際出自《尚統法師傳》,"綩"為"統"之訛,可據《法
苑珠林》卷八九引文查證;再如卷上"第四十九比丘補壁孔延壽感
應"(出《離寶藏》),實為《雜寶藏》,"離"為"雜"之訛;再如卷下"第
三阿育王造文殊像感應(出《感通記》《殊林》等文)","殊"為"珠"
之訛。復如此類,不勝枚舉,可窺知大藏經所據底本,即慶安三年本
洵非善本。而此前出版的《卍續藏經》所採版本優於慶安三年本,多
無後來《大正藏》之誤,雖不詳其採用何本,但必經過前田慧雲、中野
達慧等編者的精心校訂。

二、《三寶感應要略錄》注引典籍研究

　　《三寶感應要略錄》(下文簡稱《要略錄》)系非濁博集群書編著
而成,其書一百六十四個故事中有一百二十五故事標明出處,但其出
處所記較簡,常加略稱;有二十六條祇言"新錄"兩字,無"出"字,係

作者參考資料加工創作;有十三則故事未標出處①。作者編寫一條
資料時常參考數本書籍,如卷上"第一優填王波斯匿王釋迦金木像
感應",注引典籍種類頗多,有"《阿含》《觀佛》《造像》《遊歷記》
《律》及《西國傳》《志》《誥》等"。依照此條內容,可知《要略錄》參
考了《增壹阿含經》卷二十八、《大乘造像功德經》卷上、《觀佛三昧海
經》卷六、《遊天竺記》《經律異相》卷六、《西國傳》《志》《誥》八種典
籍。其中常慜《遊天竺記》《西國傳》今已亡佚,而《志》《誥》所指
未詳。

　　《要略錄》引用七十餘種文獻典籍,大概引用了四十三種隋唐典
籍,這佔據全書引用典籍的多一半。所引六朝資料有《增壹阿含經》
《觀佛三昧海經》《經律異相》《高僧傳》《冥祥記》《吳錄》(原作《異
錄》,誤,該條據《辨證論》卷七可知為《吳錄》)《宣驗記》《齊記》《雜
寶藏經》《因緣僧護經》《集法悅舍苦陀羅尼經》《漢法內傳》《冥感
傳》《司命志》《譬喻經》《釋智猛傳》、劉虯《無量義經序》十七種。
《要略錄》所引隋唐資料有《西國傳》(隋)《大乘造像功德經》《遊天
竺記》《法苑珠林》《續高僧傳》《三寶感通錄》《大唐西域記》《大慈恩
寺三藏法師傳》《法華傳記》《華嚴經傳記》《冥報記》《冥志記》《并州
往生記》(《并州記》)《往生西方淨土瑞應傳》《淨土論》《隋記》(原
誤作《隨記》)《開元釋教錄》《寺記》《古錄》《千眼千臂觀世音菩薩陀

────────────

① 卷上"第四梁祖武帝迎請釋迦像感應"、"第九唐幽州漁陽縣虞安良助他人造釋迦像
免苦感應"、"第三十九唐阿得造塔放還感應"、"第四十一廟神奉絹世高為起塔離蟒身感
應"、"第四十二昔須達長者圖精舍地感應"五則,卷中"第十三鼠聞《律藏》感應"、"第十四受
持《律藏》感應"、"第十六并州比丘道如唯聞方等名字生淨土感應"、"第三十三唐張李通書
寫《藥師經》延壽感應"、"第四十遍學三藏首途西域每日誦《般若心經》三七遍感應"五則,卷
下"第十五菩提樹下兩軀觀自在像感應"、"第三十一雍州鄠縣李趙待為亡父造大勢至像感
應"、"第三十三唐益州法聚寺地藏菩薩畫像感應"三則。

羅尼神咒經》《金剛般若經集驗記》《地藏菩薩本願經》《根本說一切
有部毘奈耶》《唐記》《外國記》《外國賢聖記》《靈應記》(記藥師佛異
事)《(華嚴經)別記》《藥師驗記》《三寶記》《秘密記》《普遍光明焰
鬘清淨熾盛如意寶印心無能勝大明王大隨求陀羅尼經》《(則天)皇
后傳》《尚統法師傳》《金(剛)智傳》《釋解脫別傳》《尊勝陀羅尼經經
序》《大毘盧遮那經序》《壽命經疏序》《般若心經明驗贊記》《大般若
經翻經雜記文》《金光明經懺悔滅罪傳》《釋智猛別傳》四十三種。
《要略錄》引宋人典籍一部，即《廣清涼傳》。此外，尚有《感應傳》
《西域求法傳》《天請問記》(所記不見於《天請問經》，疑《天請問記》
另有他書)《光焰菩薩經》《西域雜記》《賢聖集傳》《貧兒延壽經》《淨
土傳》《志》《誥》《地藏大道心驅策法》《本業因緣論》等文獻年代
不明。

　　《要略錄》所引典籍僅有近半存世，這些內容基本上可與原書印
證，但少數條目因文字訛誤、文獻散逸等原因其出處尚待考察。如卷
中“第一有人將讀《華嚴經》以水盥掌所沾蟲類生天感應”注出“《經
田》及《遊記》”，這一注釋含混不清，前者“田”字可能為“傳”之訛，
因為此條內容可見於《華嚴經傳記》卷四，而此條之下的數條資料皆
引自《華嚴經傳記》；後者《遊記》應為常愍《遊天竺記》，此條前半部
分所敘麟德初迦彌多羅來華事出自《華嚴經傳記》，後半部分遮拘盤
國僧讀《華嚴經》則源於《遊天竺記》。復如卷上“第五十昔金地國王
治古寺延壽感應”條注引《譬喻經》，今傳諸《譬喻經》皆不載此事
(《雜寶藏經》卷四所記頗為類似)，這便為考證其出處增加了難度。

　　作者注引典籍出處偶有疏誤。卷中“第五十四晉居士周閔《大
品般若》感應”注“出《冥報記》”，但所記之事為晉朝事，絕非唐臨手

筆,可據《法苑珠林》卷十八、《太平廣記》卷一一三得知此條出自《冥祥記》,顯系作者疏誤。復如卷中"第六十三誦《法華經》滿一千部女有靈驗感應"注"出《梁高僧傳》等",系《續高僧傳》之誤,其事見於《續高僧傳》卷二八。

《要略錄》注引典籍常採用簡稱,需要結合內容判斷其出處。如卷中"第二毘瑟寺小乘師以《花嚴》置《阿含》下然恒在其上感應"注"出《傳》等文",此條講述《華嚴經》靈異事,其下三條皆出"《傳記》",故知其出於《華嚴經傳記》,其事可見於《華嚴經傳記》卷四,蓋《傳》與下條《傳記》相同,皆為《華嚴經傳記》的簡稱。這些情況說明,是書注引同一典籍常有不同稱呼,注引較為隨意,像《法苑珠林》在本書中有《法苑珠林》《法苑殊》《殊林》《珠林》等不同寫法;《續高僧傳》被稱為《唐僧傳》《唐高僧傳》《傳》等。復如此類,茲不贅舉。

《要略錄》有二十六處只言"新錄"兩字,"新錄"並非指某一本具體書籍,或是作者遍蒐此前典籍並加工而成。這二十六條皆是流傳一時的靈驗故事,如卷下"第三十四唐蘭州金水縣劉侍郎家杖頭地藏感應"條,可在宋初僧侶常謹《地藏菩薩像靈驗記》中找到相似的記載;"第三十八代州總因寺釋妙運畫藥王藥上像感應"、"第三十九陀羅尼自在王菩薩於地獄鑊緣上說法救苦感應"兩條皆可在僧詳《法華傳記》卷六中見到故事雛形。比照這三條內容,他書與《要略錄》所載存有一定出入,如第一條中地藏菩薩自稱在三十三天善法堂受佛囑託,侍郎還陽後建地藏臺,這些細節皆不同於《要略錄》所載;後二條《法華傳記》文字頗詳,某些描繪迥然不同於《要略錄》所記,像《要略錄》所言冥間見到"陀羅尼自在王菩薩"的情節並不見於

《法華傳記》。可以確信的是,這些故事在流傳的過程中發生了情節與文字的變異,至於誰改編了原故事則不是三言兩語能說清楚的問題,我們推測非濁對這些内容作了一定的加工。

《要略錄》未標出處的十三則故事,有部分故事可參考該書引用過的典籍尋找其出處。卷上"第四梁祖武帝迎請釋迦像感應"見於《法苑珠林》卷十四,"第三十九唐阿得造塔放還感應"出《幽明錄》(《辯證論》卷七引《幽明錄》"康阿得",《要略錄》誤作"唐阿得"),"第四十一廟神奉絹世高為起塔離蟒身感應"出《三寶感通錄》卷三,"第四十二昔須達長者圖精舍地感應"出《法苑珠林》卷三九;卷下"第十五菩提樹下兩軀觀自在像感應"出《大唐西域記》卷八,"第三十三唐益州法聚寺地藏菩薩畫像感應"出《法苑珠林》卷十四。這些未注出處的條目可能是傳鈔、刻印過程中導致的脱文,原有注出某書的文字被漏掉了,否則非濁遍查《法苑珠林》《大唐西域記》,怎會不知其出處。況且卷中"第十三鼠聞律藏感應"未注出處,而此條的下一條"第十四受持律藏感應(同文)",所謂"同文"是指兩條同出一文,這證明上條原注引出處,故下條署"同文",後來上條出處文字脱漏,才形成僅存下一條"同文"的情形;卷下"第十五菩提樹下兩軀觀自在像感應"條亦無出處,但下一條卻言及"出同記",意即上下兩條原出一記,可惜上條注引書名脱落,難以知曉此"記"為何。

三、《要略錄》成書年代與資料問題

中土歷代典籍全無記載《要略錄》,遑論其成書年代,然據《要略錄》所記可推斷它成書於遼道宗清寧末季，這是非濁大師晚年撰寫的一部作品。

《要略錄》卷下兩次引用《清涼傳》，即“第一文殊師利菩薩感應”、“第二文殊化身為貧女感應”兩條。傳世之《清涼傳》有三：唐僧慧祥撰《古清涼傳》二卷，宋清涼山大華嚴寺沙門延一編《廣清涼傳》三卷，宋張商英撰《續清涼傳》二卷，三書合稱“清涼三傳”。《要略錄》所引的《清涼傳》系延一之《廣清涼傳》，所引的兩則文獻分別見於《廣清涼傳》卷一、卷二。《要略錄》所引《廣清涼傳》兩則文獻有助於認識它的編撰問題，可由此推斷其成書時間。郤濟川《廣清涼傳序》記此書經延一大師耗時三月編撰而成，又言“聖宋嘉祐紀號龍集庚子正月望日謹序”，說明其書成於北宋仁宗嘉祐庚子年（遼道宗清寧六年，1060）正月十五。此後，“募工開版，印施四方”，遂流播於世，並傳到遼國境內。非濁《要略錄》兩引《廣清涼傳》，故《要略錄》的成書時間當在《廣清涼傳》成書之後，即清寧六年（1060）之後；非濁於清寧九年（1063）四月圓寂，則可知《要略錄》成書時間當在 1060 至 1063 年四月之間。如進一步縮小成書時間範圍的話：《廣清涼傳》由宋傳到遼國，不可能是短時間就能完成的事情，需要考慮刻經耗費時間、典籍傳播所費時間、讀者閱讀時間等因素，而非濁在清寧九年四月染疾、辭世，從《要略錄》卷下不如前二卷校核准確的細節推斷（參見下文），此作可能創作於清寧九年初或八年底，正是他精力衰微之時。

《要略錄》引用宋僧撰寫的《廣清涼傳》，還涉及了宋遼兩國佛教典籍交流的問題。非濁頗多引用唐代與唐前佛教典籍，而引用宋代僧侶譯經撰述的情況則並不多見。除摘引《廣清涼傳》之外，非濁曾翻查過北宋初年翻譯的《大乘莊嚴寶王經》。《要略錄》卷下"第十九南天竺尸利密多菩薩觀音靈像感應"條後注記："晚檢新譯《大乘寶王經》，有此利生相"，作者所言的《大乘寶王經》即曾在書中提及金色觀自在菩薩的《大乘莊嚴寶王經》。此經係北天竺迦濕彌羅國來華僧人天息災在宋太宗時所譯，譯後可能流傳至遼國，為非濁所見，但這已是近八十年前的一部經書。非濁生活的時代，北宋僧人撰寫作品、翻譯經典種類頗多，但他在遼境所見的宋朝典籍並不多，並未大量引用這些作品。而《廣清涼傳》出於北宋太原府五臺山，相對而言距遼國燕京的路程並不太遠，傳播時遇到的障礙較小，這或者是非濁能閱讀並轉引此書的緣故之一。由非濁引用北宋典籍情況來看，遼、宋兩國典籍交流管道似乎並不暢通，甚至可能存有某些不可知的限制。

　　《要略錄》講述各種各樣的宗教靈驗故事，並非像有學者所言是一部宣揚淨土的著作，其引用資料種類繁多，涉及華嚴、律宗、淨土、密宗、天臺宗、法相宗等多宗派撰述。作者引用的淨土、密宗經典相對較多，其中密教典籍有八種、淨土典籍有五種。一百六十四個故事中，涉及密宗靈異故事約有十五個，講述往生淨土、淨土佛菩薩靈異故事有三十餘個，敘寫般若經典靈異故事有二十一個，描述《華嚴經》與地藏菩薩靈驗之事近十二則，記載觀音靈驗故事十四則。這種多宗並舉、多經共倡的情形，說明非濁並不局限於某一宗派觀念。他師事對律學有精深造詣的圓融國師，本人創作弘揚淨土的《隨願往生集》，收羅諸宗靈驗的《要略錄》，廣蒐佛菩薩名號而撰《一切佛菩薩名集》，又為《首楞嚴經玄贊》作科文，諸種情況揭示非濁知識體系豐富而沒有門戶之見，是一位博學而接受力強的僧侶，其學術領域並不能以他撰《往生集》為依據而斷言他拘於淨土宗。

　　非濁編撰《要略錄》的過程中，佛教類書與僧傳作品發揮了一定的輔助作用。《法苑珠林》對《要略錄》的創作具有重要意義，《要略錄》直接引自《法苑珠林》的故事有四則，未注出處卻引自《法苑珠林》的有三則，此外尚有很多間接引用《法苑珠林》的情況。儘管有一些作品標記為引自它作，事實上卻受了《法苑珠林》的影響。如卷上"第五造釋迦像死從閻羅王宮被還感應"標"出《傳》"，即源自《續高僧傳·法慶傳》卷二五，然其文字與《續高僧傳·法慶傳》存有差異，卻與《法苑珠林》卷十四轉引《續高僧傳》的文字大致相同。《法慶傳》開篇云："京師西北有廢凝觀寺，有夾紵立釋迦，舉高丈六，儀相超異，屢放光明。隋開皇三年，寺僧法慶所造。"《要略錄》取法《法苑珠林》則作"凝觀寺僧法慶，開皇三年造夾紵釋迦立像一軀，舉高一丈六尺"。卷上"第十二隋安樂寺釋惠海圖尊無量壽像感應"一條也是這樣的情形，文字亦受到《法苑珠林》的影響，其敘事簡詳、行文運筆皆同於《法苑珠林》所記。非濁依照《法苑珠林》的轉引鈔錄文字，還照搬了《法苑珠林》的錯誤。如卷下"第十上定林寺釋普明見普賢身感應"條注出"《唐僧傳》"，文云："齊上定林寺釋普明，懺悔為業。誦《法花》每至《勸發》，輒見普賢乘白象王在其前云云。"然而此事並不載於道宣《續高僧傳》（即《唐高僧傳》），事在慧皎《高僧傳》卷十二："（釋普明）誦《法華》《維摩》二經。……每誦至《勸發品》，輒見普賢乘象，立在其前。"[1]非濁為何將《高僧傳》當作《續高

------

① （梁）釋慧皎撰，湯用彤校注：《高僧傳》，北京：中華書局，1992年，第464頁。

僧傳》呢？緣於照搬《法苑珠林》卷十七而引起的疏誤，《法苑珠林》在引用這段話時注"右此一驗出《唐高僧傳》"，非濁便原封不動地加以作注。

卷下"第十上定林寺釋普明見普賢身感應"條還引發了一些思考：《要略錄》並非在短時間内創作而成，一百六十四個故事可能經過不同階段的材料蒐索，是書編撰之後，非濁並沒有詳加校核，或者他已因年邁而精力衰退以致無力校對。此條與卷中"第十九釋普明誦《維摩經》感應"恰自相矛盾，互生齟齬。兩條記載講述同一僧人的靈異之事，且同出於《高僧傳·釋普明傳》中相連的文字（《釋普明傳》有一百四十餘字），而前條注出《唐高僧傳》，後條卻注出《梁高僧傳》。如果《要略錄》短時間内撰寫完畢且經過仔細校訂，作者不難發現這一自相攻訐之處，自然會修正這一錯誤。然而疏漏卻被遺留下來，暗示此書三卷可能創作於不同時期，非濁在撰寫卷下時有力不從心的感覺，且落筆後再無精力仔細校核全篇文字了。這種猜測並非憑空想像，卷下校訂遠不如前兩卷嚴謹，像卷上、卷中所引《高僧傳》《續高僧傳》經過了原書與《法苑珠林》兩者間的參照校訂，而卷下徑照《法苑珠林》抄錄他書文獻。卷下"第十二濟陽江夷造彌勒像感應"條作者自注"出《僧傳》"，也是照抄《法苑珠林》而引起的不查之誤。《法苑珠林》卷十六"晉譙國戴顒"和"晉沙門釋道安"兩條後注"右此二驗出《梁高僧傳》"，"晉譙國戴顒"就是"江夷造彌勒像感應"之事，即《法苑珠林》認為其出自《梁高僧傳》，但這一故事並不見於《梁高僧傳》。非濁《要略錄》直接鈔錄《法苑珠林》文字，又照搬《法苑珠林》注語，誤言其"出《僧傳》"。

卷上、卷中的校訂顯然優於卷下，同樣引自《高僧傳》，卷中便校核了《高僧傳》原文與《法苑珠林》轉引之文。如卷上"第十六宋沙門釋僧高造丈六無量壽像感應"條注"出《梁高僧傳》,《珠林》中取意",作者編撰此條時,同時參考《高僧傳》與《法苑珠林》,並取法《法苑珠林》文字。復如卷中"出《梁高僧傳》等"的"第六十三誦《法華經》滿一千部女有靈驗感應"條,儘管注出謬誤(實出《續高僧傳》),但此條作者顯然參考不止一本書籍,故在《僧傳》後署之"等",而其文字與《續高僧傳》卷二八、《法苑珠林》卷八五、《法華傳記》卷四皆有小異,大概經過了作者的刪減加工。這種糅合《僧傳》《法苑珠林》等書而加以刪改的現象並沒有明顯地體現於卷下的文字之中。

此外,《要略錄》還有一個值得注意的地方:它所標識引自《冥報記》《冥祥記》的篇目,可能並不直接來自兩部小說。《要略錄》所引的《冥報記》幾乎一字不差地鈔錄於《法苑珠林》,甚至卷上"第六唐隴西李太安妻為安造釋迦像救死感應"條連《法苑珠林》作者論評之語"自佛法東流已來,靈像感應者述不能盡"都摘抄不漏。這並非緣自非濁本身的問題,很可能當時遼國並沒有流傳這兩部書籍,畢竟這是當時中原地帶都流傳較少的書籍。

四、史料價值與文獻價值

《要略錄》所引七十餘種文獻,有近半已亡佚不存,而是書引用的部分亡佚文獻又少見於他書記載,所記載的僧侶事蹟有補史書,故其史料價值文獻價值頗高。下文擇其要者而述。

1.《遊天竺記》

常愍曾著《遊天竺記》，又名《遊歷記》，《三寶感應要略錄》卷上三次鈔引此書："第一優填王波斯匿王釋迦金木像感應"與"第十北印度僧伽補羅國沙門達磨流支"、"第二十九造毘盧遮那佛像拂障難感應"。卷中"第一有人將讀《華嚴經》以水盥掌所沾蟲類生天感應"的後半部分内容亦應出《遊天竺記》，注云"《遊記》"。這四條文獻頗具價值，可窺《遊天竺記》之一斑。此外，卷中"第四十七并州道俊寫《大般若經》感應"也提及常愍的事蹟。

義淨《大唐西域求法高僧傳》卷上記并州僧人常愍貞觀年間立誓前赴西方禮如來，船離開末羅瑜國（今蘇門答臘南）時因捨己救人而溺水身亡。除《大唐西域求法高僧傳》有限的記載之外，常愍事蹟淹沒史塵，後人無從得知。《三寶感應要略錄》則提供了常愍的稀見資料，補充他的事蹟與著述情況，還原了不同於法顯所記的常愍之本來面目。《大唐西域求法高僧傳》記常愍航海行程僅言"遂至海濱，附舶南征，往訶陵國，從此附舶，往末羅瑜國，復從此國欲詣中天"[①]，依照此記常愍似乎並未抵達印度，僅徘徊於南海島嶼訶陵國（今加里曼丹島）、末羅瑜國。但《要略錄》轉引常愍《遊天竺記》卻補充如下信息：常愍曾遊至北印度僧伽補羅國、中印度鞞索迦國，並皆有所遇。這有補於《大唐西域求法高僧傳》遺闕，說明常愍並非僅航行於南海，他已經到訪古印度，並遊歷了古印度的僧伽補羅國、鞞索迦國等。《要略錄》卷中"第四十五并州常愍禪師寫《大般若經》感應"條引《大唐西域求法高僧傳》，其文記："後於天竺而卒，得淨土迎矣"，

---

① （唐）義淨著，王邦維校注：《大唐西域求法高僧傳校注》，北京：中華書局，1988年，第51頁。

記載常愍卒於天竺,這句話並不見於諸版本《大唐西域求法高僧傳》,應是非濁參考其他資料補充的。綜合上述信息,可知:并州僧侶常愍認為"般若是菩提直道,往生要路也",曾勸同州僧人寫《大般若經》。他發願禮如來聖跡,乘船遠渡天竺。至中印度鞞索迦國,見到王城南道左右有精舍中的毘盧遮那像有求必應,並瞭解立毘盧遮那像的緣由;遊至北印度僧伽補羅國,見有精舍刻檀木釋迦彌勒坐像,向當地人瞭解立像緣由,並在此停留多日;他還遊歷到中印度憍賞彌國,瞭解優填王所造佛像緣由。後來在遊歷天竺的途中不幸遭遇海難,遂亡於天竺。

2.《并州往生記》

《要略錄》可輯補《并州往生記》三則逸失資料。《要略錄》卷中"第四十七并州道俊寫《大般若經》感應"條引《并州往生記》,卷上"第十四并州張元壽為亡親造阿彌陀像感應"、"第十五釋道如為救三途眾生造阿彌陀像感應"引《并州記》①,依照本書慣例《并州記》應系《并州往生記》縮稱,三條同出一源。據非濁所摘的引三則材料可知:《并州往生記》傳記并州僧俗之事,主要圍繞造阿彌陀佛像或奉持淨土經典之類的宗教活動而展開,主人公後來皆得佛法佑護而往生淨土世界。是書卷中"第十六并州比丘道如唯聞方等名字生淨

---

① 唐代曾流傳一部并州方志典籍《并州記》,這與非濁筆下的《并州記》並非同書,非濁所言《并州記》即《并州往生記》。王謨《漢唐地理書鈔》、劉緯毅《漢唐方志輯佚》皆以《太平御覽》引文為據推斷《并州記》為唐人作品。此書今已亡佚,唯《太平御覽》卷四五摘引一條。("《并州記》曰:介山,一名橫嶺。《左傳》曰:僖公二十四年,晉侯賞從亡者,介之推不及祿,遂與母偕隱而死。晉侯求不獲,以綿上田封之。以志吾過,且旌善人。杜注曰:西河介休縣南有地,名綿上也。")曹剛華《宋代佛教史籍研究》(華東師範大學出版社,2005)據非濁《要略錄》補充二條《并州記》佚文,將兩部書籍視為同一書。據《太平御覽》摘引的內容推斷這部方志與非濁《要略錄》所引書籍實不相侔,當是兩種不同題材、性質的書籍。非濁筆下《并州記》為《并州往生記》簡稱,應是一部記載并州僧俗往生書籍。

土感應"、"第二十六并州僧感受持《觀(無量壽)經》《阿彌陀經》生
淨土感應",兩則皆記并州僧人往生淨土之事,雖未標明出處,恐亦
係《并州往生記》之文。《并州往生記》作者、撰時皆不詳,據非濁所
引資料推斷應是唐人之作。漢唐一直沿用并州之名①,至宋太平興
國四年(979)置并州於榆次,五月更名新并州,太平興國七年(982)
移治唐明鎮,嘉祐四年(1059)改名太原府,并州之名遂廢,故知《并
州往生記》似成書於宋前。《并州往生記》所記的釋道如、釋道俊皆
為初唐僧侶,作品提及釋道如為名僧道綽(562—645)玄孫弟子、釋
道俊為初唐名僧常愍同鄉,所記之事為唐代前期之事,故揣測其書應
為唐人之作,可能是唐代前期作品。

3.《外國記》

《要略錄》引《外國記》七則,即卷上"第十七阿彌陀佛化作鸚鵡
鳥引起安息國感應"、"第十八阿彌陀佛作大魚身引攝漁人感應";卷
中"第十書寫《阿含經》生天感應"、"第十一乾陀衛國阿羅漢昔聞
《阿含》感應"、"第五十釋迦從鉢羅笈菩提山趣菩提樹中路地神奉
《般若》函感應";卷下"第十一烏長那國達麗羅川中彌勒木像感應"、
"第二十六大婆羅門家諸小兒等感千手千眼觀音像感應"。卷上"第
十九信婦言稱阿彌陀佛名感應"注出《外國賢聖記》,所記與《外國
記》內容相近,皆為西域國家奉佛之事,而本書又常簡稱書名,故疑
《外國記》亦名《外國賢聖記》。

古代典籍名《外國記》者非為一本:有記海外之國和西域之國兩

---

① 張國淦《中國古方志考》按:"魏晉并州太原郡,隋太原郡,唐北都太原郡,宋初并州,
嘉祐四年改太原府,明清太原府。"張國淦:《中國古方志考》,北京:中華書局,1962年,第137
頁。

種類型。唐代王瓘《軒轅本紀》記"有丹巒之泉,飲之而壽。有巨蛇害人,黃帝以雄黃卻逐之,其蛇留一時而反"一句時引"《外國記》云,留九年也"①;李昉《太平御覽》卷七百八十二引《外國記》曰:"周詳泛海,落紵嶼。上多紵,有三千餘家;云是徐福僮男之後,風俗似吳人。"儘管前者所引文字過於簡略,但據上文提及"丹巒之泉"可知遇蛇一事發生於南方,《抱樸子》卷十八記皇帝遊歷行程"南到圓隴陰建木,觀百靈之所登,采若乾之華,飲丹巒之水"②,故此推測《軒轅本紀》所引《外國記》記述南方之事。而《太平御覽》所引《外國記》記述南方海域,還提及《抱樸子》卷四中的會稽之東"紵嶼"。據此懷疑這兩處的《外國記》可能為同一書籍,大致記載海域仙人之事。此處的《外國記》應該就是吳晉之際的《外國圖》,《太平御覽》卷云:"《外國圖》曰:圓丘有不世樹,食之乃壽;有赤泉,飲之不老。有大蛇,多為人害,不可得居。帝遊圓丘,以雄黃精厭(壓)大蛇",它所引的這條就是王瓘《軒轅本紀》摘自《外國記》的內容了。此書亡佚已久,清陳運溶曾窮蒐博采輯本,載於《麓山精舍叢書》第二集《古海國遺書鈔》,佚文散見於《水經注》《齊民要術》《北堂書鈔》《藝文類聚》《法苑珠林》《史記正義》《太平御覽》《路史》等書籍③。《外國圖》除有《外國記》書名之外,還有《外國傳》的異名。《藝文類聚》卷八七、卷九一、卷九五皆引作吳時《外國傳》;《法苑珠林》卷三十六亦引吳時《外國傳》三則,記述海外"五馬州出雞舌香"、"流黃香出都昆國"、"都昆在扶南,出藿香"。僅就《太平御覽》所引"大秦國人長脅"一

---

① (宋)張君房:《雲笈七籤》,北京:中華書局,2003年,第2181頁。
② (晉)葛洪著,王明校釋:《抱樸子內篇校釋》,北京:中華書局,1986年,第324頁。
③ 李劍國:《唐前志怪小說集》,天津:天津教育出版社,2005年,第273頁。

事而言,便有卷三六九作《外國事》、卷三七一與卷三七七作《外國
圖》、卷六九六與卷九零一作《外國傳》等三種情況。

佛教典籍則有記載西域諸國的《外國記》,這類題材相近的作品
有《隋書·經籍志》所載的《遊行外國傳》一卷(沙門釋智猛撰,《舊
唐書·經籍志》稱為《外國傳》)、《交州以南外國傳》一卷、《外國傳》
五卷(釋曇景撰)、《大隋翻經婆羅門法師外國傳》五卷等。古籍中
傳、記有通用現象,這些書籍皆有可能被簡稱為《外國記》,如唐僧大
覺《四分律行事鈔批》卷十三便將釋智猛《遊行外國傳》稱為《遊外國
記》。《法苑珠林》卷三三與《諸經要集》卷八所引《外國記》"波斯匿
王造牛頭栴檀像",事實上源自於《法顯傳》"拘薩羅國舍衛城",梁朝
僧人寶唱《經律異相》卷六將之題為《外國圖記》。《法顯傳》在歷代
著錄中有不同名稱,如《出三藏記集》卷二作《佛遊天竺記》;《水經
注》卷一與卷二作《法顯傳》;《水經注》卷十六作《釋法顯行傳》;《歷
代三寶記》卷七作《歷遊天竺記傳》;《隋書·經籍志》作《佛國記》與
《法顯傳》;等等,它存有《法顯傳》《佛國記》《歷遊天竺記傳》等諸多
異稱。

上述的複雜情況反映了兩個問題:第一,名為《外國記》的書籍
有多種;第二,除《外國記》名稱之外,非濁所言的此書可能存有異名
情形。可以確定的是,《要略錄》所引《外國記》不是上述提及的作
品,它是一部唐人作品,卷中"第五十釋迦從鉢羅笈菩提山趣菩提樹
中路地神奉《般若函》感應"條記"登鉢羅笈菩提山,唐云前正覺山",
該篇作者以唐代說法解釋登鉢羅笈菩提山說明了他生活於唐代。唐
代僧侶僧詳《法華傳記》亦引用《外國記》三則資料,此書與《要略
錄》所引《外國記》應為同一書籍。《法華傳記》《要略錄》所引此書

皆為唐人之作,《法華傳記》"龜茲國沙門達磨跋陀十七"條亦云"達磨跋陀,唐云法賢,龜茲國人也",同樣言及唐代對西與僧侶之名的稱呼;兩書同記西域諸國的崇奉佛法之事;兩書所引同尊崇僧侶、阿羅漢。

通過上述信息,我們大致可以推知《外國記》是一部記載西域至印度諸國僧侶弘傳佛法、敬奉佛陀、持誦經典的唐代作品。這部作品成書的上限當在唐高宗總章(668—670)間,《法華傳記》卷六引《外國記》記龜茲國僧人達磨跋陀死後狀若禪定,而卷九提到達磨跋陀在總章年間來華,故《外國記》撰時必在總章年間之後的一段時間;成書的下限當在引用它的僧詳《法華經傳記》成書之前,即唐玄宗開元六年(718)之前①。也就是說,《外國記》撰時大約在唐高宗至唐玄宗這段時間。《外國記》一書素材皆非采自前人之作,它與當時《大唐西域記》《法顯傳》的記載多有不同。從作品所記內容來看,作者應是一位佛教徒,而此書應是作者遊歷天竺後的一部行程記錄,或者是記錄某位遊歷天竺僧侶、天竺來華僧侶的漫遊經歷。書中涉及的西域諸國有執師子國、安息國人、阿輪沙國、乾陀衛國、烏長那國、舍衛城、安息國,這應該遊歷者曾經涉足之地。

4.《金剛般若經集驗記》

開元年間孟獻忠曾著志怪集《金剛般若經集驗記》,此書不見於

① 陳士強《佛典精解》第 1340 頁推斷《法華傳記》撰於開元四年至開元二十九年間,此說尚可進一步推斷。《法華傳記》中"梓州姚待"、"釋清慧"皆引自成書於開元六年(718)《金剛般若經集驗記》,"李丘令"亦與《金剛般若經集驗記》中"李丘一"相關(《法華傳記》云"家兄丘一再治語冥事"系指《金剛般若經集驗記》"李丘一入冥事")。按:《金剛般若經集驗記》多記梓州之事,其所徵引者皆標明出處,"姚待"、"釋清虛(即《法華傳記》"釋清慧")皆為詳細,又敘故事來源,應為孟獻忠自創;而《法華傳記》素有徵引之習,其作品多出他書。因此徵引《金剛般若經集驗記》的《法華傳記》應撰於開元六年後。

中土目録書籍,又在中土亡佚已久。幸賴海東傳法僧人帶到日本,方能傳於世間,藉《卍續藏經》而睹其真容。難能可貴的是,《要略録》為此書傳播情況提供了一些綫索。《要略録》卷中三次引用孟獻忠《金剛般若經集驗記》,對其稱呼並不相同。"第三十一梓州姚待為亡親自寫《大乘經》感應"引作《金剛般若記》,"第五十六釋清虛為三途受苦眾生受持《金剛般若經》感應"與"第五十七僧法藏書誦《金剛般若經》滅罪感應"則示出《經驗記》。《金剛般若記》與《經驗記》異名同書,咸指唐代志怪集《金剛般若經集驗記》。《要略録》所引《金剛般若經集驗記》之文與現存的資料比較,略有減省,曾經非濁削減。《要略録》所提及的《金剛般若記》《(金剛般若)經驗記》之名,暗示《金剛般若經集驗記》流傳過程中有不同的稱呼,依照這條綫索,可知寬治八年(1094年)興福寺僧永超《東域傳燈目録》中"同(金剛般若)經驗記三卷"應指《金剛般若經集驗記》,此時《金剛般若經集驗記》已傳至日本。由《要略録》可知,《金剛般若經集驗記》在遼時傳到北方並為非濁所見,反映《金剛般若經集驗記》在唐代之後依然流傳,至少在遼時是書尚未亡佚,然而其書此後的流傳情況便不得而知了。

5.其他

《要略録》卷上"第二十一釋雙惠圖造阿閦佛感應注"引《隨記》,應系《隋記》。按《舊唐書·呂才傳》與《新唐書·藝文志》,有呂才《隋記》二十卷、丘啟期《隋記》十卷傳世,非濁所引或為其中之一。

《要略録》引四則《三寶記》,即卷上"第二十二造藥師形像得五十年壽感應"、"第二十三昔有一貴姓祈請藥師靈像得富貴感應",卷中"第二十三貧女受持《勝鬘經》現作皇后感應"、"第三十二唐張謝敷讀誦《藥師經》感應"。隋代費長房撰有《歷代法寶紀》十五卷傳記佛典目錄,南朝齊蕭子良二十卷《三寶記傳》"或稱佛史,或號僧錄"①,儘管《要略錄》所引《三寶記》與蕭子良《三寶記傳》皆記佛史僧錄,題材頗為相似,但"第三十二唐張謝敷讀誦《藥師經》感應"條記此乃唐人之事,若非濁所言屬實,則《三寶記》為唐人所著宣揚三寶靈異的一部典籍,惜已亡佚。

《要略錄》卷上"第二十四貧人以一文銅錢供養藥師像得富貴感應"引出《冥志記》,此條記唐代邊州貧女以一文錢供養藥師佛像得到佑護之事。《冥志記》不見於歷代典籍提及,這是一部不同於《冥報記》且已失傳的唐人作品。據《法華傳記》卷三"唐京城真寂寺釋慧如"條僧詳自注"出《冥志記》,《冥報記》中雖明此緣,不云講《法華》,當知著記所聞不同"。據此可知,《冥志記》應為唐代一部宣揚宗教靈驗的書籍,當成書於《法華傳記》成書之前,可能為初唐志怪作品。

《要略錄》卷上引《靈應記》兩則,即"第二十六夏侯均造藥師形像免罪感應"、"第二十八溫州司馬家室親屬一日之中造藥師像七軀感應",兩則故事皆述唐人之事。前者又見於郎餘令《冥報拾遺》(《法苑珠林》卷八九引),唯《法苑珠林》所引與《靈應記》文字略有不同,可能是在《冥報拾遺》基礎上改編而成。兩事講述造藥師佛像而得延命免罪,這與《要略錄》宣揚藥師佛的宗旨相合,故依照非濁簡稱書名的慣例,推測《靈應記》可能為《藥師經靈應記》。卷中"第三十三唐張李通書寫《藥師經》延壽感應"云"即授唐三藏譯《藥師

---

① (梁)釋慧皎撰,湯用彤校注:《高僧傳》,北京:中華書局,1992 年,第 524 頁。

經》",非濁所言的《藥師經》應是玄奘翻譯的《藥師琉璃光如來本願功德》,而《(藥師經)靈應記》及《要略錄》卷上"第二十七藥師如來救產苦感應"條之出處《藥師(經)驗記》,皆為鋪展此經靈異的唐人之作。

　　《要略錄》四次引用《西國傳》資料,即卷上"第一優填王波斯匿王釋迦金木像感應"、卷中"第二十八中印度有一國講《金光明最勝王經》感應"與"第五十二阿練若比丘讀誦大品經感應"、卷下"第二十三憍薩羅國造十一面觀音像免疾疫難感應"。《法苑珠林》卷一、卷二將玄奘《大唐西域記》稱為《西國傳》,即"依奘法師《西國傳》",但《要略錄》所引《西國傳》不見於《大唐西域記》,且與《大唐西域記》所記截然相反。如"第二十八中印度有一國講《金光明最勝王經》感應"言"奔那伐彈那""國芒蕉,五穀不登。王臣土民饑餓,疾疫流行,妖死滿路";《大唐西域記》卷十記奔那伐彈那國"居人殷盛,池館花林,往往相間。土地卑濕,稼穡滋茂。"兩處《西國傳》顯然並非一書。據《續高僧傳·達摩笈多傳》《大唐內典錄》卷五所記,隋代僧彥琮撰《大隋西國傳》十卷,又名《西域志》,收錄達摩笈多遊歷西域各大小乘國及寺塔之見聞。《要略錄》所引四條《西國傳》,敘西域奉佛之事,從內容上看類似彥琮《大隋西國傳》佚文。然卷中"第二十八中印度有一國講《金光明最勝王經》感應"提及《金光明最勝王經》,考《開元釋教錄》卷九此經"長安三年(703)十月四日於西明寺譯畢,沙門波崙、惠表筆受",此前並無此經名,據此可知《西國傳》應是武周長安三年之後的作品,則非彥琮之文。

6. 唐代散文輯佚

　　《要略錄》卷中"第三十四寫《大毘盧遮那經》感應"注出《經

序》，即《大毘盧遮那經序》。《大毘盧遮那經》即《大日經》，全名《大毗盧遮那成佛神變加持經》，開元年間由善無畏翻譯，一行筆受。此篇經序非出善無畏、一行等人之手，因為他們相信此經是由高僧大德薪火相傳，唐僧海雲《兩部大法相承師資付法記》曾略述此經傳承付法次第："三藏善無畏云：此法從毘盧遮那佛付囑金剛手菩薩，金剛手菩薩經數百年傳付中印度那爛陀寺達磨掬多阿闍梨，達磨掬多阿闍梨次付中印度國三藏釋迦種善無畏。"①而此經序卻記"暴風忽至，乃吹一梵篋下來，時采樵人輒遂取得，覩此奇特，便即奉獻於王"，這與善無畏、一行等僧人所言的傳法譜系並不相同。藏經書院版《續藏經》第三六函《大日經疏卷首》附此文，署為太子內率府胄承軍事清河崔牧述，記撰時為開元十六年。《大毘盧遮那經》全稱《大毗盧遮那成佛神變加持經》，常稱作《大日經》。開成四年（839）日本僧人圓行來唐求法，其《靈岩寺和尚請來法門道具等目錄》載"《大日經序》一卷"，便指此文。四十年後，日僧安然整理入唐八家（包括圓行等八位求法高僧）求來的密教典籍，所編撰的《諸阿闍梨真言密教部類總錄》（《八家秘錄》）一書明確記載："《大毘盧遮那經序》一卷（行胎藏相承云金剛手付掬多，而此序云北天竺山腹為風吹落，故人多疑）"②，證明這篇講述北天竺國樵夫因暴風吹落而見《大毘盧遮那經》的《大毘盧遮那經序》便是唐人作品，它由海東僧人挾回日本。《要略錄》所錄的《大毘盧遮那經序》只是原文的一部分，篇幅減省，這與圓行、安然所言的一卷尚有差距，可補藏經書院本《續藏經》第三六函所錄崔牧《大毗盧遮那成佛神變加持經序》文字之訛。

---

① （唐）海雲：《兩部大法相承師資付法記》卷2，《大正藏》第51冊，第786頁。
② ［日］安然：《諸阿闍梨真言密教部類總錄》卷上，《大正藏》第55冊，第1115頁。

　　《要略録》卷中"第四十二大般若經最初供養感應"引"出《翻經雜記文》",記述翻譯《大般若經》翻譯完畢之後事情,亦是一篇唐代僧侶撰寫的文章。《大般若經》即玄奘法師翻譯的《大般若波羅蜜多經》。據《大慈恩寺三藏法師傳》記載:唐高宗顯慶四年(659)冬十月玄奘由長安移至玉華宫寺,顯慶五年正月一日開始翻譯此經,至龍朔三年(663)冬十月二十三日譯成六百卷《大般若經》,高宗在嘉壽殿聽講經書。《翻經雜記文》便記載了這一盛況,其文云:

　　　　玉花寺都維那沙門寂照慶賀翻譯功畢,以聞皇帝,經既譯畢,設齊(齋)會供養。皇帝歡喜莊嚴,嘉壽殿設齊(齋)會,寶幢幡蓋,種種供具,極妙盡美。即龍朔三年冬十月三十日也。此日請經,從肅成殿往嘉壽殿齊(齋)會所講讀。當迎經時,般若放光,照觸遠近。天雨妙花,兼有非常香氣。時玄弉(奘)法師語門人曰:"經自說此方,當有樂大乘者國王、大臣、四部徒眾,書寫受持,讀誦流布,皆得生天,究竟解脱。既有此文,不可緘默。"

　　　　又寂照自夢,千佛在空,異口同音而說偈言:"般若佛母深妙典,于諸經中最第一。若有一經其耳者,實得無上正等覺。書寫受持讀誦者,一花一香供養者。是人稀有過靈瑞,是人必盡生死際(云云)。"夢覺白三藏,三藏言:"此是經中現千佛也。"①

通過以上論述來看,《要略録》對唐代典籍具有很重要的意義,保留

---

　　① 　(遼)非濁:《三寶感應要略録》卷中,《大正藏》第51册,第843頁。

了大量失傳唐代文獻資料,這對研究唐代史學、文學、佛學皆具有不可忽視的學術價值。《要略錄》記載大量六朝隋唐僧侶事蹟,這對研究僧侶傳記頗有價值。非濁引用當時流傳的某位僧侶之傳記、別記、別傳、別錄等資料,介紹曾有《尚統法師傳》《釋智猛別傳》《釋解脫別傳》傳於世,這些皆是已經失傳而我們無從得知的信息。

《要略錄》是非濁晚年著作,作者利用了前期搜集的資料和早期作品的成果,這也就是該書各條資料校勘品質參差不齊的原因之一。清寧二年,非濁完成淨土巨著《隨願往生集》二十卷之創作,儘管這部作品已經失傳,但我們可以猜測這部作品中的部分作品可能被非濁直接挪入到《要略錄》,影響了後者的創作。《要略錄》中收有三十餘往生淨土、淨土佛菩薩的靈驗之事,這些或許就是《隨願往生集》中的內容,這對還原作者早期著作不乏啟示之用。

蓋《三寶感應要略錄》者，靈像感應以為佛寶①，尊經感應以為法寶②，菩薩感應以為僧寶③，良是濁世、末代目足④，斷惡、修善規模也⑤。夫信為道源功德之聚，行為要路解脫之基，道達三千，勸勵後信⑥；教被百億，開示像跡⑦。今略表其肝要⑧，粗敘奇瑞⑨。此緣若墮，將來無據，蕳以三聚分為三卷[一]，令其易見矣。佛寶聚上。

【校記】

[一]蕳：疑作"簡"。

【注釋】

①靈像感應：指圖繪、塑造諸佛像而獲福報的感應。卷上收錄五十則此類感應故事，其中還包括禮奉佛舍利、供佛精舍而得報應之事。本書將佛陀滅度後，由金屬、木石塑造的佛像或畫在紙上的佛像視為信徒應歸依禮拜之物，勸化眾生禮待佛寶。

②尊經感應：指造寫、誦持佛教經籍的感應。卷中收錄七十二則此類感應故事。佛所說的教法，即書寫印刷出來的經典及經典中所包含的思想、學說等的教理內容，皆可稱作法寶。本書主要收錄大乘經典的尊經故事，勸導信徒傳誦佛教經典。

③菩薩感應：指供奉禮敬諸菩薩而得證驗的感應。卷下收錄四十二則此類感應故事，主要傳載諸菩薩信仰者的感應故事。僧寶是指代替佛向民眾傳佈佛教理論與實踐，指導教化民眾的出家僧侶。

④目足:目,喻為智慧;足,喻為行業。目足是修行佛法的兩個條件,意即兼備智解和修行。此處亦或有比喻之意。

⑤規模:典範,榜樣。

⑥勸勵:激勵,勉勵。

⑦開示:啟示,啟發。

⑧肝要:至為重要。

⑨奇瑞:祥瑞。漢王充《論衡·宣漢》:"陰陽和,則萬物育;萬物育,則奇瑞出。"

《三寶感應要略錄》卷上目錄^[一]

【校記】

【校記】

[一]大:原作"太",據《冥報記》《珠林》改。

[二]亮:原作"高",據《高僧傳》《珠林》《物語》等改,下同。

[三]俊:正文作"雙",疑是俊(雋)之形訛。

[四]人:據文意作"女"。

[五]藥師像:原作"像藥師",據文中題目改。

[六]感:上原有"圖"字,據文中題目刪。

[七]康:原作"唐",據《辯正論》《釋氏六帖》改。

[八]圖:下原有"度"字,據文中題目刪。

《三寶感應要略錄》卷之上

釋子非濁集

第一　優填王、波斯匿王釋迦金木像感應（出《阿含》《觀佛》《造像》《遊歷記》《律》及《西國傳》《志》《誥》等①）

釋迦牟尼如來成道八年②,思報母摩耶恩③,從祇洹寺起④,往忉利天⑤,於善法堂中金石之上結跏趺坐⑥。爾時,摩耶出兩道乳,潤世尊唇,示親子緣。佛為說法。是時,人間四眾不見如來⑦,渴仰憂愁,如喪父母,如箭入心。共往世尊所住處,園林庭宇悉空,無佛,倍加悲戀,不能自止。問阿難言⑧:"如來今日竟為所在?"阿難報曰:"我亦不知。"二王思覩如來[一],遂得苦患。

爾時,優填王勅國界內諸奇巧師匠⑨,而告之曰:"我今欲作佛像。"巧匠白王言:"我等不能作佛妙相。假使毘首羯摩天而有所作[二]⑩,亦不能得似於如來。我若受命者,但可摸擬螺髻、玉毫少分之相⑪,諸餘相好光明、威德難及,誰能作耶?世尊來會之時,所造形像若有虧誤[三]⑫,我等名稱並皆退失[四]。竊共籌量⑬,無能敢作。"

6

復白王言："今造像應用純紫栴檀之木⑭,文理、體質堅密之者。但其形相為座? 為立? 高下若何?"王以此語問臣。智臣白王言："當作坐像。一切諸佛得大菩提⑮、轉正法輪⑯、現大神變[五]、作大佛事,皆悉坐故。應作坐師子座結跏趺坐之像⑰。"時毘首羯摩(天)變身為匠[六],持諸刻器,到於城門,白言："我今欲為大王造像。"王心大喜,與主藏臣於內藏中選擇香木⑱。肩(自)荷負[七],持與天匠,而謂之言:"仁(者)為(我)造像[八],令與如來形相似。"時,大目連請佛神力⑲,往令圖相,還返。操斧斫木[九],其聲上徹忉利天,至佛會所。以佛力,聲所及處[十],眾生聞者,罪垢皆得消除。盲者得眼,聾者能聞,啞者能言,醜者端正,貧者得福[十一],乃至三途離苦得樂,一切未曾有益皆悉現起。是時,天匠不日而成,高七尺,或云五尺,機見不同。面及手足,皆紫金色。王見相好,心生淨信,得柔順忍,業障煩惱並(皆)消除[十二],唯除曾於聖人起惡語業。

是時,波斯匿王復召國中巧匠⑳,欲造佛像。而生此念:"如來形體,莫如真金[十三]。"即純以紫摩金而作(如來像)[十四]㉑,高五尺。爾時,閻浮之內㉒,始(有)此二如來像[十五]。

爾時,如來過夏經九十日已㉓。告四眾言:"却後七日,當下至閻浮提僧伽尸國大池水側[十六]㉔。"時天帝告自在天㉕:"從須彌頂至池水,作三徑路[十七]:金、銀、水精。"或時地作,或淨居天作也㉖。是時,如來踏金道。時,五王往詣佛所,迦尸國波斯匿王[十八]、拔嗟國優填王、五都人民之主惡生王㉗、南海主優陀延王㉘、摩訶陀國瓶沙王[十九]㉙,頭面禮足㉚。

爾時,優填王頂戴佛像并諸上供珍異之(物)[二十],至佛所,而以奉獻佛[二一]。時,木像從座而起,(猶)如生佛[二二]㉛,足步虛空,足下雨華,放光明來迎世尊。合掌叉手,為佛作禮,少似於佛。而說偈言:"佛在忉利天,為母說法時。大工造像聲,遠聞善法堂。三十三天眾㉜,同音皆隨喜。未來世造像,獲無量勝福。"爾時,世尊亦復長跪,合掌向像。於虛空中百千化佛亦皆合掌,其像躬低頭[二三]。世尊親為摩頂授記㉝,曰:"吾滅後一千年外,當於此土為人天作大饒益。我諸弟子,以付屬汝[二四]。"(空中化佛異口同音,咸作是言[二五]:)"若有眾生於佛滅後造像,幡華眾香,持用供養,是人來世必得見佛,出生死苦。"

爾時,優填王白世尊言:"前佛滅度造像者,猶在世不?"佛言:"我以佛眼普見十方,前佛滅度後,造像者皆生十方佛前,無有一人猶在生死。但造菩薩像者,故留在世,瓶沙王是也。"爾時,木像白生佛言:"世尊前進,可入精舍。"世尊亦語像言:"止!止!不須說。我緣將盡,入滅不久。汝在世間,久利眾生,在前而入滅。若在後者,人生輕慢。"再三往復,其像進,却還本位。

於是,世尊自移於寺邊小精舍之內[二六],與像異處,相去二十步。優填王歡喜不能自勝。於時,五王白世尊曰:"當云何造立神寺?"爾時世尊申右手,從地中出迦葉佛寺。(視五王而告之曰)[二七]:"以此為法。"時,五王即於彼處起大神寺,安置其像而去云云。

此條第一、三、四、七段見《增壹阿含經》卷二八,第二段見《大乘造像功德經》卷上,第五段見《觀佛三昧海經》卷六,第三、七段見《經律異相》卷六,第五、七段見《珠林》卷三三引作《觀佛三昧經》等,非濁博採諸書而編訂成篇。

【校記】

[一]覩:慶安三年刊大谷大學藏《要略錄》本作"都",據《續藏經》《阿含》《釋迦譜》卷三改。

[二]摩:《大乘造像功德經》作"磨",下同。

[三]虧:原訛作"戲",據《大乘造像功德經》改。

[四]並:上原衍"普",據《續藏經》《大乘造像功德經》刪。

[五]變:《大乘造像功德經》作"通"。

[六]天:原脫,據《大乘造像功德經》補。

[七]自:原脫,據《大乘造像功德經》補。

[八]者:疑脫,《大乘造像功德經》"仁"下有"者當用此木"五字。我:原脫,據《大乘造像功德經》補。

[九]斫:原作"破",據《大乘造像功德經》改。

[十]力:《大乘造像功德經》上有"神"字。

[十一]福:疑作"富"。濤按:聾者能聞、啞者能言、醜者端正皆言補其不足,故知貧者所得為富,如《太子須大拏經》"貧者得富,萬民歡樂",《大般若經》卷三"聾者能聽,瘂者能言,狂者得念,亂者得定,貧者得富"。

[十二]皆:疑脫,據續藏本改,《大乘造像功德經》作"得"。

[十三]真:《阿含》作"天"。

[十四]摩:《阿含》《經律異相》作"磨"。如來像:原脫,據《阿含》補。

[十五]有:原脫,據《阿含》補。

[十六]側:原訛作"測",據《阿含》改。

[十七]徑:《阿含》作"道"。

[十八]迦:《續藏經》作"伽"。

[十九]訶陀:《阿含》作"竭"。瓶沙:《阿含》作"頻婆娑羅"。

[二十]物:原脫,據《觀佛三昧海經》補。

[二一]以:原作"一",據《大乘造像功德經》改。

[二二]猶:原脫,據《觀佛三昧海經》補。

[二三]其像躬低頭:《觀佛三昧海經》《珠林》作"長跪向像"。

[二四]屬:《大乘造像功德經》《觀佛三昧海經》《經律異相》《珠林》作"囑",二字古通。

[二五]言等十二字:原脫,據《觀佛三昧海經》《珠林》補。

[二六]邊:《經律異相》《珠林》上有"兩"字。

[二七]視五王而告之曰:疑脫,據《阿含》補。

【注釋】

①《遊歷記》:指常愍《遊歷記》,詳見卷上第十條注。本文第六段當出自《遊歷記》。

②成道:此指佛陀成就佛果。釋迦牟尼經歷六年苦行後,於菩提樹下得無上正覺,又作成佛、得佛、得道、成正覺。

③摩耶:梵文 Mahā 音譯,即釋迦牟尼生母。摩耶為古印度迦毗羅衛城(Kapilavastu)淨飯王之妃。臨產前,依時俗返回娘家待產,途中於宮藍毗尼園生下釋迦牟尼,七日後逝世。釋迦牟尼成道之後,思念母親,於是升至其母死後居住的忉利天為母說法。

④祇洹寺:又稱祇洹精舍、祇園,是古印度憍薩羅(拘薩羅、迦尸)國舍衛城中的著名寺院,佛教聖地之一。它本是祇陀太子園林,

須達長者花費藏金從祇陀太子手中購買此園,並為釋迦牟尼建此精舍,改稱祇洹精舍(Jetavana Vihāra)。祇園在釋迦牟尼生活時代地位顯赫,釋迦牟尼曾多次在此說法。釋迦牟尼涅槃後,祇洹寺依然是著名的佛教遺跡,我國的法顯、玄奘皆曾記述此寺。

⑤忉利天:佛教宇宙觀中帝釋天居住的天界,位處須彌山頂,也是欲界六天中的第二天。帝釋天住在忉利天中央的大城中,大城四方各有八城供眷屬天眾居住,這三十三處又被合稱作三十三天。相傳佛陀的母親摩耶夫人命終後,升於此天,佛陀曾上忉利天,為母說法三個月。

⑥善法堂:忉利天諸天眾的集會所,位於須彌山頂善見城外之西南角。《大唐西域記》卷四亦載如來曾居於此堂為其母說法。

⑦四眾:指比丘、比丘尼、優婆塞、優婆等四部眾、四部弟子。

⑧阿難:佛陀十大弟子之一。他是佛陀的長隨弟子,隨侍佛陀之側,並承担說法傳持之法務,因此佛陀不見後,四眾向他諮詢佛陀的蹤跡。

⑨優填王:釋迦牟尼在世時拔嗟(憍賞彌)國國王。據《增壹阿含經》卷二十八所述,佛陀上忉利天為生母摩耶夫人說法,經時未還。優填王以未能禮佛而憂苦成疾,於是敬造佛像。

⑩毘首羯摩天:又作毘首羯磨天,印度的工藝之神,能作種種工巧物。《大乘造像功德經》卷上記他為優填王造釋迦佛像。佛由忉利天下僧伽尸城時,毗首羯摩天及諸天眾為佛造三道寶階。

⑪摸擬:模仿,仿效。

螺髻:在頭上留頂髮,結之如螺,稱為螺髻。釋迦牟尼三十二相之一為頂髻相,即佛頂上肉隆起,其形如髻。

　　玉毫:釋迦牟尼的三十二相之一。釋迦牟尼初生時,眉間有一白淨光明的毫毛,右旋宛轉,鮮白光淨宛似真珠,能放光明。

　　⑫虧誤:差錯。

　　⑬籌量:籌劃。

　　⑭純紫栴檀:栴檀,梵文 Candana 的音譯,樹名。《增壹阿含經》《經律異相》等載優填王以牛頭旃檀作像。牛頭旃檀,紫銅色,相傳生長在北俱蘆洲諸山上,形似牛頭,故稱牛頭旃檀。旃檀木有香味,經久不腐,適宜作雕刻或建築材料。

　　⑮大菩提:偉大的正覺。菩提即正覺的意思。聲聞緣覺都有菩提,唯有佛的智能偉大而圓滿,故名"大菩提"。

　　⑯轉正法輪:即謂佛陀成道後為令眾生解脫,而宣說四聖諦等法。依《大智度論》卷二十五、《大毗婆沙論》卷一八二所載,轉輪聖王轉金輪則可降伏四洲,而佛陀之說法可以摧破眾生之無知,故喻為轉法輪。金輪乃黃金製成,故名金輪;如來法輪系四念處、五根等法所組成,故名法輪。

　　⑰師子座:此指佛所坐的床座。《大智度論》卷七載:"佛為人中師子,佛所坐處若床、若地,皆名'師子座'。"

　　結跏趺坐:又作結加趺坐、結跏跗坐、跏趺正坐、跏趺坐、加趺坐、跏坐、結坐。即盤膝而坐,互交二足,結跏安坐。

　　⑱主藏臣:管理國庫的大臣。

　　內藏:王宮中儲藏物品的倉庫。

　　⑲大目連:即目犍連,佛的弟子。事見《法苑珠林》卷十四"優填國王遣三十二匠及齎栴檀,請大目連神力運往,令圖佛相。既如所願,圖了還返。"

⑳波斯匿王：梵文 Prasena-jit 的意譯。《大唐西域記》卷六作"缽邏犀那恃多王"，是釋迦牟尼同時代迦尸國(拘薩羅)國王。

㉑紫摩金：即紫磨金。紫指其色，摩(磨)指無垢，紫摩金是金中之上品。

㉒閻浮：即閻浮提洲，今譯南贍部洲。閻浮提，梵文 Jambudvīpa 的音譯。閻浮，梵語 Jambu，樹名；提，梵語 Dvīpa，洲之意。此洲盛產閻浮樹，因位於須彌山四大洲之南洲，故又稱南閻浮提、南閻浮洲、南贍部洲。《長阿含》卷十八《閻浮提洲品》載其土南狹北廣，縱廣七千由旬。

㉓過夏：印度僧徒夏季要靜居九十日而致力坐禪修學，謂之坐夏、過夏。

㉔僧伽尸國：即劫比他國(Kapitta)，又作僧伽奢等，佛教八大聖地之一。故地在今印度北方邦法魯迦巴德(Farrukhābad)。據《增壹阿含經》卷二八、《大乘造像功德經》卷上記：佛陀上天為母說法，經九十餘日而下至僧伽尸國。《西域記》卷四記其國大伽藍內有三寶階，"是如來自三十三天降還所也"。

㉕天帝：天帝釋，即帝釋天，印度神話中忉利天的主宰者。

㉖淨居天：已斷絕欲界諸惑，在五淨居天所住的天人。

㉗五都人民之主惡生王：據說惡生王即琉璃王，是波斯匿王的兒子，嗣王位後，便率兵消滅迦毗羅衛國的釋迦種族。

㉘南海主優陀延王：即鄔陀衍那王，南海之主。此人與釋迦牟尼同時代，《增壹阿含經》卷二八載其參與迎接釋迦牟尼。

㉙摩訶陀國瓶沙王：即《增壹阿含經》卷二八所說的摩揭陀國頻毗娑羅王，他與釋迦牟尼同時代，傳說曾修建王舍新城。

㉚頭面禮足：敬禮之法，即信徒以頭面去頂禮尊者之足。《智度論》卷十就"何以名頭面禮足"而回答："身中第一貴者頭，五情所著而最在上故；足第一賤，履不淨處，最在下故。是故以所貴禮所賤，貴重供養故。"

㉛生佛：指在世間的佛陀，與佛像相對。

㉜三十三天眾：指忉利天諸天眾。

㉝摩頂：此指佛用手撫摩佛像的頭頂。佛為囑付大法，以手摩弟子之頂。後世佛教授戒時，也摩受戒者的頂，遂傳為定式。

授記：授將來成佛的預言。

第二　影勝大王畫釋迦像感應[一]（出《毘奈耶律》文①）

佛在竹林園時②，贍部州內有二大城：一名花子③，二名勝音④。此之二城，互有衰盛。時，勝音城人民富盛，王名仙道⑤，正法治國，無怨病苦，五穀成就。夫人名月光[二]。有二大臣，一名利益，二名除患。時，王舍城王名影勝⑥，夫人名勝身，太子名未生怨，大臣名行雨。爾時，仙道大王朝集大會，告眾人曰："頗有餘國豐樂與我國相似不？"時，有摩揭陀國興易之人白王[三]⑦："於東方有王舍城，其國與王國相似。"仙道聞之，於影勝生愛念心，問大臣曰："彼國何所乏[四]？"答謂："彼處無寶。"王以妙寶盛滿金篋，并以勅書⑧，遣使送與影勝王。王覽書，并聞國信[五]⑨，大歡喜[六]，曰："彼國何乏少？"諸人答："彼無好疊⑩。"時，王即以國所出大疊盛箱篋[七]，准知上事報仙道王[八]，并致書信。刻[九]，勝音城仙道王見慶喜，問使者曰："王之形狀如何？"報曰："其形長大，一似大王。性行雄猛，躬為征戰。"王即依量造五德上甲⑪，令使送去[十]。一盛熱之時著便涼冷，二刀斫不入,三箭射不穿,四避諸毒,五能發光明。王甲造畢,裁勅書,送使者持去奉影勝。王覽書視甲,心生希有,商量准直金錢十億。便憂念[十一]:"我國無此,如何酬耶?"時,行雨大臣見王帶憂色,問由。王具答。大臣曰:"彼國王唯贈一領寶甲,王之國內有佛,乃是人中妙寶[十二],十方無與等者。"王曰:"誠有此事,欲如之何?"大臣曰:"可於疊上畫世尊像,遣使馳送。"王曰:"若爾,白佛。"時,王以事白佛。佛言:"善哉!妙意!可畫一鋪佛像送與彼王。其畫像法,先畫像已,於其像下書三歸依⑫;次書五學處⑬,即五戒也;次書十二緣生流轉還滅⑭;上邊書二頌,頌曰:'汝當求出離,於佛教勤精。能降生死軍[十三],如象摧草舍[十四]。於此法律中,常修不放逸[十五]。能竭煩惱海,當盡苦邊際。'書訖授使,應報彼曰[十六]:'汝持畫像至本國時,可於廣(博)之處懸繒幡蓋[十七],香花布列,盛設莊嚴,方開其像。'若有問此是何物,答彼言:'此是世尊形像,捨於王位成正覺。'(此)下字義[十八],次第可答之。"

時,影勝王歡喜而去,具畫像,書其事狀,收金銀函,作勅書報仙道王。仙已開讀,忿怒,告大臣曰:"未知彼國有何奇異勝妙信物?書云:'可兩驛半[十九]⑮,平治道路⑯,嚴飾城隍⑰,花蓋幢幡,集諸人眾,遣我自領四兵,遠出迎接[二十]。'"仙道看此形況[二一],意欲相輕:"卿等宜應集四兵,我自親往伐摩揭陀國。"大臣奏曰:"曾聞彼王大度量[二二],不可輕,大王今可順其言。"王如封書陳供,引至城邑,開畫像瞻仰而住。于時,中國商人共來⑱,異口同音唱南謨佛陀等⑲。王聞之,遍體毛竪,次第問其義。商人具答。王誦其文,還宮,依文思惟⑳。至天明,不起于座,得初果[二三]㉑。慶悅,說偈曰:"敬禮大醫王,善療於心病。世尊雖在遠,能令惠眼明[二四]。"

15

即以書報影勝曰："我賴仁恩,見真諦㉒。欲見苾芻㉓,令來至此。"影勝讀書,白佛。佛觀知迦多演那於彼有緣㉔,便命遣之受教。時[二五],五百苾芻往勝音城。時,影勝報仙道曰:"承悟緣生得初果,欲相見苾芻。佛令五百苾芻遠赴祈請[二六]。仁自來迎[二七],造一大寺,營五百房,得福無量。"仙道讀書已,如言。尊者隨機說法,或得羅漢㉕,乃至發趣大乘。時,宮內女人請。尊者不許入女人中說法,"有比丘尼為彼可說法㉖。"仙道作書報影勝,影勝白佛。遣世羅等五百尼受教,往為說法。時,月光夫人,命終生天上,來下,驚覺大王。王悲喜,作是念:"我可立頂髻太子為王,而我出家。"以狀告二大臣,臣聞已流淚。命頂髻以告之,太子悲泣。王鳴鼓宣鈴[二八],普告國人。時,荷恩啼泣,多出財寶,廣設無遮會㉗。王將一侍者,徒步而去,向王舍城。太子、國人,皆隨後送別而歸[二九]。其王漸去,至王舍城,在一園中告影勝。聞已,修治道路,引四兵至仙道王所,共相慰問。乘一馬入城[三十],問由來。答:"於世尊所,欲求出家。"即共詣佛所。佛言:"善來㉘!"髻髮自落,如百歲苾芻。影勝禮佛而出,仙道、苾芻依眾而好之耳[三一](取意略出)。

此條出《根本說一切有部毘奈耶》卷四十一,原文較詳。

可參見《今昔物語集》卷一《仙道王詣佛所出家語》(第二三)。

【校記】

[一]畫釋迦像:目錄作"釋迦畫像"。

[二]月光:原訛作"頂髻",據《毘奈耶》《物語》改。濤按:《毘奈耶》作王夫人名"月光",王太子名"頂髻";《要略錄》省略《毘奈耶》文字,而將太子名誤作王夫人名,故文末"月光"、"頂髻"頗顯混淆。

［三］揭：宮、宋、元、明本《毘奈耶》及《物語》作"竭"，下同。濤按："揭"、"竭"乃"摩揭陀"不同譯音。

［四］乏：《毘奈耶》下有"耶"字。

［五］聞：《毘奈耶》作"開"。濤按：書既已覽，何必再開，疑"聞"是。

［六］大：《毘奈耶》上有"生"字，疑脫。

［七］大：《毘奈耶》作"上"。

［八］知：疑誤，《毘奈耶》作"如"。

［九］刻：《續藏經》本冠注曰"刻與時通"，《毘奈耶》無此字。

［十］去：原作"者"，據《毘奈耶》改。

［十一］便：原作"使"，據《毘奈耶》《續藏經》本改。

［十二］乃是：原作"之"，據《毘奈耶》改。

［十三］軍：原作"中"，據《毘奈耶》《物語》改。

［十四］摧：原作"推"，據《毘奈耶》《物語》改。濤按：《毘奈耶》五次言及"象摧草舍"，知摧是，推形訛也。

［十五］常：大本《毘奈耶》作"當"。濤按：《物語》作"常"，知"常"是。

［十六］彼：原作"洗"，據《毘奈耶》《續藏經》本改。

［十七］博：原脫，據《毘奈耶》補。

［十八］此：原脫，據《毘奈耶》補。

［十九］半：原作"手"，據《毘奈耶》改。

［二十］接：原作"攝"，據《毘奈耶》改。

［二一］況：原作"呪"，《續藏經》本冠註曰"呪字更勘"，《毘奈耶》作"況"，今從後者。

[二二]大：《毘奈耶》上有"有"字。

[二三]初果：《毘奈耶》作"預流果"，下同。濤按：《俱舍論》二十三曰："言初果者，謂預流果，此於一切沙門果中必初得故。""初果"乃指小乘四果之第一，與"預流果"同。

[二四]惠：《毘奈耶》作"慧"，古通。濤按：本書慧皆作惠。

[二五]時：疑作"將"或"令"。濤按：《毘奈耶》作"便將五百苾芻隨路而去往勝音城"，據文意疑作"將"或"令"。

[二六]令：原作"言"，據《毘奈耶》改。赴：原作"起"，據《毘奈耶》改。

[二七]仁：疑作"王"。

[二八]鈴：《毘奈耶》、續藏經本作"令"。

[二九]別：原作"前"，據《毘奈耶》改。

[三十]馬：《毘奈耶》作"象"。

[三一]好：《續藏經》本冠注曰"好字未詳"，據《毘奈耶》文意似作"住"。

【注釋】

①《毘奈耶律》：此指《根本說一切有部毗奈耶》。全書五十卷，唐代僧人義淨譯。此系小乘根本說一切有部之廣律，收在《大正藏》第二十三冊。全書包含四波羅市迦法、十三僧伽伐尸沙法、二不定法、三十尼薩只波逸底迦法、九十波逸底迦法、四波羅底提舍尼法、眾多學法、七滅諍法等八科。

②竹林園：中印度摩揭陀國最早的佛教寺院。又稱作迦蘭陀竹園、竹園伽藍，此園本是迦蘭陀所奉獻之竹林，後來奉給佛陀，建造寺

院。佛陀常在此寺說法開化,導凡拯俗。

③花子:即下文提及的王舍城。王舍城是古代中印度摩揭陀國的首都,有矩奢揭羅補羅、山城、華氏城等不同譯名,位於今日比哈爾邦(Behar)巴特那(Patna)縣南方的拉遮基爾(Rajgir)。

④勝音:梵文 Roruka,音譯路樓、勞嚕迦、曷勞落迦。據《大唐西域記》卷十二、《根本說一切有部毗奈耶》卷四五及卷四六載,勝音城是古印度城市。其國王仙道篤信佛道,其後出家為比丘,其子頂髻繼王位後,驅逐利益和除患二位老臣,又聽佞臣之言而弒其父,並殺二阿羅漢,致使大風突發,沙塵翻卷,掩沒其國。

⑤仙道:勝音城國王。仙道因見佛之畫像而生信心,遂捨王位出家,後為繼位的頂髻所弒。

⑥影勝:王舍城國王。即摩揭陀國之頻婆娑羅王(《增壹阿含經》卷二八作頻毗娑羅王),玄奘《大唐西域記》譯曰影堅("唐言影堅,舊曰頻婆娑"),義淨《根本說一切有部毗奈耶》譯曰影勝。

⑦摩揭陀:摩揭陀,梵文 Magadha,又譯摩竭、摩揭、默竭陀、摩伽陀等,意譯無害、無惱害、不惡處、致甘露處等,為古印度十六大國之一,約今印度比哈爾邦的巴特那(Patna)和加雅(Gayā)。早在公元前 7 世紀童龍(śiśunāga)王朝時摩揭陀國已非常強大,公元 320 年,華氏城的旃陀羅笈多一世崛起並建立笈多王朝,摩揭陀國得到了飛速發展,其文學、藝術、經濟皆很繁榮。《法顯傳》描繪摩揭陀國都城說:"唯此國城邑為大,民人富盛,競行仁義。"

興易:經商貿易。

⑧勅書:帝王的詔書。

⑨國信:此指由一國主署名遞交給另一國主的文書。

⑩疊：即"氎"，織品。《根本說一切有部毗奈耶》多次提及天竺盛產疊，卷二二載："時織師授與其疊。時鄔波難陀受得疊已，呪願而去。還至寺中，示諸苾芻曰：'諸具壽，試看此疊其狀何如？'諸人報言：'大好白疊！若其更得第二張者，刺作兩重僧伽胝服，省事而住修諸善品。誠亦善哉。'"此文亦言王舍城出產好疊。"疊"，《根本說一切有部毗奈耶》宋、元、明、宮本皆作"氎"，故知兩字通。據唐釋慧琳《一切經音義》卷二九釋"白氎"記"西國草花絮，撚以為布，亦是彼國草名也"，卷三十引《持人菩薩經》"帛氎"條注"西國撚草花絮，織以為布，其花如柳絮"。疊本為西域草名，人采其花，織以為布，粗者名古具，細者名白氎。

⑪五德上甲：具有五種特徵的上品甲衣。

⑫三歸依：又曰三歸，三歸戒。即歸依佛、法、僧，這是成為佛教徒的基本條件。

⑬五學處：即五戒。在家男女應受持的五種制戒。即不殺生戒、不偷盜戒、不邪淫戒、不妄語戒、不飲酒戒。

⑭十二緣：又稱十二緣起，是佛教三世輪回的基本理論。

⑮兩驛半：約兩個半驛站的路程。《通典》卷三十三"鄉官"條記"三十里置一驛"、《舊唐書》卷四三《職官志》記"凡三十里一驛"，據此兩驛半約為七十五里。《根本說一切有部毗奈耶》卷四一屢言"兩驛半"、一處言"兩驛半許"。

⑯平治：治理、修整。

⑰嚴飾城隍：裝飾城市。嚴飾，盛飾意。城隍，此處泛指城池。

⑱中國：此指恒河流域中之摩揭陀國。此地在政治、文化等任何方面皆成為當時印度新興勢力之中心，故稱其為新"中國"，以別於

20

位於印度恒河中游的婆羅門教之舊"中國"。

⑲南謨：意譯歸命或歸禮，音譯又作南無、南忙、那模、娜謨、納莫、曩謨。《玄應音義》卷六云："南無或作南謨，或言那模，皆以歸禮譯之，言和南者訛也。"

⑳思惟：梵語 Cintanā，即思考、推度。思考真實之道理。

㉑初果：指獲得小乘聲聞修行所得的四種證果之第一果，也叫作預流果，意即初入聖人之流。

㉒真諦：原是佛教術語二諦之一，亦可泛指佛法，後來常見於一般言語中，表示真實的意義或道理。如說"得其真諦"，就表明對某一事物具備正確、深入的理解和認識。

㉓苾芻：梵語音譯，又作比丘、苾芻，意譯乞士、除士、薰士、破煩惱、除饉、怖魔等。為佛教教團五眾之一，七眾之一。即出家入道，受具足戒之男子。

㉔迦多演那：生於婆羅門階層，阿私陀仙人的弟子，後入梵門，成為佛的十大弟子。被稱為論議第一。

㉕羅漢：梵語 Arhat，音譯作阿羅漢，簡稱"羅漢"，一般意譯為"殺賊"、"不生"等。羅漢是小乘佛法的最高果位。在"聲聞四果"中，羅漢是最高果位；但在四聖位中，羅漢還是初位，次於緣覺、菩薩和佛。

㉖比丘尼：女子出家受具足戒者之通稱，又作苾芻尼。梵語尼者，顯女性之聲，因此比丘為男僧，比丘尼為女僧。

㉗無遮會：梵語的意譯，音譯般遮於瑟會，又名無遮會、無遮施會、無遮齋筵、無遮祠祀大會。是由帝王所施設的一種大齋會，因聖凡、上下、賢愚通聚而無間，故以得名。五年行一度者，又稱五年大

會。此風始於印度阿育王。七世紀時戒日王曾邀玄奘參加於曲女城舉行之無遮大會;此齋會曾盛行於西域及我國,如梁武帝、唐懿宗等帝王皆曾設無遮會。

㉘善來:印度人表達歡迎之意的問候語。唐僧義淨《南海寄歸內法傳》卷三記:"西方寺眾多為制法,凡見新來,無論客舊及弟子門人舊人,即須迎前唱莎揭哆,譯曰善來。"佛陀見仙道遠來出家,遂稱善來以示問候,《根本說一切有部毗奈耶》卷四一載佛陀迎接仙道事,下尚有"苾芻可修梵行"六字。

第三　漢土最初釋迦像感應(出王琰《冥祥記》等文[一]①)

漢明帝夢見神人②,形垂二丈,身黃金色,項佩日光[二]③。以問群臣。或對曰:"西方有神,其號曰佛,形如陛下所夢[三]。"於是發使天竺④,寫致經像,表之中夏⑤。自天子王侯,咸敬事之。聞人死精神不滅,莫不懼然自失。初使者蔡愔[四],將西域沙門迦葉摩騰⑥,齎優填王畫釋迦佛像。帝重之[五],如夢所見,乃遣畫工,圖之數本,於南宮清涼臺及高陽門⑦、顯節壽陵上供養⑧。又於白馬寺壁畫千乘萬騎遶塔三匝[六]⑨,遶像亦爾也[七]。如法傳備載矣[八]。

此條諸書傳載頗多,見《感通錄》卷中引《冥祥記》、《珠林》卷十三引《冥祥記》、《牟子理惑論》、《弘明集》卷一、《出三藏記集》卷六,文異。

可參見《三國傳記》卷九《漢朝佛法渡始事》(2)。

【校記】

[一]像:目錄上有"靈"字。王:上原衍"名"字,據文意刪。琰:

原作"璞",據《冥祥記》作者名改。

　　[二]項:原作"頂",據王國良校本《冥祥記》《感通錄》《續藏經》本、《珠林》改。濤按:佛典常言項佩日光,如《賢愚經》卷六、《觀佛三昧海經》卷七等,故知"項"是。

　　[三]陛:原作"階",《續藏經》本注作"階疑陛",據《冥祥記》《感通錄》《珠林》改。夢:《冥祥記》等下多"得無是乎"四字。

　　[四]愔:原作"培",據《冥祥記》《續藏經》改。濤按:蔡愔後漢人,出使西域求佛事載《後漢紀》卷十、《四十二章經·序》《牟子理惑論》《高僧傳》等。

　　[五]重:原作"主",據《感通錄》《珠林》改。

　　[六]匝:《冥祥記》作"帀",古通。

　　[七]遶像亦爾也:《感通錄》《珠林》作"之像"。濤按:此句當經非濁潤飾,文句較通。

　　[八]法:《冥祥記》《感通錄》作"諸"。

【注釋】

　　①《冥祥記》:南朝齊王琰撰。本書收錄有關觀世音菩薩靈驗及輪回地獄、轉生等故事。《冥祥記》全本今已失傳,僅有部分內容散見於《法苑珠林》《太平廣記》等書。魯迅曾輯錄是書部分,錄於《古小說鉤沈》一書之中;臺灣學者王國良《冥祥記研究》輯錄散逸之作較多,並詳加考證。《三寶感通錄》卷中、《法苑珠林》卷十三所錄本篇故事皆注引王琰《冥祥記》,故知其事出於《冥祥記》也。

　　②漢明帝:劉莊,東漢第二任皇帝,公元58至75年在位。晉代袁宏《後漢紀》及《後漢書·西域·天竺國傳》《牟子理惑論》等載,

東漢明帝曾夜夢金人飛行於殿間,遂派人前往西域求佛法,或為佛教傳入中國之始。

③日光:猶言光芒。

④天竺:印度的古稱。《大唐西域記》卷一:"夫天竺之稱,異議糺紛,舊云身毒,或曰賢豆,今從正音,宜云印度。"

⑤中夏:華夏,中國。

⑥西域:古代甘肅省玉門及陽關以西諸國的總稱。西域範圍因時代而不同。在漢代有大宛、康居、大夏、大月氏等國在此。其後受突厥所統治。至唐代,高宗滅西突厥,置安西都護府,管轄西域諸國。至元代,西域則成為大元帝國的版圖。佛教於公元前260年左右傳入此地,由此遠播我國、日本。故此地古為中印間的傳道、求法僧侶必經之要道。(參見藍吉富《中華佛教百科全書》)

迦葉摩騰:相傳是最早將佛法輸入中國,且首度翻譯佛經的印度僧人。音譯又作攝摩騰、竺葉摩騰、摩騰。東漢明帝派郎中蔡愔等十八人前往西域訪求佛法,在大月氏國請回迦葉摩騰與竺法蘭。事見《高僧傳》卷一《攝摩騰傳》。

⑦清涼臺:《高僧傳》卷一《竺法蘭傳》《牟子理惑論》等書載漢明帝於清涼臺上造佛像。相傳清涼臺原是漢明帝劉莊乘涼、讀書的地方。永平年間,蔡愔等取經回來後,即把所取經典和佛像供奉在此臺上,同來的印度二高僧也在此臺上禪居、譯經傳教。自東漢後,此臺均為歷代藏經之處,遺址在今白馬寺院後部。

高陽門:道宣、道世皆作"高陽門",疑誤,恐《要略錄》以訛傳訛。梁釋僧祐《弘明集》卷一引《牟子理惑論》作"開陽門",據《後漢書》卷二七《百官志》記雒陽城十二門,有開陽門。又《洛陽伽藍記·序》

載開陽門甚詳:"(洛陽)南面有四門。東頭第一門曰'開陽門'。初,漢光武遷都洛陽,作此門始成,而未有名。忽夜中有柱自來在樓上。後琅琊郡開陽縣言南門一柱飛去,使來視之,則是也。遂以"開陽"為名。自魏及晉,因而不改,高祖亦然。"

⑧顯節壽陵:即漢明帝陵墓顯節陵。《後漢書》卷三《肅宗孝章帝紀》記"壬戌,葬孝明皇帝於顯節陵"。《高僧傳》卷一《竺法蘭傳》《牟子理惑論》等載漢明帝於顯節陵圖畫佛像。

⑨白馬寺:相傳為佛教傳入中國時最早建立的寺院。位於河南洛陽市東十公里處。被尊稱為中國佛教的"釋源"或"祖庭"。關於本寺的建立,一般的說法為建於東漢明帝永平年間(58—75)。據傳蔡愔、秦景奉東漢明帝詔命出使西域,二人以白馬馱經返回洛陽。明帝遂敕令於洛陽城西雍門外建造白馬寺。但這種說法,因當時中國與西域斷絕交往等緣故而受到學界的質疑。

三匝:即向右繞三匝,這是古印度致敬的一種儀式,一般向佛、寺塔作禮拜後進行。

第四　梁祖武帝迎請釋迦像感應[一]

梁祖武帝以天鑒元年正月八日[二]①,夢檀像入國[三],因發詔,募往迎[四]。案《佛遊天竺記》及双卷《優填王經》②,云[五]:佛上忉利天,一夏為母說法。王臣思見,優填國王遣三十二匠及齎栴檀[六],請大目連神力運往,令圖佛相。既如所願,圖了還返。坐高五尺[七],在祇洹寺[八],至令供養。帝欲迎請此像,時決勝將軍郝騫③、謝文華等八十人[九],應募往達,具狀祈請。舍衛王曰:此中天上像[十],不可緣邊[十一]。乃令三十二匠更剋此檀[十二],人圖一相,

25

卯時運手，至午便就。相好具足，而像頂放光，降微細雨，并有異香。故《優填王經》云："真身既隱，以二像現[十三]，普為眾生，深作利益者是也。"騫等負第二像，行數萬里，備歷艱(關)，(難)以具聞[十四]。又渡大海，冒涉風波，隨波至山[十五]，糧食又盡。所將人眾及傳送者，身多害歿[十六]。逢諸猛獸，一心念(佛)[十七]，乃聞像後有甲冑聲，又聞鐘聲。巖側有僧，端坐樹下。騫發負像[十八]，下置其前。僧起禮像，騫等禮僧。僧授澡灌令飲④，並得飽滿。僧曰："此像名三藐三佛陀金毘羅王⑤，自從至彼，大作佛事。"語須臾失之[十九]。爾夜，僉夢見神，曉共圖之。至天鑒十年四月五日，騫等達于揚都⑥。帝與百僚徒行四十里，迎還太極殿⑦，建齋度人，大赦斷殺[二十]。但是弓刀稍等[二一]⑧，並作蓮花塔[二二]。帝由此蔬食斷慾[二三]，至太清三年五月崩[二四]⑨。湘東王在江陵即位[二五]⑩，號元承聖[二六]，遣人從揚都迎上至荊都承光殿供養。後梁大定八年，於城北靜陵造大明寺，乃以像歸之，今現在[二七]。多有傳寫流，云云[二八]。

　　此條見《集神州三寶感通錄》卷中、《法苑珠林》卷十四、《太平御覽》卷六五七引《像記》；《法華三大部補注》卷十一亦載其事，誤引作彥悰法師《三寶感通錄》。

【校記】

[一]梁祖武帝迎請釋迦像：目錄作"梁祖武帝請釋迦瑞像"。

[二]鑒：宋、元、明本《感通錄》《法華三大部補注》作"監"，下同。

[三]檀：《法華三大部補注》上有"栴"字。

[四]募：《感通錄》《法華三大部補注》下有"人"，疑脱。濤按：

《珠林》無"人"字,或襲《珠林》。

[五]云:原作"之",《感通錄》卷中、《珠林》卷十四作"云",今從之。

[六]優:原訛作"于",據《感通錄》《珠林》《法華三大部補注》改。濤按:文稱《優填王經》,則"優填"明矣。

[七]坐:《感通錄》作"座"。

[八]洹:《感通錄》《珠林》卷十四作"桓"。

[九]謝文華:原作"父花",不類姓名,據《感通錄》《珠林》改。濤按:"謝"字脫;"父"乃"文"之形訛;全書"華"作"花","謝文華"或作"謝文花"。

[十]上:《感通錄》《珠林》作"正"。《法華三大部補注》作"王"。

[十一]緣邊:宋、元、明諸本《感通錄》《法華三大部補注》作"將適邊方";《珠林》作"適邊",疑是。

[十二]此:《感通錄》《珠林》《法華三大部補注》作"紫"。

[十三]以:《感通錄》《珠林》《法華三大部補注》作"次"。

[十四]聞及其上七字:原作"備曆艱以具聞",《感通錄》《珠林》《法華三大部補注》作"備曆艱關,難以具聞",今從之。"曆"字續藏本作"歷"。

[十五]波:《感通錄》《珠林》《法華三大部補注》作"浪"。

[十六]害:《感通錄》《珠林》《法華三大部補注》作"亡"。

[十七]佛:原脫,據《感通錄》《珠林》《法華三大部補注》補。

[十八]發:《感通錄》宋、元、明諸本作"登背",麗藏本作"背";《珠林》作"登"。

［十九］語須臾失之:《感通錄》《珠林》作"語頃失之"。

［二十］斷:原作"獻",續藏本註"獻字更詳",據《感通錄》《珠林》《法華三大部補注》《釋氏六帖》卷一改。殺:《感通錄》《珠林》《法華三大部補注》作"煞",古通。

［二一］但:麗藏本《珠林》《感通錄》《法華三大部補注》《佛祖统纪》卷三七作"絓"。

稍:原作"預",《感通錄》《珠林》作"稍",續藏本冠註曰:"預字更詳",今從前者。

［二二］蓮花塔:《感通錄》《珠林》《法華三大部補注》作"蓮花(華)塔头"。

［二三］蔬食:《感通錄》《珠林》《法華三大部補注》作"菜蔬"。

［二四］太清:原作"大津",據《感通錄》《珠林》改(又《法華三大部補注》作"大清","大"、"太"古通)。濤按:大谷本作"大津",續藏本校作"大通",據文意皆誤。

［二五］陵:原作"淩",據《感通錄》《珠林》《法華三大部補注》改。

［二六］元承聖:原作"無承坐",據《感通錄》《珠林》改。

［二七］現:《感通錄》作"見"。

［二八］流云云:《感通錄》作"流被京國",《珠林》作"流被京國云"。

【注釋】

①梁祖武帝:即梁高祖武帝蕭衍,宋、元、明本《三寶感通錄》皆作"梁高祖武帝"。建立梁朝,諡為武帝,廟號高祖。梁武帝早年信

奉道教,與陶弘景關係密切,登基後每遇國家征討大事,常遣使諮詢于陶。天監三年(504)下詔舍事道法,宣佈以佛教為國教,此後,嘗四次捨身佛寺,並常設無遮大會、平等大會、盂蘭盆會。

天鑒:即天監,"鑒"與"監"古通。天監乃梁武帝年號,《梁書》卷二《武帝本紀》曰"改齊中興二年為天監元年"。

②《佛遊天竺記》:即《法顯傳》。《法顯傳》在歷代著錄中存有不同名稱,梁釋僧祐《出三藏記集》卷二作"《佛遊天竺記》一卷",隋釋法經《眾經目錄》卷六作"《佛遊天竺記》一卷"。此篇所述優填王造佛像事,即載於《法顯傳》。此書又稱《高僧法顯傳》《佛國記》《歷遊天竺記傳》。乃是東晉高僧法顯經西域至印度諸國求法過程之記錄,為我國僧侶旅行印度記傳中現存最早的典籍。

《優填王經》:現存西晉釋法炬譯一卷本《佛說優填王經》未載造像事,疑雙卷《優填王經》或有所指。

③郝騫:未見正史傳載,事蹟待考。《中國通史》第五卷言梁武帝時"僧郝騫西行求法",疑誤將郝騫歸為僧侶。據決勝將軍官職、謝文華等八十人隨行,可知其非為僧侶,當為梁之官吏。

④澡灌:即澡瓶、水瓶,為盛水以便攜帶之容器。《一切經音譯》卷十七"軍持"條注曰:"此譯雲瓶,謂雙口澡灌也。西國尼畜君持,僧畜澡灌。"

⑤三藐三佛陀:梵語的音譯,意譯作正遍知、正等覺、正等覺者,為如來十號之一。據《大智度論》卷二:三藐,義為"正";三,義為"遍";佛,義為"知";故三藐三佛陀即為"正遍知一切法",宜言為正遍知者,正等覺者。

⑥揚都:建康。南北朝時稱建康為揚都(今江蘇南京市)。如

29

《梁書》卷五四《諸夷傳》記干璨利國上表"大梁揚都天子,仁蔭四海",即以揚都指國都。

⑦太極殿:南朝建康皇城宮殿。梁前建康已有太極殿,據《梁書》卷二《武帝本紀》武帝在天監十二年(513)新作太極殿,改建為十三間。

⑧但是:《要略錄》鈔錄《法苑珠林》作"但是"(磧砂、明南、徑山、清本、日本宮內省圖書寮本皆作"但是",唯金本、麗藏本作"絓是"),然據《三寶感通錄》知原作"絓是"。絓是為中古副詞,其作用相當於"凡是"("絓是"可參見王紹峰《中古新興總括副詞"絓是"》,《古漢語研究》,2006年第1期)。此句意即凡弓刀稍等物,其頭皆模蓮花塔形。

⑨太清:梁武帝最後一個年號(547—549)。大谷大學藏本訛作"大津",而續藏經本校改作"大通",大通年間(527—529)梁武帝依然在位。《梁書》卷三《武帝本紀》記太清三年五月,梁武帝"崩於淨居殿,時年八十六"。

⑩湘東王:此指湘東郡王蕭繹,即梁元帝。梁元帝,為梁武帝第七子,天監十三年被封湘東郡王。後出任荊州刺史,都督荊、湘、郢、益、寧、南梁六州諸軍事,控制長江中上游。公元552年,蕭繹在江陵登基稱帝,改元承聖。

第五 造釋迦像死從閻羅王宮被還感應(出《傳》)

凝觀寺僧法慶[一]①,開皇三年造夾紵釋迦立像一軀②,舉高一丈六尺。像功未畢,慶身遂卒。其日,又有寶昌寺僧大智死[二]③,後經三日亦便蘇活[三],遂向寺僧說云:於閻羅王前見僧法慶,有憂色^[四]。少時之間，又見像來王前。遽來下階^[五]，合掌禮拜此像。像謂王曰："法慶造我，今未畢^[六]，奈何令死？"王自顧問一人曰："法慶合死未^[七]？"答："命未合終，而食斷已盡^[八]。"王曰："可給荷葉，命終其福業也^[九]。"俄而不見。大智蘇活，為寺僧說之，乃令於凝觀寺看之^[十]。須臾之間，遂（見）法慶蘇活^[十一]，所說與大智不殊。法慶蘇後，常食荷葉，以為佳味，及噉餘食，終不得下。像（成）之後^[十二]，數年乃卒。其像儀相圓滿^④，屢放光明。此寺雖廢，其像現存云云^⑤。

此條出《續高僧傳》卷二五《釋法慶傳》，較詳。《珠林》卷十四與此文字相同；又見韋述《兩京新記輯校》卷三、《廣記》卷三七九引《兩京記》《桂苑叢談》，文異；《釋氏通鑒》卷六、《六學僧傳》卷二四、《天中記》卷三九誤引作《宋高僧傳》。

可參見《今昔物語集》卷六《震旦疑觀寺法慶依造釋迦像得活語》(12)。

【校記】

[一]凝觀寺：《桂苑叢談》作"先天寺"。濤按：先天寺乃寶昌寺之後名，《桂苑叢談》張冠李戴。《物語》訛作"疑觀寺"。

[二]寶：《物語》誤作"法"。

[三]後經三日亦：《珠林》作"經三日而"。

[四]有憂色：《續高僧傳》作"面有憂色"，《珠林》作"甚有憂色"。

[五]遽來：《珠林》作"王遽走"。《續高僧傳》此句作"其人遽而下殿拜訖"。

[六]未：《珠林》上有"仍"字。

[七]合：原作"令"，《續高僧傳》《珠林》《續藏經》本作"合"，今從之。

[八]斷：《珠林》作"料"。

[九]命：《續高僧傳》作"而"，《珠林》作"令"。

[十]令：原訛作"今"，據《珠林》改。

[十一]見：原脫，據《珠林》補。

[十二]成：原脫，據《珠林》、續藏經本補。

【注釋】

①凝觀寺：隋朝長安城內的寺院，至唐高宗時已荒廢。韋述《兩京新記》卷三"居德坊"條記"南街西出通金光門。坊內隋有依法、寶岸、凝觀三寺"，據此知凝觀寺當在長安城西北的"居德坊"，這與《續高僧傳》卷二五《釋法慶傳》"京師西北有廢凝觀寺"所記吻合。

法慶：出生於南北朝時，隋時駐錫凝觀寺，大業初卒，春秋七十六。事見《續高僧傳》卷二五《釋法慶傳》。

②夾紵：用漆塗裹紵麻布而製成的佛菩薩像，又稱乾漆像、脫空像、摶換像、脫沙像等。即造像時，先摶制泥模，再在泥模上裹縫紵布，再用漆加以塗凝光飾，然後將泥除去，脫空而成像。慧琳《一切經音義》卷七十七引《釋迦方志》卷上"挾紵"條注曰："挾紵者，脫空象，漆布為之。"《資治通鑒》卷二零五胡三省注釋夾紵像亦說："夾紵者，以紵布夾縫為大像，後所謂麻主（用麻布縫漆而成的神主）是也。"

③寶昌寺：隋唐長安城內的寺院。《續高僧傳》卷二五《釋法慶傳》記隋開皇三年（583）"寶昌寺僧大智死"；《舊唐書》卷八《玄宗本

紀》記韋后臨朝稱制,李隆基與"寶昌寺僧普潤等定策誅之",據此知寶昌寺名存於隋開皇三年至唐玄宗登基前。徐京《唐兩京城坊考》卷四載:隋開皇三年,敕大興、長安兩縣各置一寺,因立寶昌、禪林二寺,東西相對,時人謂之縣寺。先天元年(712)改為先天寺,寺在居德坊東南隅。

④圓滿:完滿無缺,無所缺減。

⑤其像現存:韋述《兩京新記》卷三記僧法慶事,言其像"今見在先天寺"。

第六　唐隴西李大安妻為安造釋迦像救死感應[一](出《冥報記》)

唐隴西李大安①,工部尚書大亮之兄也[二]②。武德中[三],大亮任越州總管[四]③,大安自京往省之[五]。大亮遣奴婢數人從兄歸,至穀州鹿橋[六]④,宿逆旅[七]⑤。其奴有謀殺大安者,候其眠熟[八],夜已過半,奴以小釖刺大安頸[九],刃著床[十],奴因不拔而逃[十一]。大安驚覺⑥,呼奴,其不叛者奴婢欲拔刃[十二]。大安曰:"拔刃便死,可先取紙筆作書[十三]。"縣官亦至[十四]。因為拔刃,洗瘡加藥,大安遂絕⑦。忽如夢者,見一物長尺餘[十五],闊厚四五寸,狀似猪肉[十六],(去)地二尺許[十七],從戶入,來至床前。其中有語曰:"急還我猪肉[十八]。"大安曰:"我不食猪肉,何緣負汝?"即聞戶外有言:"錯!非也!"此物即還從戶出。大安仍見庭前有池,池水清淺可愛。池西岸上有金像,可高五寸,須史漸大,而化成為僧[十九],被袈裟[二十]⑧,甚新淨,謂大安曰:"被傷(耶)[二一]?我今為汝將痛去,汝當平復,還家念佛修善也。"因以手摩大安頸瘡而去[二二]⑨。大安得此形狀^[二三]，見僧背有紅繒補袈裟⑩，可方寸計，甚分明。既而大安覺，遂蘇，而瘡亦復不痛^[二四]，能起坐食。十數日，京宅子弟迎至家^[二五]，家人親故來視^[二六]，大安為說被傷由狀，及見像事^[二七]。有一婢在傍聞說^[二八]，因言："大安之初行也^[二九]，安妻使婢詣像工^[三十]，為造佛像^[三一]。成^[三二]，以綵畫衣^[三三]，有一點朱污像背上^[三四]，當令工去之^[三五]，不肯，今仍在，形狀如君所說^[三六]。"大安因與妻及家人，共起觀像，乃同所見無異^[三七]。其背點^[三八]，宛然補處，於是歎異。信知聖教不虛⑪，遂加崇信佛法^[三九]，彌慇禮敬⑫，益年不死。自佛法東流已來⑬，靈像感應者，述不能盡，無如此像矣。

此條見《冥報記》、《珠林》卷十四引《冥報記》、《廣記》卷九九引《冥報記》。

可參見《今昔物語集》卷六《震旦李大安依佛助被害得活語》（13）。

【校記】

[一]大：原作"太"，據《冥報記》《珠林》《物語》改，下同。濤按：天授三年（692）李顒撰《大周故贈使持節潤州諸軍事潤州刺史王府君夫人李氏（缶因）墓誌銘》記李充節（李大亮之父）有子名李大通（墓主之父）；又《新唐書・宰相世係表二上》載李充節子名李大通、李大辯、李大亮，則知李大亮兄弟以"大"字輩命名，"太"字形訛。

[二]亮：原作"高"，據《冥報記》《珠林》《物語》改，下同。《舊唐書・李大亮傳》載"其先本居隴西狄道"，唐高祖武德年間拜越州都督，《唐刺史考全編》考李大亮武德七年（624）至貞觀元年（627）

任越州都督,事與此合,知《要略錄》人名訛傳。

〔三〕中:《冥報記》《珠林》上有"年"字。

〔四〕任:原作"住",《冥報記》作"為",據《珠林》《廣記》改,"住"形訛也。

〔五〕省:原作"看",據《冥報記》《珠林》《廣記》《物語》改。

〔六〕鹿:原訛作"度",據《冥報記》《珠林》《廣記》《物語》改。

〔七〕宿:《冥報記》《珠林》《廣記》下有"於"字。

〔八〕眠:《冥報記》作"睡"。

〔九〕釛:《冥報記》《珠林》《廣記》作"劍",二字古通。頸:《冥報記》《珠林》《廣記》作"項"。

〔十〕著:《冥報記》《珠林》《廣記》下有"於"字。

〔十一〕而:原作"以",據《冥報記》《珠林》《廣記》改。

〔十二〕婢:《冥報記》下有"至"字。刃:原作"刀",據《冥報記》《珠林》《廣記》改,下同。濤按:文云奴以小釛(古通劍)刺之,前文有一"刃"字,而下文三個"刀"字應係傳鈔訛誤。

〔十三〕書:《冥報記》"書"字下多"奴仍告主人訴縣官大安作書畢"十三字,《珠林》下多"畢"字,《廣記》下多"書畢"二字。

〔十四〕縣:原作"懸",據《冥報記》《珠林》《廣記》《物語》改。

〔十五〕一:下原衍"切",據《冥報記》《珠林》《廣記》刪。

〔十六〕狀:《冥報記》《珠林》《廣記》作"形",義近。

〔十七〕去:原脫,據《冥報記》《珠林》《廣記》補。

〔十八〕急:原作"忽",據《冥報記》《珠林》《廣記》改。

〔十九〕成:《冥報記》《廣記》無此字。

〔二十〕被:《冥報記》下多"綠"字。

[二一]耶：原脫，據《冥報記》《珠林》《廣記》補。

[二二]頸：原訛作"頭"，據《珠林》《廣記》改。《冥報記》作"項"。

[二三]得此：《冥報記》作"志其"、《珠林》作"得其"、《廣記》作"視其"。

[二四]復不：《冥報記》《廣記》作"不復"。

[二五]宅：《冥報記》作"室"。至：《冥報記》下有"還"。

[二六]親：原作"觀"，據《冥報記》《珠林》《廣記》改。

[二七]像：《冥報記》《珠林》上有"僧"字。

[二八]在：原作"左"，據《冥報記》《珠林》《廣記》改。

[二九]之：下原衍"家"，據《冥報記》《廣記》刪。

[三十]詣像：《廣記》作"請匠"。

[三一]為：《冥報記》下有"安"字。

[三二]成：《冥報記》《珠林》上有"像"字，《廣記》上有"初"字。

[三三]衣：《廣記》上有"其"字。

[三四]背：《廣記》上有"之"字。

[三五]令工：《冥報記》作"遣像工"。

[三六]君：《冥報記》《珠林》《廣記》作"郎君"。濤按：唐人稱主人作郎君，如王梵志詩〇〇九首："奴事新郎君"。然"君"義亦通，或係非濁省略。

[三七]乃同所見無異：《冥報記》此句作"乃所見者也"。

[三八]點：《冥報記》"點"上有"朱"字，《廣記》"點"下有"朱"字。

[三九]遂加崇信佛法：《冥報記》《廣記》無此句之下文字；《珠

林》有此句下文字,唯"無如此像矣"作"略件如前"。

【注釋】

①隴西:古代郡名。《漢書·地理志下》"隴西郡"顏師古注:"此郡在隴之西,故曰隴西。"唐代重視氏族出身,隴西是李氏發祥地,是天下李氏的"郡望"故里,當時"五姓七家"即有隴西李氏。

②工部尚書大亮:工部尚書李大亮。工部尚書是尚書省工部的最高長官,掌管各項工程、工匠、屯田、水利、交通等事。李大亮,京兆涇陽人,出身官宦世家,少有文武才干,擁護李淵建立唐朝。唐高祖、唐太宗時,李大亮皆任顯職,貞觀十七年(643)以左衛大將軍兼工部尚書,貞觀十八年終於其任,故文稱工部尚書李大亮。家世譜系見《新唐書·宰相世系表二上》(頁2441),事見《舊唐書》卷六二《李大亮傳》。

③越州總管:即越州都督,越州高級軍政長官。越州,隋會稽郡。武德四年平李子通,置越州,設總管府,武德七年改總管為都督。據《舊唐書》卷六二《李大亮傳》:"高祖聞而嗟異,復賜婢二十人,拜越州都督。"《唐刺史考全編》考李大亮於武德七年(624)至貞觀元年(627)任越州都督(頁1993)。

④穀州:唐代有淮南道谷州、都畿道穀州:淮南道谷州,唐武德三年析樂安置宋安縣,置谷州。貞觀元年廢谷州,省宋安,併入光州樂安縣。都畿道穀州,隋新安郡。武德元年改為穀州。貞觀元年移治澠池,顯慶二年十二月,廢穀州,以縣隸洛州。據文中"十數日,京宅子弟迎至家"及"鹿橋"判斷,可知本文穀州應指離京城長安不遠的都畿道穀州,即今河南澠池。

鹿橋:唐代長安、洛陽兩京間交通要道,亦是唐永寧縣(今河南洛寧縣)治所,在今洛寧縣東北四五十里。《舊唐書》卷三八《地理志》:"(永寧縣)貞觀元年,改屬穀州。十四年,移於今所。十七年,移治鹿橋。顯慶元年,穀州廢,改隸洛州。"《唐代交通圖考》第一卷(頁67)對此考述較詳。

⑤逆旅:客舍,旅店。

⑥驚覺:驚醒。

⑦絕:氣息中止,暈死。如唐薛調《無雙傳》:"見仙客,哭一聲遂絕,救療至夜方愈。"

⑧袈裟:梵文 Kasāya 音譯,指佛教僧眾身上的法衣。袈裟的用色要避開五正色(青黃赤白黑)和五間色(緋紅紫綠碧),因其色濁,亦稱"緇衣"、"染衣"等。不過,袈裟傳入中國後,用色也不盡一致。也有用鮮豔顏色的,如金縷袈裟、紫袈裟等。

⑨頸瘡:指頸上傷口,外傷。《要略錄》原作頭瘡,"頭"字訛也。奴以小釰刺大安頸,故其瘡在頸而不在頭。

⑩紅繒:此指紅色絲織。據下文朱點染汙佛像,像化為僧人後,其袈裟上遂有方寸計紅繒補綴的袈裟。

⑪聖教:對佛教的尊稱。聖者正也,與正理合名為聖,聖人之所說謂為聖教。佛教徒尊稱佛教為聖教,以示其地位尊崇。

⑫禮敬:即禮拜恭敬之意。據《大唐西域記》卷二載,印度致敬之儀分為九等:發言慰問;俯首示敬;舉手高揖;合掌平拱;屈膝;長跪;手膝踞地;五輪俱屈;五體投地。

⑬東流:指謂佛法自印度向東流轉於中國。《纂異記·楊禎》:"漢明帝時,佛法東流。"

第七　悟真寺沙門釋惠鏡造釋迦彌陀像見淨土相感應[一]①（新録）

悟真寺釋惠鏡，本淄州人也[二]②。出家已後，蔬食苦行③。頗有工巧能[三]，心欣淨土④，自造釋迦、彌陀二像⑤，供養禮拜。生年六十有七，正月十五日夜夢，有一沙門[四]，身黄金色[五]，謂鏡曰："汝欲見淨土否？"（答）[六]："唯願得見。""復欲見佛否？"答："唯願欲見。"時沙門以一鉢授鏡曰："汝應見鉢内。"即向鉢内，忽見廣博莊嚴淨土⑥，以衆寶莊嚴，黄金爲地，金繩界道⑦，宮殿樓閣，重重無盡。諸天童子，遊止其中。聲聞⑧、菩薩海會衆圍繞⑨，世尊而爲説法。爾時沙門在前，鏡在後，漸進佛前。至佛所已，忽然不見沙門，鏡合掌而立。佛言："汝識前導沙門不？"答："不知之。"佛言："汝所造釋迦像也。又復識我否[七]？"答："不識。"復曰："汝所造阿彌陀像是也。釋迦如父我如母，娑婆世界衆生如赤子。譬如父母有多子，幼稚無識[八]，墮於深泥，父入深泥，抱持其子，置於高岸；其母在岸，抱持養育，教誘不還本泥。本我等亦然。釋迦教化娑婆濁惡⑩、愚癡衆生⑪，爲開避引導，示其淨土路；我在淨土，攝取不退還⑫。"鏡聞之語[九]，歡喜踊躍⑬。欲見如來，忽然無所見。夢覺，身心安樂⑭，如入禪定⑮，彌信禮供二如來像。又復夢見前沙門告鏡曰："汝十二年後，當生淨土。"聞是語已，晝夜身心不怠，七十有九而卒[十]。隣房僧夢百千聖衆自西來，迎惠鏡去，微妙音樂在空[十一]，一時聞者蓋多矣。

可參見《今昔物語集》卷六《震旦悟真寺惠鏡造彌陀像生極樂語》(15)；《三國傳記》卷十《悟真寺沙門釋惠鏡事》(14)；《私聚百因

緣集》卷五《惠鏡造釋迦彌陀像見淨土事》(8)。

【校記】

[一]鏡:《三國》作"鐃",下同。

[二]淄:《三國》作"溜",古無溜州。

[三]能:《三國》作"態"。

[四]一:下衍"人"字,據文意删。門:《物語》下有"來"字。

[五]身:《三國》上有"其"字。

[六]答:疑脱,據《物語》《三國》補。

[七]又:《三國》無此字。

[八]識:《私聚》下有"事"字。

[九]之:《物語》《三國》作"此",《私聚》作"之",義近。

[十]而:《三國》作"亡"。

[十一]妙:原作"細",據《物語》《三國》改。濤按:《私聚》作"細",然意不通。

【注釋】

①悟真寺:陝西藍田縣寺廟,在縣東南二十里。《續高僧傳》卷十二《釋淨業傳》載:"開皇中年,高步於藍田之覆車山,班荊採薇,有終焉之志。諸清信士敬揖戒舟,為築山房,竭誠奉養,架險乘懸,製通山美,今之悟真寺是也。"據此,可知寺建於隋初。唐王維、白居易,皆曾至悟真寺遊玩賦詩。

沙門:出家人的通稱,又譯作桑門、沙門那等。《魏書》卷一一四《釋老志》載:"諸服其道者,則剃落鬚髮,釋累辭家,結師資,遵律度,相與和居,治心修淨,行乞以自給。謂之沙門,或曰桑門,亦聲相近,總謂之僧,皆胡言也。"

②淄州:古州郡名,治淄川(今山東淄博市淄川區)。始置於隋開皇十六年,《舊唐書》卷三八《地理志一》:"隋齊郡之淄川縣。武德四年,置淄州,領淄川、長白、萊蕪三縣。……天寶元年,復為淄川郡。乾元元年,復為淄州。"

③蔬食:以菜蔬為食。依小乘律,比丘可食三淨肉;然大乘經典有斷肉食之說。中國漢傳佛教信徒主張戒殺生,嚴禁一切肉食,提倡以蔬菜為食。

④淨土:此指阿彌陀佛的極樂淨土。唐釋迦才《淨土論》卷下記悟真寺方啟、玄果法師(《宋高僧傳》卷二十作"啟芳、圓果")念阿彌陀佛求生極樂,知此寺有志求往生極樂淨土之例。極樂淨土是阿彌陀佛的願力所形成的佛化樂土,所以又稱彌陀淨土。依據阿彌陀佛的深宏誓願,任何人只要具足信願行,如法念佛,則臨終時一定會得到他的接引,而往生至真至善至美的淨土佛國。本篇亦描述這一淨土"以眾寶莊嚴,黃金為地,金繩界道,宮殿樓閣,重重無盡",殊勝環境遠非穢土世界所能比擬。

⑤彌陀:阿彌陀佛。梵文 Amita-buddha,意譯為無量光,或無量壽佛,為西方極樂世界的教主。他以觀世音、大勢至兩大菩薩為脅侍,在極樂淨土實踐教化、接引眾生的偉大悲願。這是我國佛教界最熟稔的如來。依據《無量壽經》載,阿彌陀佛成道前原是一位國王,後捨位出家。在修行期間,曾發出四十八大願,誓願建立一個莊嚴的極樂世界,以救渡一切念佛名號的眾生。其中有三個大願是:"設我得佛,十方眾生至心信樂,欲生我國,迺至十念,若不生者,不取正覺。

唯除五逆、誹謗正法"、"設我得佛,十方眾生發菩提心、修諸功德,至心發願欲生我國。臨壽終時,假令不與大眾圍繞現其人前者,不取正覺"、"設我得佛,十方眾生聞我名號,繫念我國,植眾德本,至心回向,欲生我國,不果遂者,不取正覺。"基於這些深宏誓願,凡信徒只要具足信願行、如法念佛,則一定會得到他的接引,而往生至真至善至美的淨土佛國。

⑥莊嚴:裝飾、布列之意。即布列眾寶、雜華、寶蓋、幢幡、瓔珞等物,以裝飾嚴淨道場或國土。《大智度論》卷十云:"是三千大千世界,變成為寶華遍覆地,懸繒幡蓋,香樹、華樹皆悉莊嚴。"

⑦金繩界道:指以黃金為繩,界其道側。《法華經》卷二記"以琉璃為地,金繩界其道",夸言佛土之美好。

⑧聲聞:指聽聞佛陀之聲教而依教修行的佛弟子。在原始佛教聖典中,釋迦在世時的弟子,不論在家或出家,皆稱為聲聞。但至後世,聲聞被限定為出家弟子。

⑨海會眾:以海比喻其德高、數眾,故稱海會。

⑩娑婆:梵文 Sahā 的音译,指佛所化之土,即大众居住的世界。《悲華經》卷五云:"此佛世界當名娑婆。何因緣故名曰娑婆?是諸眾生忍受三毒及諸煩惱,是故彼界名曰忍土。"

濁惡:指五濁與十惡。《觀無量壽經》曰:"佛滅後諸眾生等,濁惡不善,五苦所逼。"《天臺觀經疏》曰:"濁惡者。濁五濁也:一見,二煩惱,三眾生,四命,五劫。惡者,十惡也:殺,盜,淫,妄語,惡口,兩舌,綺語,貪,嗔,邪見也。"

⑪愚癡:心性闇昧,無通達事理之智明,义与無明同。愚癡為三毒之一,即贪欲、嗔恚、愚痴三种烦恼。

⑫攝取不退還：其義當近於攝取不捨。阿彌陀佛具光明之功德，攝受護念念佛眾生而不捨。《觀無量壽經》載："一一光明遍照十方世界，念佛眾生攝取不捨。"阿彌陀佛之光明遍照十方世界，攝受照護念佛之眾生而不捨，故稱攝取不捨。

⑬歡喜：接於順情之境而身心喜悅也。是三寶有所信、有所證的歡悅慶喜之心，如《華嚴經》卷十二載"菩薩聞是語已，歡喜踊躍"。

⑭身心安樂：身安心樂。

⑮禪定：禪與定皆為令心專注於某一物體，而達於不散亂之狀態。或謂禪為 dhyāna 音譯，定為其意譯，梵漢並稱作禪定。

第八　健陀羅國二貧人各一金錢共畫一像感應（出《西域記》）

健陀羅國有畫佛像[一]①，高一丈六尺。自胷以上，分現兩身；從胷已下，合為一體。聞之耆舊曰[二]②：初有貧士，傭力自濟[三]③，得一金錢，願造佛像。謂畫工曰："我今欲圖如來妙相④，有一金錢，酬功尚少，宿心憂負[四]，迫於貧乏。"時彼畫工鑒其至誠[五]，無云價直，許為成功。復有一人事同前跡，持一金錢求畫佛像。畫工是時受二人錢[六]，求妙丹青，共畫一像。二人同日俱來禮敬。畫工同指一像[七]，示彼二人，而謂之曰："此是汝之佛像也[八]。"二人相視，若有所懷⑤。畫工心知其疑也，謂二人曰："何思慮之久乎？凡所受物，毫釐不虧。斯言不謬，像必神變。"言聲未靜，像現靈異。分身交影，光相照著[九]。二人悅服，心信歡喜矣[十]。

此條出《大唐西域記》卷二，稍詳；《釋迦方志》卷上略言其事。

【校記】

[一]健陀羅：《西域記》作"健馱邏"。濤按：此乃音譯不同。

〔二〕之耆舊：和州橘寺古藏本、石山寺古寫本、神田氏藏大治元年古寫本《西域記》皆作"之耆舊"，日松本初子藏中尊寺金銀泥經本作"耆舊志"，季羨林校本作"諸先志"。

〔三〕傭：原作"偏"，據《西域記》改。

〔四〕負：原作"貧"，《西域記校注》注"《感應錄》負作貧，疑涉下文貧字而誤"，今從之。

〔五〕鎣：原作"釜"，據《西域記》改。

〔六〕工：原作"士"，據《西域記》改。

〔七〕工：《西域記》下有"乃"字。

〔八〕汝：《西域記》下有"所作"兩字。

〔九〕照著：原作"照者"，據《西域記》改。季校本注"《宋本》《資福本》《磧砂本》《明南本》《徑山本》照作昭。《感應錄》著作者，形之誤。"

〔十〕矣：《西域記》無此字。

【注釋】

①健陀羅：又作健馱邏，梵語 Gandhāra 的音譯。我國文獻對此有不同譯音，如《洛陽伽藍記》卷五稱作乾陀羅、《魏書·西域傳》稱小月氏與乾陀、《法顯傳》稱作犍陀衛等。此國位於庫納爾河和印度河之間的喀布爾河流域，包括旁遮普以北的白沙瓦和拉瓦爾品第（Rawalpindi）地區。健馱邏國是亞洲古代史上的大國，公元前4世紀末它的文化藝術因馬其頓亞歷山大南侵亞洲而受到希臘的影響，形成舉世聞名的健馱邏式的佛教藝術。公元前2世紀左右，貴霜王朝（大月氏）強盛時它成為迦膩色迦王統治的中心。後來逐漸衰落，

當玄奘抵達此國時"役屬迦畢試國。邑里空荒,居人稀少",已現荒涼景象。後來為突厥所奴役,終湮沒史籍。

②耆舊:年老德高,道行深湛之老者。

③傭力:受雇出賣勞力。《雜寶藏經》卷二:"昔佛在世,須達長者最後貧苦,財物都盡,客作傭力,得三斗米,炊作飲食。"

④妙相:指莊嚴之相也。梁簡文帝《大法頌》:"降茲妙相,等諸佛力。"

⑤所懷:心有所想,心存懷疑。

第九　唐幽州漁陽縣虞安良助他人造釋迦像免苦感應

幽州漁陽縣安良[一]①,姓虞氏。家族以殺生為業,良所殺生不知幾千萬億,又復不識修功德。恒云:"修善者必衰[二]。"生年三十七,遊獵落馬悶絕②,頓氣盡,經半日,方活起,悲泣,投身於大地,悔過於淨天③。云:"吾謬! 吾謬!"奴婢問所由。良久而曰:"吾初悶絕之時④,二馬頭[三]、牛頭⑤以火車來投入吾身⑥,猛火燒身,苦痛無量。時有一縹服僧來[四],以水灑車上,以手拒逆火,身心苦息[五]。至于閻魔法王所⑦,王見沙門,從階走下,合掌恭敬,白言:'何故來?坐。'僧曰:'此罪人是我檀越⑧,欲乞暫命。'王曰:'(彼)惡人也[六],不可放還。但大師故來,不可惜之。'僧將我還。良心懷疑怪'助我不審,誰?'即問僧。答曰:'汝不識否[七]? 汝兄安通[八]發心造釋迦像,汝依緣投錢三十文[九],助彼造像。既投少錢,令造我像,是故來救汝。見縹服以為驗。'"言已不見。以是因緣,故悔過悲責。迺過安通家,兄像全同所見。被服感悟⑨,自造像矣。

可參見《今昔物語集》卷六《震旦唐虞安良兄依造釋迦像得活

語》(11);《三國傳記》卷十《幽州虞安良蘇生事》(26)。

【校記】

[一]漁:《物語》《三國》誤作"漢"。濤按:《舊唐書·地理志二》幽州轄漁陽縣。

[二]衰:《三國》下有"殺生者即樂"五字,疑脫。

[三]二:下原衍"人",據文意刪。

[四]一:下原衍"人",據文意刪。

[五]身:《三國》上有"即"字。

[六]彼:疑脫,據《三國》補。

[七]汝不識否:《物語》作"汝不知我",《三國》作"汝吾不知否",意近。

[八]通:《物語》作"遁",下同。

[九]三十:《三國》作"卅二"。

【注釋】

①幽州:唐代州郡。《舊唐書》卷三九《地理志二》記幽州本為隋涿郡,武德元年改為幽州,置總管府。天寶元年,改為范陽郡。乾元元年,復為幽州,"舊領縣十:薊、潞、雍奴、漁陽、良鄉、固安、昌平、范陽、歸義也。"州治薊縣,今北京城西南。漁陽,在今天津薊縣、北京平谷等地,據《舊唐書》卷三九《地理志二》記漁陽縣先後隸屬數州,主要是貞觀元年(627)至神龍元年(705),及開元四年(716)至開元十八年(730)間屬幽州,此後隸屬薊州。若如本文所記州縣隸屬沿革,則此篇本事可能創作於唐玄宗開元十八年之前。

②遊獵:馳逐打獵。

③淨天:如言蒼天、青天。

④悶絕:暈倒。《太平廣記》卷四二一引《原化記·韋氏》:"韋氏至下,墜約數丈枯葉之上,體無所損,初似悶絕,少頃而蘇。"

⑤馬頭、牛頭:地獄中的鬼卒。或為牛頭之形,或為馬頭之形。

⑥火車:運載罪人前往地獄的發火之車,或是懲罰罪人的工具。佛典中有火車地獄,是以火車迎載並轢殺罪人的地獄。不依從正道、肆意作惡者命終後在火車上,肢節燃火,身體燋散,火車轢身,碎如塵土,天雨沸銅,遍灑其體,每一日夜受九十億次的生死折磨。

⑦閻魔法王:即閻魔王。閻魔勸善懲惡,審判罪人,故謂為法王。《藥師經古跡》記:"琰魔者,唐云靜息。曉悟罪人,止眾惡故。即由此義,雖鬼界攝,亦名法王。"

⑧檀越:指施主,即施與僧眾衣食,或出資舉行法會的信眾。梵文 Dānapati,音譯為譯陀那鉢底、陀那婆,《南海寄歸內法傳》卷一《受齋軌則》條下注:"梵云陀那鉢底,譯為施主。陀那是施,鉢底是主。而云檀越者,本非正譯。略去那字,取上陀音轉名為檀,更加越字。意道由行檀舍,自可越渡貧窮,妙釋雖然,終乖正本。"虞安良出資助兄造像,故佛像稱虞安良為其弟子。

⑨被服:蒙受,受其風化而信服。

第十　北印度僧伽補羅國沙門達磨流支感釋迦感應[一]（出《常慜遊歷記》①）

沙門常慜發大誓願,遠詣西方禮如來。所行遺跡至北印度僧伽補羅國②,有石塔高二十餘丈,傍有新精舍刻檀釋迦、彌勒坐[二]像。

若至心祈請，必示妙身，告吉凶。源始於耆舊：數十年前有一比丘，梵云達磨流支[三]，唐云法愛，住石塔側，發願欲造慈氏菩薩像③。時有外國沙門，投宿法愛房，讚嘆佛經大義。愛聞歡喜，互述曲念[四]。愛曰："吾欲生兜率，將造慈氏像。"沙門曰："發願若欲生兜率[五]，應造釋迦像。慈氏是釋迦弟子、三會得脫之人④，釋迦遺法弟子若力所及，應造二像；若力不及，先造釋迦[六]。所以者(何)[七]，今此三界皆是大師有⑤。自說言'唯我一人，能為救護'⑥。公是豈不思恩分耶？"愛曰："釋迦入滅，無未來化，豈助當生？"堅執不改。各各眠臥，更分曉漏⑦，愛頓眠覺，悲泣投五體於地[八]⑧。外國沙門問由緒⑨。答曰："吾夢見金人，身長丈餘，即以軟語而告之曰[九]⑩：'汝是(我)弟子[十]，蒙我調伏，劫久謬謂永滅[十一]，實常住不滅。今此三界皆(是)我有[十二]，眾生不知日月及三界之中草木叢林地及虛空眾生所食穀麥等[十三]，皆是我身之所變[十四]。為十方諸佛助我化，如何輕慢[十五]，不肯造像。汝若不造我像，遂不可生兜率天上。既輕其師，惠氏讚之耶[十六]？亦不可往十方淨土。諸佛助我，豈欲輕我？'說是語，隱而不見。"爾時外國沙門，亦無所去，而頓不見。法愛憂悲，捨衣鉢資⑪，造此二像。精舍是國人民共所結搆也。懃停住多日，祈請所求而去，云云。

可參見《三國傳記》卷十一《達磨流支造釋迦慈氏二像因緣事》(10)；《私聚百因緣集》卷六《法愛沙門事》(9)。

【校記】

[一]感：上原有"像驚"二字，據文意、目錄刪。

[二]坐：疑誤，《三國》《私聚》作"靈"。

［三］達：上原衍"梵"，據續藏本、《三國》《私聚》刪。

［四］曲念：《私聚》作"典"，疑系"曲念"竪寫之訛。

［五］發願：《私聚》此二字在上句"將造"上。

［六］造釋迦：原倒作"釋迦造"，據《三國》乙正。

［七］何：疑脫，據《私聚》補。

［八］愛頓眠覺，悲泣投五體於地：《私聚》作"法愛頓覺，悲泣五體投地"，義同。

［九］軟：《私聚》作"惡"。濤按：軟語、惡語迥然有別，疑軟語是。

［十］我：疑脫，據《三國》補。

［十一］劫：《三國》作"却"。

［十二］是：原脫，據《私聚》《三國》、《法華經》卷二《譬喻品》補。

［十三］不知日月及：原作"日用不知"，據《私聚》改。濤按：文言三界眾物，知"日月"意是，"用"乃"月"之形訛。日僧抄寫時顛倒語序，故倒作"日用不知"。

［十四］之所變：原作"之所反"，《三國》作"分所變也"，《私聚》作"分之所變"，據文意改"反"為"變"。

［十五］如何：《私聚》作"汝"。

［十六］惠：續藏本、《私聚》作"慈"。耶：《私聚》作"乎"。

【注釋】

①《常愍遊歷記》：唐代僧侶常愍巡遊印度的遊記，今已失傳。常愍是初唐時并州人，成書於則天天授二年(691)的《西域求法高僧傳》已記其事，則知常愍當是唐太宗、高宗時之僧。他曾發願遠詣西

方參禮如來聖跡,從南海乘舟,遠赴中天竺,途中經歷千辛萬苦,卻不改初志。其事蹟見釋義淨《西域求法高僧傳》卷上,但並不詳細;《要略錄》所引《常愍遊歷記》可謂常愍生平的最全記錄,足補《西域求法高僧傳》之闕,蓋義淨記其事時尚不知常愍免於海难且有著作存世。

②僧伽補羅國:即《大唐西域記》卷三所記僧訶補羅國,古代北印度國家。僧伽補羅國位於薩爾特山脈(Salt Range)之北,傑魯姆河(Jhelum)北岸。《大唐西域記》卷三、《釋迦方志》卷上,皆記其國都城東有石塔高二十餘丈,與本篇所記相契。

③慈氏菩薩:即彌勒菩薩。據傳此菩薩欲拯救諸眾生,由初發心即不食肉,以此因緣而名為慈氏。釋迦牟尼為他預言授記,言其後當成彌勒佛、彌勒如來。

④三會得脫之人:據《長阿含經》卷一、《增壹阿含經》卷四四等載,佛救度眾生集合了三次法會以說法。過去諸佛如毗婆尸如來、尸棄如來、毗舍婆如來、拘樓孫如來、拘那含如來、迦葉如來等,經典均載他们曾三會說法。彌勒佛亦有三會說法,稱為彌勒三會,又稱龍華三會,以教化釋尊未曾度化的眾生。

⑤今此三界皆是大師有:《法華經》卷二《譬喻品》等記佛陀說偈"今此三界,皆是我有"。

⑥唯我一人,能為救護:《法華經》卷二《譬喻品》記佛陀曾說偈"唯我一人,能為救護"。

⑦曉漏:拂曉時銅壺滴漏之聲,如言天至拂曉。

⑧投五體於地:印度禮法之一,為佛教最鄭重的禮拜法。即兩膝、兩肘及頭頂著地的致敬法。又稱五輪投地、五輪著地、舉身投地頂禮、接足禮。

⑨由緒：來由，緣由。

⑩軟語：柔和而委婉的話語。南朝梁王僧孺《禮佛唱導發願文》："折伏攝受之仁，遇緣而咸拯。苦言軟語之德，有感而斯唱。"

⑪衣鉢：此指僧家的錢財。因為僧家不准蓄財，故以委婉之詞代指。

第十一　鷄頭摩寺五通菩薩請阿彌陀佛圖寫感應（出《感通錄》引《西域傳》①）

相傳[一]：昔天竺鷄頭摩寺五通菩薩②，往安樂世界請阿彌陀佛[二]③："娑婆眾生，慾生淨土[三]，無佛形像，願力莫由，請垂降許④。"佛言："汝且前去，尋當現彼⑤。"及菩薩還，其像已至。一佛五十菩薩各坐蓮華，在樹葉上[四]。菩薩取葉所在圖寫，流布遠近矣[五]。

此條出《感通錄》卷中引"西域傳聞"。《珠林》卷十五引作《西域傳記》；《續高僧傳》卷十二"釋慧海傳"文異。又參見《樂邦文類》引作《感通錄》《釋門正統》卷四引作《感應傳》。

可參見《三國傳記》卷六《五通菩薩往安樂國請阿彌陀佛事》(25)；《私聚百因緣集》卷五《天竺五通菩薩請佛事》(2)。

【校記】

[一]傳：《感通》《珠林》下有"云"字。

[二]世：《感通》《珠林》無此字。濤按：宋宗曉《樂邦文類》、宋宗鑑《釋門正統》引《感通錄》《三國》亦有"世"字，道宣、道世避李世民諱而略。佛：《三國》下有"言"字，《私聚》下有"云"字。

〔三〕慾:《感通》《珠林》《樂邦文類》《釋門正統》《三國》《私聚》作"願"。

〔四〕上:《私聚》《樂邦文類》作"下"。

〔五〕矣:《感通》《珠林》無此字。濤按:"矣"字乃本書文末慣例,下不贅注。

【注釋】

①《感通錄》:即《集神州三寶感通錄》。唐代僧人道宣的著作,凡三卷,乃集錄佛舍利、佛像、佛寺、經典及僧俗靈異之事蹟。《要略錄》有兩篇直接引自《感通錄》(另一篇引作《感通記》),但實際上有多篇雖未曾標記,卻參考了《感通錄》文字,甚至全書框架、命名都受到《感通錄》的影響。

②鷄頭摩寺:古印度寺院,又作鷄園、鷄林園等。在古印度摩揭陀國華氏城東南,為無憂王(即阿育王)所建立。據《大唐西域記》卷八所載,玄奘至此地時,寺已傾圮,僅存基址。

③安樂世界:極樂世界的别名。

④垂:敬語,多用於尊稱長輩、上級對自己的行動。如垂法(垂示法則),垂訓(垂示教訓)。

⑤尋:不久。

第十二　隋安樂寺釋惠海圖寫無量壽像感應[一]（出《唐高僧傳》）

隋江都安樂寺釋惠海①,俗姓張氏[二],清河武城人也[三]②。能閑經論[四]③,然以淨土為業[五],專精致感④。忽有齊州僧道銓齋無量壽像來[六]⑤,云:是天竺鷄頭摩寺五通菩薩乘空往彼安樂世界,圖寫儀容[七]。既冥會素情⑥,深懷禮懺,乃覩神光焰爍,慶所希幸[八]。於是模寫懇苦[九],願生彼土,没齒爲念。至夜忽起,依常面西禮竟[十]⑦,跏趺[十一],至曉方逝。顔色怡和,儼如神在,春秋六十有九矣[十二]。

此條出《續高僧傳》卷十二《釋慧海傳》,其事較詳。《珠林》卷十五引作《唐高僧傳》,文字相同。

可參見《今昔物語集》卷六《震旦安樂寺惠海畫彌陀像生極樂語》(16);《私聚百因緣集》卷五《天竺五通菩薩請佛事》(2)引《續高僧傳》。

【校記】

[一]寫:原作"尊",據目錄改。

[二]俗:《續高僧傳》無此字。

[三]也:《續高僧傳》無此字。

[四]能:《珠林》作"善"。

[五]然以淨土爲業:《續高僧傳》作"常以淨土爲期"。

[六]銓:原作"鈴",《物語》作"領",《續高僧傳》作"詮",而《樂邦文類》《珠林》《佛祖統紀》卷二八、《私聚》引《續高僧傳》作"銓","鈴"乃"銓"形訛,今據改。

[七]儀容:《珠林》作"儀容",《續高僧傳》作"尊儀",《樂邦文類》引《續高僧傳》作"尊容"。

[八]慶:原作"度",據《續高僧傳》《珠林》改。

[九]模:原作"摸",據《續高僧傳》《珠林校注》改。懇:原作

"離",據《續高僧傳》《珠林》《樂邦文類》改。

[十]竟:原作"戀",據《續高僧傳》《珠林》改。

[十一]跏趺:《續高僧傳》作"加坐",《珠林》作"跏趺而坐",《樂邦文類》作"加趺"。

[十二]春秋六十有九:《續高僧傳》此句在"顏色怡和"之上。

【注釋】

①江都:揚州別名。

安樂寺:《續高僧傳》卷十一《釋法侃傳》、卷十二《釋慧海傳》、卷二十《釋智聰傳》皆提及"揚州安樂寺",則知隋時揚州有安樂寺。另南朝建康有安樂寺,乃同名異寺。

②清河:隋州郡。《隋書》卷三十《地理志》記清河郡本為北周貝州,統縣十四,武城即其一縣。

③經論:佛教指三藏中的經藏與論藏。《梁書·謝舉傳》:"為晉陵郡時,常與義僧遞講經論。"

④專精:專心一志。北齊顏之推《顏氏家訓·養生》:"考之內教,縱使得仙,終當有死,不能出世,不願汝曹專精於此。"

⑤齊州:隋州郡。隋開皇初廢濟南郡為齊州,大業初復改為齊郡,統十縣,即今山東濟南。

⑥冥會:默契,暗合。

素情:平素的心願,內心的真情。

⑦面西:因無量壽佛(阿彌陀佛)是西方極樂世界的教主,故面西禮佛。

第十三　隋朝僧道喻三寸阿彌陀像感應（出《瑞應傳》①）

隋朝僧道喻,於開覺寺念阿彌陀佛②,造栴檀(像)長三寸[一]。後道喻忽死,經七日却蘇,云:初見一賢者,往生至寶池邊③。賢者(遶)花三匝[二],花便開敷,遂入而坐。喻遶花三匝,(花)不為開[三]。以手撥花,花隨萎落。阿彌陀佛告言:“汝且歸彼國[四],懺悔眾罪,香湯沐浴。明星出時,我來迎(汝)[五]。汝造我像,因何太小?”喻曰[六]:“心大即大,心小即小。”言已[七],像遍於虛空。即依香湯沐浴④,一心懺悔。謂眾人曰[八]:“為喻念佛。”明星出時,化佛來迎,光明[九],眾皆聞見。即便命終,時開皇八年矣。

此條出《瑞應傳》。宋王日休《龍舒增廣淨土文》卷五、《佛祖統紀》卷二七皆載其事。

可參見《今昔物語集》卷六《震旦開覺寺道喻造彌陀像生極樂語》(17);《私聚百因緣集》卷五《僧道喻之事》(10);《三國傳記》卷六《隋朝僧道喻自淨土歸事》(23)。

【校記】

[一]像:原脫,據《瑞應傳》《淨土文》《三國》《私聚》補。

[二]遶:原脫,據《瑞應傳》《私聚》補。

[三]花:原脫,據《瑞應傳》《三國》補。

[四]歸:《瑞應傳》《三國》《私聚》作“還”。

[五]汝:原脫,據《瑞應傳》《淨土文》《私聚》補。

[六]曰:《瑞應傳》《私聚》作“白言”,義同。

[七]已:《瑞應傳》《淨土文》《統紀》《私聚》作“訖”,義同。

［八］謂：《瑞應傳》《私聚》作"白"。

［九］光明：《淨土文》《統紀》下有"滿室"，《私聚》及慶安三年大谷大學、續藏經本《瑞應傳》下有"照室"二字。

【注釋】

①《瑞應傳》：唐代少康、文諗共撰，全名《往生西方淨土瑞應刪傳》，別名《西方往生瑞應傳》，一卷。本書集錄自東晉慧遠至唐代邵願保等四十八人願生西方之事蹟。本書三次引用《瑞應傳》之文。

②開覺寺：其寺未詳。可知的開覺寺有二：吐魯番出土文書數次提及開覺寺，如阿斯塔那 509 號墓出土《唐西州高昌縣出草帳》，寺在西州高昌縣內；《續高僧傳》卷二六《釋智揆傳》言"送舍利於魏州開覺寺"，寺在隋時魏州（今河北大名東北）。然按《瑞應傳》所記之事絕大多數為山西（代州、并州、汾州等）之事，推測此寺或在今山西或山西附近。

③寶池：淨土極樂世界中的八功德池。《觀無量壽經》曰："極樂世界，寶樹、寶地、寶池。"

④香湯：指有香氣的湯水，即調和諸種香而煎成的湯水，多用於清洗身體。《長阿含經》卷三："汝欲葬我，先以香湯洗浴，用新劫貝周遍纏身，以五百張疊次如纏之。"

第十四　并州張元壽為亡親造阿彌陀像感應（出《并州記》①）

張元壽，并州人②，雖有善心，其家以殺生為業。双親亡沒後，斷殺生業，修念阿彌陀佛。發心為救双親，造阿彌陀佛三尺像，安置舊室，香花燈明，供養禮拜。其（夜）夢室中有光［一］，光中乘蓮臺者二十餘人,於中二人^[二],近於庭上呼元壽。壽即問:"誰?"答:"吾是汝父母。雖解念佛三昧^[三],好酒肉食^[四],殺生魚鳥等多^{[五]③},故墮叫喚地獄④。雖墮地獄,以念佛力,熱鐵融銅如涼水。昨日沙門身長三尺來說法,同業者二十餘人聞沙門說,皆離地獄,方生淨土。時壽以是因緣來告,在空中人者,即地獄中同業者也。"說此事已,指西方而去。以所夢語僧,皆謂所造像往地獄中救苦矣。

可參見《今昔物語集》卷六《震旦并州張元壽造彌陀像生極樂語》(18);《三國傳記》卷十《張元壽為亡親造阿彌陀像感應事》(20);《私聚百因緣集》卷五《并州元壽事》(17)。

【校記】

[一]夜:疑脱,據《物語》《私聚》補,《三國》作"或夜"。

[二]於:《私聚》作"其"。中:《物語》下有"有"字。

[三]解:《私聚》作"修"。

[四]酒肉食:《三國》作"食酒肉"。

[五]殺生:《私聚》作"令殺"。多:《私聚》下有"罪"字。

【注釋】

①《并州記》:敘寫并州佛教傳承、佛教感應故事的典籍,今已失傳。《要略錄》轉引《并州記》三則皆記并州信徒造佛像而或靈佑之事,據下一條所引提及道綽、卷中所引提及常愍等信息推斷,當為唐人之著。又卷中引作《并州往生記》,當為《并州記》全稱。據此,可知此書全名《并州往生記》,略稱《并州記》,是一部約成書於武則天之後至唐玄宗開元十一年(此後并州改名)間的一部作品,作者可能

是并州淨土信徒。

②并州:州郡名。隋稱太原郡。《舊唐書》卷三九《地理志二》記,武德元年改太原郡為并州,置總管。開元十一年置北都,改并州為太原府。屬河東道,治所在今山西太原。

③殺生:十惡業之一,即殺害人畜等一切有情生命。

④叫喚地獄:地獄名,八熱地獄之第四。叫喚,梵語 Raurava,又譯作啼哭地獄、號叫地獄。墮於此地獄受苦之人,痛苦不堪,號泣叫喚,故稱叫喚地獄。《長阿含經》卷十九對此地獄描述甚詳,罪人於此苦痛辛酸,萬毒並至,號叫尤甚。

第十五　釋道如為救三途眾生造阿彌陀像感應(出《并州記》)

釋道如是并州晉陽人也①,乃是道綽禪師懸孫弟子[一]②。心含慈仁,悲四生苦③,雖修淨業④,先欲度他⑤,發願:為救三途眾生受苦造阿彌陀丈六金像。貧道之力[二],三年方成,精勤供養,在於像前。夢一冥官將金紙牒書[三],曰:"此是閻魔法王隨喜師願牒書也⑥。"如即開,見云:"阿師為救三途受苦眾生造阿彌陀像,(其像)入地獄教化眾生[四],宛如生佛,放光說法,利益不思議⑦!地獄眾生業微輕者,皆離苦得樂。"夢覺,彌專其志。齋日,像胷放光,但十人五六得見。或人夢:道如現金色身入地獄中說法,或為餓鬼說法。以如此感應蓋多,定知所願不虛矣。

可參見《今昔物語集》卷六《震旦并州道如造彌陀像語》(19);《三國傳記》卷三《釋道如造無量壽佛像救受苦眾生事》(2)。

【校記】

[一]懸:疑作"玄",《三國》無此字。

［二］道：疑"迫"之訛。

［三］夢：《物語》下有"見"字。一：下原衍"人"，據文意删。

［四］其像：疑脱，據《物語》《三國》補。濤按：上句末有"像"字，下句首"像"系抄者誤脱。

【注釋】

①晉陽：唐開元十一年前屬并州，開元十一年後因并州改為太原郡，遂屬太原郡辖，故址在今山西太原。

②道绰：隋、唐間淨土名僧。俗姓衛，并州汶水人，是繼承北魏曇鸞一系淨土思想的大師。他十四歲時出家，研究《大涅槃經》，曾開講二十四遍。後於太原蒙山開化寺從慧瓚（536—607）講究空理，對禪學有很深的造詣。隋大業五年（609），他在汶水石壁玄中寺見到記載曇鸞念佛往生種種瑞應的碑文後，即舍《涅槃》講說，修習淨土行業，一心專念阿彌陀佛，觀想禮拜，精勤不斷。並為信眾開講《觀無量壽經》約二百遍，詞旨明暢，辯才無礙。他所住的玄中寺屬西河汶水之地，故後人又稱他為西河禪師。唐貞觀十九年（645）於玄中寺入寂，時年八十四。

③四生：泛指世界眾生。佛教世界眾生分為四大類，胎生（如人畜）；卵生（如禽鳥魚鱉）；濕生（如某些昆蟲）；化生，無所依託，唯借業力而忽然出現者（如諸天與地獄及劫初眾生）。

④淨業：此指修習往生西方淨土之業。

⑤度他：濟度眾生。釋道如修習淨土思想，導引其往生西方極樂國土，而他並不滿足於個人修習，心懷濟度一切眾生之心，為利他而發大悲心。

⑥隨喜:隨順歡喜之意,即見他人所作善根功德,隨之心生歡喜。道如造像之舉,深爲閻魔王讚賞,閻魔王內心隨順歡喜,遂遣人致書。

⑦不思議:義同不可思議,不可以心思之、不可以言議之的意思。本書有五次寫作"不思議",有十次寫作"不可思議"。

第十六　宋沙門釋僧亮造丈六無量壽像感應[一]①(出《梁高僧傳》《珠林》中取意②)

宋江陵長沙寺沙門釋僧亮③,志操剛烈,期西方[二],願造丈六無量壽像。功用既巨,積年不辦。聞湘州銅溪山廟甚饒銅器[三]④,欲化導鬼神,取充成辦。遂(詣)州刺史張邵[四]⑤,告以事源[五],請船數艘[六]、壯士百人。張曰:"此廟靈驗,犯者輒斃[七]。且蠻人守護,恐此難果。"亮曰:"禍與君共[八],死則身當[九]。"張即給人船。未至一宿,神已預知,風震雲冥,鳥獸鳴呼。俄而亮到,霧歇日明。未至廟屋二十餘步,有兩銅鑊,容數百斛[十],見一大蛇,長十餘丈,從鑊騰出,亘身斷道。從者百人,悉皆退散,亮乃整服而進[十一],振錫告蛇曰:"汝前世罪業,故受蟒(身)[十二],不聞三寶,何由自拔!吾造丈六無量壽像,聞此饒銅,遠來相詣。幸可開路,使我得前。"蛇乃舉頭看亮[十三],引身而去。亮躬率人徒,捷取銅器[十四]⑥。唯床頭唾壺可容四升[十五]⑦,螲蟷長尺有餘[十六],踊躍出入[十七],遂置不取。廟器重大,十不收一[十八],唯勝小者,船滿而歸[十九]。守廟之人,即蠻,莫敢推拒[二十]⑧。亮還都鑄像,以元嘉九年畢功[二一]。神表端嚴,威光偉曜[二二],造像靈異,聲傳(京師)矣[二三]。

此條出《高僧傳》卷十三《宋京師釋僧亮傳》,所載較詳;《珠林》卷十五引作《梁高僧傳》,文字略同。《釋氏通鑒》卷四、《歷朝釋氏資鑒》卷三咸引《高僧傳》，《太平御覽》卷七五七引《湘州記》，又見《新修科分六學僧傳》卷十，事稍異。

可參見《今昔物語集》卷六《江陵僧亮鑄彌陀像語》(20)。

【校記】

[一]亮：原作“高”，據《高僧傳》《珠林》《物語》等改，下同。

[二]期：《珠林》作“常結”。

[三]湘州銅溪山：《高僧傳》作“湘州界銅溪伍子胥”。饒：大谷本作“鐃”，據續藏經本、《珠林》改，下同。

[四]詣：原脫，據《珠林》補。濤按：《宋書》卷五《文帝本紀》：“(元嘉五年)以湘州刺史張邵為雍州刺史”，張邵為湘州刺史非遂州刺史，故知“遂”下脫字。刺：原作“判”，據《高僧傳》《珠林》、續藏經本改。

[五]告以事源：原作“告事人源”，據《珠林》改。

[六]艘：宋、明、宮本《珠林》作“隻”，麗藏本《珠林》《高僧傳》作“艘”，義同。

[七]犯：原作“獄”，據《高僧傳》《珠林》改。

[八]禑：《珠林》、續藏經本作“福”，“禑”古同“禔”，福也。共：上原衍“其”字，據《珠林》、續藏經本刪。

[九]當：原作“留”，據《高僧傳》《珠林》、續藏經本改。

[十]容：原訛作“各”，據宋、元、明本《珠林》及《高僧傳》《太平御览》《釋氏通鑒》《歷朝釋氏資鑒》改。濤按：麗藏本《珠林》作“各”，“各”乃“容”形訛。

[十一]整：原作“勑”，據《珠林》、續藏經本改。

61

［十二］身：原脫,據《珠林》、續藏經本補。

［十三］舉：下原衍"舉"字,據《珠林》删。濤按:二"舉"迺日僧重抄之故。

［十四］捷：原作"捷",據宋、元、明本《珠林》改。濤按:麗本《珠林》《高僧傳》作"犚",《珠林校注》誤校作"犚","捷"義通。

［十五］升：原作"舛",據《珠林》改。

［十六］蜓：原作"蠲",據《高僧傳》《珠林》改。尺:《高僧傳》《珠林》上有"二"字。

［十七］踊：《珠林》作"跳"。

［十八］十：原作"少",據《高僧傳》《珠林》改。

［十九］歸：《珠林》作"還"。

［二十］拒："拒"上六字《珠林》作"莫敢拒護"。濤按:"即蠻"或為非濁注語。

［二一］嘉：原作"壽"(《物語》同),據文意及《珠林》改。

［二二］偉：麗藏本《珠林》作"煒"。

［二三］京師：疑脫,據《珠林》補。

【注釋】

①無量壽：即阿彌陀,梵文 Amita 的意譯。

②《梁高僧傳》：又作《高僧傳》,凡十四卷,梁釋慧皎撰。本傳記錄從後漢明帝永平十年(67)到梁武帝天監十八年(519)四百五十三年間魏、吳、晉、宋、齊、北魏、後秦九個朝代中的高僧事蹟。作者博覽群書,參考大量書籍,保存了大量僧侶事蹟與珍貴文史材料。

《珠林》：即《法苑珠林》,凡百卷,唐釋道世撰。此書以佛經故實分類編排,凡一百篇,每篇或有述意,或無述意,大旨推明罪福之由,用生敬信之念。此書蓋引經據典之作,保存了一些珍貴文獻和史料。

③江陵:南朝時荊州的治所,今湖北荊州市轄區。《宋書》卷三七《州郡志》記:"荊州刺史,漢治武陵……桓溫治江陵,桓沖治上明,王忱還江陵,此後遂治江陵。"《高僧傳》載釋僧亮"未知何人",而《珠林》則言其為江陵長沙寺僧。

長沙寺:六朝荊州寺院。《高僧傳》卷五《釋曇翼傳》載:"晉長沙太守滕含,於江陵捨宅為寺。(告)安求一僧為綱領,安謂翼曰:'荊楚士庶,始欲師宗,成其化者,非爾而誰。'翼遂杖錫南征,締構寺宇,即長沙寺是也。"據此傳,知長沙寺建於道安在世時,即東晉太元十年(385)前,乃滕含捨宅、釋曇翼所建。此寺南朝時依然見在,梁元帝曾撰《荊州長沙寺阿育王像碑》,《續高僧傳》卷十六《釋智遠傳》記南朝陳太建三年終於荊州長沙寺。其後寺況不明,未見記載。考《高僧傳》多次提及長沙寺,然卷十三《宋京師釋僧亮傳》未言釋僧亮栖止長沙寺,且云"未知何人",疑《法苑珠林》"宋江陵長沙寺沙門"之說迺為訛傳。

④湘州:南朝的州郡。《宋書》卷三七《州郡志》記:"湘州刺史,晉懷帝永嘉元年,分荊州之長沙、衡陽、湘東、邵陵、零陵、營陽、建昌,江州之桂陽八郡立,治臨湘。"此後,反復更置,"宋武帝永初三年又立,文帝元嘉八年省;十六年又立,二十九年又省。孝武孝建元年又立。"

廟:《高僧傳》《太平御覽》卷七五七引《湘州記》作"伍子胥廟",湘州或有伍子胥廟。

⑤張邵:張邵,字茂宗,初為揚州主簿,因不依附劉毅,而為宋武

帝劉裕所重。宋文帝為荊州刺史時,委以張邵眾事。後官任雍州刺史。事見《宋書》卷四六《張邵傳》。據《宋書》卷五《文帝本紀》記"(元嘉五年)以湘州刺史張邵為雍州刺史",據此知張邵應在元嘉五年前任湘州刺史。

⑥捷:肩扛。

⑦唾壺:古時一種小口巨腹的吐痰器皿。

⑧推拒:推脫拒絕。《珠林》作"拒護",義近。

第十七　阿彌陀佛化作鸚鵡鳥引接安息國感應[一](出《外國記》①)

安息國人不識佛法②,居邊地,鄙質愚氣[二]。時有鸚鵡鳥[三],其色黃金,青白文飾,能作人語。王臣人民共愛,身肥,氣力弱。有人問曰:"汝以何物為食?"曰:"我聞阿彌陀佛唱以為食,身肥力強。若欲養我,可唱佛名。"諸人競唱,鳥漸飛騰空中,還住地。鳥曰:"汝等欲見豐饒土不?"答:"欲見之。"鳥曰:"若欲見,當乘我羽。"諸人乘其羽翼,力猶少弱。鳥勸令念佛,即飛騰虛空中,指西方而去。王臣歎異,曰:"此是阿彌陀佛,化作鳥身,引攝③邊鄙④,豈非現身往生?"即於彼地立精舍,號鸚鵡寺,每齋日修念佛三昧。以其已來,安息國人少識佛法,往生淨土者蓋多矣。

可參見《今昔物語集》卷四《天竺安息國鸚鵡鳥語》(36)。

【校記】

[一]接:原作"起",據目錄改。

[二]氣:《物語》作"癡"。

［三］鵡:續藏本作"武",下同。

【注釋】

①《外國記》:未詳其書,《要略録》凡八引是書,所記之事皆久遠,且多不爲他書轉引。如本條記公元3世紀後便已滅亡的安息國;下條記"不聞佛法"的執師子國絶島,據《法顯傳》載東晉時執師子國"王淨修梵行,城内人敬信之情亦篤",疑其轄島"不聞佛法"當是東晉法顯遊歷前之事。又考此條後的第二條注出《外國賢聖記》,三條遞次相接,或出同文,而《外國賢聖記》或即其書全名,前二條略稱《外國記》。綜上所述,此書或是一部遍採西域佛法流傳、經典傳播的書籍,所選内容多爲佛法初興、經典將行之事,而其編著年代可能在唐代前期(《諸經要集》卷八、《法苑珠林》卷三三皆引《外國記》文),故《要略録》卷中"釋迦從鉢羅笈菩提山趣菩提樹中路地神奉般若函感應"條提及"唐"。

②安息國:位於波斯(今伊朗)北方、里海南岸的古王國。西史稱作Parthia,我國史書多稱爲安息。《魏書》卷一零二《西域傳》記:"安息國,在蔥岭西都蔚搜城。北與康居,西與波斯相接,在大月氏西北,去代二萬一千五百里。"3世紀之後,安息國勢衰微,其地爲他國分割,最終滅亡。

③引攝:同引接。指佛以大願業力攝取之手,引導攝取眾生。

④邊鄙:邊遠地方。

第十八　阿彌陀佛作大魚身引攝漁人感應[一]（出《外國記》）

執師子國西南極目①,不知幾里有絶嶋[二],編居屋舍五百餘户,捕鳥為食，更不聞佛法。時數千大魚，海渚寄來②，一一作人語，唱南無阿彌陀佛。海人見之，不了所由，唯依唱言，名阿彌陀魚。有人唱阿彌陀，魚漸近岸。頻唱，殺之而不去，肉甚美[三]。若諸人久唱，所執取者，肉味最上；少唱，得者辛苦之。一渚漁人，耽嗜魚肉，唱阿彌陀佛名為業。初食者一人壽命終，三月之後，乘紫雲，放光明，來至海渚濱，告諸人曰："吾是捕魚之中老首[四]③，命終生極樂世界。其大魚者，阿彌陀如來化作。彼佛哀愍我等愚氣[五]，作大魚身，勸進念佛三昧。若不信者，當見魚骨皆是蓮花。"諸人歡喜，見所捨骨皆是蓮花。見者感悟，斷殺生，念阿彌陀佛，所居之人皆生淨土。空荒年久，執師子國師子賢大阿羅漢乘神通往到彼島④。傳說如此矣。

可參見《今昔物語集》卷四《執師子國渚寄大魚語》(37)；《三國傳記》卷六《阿彌陀佛作大魚引攝漁人事》(22) 事詳。

【校記】

[一]攝：目錄作"接"，義同。

[二]嶋：下文作"島"，嶋、島古通。

[三]肉：《三國》下有"味"字。

[四]首：疑"者"之訛。

[五]氣：《物語》《三國》作"癡"，疑是。

【注釋】

①執師子國：即僧伽羅國，今斯里蘭卡。梵文音譯為僧伽羅，意譯為執師子國或師子國，宋代以後著作多稱作西蘭，明代譯作錫蘭。執師子國是海上運輸的交通要道，我國由海道運往西方的絲綢多經

此國轉運。

②寄來：《今昔物語集》《三國傳記》皆作"寄來"，疑作漂寄意。

③老首：《今昔物語集》《三國傳記》皆作"老首"，疑"首"字訛，或作老者，義近死者。

④師子賢：據文中所記，師子賢是執師子國人，且是佛法初興期的得道者。這不同於藏文經典所記8、9世紀時依寂護學習瑜伽理論的印度僧人師子賢。

第十九　信婦言稱阿彌陀佛名感應（出《外國賢聖記》）

昔天竺阿輸沙國中有一婆羅門①，愚癡不信，惡業嚴身[一]。其婦淨信，解念佛定[二]，婦每勸夫曰："汝可念無量壽佛。"夫不隨[三]。此婆羅門多欲愛婦，情深染著，不知厭足。時婦曰："夫婦如双羽，汝如何不似我行。既不隨我心，我亦汝不隨[四]，眾不順情[五]。"時，婆羅門曰："我愚癡故，不能持汝行[六]，將如何？"婦曰："汝定一時。我修念佛定訖，擊金鼓時，將唱南無阿彌陀佛，入寢屋，方交臥。"婆羅門如言而行。三年後，依微疾而卒，脅下尚暖。婦疑不葬，五日方活。悲泣謂婦言："吾死入鑊湯地獄，羅刹婆以鐵杖打罪人[七]，打動鑊緣，即謂汝金鼓聲，不覺高聲唱南無阿彌陀佛。爾時，地獄如涼池，蓮花彌滿其中[八]，聲所及[九]，罪人皆生淨土。羅刹白王②，王放還吾，曰：'以此奇事傳說人間[十]，即說一偈云：若人造多罪，應墮地獄中。纔聞彌陀名，猛火為清涼[十一]。'"婆羅門憶持而再說③，聞者歡喜矣。

可參見《三國傳記》卷三《信婦言稱阿彌陀佛名號破地獄蘇生事》(1)；《私聚百因緣集》卷三《阿輸沙國婆羅門事》(18)。

【校記】

[一]業:《私聚》下有"以"字。

[二]解:《私聚》作"行"。

[三]夫:《三國》《私聚》下有"更"字。

[四]我亦汝不隨:《私聚》作"亦不隨汝"。

[五]眾:《私聚》下有"事"字。

[六]持:《私聚》下有"事"字。

[七]娑:原作"婆",據羅刹譯名改。濤按:下文及《三國》作"羅刹",羅刹又譯作羅刹娑,"婆"乃"娑"形訛。

[八]彌:《三國》作"開"。

[九]及:疑下脱"處",《三國》作"念佛音及處"。

[十]以:《私聚》上有"汝"字。

[十一]涼:原作"冷",據《三國》《私聚》及上文"地獄如涼池"改。

【注釋】

①阿輸沙國:即阿踰闍國,系傳抄或翻譯之異。本書卷中第二十三條《貧女受持〈勝鬘經〉現作皇后感應》作"阿輸闍",而《三國傳記》卷五抄作"阿輸沙",故知"阿輸闍"、"阿輸沙"同指一國,即古印度阿踰闍國。阿踰闍國又名阿踰遮國、阿踰陀國,是憍薩羅國的古都,印度教徒七大聖地之一。

婆羅門:梵語音譯又作婆囉賀摩拏,意譯淨行、淨志、外意、承息等。為印度社會階級制度之一階級。此階級之人自認為是梵天後裔。平素讀誦《四吠陀》，行祭祀，位居四姓(四種階級)之最上位。在印度的階級制度中，除了四姓中最下層的首陀羅之外，其餘三姓(婆羅門、刹帝利、吠舍)皆可讀誦《吠陀》，且可為自己行祭祀供犧。但只有婆羅門可以教授他人《吠陀》，為他人行祭祀，接受佈施。故印度宗教上的權力可說完全掌握在此階層手中。

②羅刹：又譯作羅刹娑，羅叉娑，迺惡鬼總稱。本是印度神話中的惡魔，後為佛教所吸收。

③憶持：記憶受持而不忘失，如《觀無量壽經》："汝等憶持，廣為大眾分別解說"。

第二十　十念往生感應(出《淨土論》①)

聞有一人，不識姓名，其性麁險[一]②，不信因果[二]，常以殺獵為業。遇疾臨終，備見地獄苦具③，及所殺眾生並來債命，其人悔曰[三]："我平生不信師僧語④，今日所見果如經說。"遂告家中人曰："汝等救我[四]。"兒等報云[五]："若為相救?"其人告曰："汝若不能救我者，急遣一人就寺，請一師來救我也。"即依其言，請得一僧。其人見僧，悲泣而言："願師慈悲，急救弟子。"僧報云："檀越平生不信三寶[六]，今日垂終，卒救難得也。"其人云："實爾。師讀佛經，如弟子罪人，命終之時有救法不[七]?"僧答曰："《觀經》有文⑤，其文云云[八]。"(其人)忽然踊躍歡喜[九]，云："佛言有地獄，如言即有者；佛言十念得往生[十]⑥，弟子定得往生也。"即告家人曰："可持(香)火來[十一]。"家人燃火[十二]，香爐授(與)[十三]。其人語曰："我今少時[十四]，即入地獄。在爐鑊中，何用香爐。可將火來，著我手中。"遂左手燃火，右手握香，面向西方，至心念佛。未滿十念，即告眾云：

"佛從西來,大有徒眾,并放光明,授我花座。"言畢即卒。此是十念往生也。

此條出《淨土論》卷下。

可參見《三國傳記》卷十二《十念往生感應事》(8)。

【校記】

[一]庾:慶安四年刊宗教大學藏本《淨土論》作"庶",《三國》作"廉"。

[二]不:《淨土論》上多"又"字。

[三]曰:《淨土論》作"云"。

[四]救:原作"教",據續藏經本、《淨土論》《三國》改。

[五]兒:《淨土論》上多"婦"字。報:《淨土論》作"答"。

[六]檀:原作"旦",據《淨土論》《三國》改。

[七]命:《淨土論》作"垂"。

[八]其文云云:《淨土論》無此句。《三國》此句并上句作"有,即《觀經》文示"。

[九]其人:疑脫,據《淨土論》《三國》補。

[十]十念:《淨土論》無二字。

[十一]香:原脫,據《淨土論》《三國》補。濤按:下文僕人燃火、授香爐,知所求為香、火兩種,故據《淨土論》《三國》補。

[十二]燃:原作"莊"(《三國》作"莊"),據《淨土論》改。下同。

[十三]與:原脫,據《淨土論》補。

[十四]少:原作"小",據《淨土論》《三國》改。

【注釋】

①《淨土論》:唐代釋迦才撰,又稱《迦才淨土論》。全書以問答體的方式論述,敍說淨土教教法,彰顯道綽《安樂集》的思想。全書三卷,總分九章。作者迦才在貞觀年間住長安弘法寺,勤修淨業,弘揚淨土法門。另,明袾宏《往生集》卷中"張善和"與《淨土論》本條極為相似,當系明僧由此改易而成。

②麁險:粗魯。《法苑珠林》卷七十:"唐河間邢文宗,家接幽燕,稟性麁險。"

③苦具:地獄各種刑具。

④師僧:是對僧眾的敬稱。《法苑珠林》卷二三:"點辱師僧,辜負檀越,不堪行國王之地。"

⑤《觀經》:《觀無量壽經》的簡稱。南朝宋畺良耶舍譯,一卷。系佛在王舍城宮中,應韋提希夫人之請,開演修三福、十六觀等往生淨土之法的經典,與《無量壽經》《阿彌陀經》同稱"淨土三部經",為淨土法門之寶典。《觀無量壽經》云:"如是至心令聲不絕,具足十念,稱南無阿彌陀佛。稱佛名故,於念念中,除八十億劫生死之罪。命終之時,見金蓮花,猶如日輪,住其人前,如一念頃,即得往生極樂世界。"此即本篇主人公所聞聽並受感悟之語。

⑥十念:即十念往生。《觀無量壽經》认為五逆罪人,如果臨終時依善知識之教,稱念十聲南無阿彌陀佛,即可往生極樂。

第二十一　釋雋惠圖造阿閦佛感應[一]（出《隨記》[二]①）

隋開皇中,有釋雋惠,不知何處人。一生期不退轉位②,圖阿閦佛像一千體[三]③,又造同像一十二體,長三尺立像,專心祈請感應。夢感二僧[四],一人自稱日光,一人自稱喜臂[五],"汝識阿閦佛本願不?"答:"粗知。"二僧歡喜,曰:"善哉! 如汝在濁惡世中,歸依阿閦佛,於一生中入不退位,得生歡喜。"覺已,彌念[六]。臨終啓眾曰:"吾今往生歡喜國矣④。"

可參見《今昔物語集》卷六《震旦雋慧造阿閦佛生歡喜國語》(25);《三國傳記》卷十《釋携慧往生歡喜國事》(23)。

【校記】

[一]雋:原作"雙",據目錄俊(雋)改。濤按:目錄作"俊(雋)",《三國》作"携",《物語》作"雋(鑴之異體)",右部相仿,疑是"雋"之形訛,"雋"古通"俊"。佛:目錄下有"像"字。

[二]隨:疑作"隋"。

[三]千:原作"十",據《物語》《三國》改。濤按:文可逕作"十",不必作"一十",知"千"是,故據《物語》《三國》改。

[四]二:下原衍"人",據文意刪。

[五]臂:原作"辟",據《物語》《三國》改。濤按:曇無讖譯《悲華經》卷九"於今我前,有二菩薩,一名日光,二名喜臂",又考非濁等編《佛菩薩名集》亦載"喜臂菩薩",故知"喜臂"當是。

[六]彌:《物語》《三國》下有"持"字。

【注釋】

①《隨記》:據文記隋朝事判斷引書疑為《隋記》。據《舊唐書》卷七九《呂才傳》列第二十九記呂才"著《隋記》二十卷,行於時",

《新唐書》卷五八《藝文志二》錄"呂才《隋記》二十卷"、"丘啟期《隋記》十卷(開元管城尉)",然呂作、丘作皆爲史書,其内容似異是篇所載。考本書中的記、紀常相混用,疑非渻引書或有異名,如作《隋紀》等。明初心泰《佛法金湯編》卷六曾引《隋紀》文,其文據《集古今佛道論衡》卷二"隋兩帝重佛宗法俱受歸戒事"條注引"隋著作王邵(劭)述《隋祖起居注》",乃知王劭史書亦被稱作《隋紀》。據《隋書·王劭傳》《舊唐書·經籍志》《新唐書·藝文志》等,王劭曾撰《舍利感應記》二十卷、《皇隋靈感志》十卷傳記佛教感應之事,所撰《隋書》八十卷遭魏徵斥云:"又採迂怪不經之語及委巷之言,以類相從,爲其題目,辭義繁雜,無足稱者,遂使隋代文武名臣列將善惡之跡,埋没無聞。"故知王劭《隋書》混雜了許多迂怪不經之語,很可能像他的其他著作一樣留有佛教感應痕跡;且據《隋書·王劭傳》所記隋煬帝繼位數年後王劭便辭世,知其著作當記隋文帝開皇、仁壽間事。本篇記隋開皇間事,涉及佛教造像感應故事,很可能出自於王劭之筆。

②不退轉位:不退轉指在佛道修行的過程中,功德有進無退,不會丢失。音譯作阿鞞跋致、阿毗跋致、阿惟越致,意譯爲不退轉。不退轉亦是菩薩的階位,菩薩經一大阿僧祇劫修行方至此位。《阿彌陀經》曰:"極樂國土,衆生生者,皆是阿鞞跋致。"

③阿閦佛:梵語 Akshobhya,又名不動佛。五方如來之中的東方佛,因阿閦佛成佛時,立下了不對任何一個衆生起嗔恚心的願望,所以即便爲人所怨恨,也不退轉,不爲嗔恚而動,是爲"不動"。阿閦佛是東方妙喜世界的佛陀,類似於西方極樂世界阿彌陀佛的地位。

④歡喜國:又作妙喜國,東方阿閦如來淨土之名。

73

第二十二　造藥師形像得(子)五十年壽感應^[一](出《三寶記》①)

昔天竺有婆羅門富貴而無子息②,祈請自在天③。其婦有身,九月滿足,生男子,色貌端正,生眾人愛敬^[二]。時有一尼乾,善占相④,見不悅^[三],云:"此兒有眾相^[四],未足繼家業,餘壽二年。"父母聞之,生憂惱,如中毒箭。時有昔親友作沙門,洞達奧祕,問其因緣。具答上事。沙門云:"汝依七佛法造藥師如來形像⑤,如法供養。"即以白^[五],初齋日,如法式供養。父婆羅門夜夢,異服赤冠,冥道乘青馬,捧札來造^[六],言:"汝依七佛法,造像供養,更得子五十年壽。"果後如夢矣^[七]。

可參見《三國傳記》卷二《造藥師尊像延五十年壽事》(1)。

【校記】

[一]子:疑脫,據目錄補。

[二]生:疑衍,《三國》無此字。

[三]見:《三國》下有"此兒"二字,疑脫。

[四]此兒有眾相:《三國》作"雖有種種好相"。

[五]以白初:《三國》作"選",疑是。

[六]造:《三國》作"告"。

[七]果後:《三國》作"後果"。

【注釋】

①《三寶記》:其書未詳。《要略錄》四次引用《三寶記》,即卷上

的"第二十二造藥師形像得(子)五十年壽感應"、"第二十三昔有一貴姓祈請藥師靈像得富貴感應"以及卷中"第二十三貧女受持《勝鬘經》現作皇后感應"、"第三十二唐張謝敷讀誦藥師經感應"四條,前三則記外國之事,後一則題目署為"唐"人之事。若據後一則所記唐人事判斷,知是書或為唐人敘寫佛家三寶感應之著。(若斷以時代,《要略錄》所引用的《三寶記》应非蕭子良《三寶記》。據《歷代三寶紀》卷十一、《集神州三寶感通錄》卷下、《破邪論》卷下、《法苑珠林》卷一百等載,齊竟陵文宣王蕭子良曾撰《三寶記》一部,或云二十卷[《珠林》]、或言十卷[《歷代三寶紀》《大唐内典錄》],是書又稱《三寶記傳》,記佛史、僧傳,然已失傳。)

②子息:子嗣。

③自在天:即大自在天,梵語作Maheśvara,是濕婆神的異名。原為印度教神明,被視為世界最高位的神,是宇宙世界的創造者。後為佛教所吸納,成為佛教護法神之一。佛教認為他居住在淨居天,為色界之頂點,能夠自在變化,故稱為自在天。

④尼乾:梵语 Nirgrantha,又作尼乾子、尼犍、尼健。是外道出家者的總稱,常善於占卜,有預言異能。善占:精通占卜術。

⑤七佛:指釋迦佛及其出世前所出現的七位佛陀,即:毗婆尸佛、尸棄佛、毗舍浮佛、拘留孫佛、拘那含牟尼佛、迦葉佛與釋迦牟尼佛。

藥師如來:在東方淨土化導眾生,且誓願為眾生消除災苦、求得現世安樂的如來。又稱藥師琉璃光如來。藥師如來成佛後,住在淨琉璃世界。其國土莊嚴如極樂國。其中有日光、月光二菩薩,為藥師如來的二隨侍。

第二十三　昔有一貴姓祈請藥師靈像得富貴感應（同記①）

昔聞天竺有一貴姓，甚貧乏，乞食自活。所至城邑皆閉門戶，人皆名為閉門。常自憂悲，往詣藥師靈像寺中[一]，右遶佛像②，至心悔過，斷食五日。如夢，從像出妙色身似小僧[二]，告言："汝宿業頗滅[三]，必得富饒，可還父母舊宅。"覺後，語已[四]。到舊宅，城廓頹壞③，唯有朽柱梁木。信告勑④。兩日而住，以杖掘地，自然伏藏顯現⑤，此即父母所畜收也。一年內得富貴，此即依佛力矣。

可參見《今昔物語集》卷四《天竺窮人得富貴語》（38）；《三國傳記》卷十一《乞門歸藥師得富事》（7）。

【校記】

［一］往詣藥師靈像寺中：疑倒作"往詣寺中藥師靈像"。

［二］小：原作"少"，據《三國》《物語》改。濤按：小迺少之形訛。僧：原作"像"，據《三國》改。濤按：《三國》作"光現小僧"，《考證今昔物語集》引《要略錄》作"似少僧"、《物語》作"小比丘似"，知"僧"意是。

［三］頗滅：疑誤。

［四］語已：疑作"依語"。《物語》作"其教如"（即如其教），《三國》本句作"後願既滿，思到舊宅"。

【注釋】

①同記：同於上記，即《三寶記》。

②右遶：佛教禮儀之一種，又作右旋。即向右旋繞佛像以表禮敬

之意。印度自古即行此禮法,藉以表示對佛、塔、尊宿等之敬意。《無量壽經》卷上云:"稽首佛足,右繞三匝。"

③城廓:原指城牆,此處當指故宅牆垣。

④信告勅:據《今昔物語集》《三國傳記》,其意為僧信藥師所告。

⑤伏藏:隱藏。

第二十四　貧女以一文銅錢供養藥師像得富貴感應[一](出《冥志記》①)

唐邊州有貧女[二]②,孤獨自活③,家內唯有一文銅錢。女人思惟:此錢不可為一生資糧,當供佛像。即往伽藍,供養藥師靈像,經七日住[三]。隣縣有富家[四],其婦頓死,更求他女,良久不得隨情。更祈請同寺像,夢所感。以彼孤女為婦,共得福壽,生三男二女,皆謂佛力矣。

可參見《今昔物語集》卷六《震旦貧女以錢供養藥師佛得富語》(22);《三國傳記》卷二《貧女得富貴事》(2)。

【校記】

[一]養:目錄無此字。

[二]州:《物語》作"土"。女:原作"人",據文意改。濤按:文述貧女人之事,故疑原文"人"作"女"或上有"女"字,《物語》《三國》作"貧女",今從之,亦據此改文題。

[三]住:《物語》作"後",《三國》作"住"。

[四]縣:《物語》作"里"。

【注釋】

①《冥志記》:當為唐人著作,今佚。唐釋僧祥《法華傳記》卷三"唐京城真寂寺釋慧如"條注云:"出《冥志記》。然《冥報記》中雖明此緣,不云講《法華》,當知著記所聞不同",據此可知唐代有一書類似於《冥報記》,其撰時當在《法華傳記》成書之前,即唐開元年間之前。

②邊州:靠近邊境的州邑。泛指邊境地區。唐馬戴《雪中送青州薛評事》詩:"憐君急王事,走馬赴邊州。"

③孤獨:孤單無助。

第二十五　破戒者稱藥師名戒還得淨感應(出《尚統法師傳》[一]①)

昔有一比丘,往遊西域,欲請問得戒源由。發足到天竺[二],遇見一阿羅漢[三],即請問僧尼得戒不得戒。阿羅漢言:"我是小乘聖者,不知菩薩僧尼等戒得不[四]。汝在暫住[五],我上昇兜率奉問彌勒。"即入定向天,具問僧尼並得戒,請靈驗[六]。彌勒即取金花[七],云:"若邊地僧尼(得戒)[八],取金花入羅漢手掌[九],不得莫入。"發心既訖[十]。得花安手[十一],其花入掌中,高一尺影現[十二],以此為驗。復問:"若受戒已更有犯者,如何遠得所失[十三]。"彌勒答:"若聲聞法②,犯性戒現身難得;若大乘法,此事不難。東方有土名淨瑠璃③,佛名藥師,以本願故,破戒稱名,必得淨戒④。"比丘聞已,後說此事,聞者信受矣。

此條見《珠林》卷八九引《齊尚統師傳》,事詳。又參見唐釋大覺

《四分律行事鈔批》卷七、唐釋定賓《四分律疏飾宗義記》卷三咸引《南山律師記》,宋釋守一《終南家業》卷中引作《齊僧傳》。

【校記】

[一]尚統:原作"尚紀",續藏本、《珠林》宫、宋、元、明本作"尚統",今從之。

[二]天:《四分律疏飾宗義記》《四分律行事鈔批》上有"北"字。

[三]遇:原作"適",據《四分律疏飾宗義記》《四分律行事鈔批》改。一:下原衍"人"字,據《珠林》《四分律疏飾宗義記》《四分律行事鈔批》删。

[四]菩薩:疑衍或訛。濤按:二字文意不通,《珠林》《四分律行事鈔批》無二字,《四分律疏飾宗義記》作"邊地"。

[五]暫:《珠林》作"此",疑是。

[六]請:《珠林》上有"仍"字。

[七]花:《珠林》作"華",下同。

[八]得戒:疑脱,據《珠林》《四分律疏飾宗義記》《四分律行事鈔批》補。

[九]取:《珠林》《四分律疏飾宗義記》《四分律行事鈔批》作"願"。

[十]心:《珠林》作"願"。

[十一]得:《珠林》作"將"。

[十二]影:原作"顯",據《珠林》《四分律疏飾宗義記》《四分律行事鈔批》改。

[十三]遠:續藏本作"還"。

【注釋】

①《尚統法師傳》:即《齊尚統法師傳》。《珠林》卷八九引《齊尚統師傳》,節錄了原傳的部分文字。考其文記北齊僧尚統事,當著於法師歿後的北周大象二年(580)至《珠林》成書的唐高宗總章元年(668)間。尚統即北齊名僧法上,又作法尚,蓋尚、上常相混用(如大正藏本此條作"上統")。《維摩經略疏垂裕記》卷二記"尚統師者即法尚師,北齊勅為昭玄統,故云尚統",據此知師即為當時名僧法尚(法上),尚為其法號末字,而統為昭玄統僧職,又常稱大統法上。《法苑珠林》卷五五載"上統"與陸修靜庭前辯論事,《維摩經略疏》卷二、《淨名經關中釋鈔》卷上記"齊尚統師問長耳三藏"事。法師事蹟可參見《續高僧傳》卷八《齊大統合水寺釋法上傳》。

②聲聞:原指聽聞佛陀的聲教而依教修行的佛弟子。在原始佛教聖典中,釋迦在世時的弟子,不論在家或出家,皆稱為聲聞。但至後世,聲聞被限定為出家弟子。大乘佛教興起之後,聲聞與緣覺皆被大乘教徒貶為小乘。此處聽聞法即指與下文大乘法相對的小乘法。

③淨瑠璃:即瑠璃世界,藥師瑠璃光如來所住的國土,在東方。

④淨戒:指清淨的戒行。

第二十六　夏侯均造藥師形像免罪感應(出《靈應記》①)

夏侯均者,冀州人也[一]②。顯慶二年③,受重病[二],經四十餘日,昏亂悶絕而死[三]。自(云)[四]:被配作牛身[五],祈云[六]:"嘗三度於隱師處受戒[七]④,兼受持《藥師經》,自造形像[八]。自省無過,何遣作牛身[九],受苦如此[十]?"均已被配磨坊,經二十四日苦使[十一]。後為勘受戒等[十二]⑤,是實不虛,始得免罪[十三]。還蘇,說此事矣。

此條見《珠林》卷八九引《冥報拾遺》。

可參見《今昔物語集》卷六《震旦夏侯均造藥師佛得活語》(24)。

【校記】

[一]冀:原作"勇",據《珠林》改。濤按:《物語》亦作"勇州",考唐無勇州,《珠林》云夏侯均乃冀州阜城人,今從之。

[二]受重:《珠林》無二字。

[三]悶絕而:《珠林》作"殆",方詩銘《冥報拾遺》校本作"始"。

[四]云:原脫,據《珠林》補。

[五]身:《珠林》無此字。

[六]祈:《珠林》作"頻經苦訴,訴"。

[七]隱:原作"陰",據《珠林》改。《珠林》"隱"上有"懺悔"兩字。

[八]像:"像"及其上九字《珠林》無。

[九]何:《珠林》下有"忍"字。

[十]此:《珠林》作"是"。

[十一]四:《珠林》無此字。

[十二]受戒等:《珠林》作"當受戒"。濤按:疑《珠林》"當"為"嘗"之形訛。

[十三]始得免罪:《珠林》此句下有"此人生平甚有膂力,酗酒好鬭。今現斷酒肉,清信賢者,為隱師弟子,齋戒不絕"三十字,無"還

蘇,說此事矣"六字。

【注釋】

①《靈應記》:此條及其下兩條皆記藥師佛靈驗,疑三條同出一書。而下條注引《藥師驗記》,疑其名作《靈應記》《藥師驗記》,或可稱為《藥師靈應驗記》。據此條之下的第二條所記溫州事推斷,此書最早應作於溫州被設置之後,即唐上元二年(761)後。

②冀州:唐州郡。《舊唐書》卷三九《地理志》載冀州本是"隋信都郡。武德四年,改為冀州……龍朔二年,改為魏州都督府……天寶元年,改為信都。乾元元年,復為冀州。舊領縣六:信都、南宮、堂陽、棗強、武邑、衡水。"州治在信都,今河北冀州舊城。

③顯慶二年:唐高宗年号,即公元 657 年。此年冀州仍稱冀州,五年後改為魏州。

④隱師:初唐時冀州僧人,《珠林》卷九四引《冥報拾遺》記隱師救冀州頓丘縣老婦事,所遇隱師應是同一人。

⑤受戒:又稱納戒。即在家居士、出家人從師或依誓而接受戒律。

第二十七 藥師如來救(難)產苦感應[一](出《藥師驗記》①)

淄州有女人有身②,十二月不得產,身體疲苦,骨髓疴痛[二]③,舉聲啼哭。受沙門邁公教,稱藥師名,夢佛自來救。彌信,隨唱,苦漸息,產男子。人皆謂希奇矣。

可參見《今昔物語集》卷六《震旦淄州女依藥師佛助得平產語》(23)。

【校記】

[一]難:疑脱,據目錄補。

[二]痾:原作"瘨","痾"之異體字。《物語》作"瘒",形訛也。

【注釋】

①《藥師驗記》:其書未詳,據内容推斷應爲記載藥師佛感應的靈異集。

②淄州:可參見卷上"第七悟真寺沙門釋惠鏡造釋迦彌陀像見淨土相感應"注。下文提及邁公,似是當時名僧,故以"公"敬稱之。考初唐時簡州有名僧靖邁,《續古今譯經圖紀》稱作"邁公";他曾隨玄奘在京譯經,熟玄奘所譯《藥師經》,可能即文中"邁公"。靖邁譯經之後不知所終,而此篇記於譯經後,師此時或往淄州。

③痾:痛苦。

第二十八　溫州司馬家室親屬一日之中造藥師像七軀感應(出《靈應記》)

溫州①司馬②得長病[一],欲衰死[二],親屬奴婢,來集家室,涕泣。既死經一日,親屬知識至心歸依藥師[三]③,請除病應[四],一日造形像七軀,如法供養。至第二日,悶絕還活,云:我出家時,從三冥官被縛[五],過幽闇路,無人相從。至一城中,見有高座,玉冠神並坐[六]④,前有數千人,皆被枷鎖⑤。問使者:"誰?"答:"琰魔王也,時可活汝罪。"時,王召問:"汝有作善不?"答:"我未了志,早死。"王言:"汝惡無量,定不可免脱地獄。"爾時,有異光照司馬之身。王知而告："汝親屬奴婢造七佛像,得延壽命,早可還人間[七]。"以是因緣,再得醒矣。

可參見《今昔物語集》卷六《震旦溫州司馬造藥師佛得活語》(21);《三國傳記》卷十《溫州司馬蘇生事》(11)稍詳。

【校記】

[一]長:疑作"重",《物語》作"重"。

[二]死:疑下脫"時"字。濤按:下文言"既死經一日",則知上文述將昏死時事,考《三國》有"時"字。

[三]屬:《三國》下有"中有"二字。

[四]病:《三國》下有"延命感"三字。

[五]三:下原衍"人",據文意刪。《三國》"三"作"二"。

[六]玉:疑作"王",《三國》作"玉冠衣服正神"。

[七]早可:疑倒文。《三國》作"急可",日文常倒裝,疑此亦如斯。

【注釋】

①溫州:唐上元二年(761)始置的州郡。《舊唐書》卷四十《地理志》記溫州本為隋永嘉郡之永嘉縣。武德五年,置東嘉州;貞觀元年,廢東嘉州,以縣屬括州。"上元二年,分括州之永嘉、安固二縣置溫州。天寶元年,改為永嘉郡。乾元元年,復為溫州。"另西魏廢帝時,曾改新州為溫州。

②司馬:隋時每州刺史下設治中,唐貞觀二十三年改諸州治中為司馬。上州司馬為從五品下階,中州司馬是正第六品下階,下州司馬

是從第六品上階。邊州司馬,常用來安排貶謫或閑散的人。

③知識:相識的人,朋友。《墨子·号令》:"其有知識兄弟欲見之,爲召,勿令入里巷中。"岑仲勉注:"知識,友人也。"

④玉冠:據文意述炎魔王,當佩王冠,乃帝王所佩戴之冠。

⑤枷鎖:枷,加於頸上;鎖,以鐵環勾連而成,亦繫於頸上,均為古代繫囚刑具。

第二十九　造毘盧遮那佛像拂障難感應^[一](出《常慜記遊天竺記》^①)

釋常慜,發願尋聖迹。遊天竺日,至中印度鞞索迦國^②。王城南道左右有精舍,高二十餘丈,中有毘盧遮那像^③,靈驗揭焉,凡有所求,皆得滿足。若有障難者^④,祈請必除^[二]。聞像緣起於耆舊,曰:昔此國,神鬼喬亂^[三],人民荒癈。有一尼乾子善占察,國王(召令)占國荒蕪^[四]。尼乾以籌印地,云:"荒神亂起障難,須歸大神,方得安穩。"王聰明(博)達^[五],(為)歸宗神中之大^[六],不如佛陀。即造此毘盧遮那像,安置左右精舍,左彫鏤黃金,右(刻)用白銀^[七],高咸二十丈。日日禮拜供養。爾時,有夜叉童子驅荒神惡鬼出國界^[八],方無障難矣。

可參見《今昔物語集》卷六《震旦并州常慜渡天竺礼毘盧舍那語》(27);《三國傳記》卷十二《鞞索迦國毘盧遮那佛像事》(1)。

【校記】

[一]遮:目錄作"舍",音譯之別。

[二]除:《三國》下有"災礙"二字。

［三］喬:《物語》作"惱",《三國》作"憍"。

［四］召令:疑脫,據《三國》補。濤按:原句不通,疑"國"上或"王"下脫某字,《三國》王下有"召令"二字,今從之。

［五］博:疑脫,據《三國》補。

［六］為:疑脫,據《三國》補。

［七］刻:疑脫,據《三國》補。

［八］有:原作"表",據《物語》改。

【注釋】

①《常愍記遊天竺記》:即前文所述的《常愍遊歷記》,唐時僧侶常愍巡遊古天竺的遊記。據此知其書名為《常愍遊歷記》或《常愍記遊天竺記》,卷上第一條略稱為《遊歷記》。

②鞞索迦國:中印度古國。玄奘曾游至此國,《西域記》卷五曾提及此國。然關於此國的考證,異說紛紜,莫衷一是。康寧哈姆認為此國即《法顯傳》中的沙祇國,在今奧德(Oudh);聖馬丁認為在今畢塞浦爾(Biseipur)。有關說法,尚需考證。(參見《西域記校注》頁476)

③毘盧遮那:佛的法身,也是密宗尊奉的本尊。音譯又作毗盧舍那、毗樓遮那,意譯為大日如來、遍照、光明遍照或淨滿、三業滿、廣博嚴淨等。

④障難:煩惱苦難。敦煌變文《三身押座文變文》:"常嗟多劫處輪迴,末法世中多障難。"

第三十 聖無動尊自稱無價馱婆感應（出《祕密記》①）

昔南天竺王子，厭世出家②，弘持正法③，誦聖無動明王④。獨步曠野[一]，明王現其身，共為伴，自稱無價馱婆⑤，奉事修行者，猶如世尊弟子給仕世尊。吾肩所繫帛巾，是其表幟也⑥。（馱婆此云奴婢，不用錢貫，名為無價，肩繫巾以為別異。聖無動尊，受他驅役，隨逐行者，如不用錢買奴相似。今自繫巾，表無價奴，自稱言不可謬也）

可參見《私聚百因緣集》卷四《秦廣不動本跡之事》(1)。

【校記】

[一]步：《私聚》作“行”。

【注釋】

①《祕密記》：未詳。日僧安然《諸阿闍梨真言密教部類總錄》卷上錄“《祕密記》一卷（海和上集），《祕密記》一卷（有人集）”，其書或與空海之作（未見空海《祕密記》傳載此事）相似，為密宗僧徒撰述。

②厭世：厭惡世間而求出離。

③弘持：弘揚，傳弘護持。

④無動明王：即不動明王，密教五大明王之一。梵名Acalanātha，意譯作不動明王，又稱不動金剛明王、無動菩薩、不動尊。依密教所傳，明王是如來為懾伏難化眾生，並宣揚真言妙法所變現的忿怒形諸尊。不動明王則是大日如來的應化身，受如來的教命，示現忿怒相。他常住火生三昧，焚燒內外障難及諸穢垢，摧滅一切魔軍冤敵。無動明王又捨身為如來及密教行者的奴僕，受行者的殘食供養，

常晝夜保護行者,幫助行者開悟,在密教諸尊中地位尊崇。此篇中的無動明王伴隨王子,幫助他探尋佛法。

⑤無價駄婆:駄婆是梵語的音譯,意譯作奴。為人使役而不取傭資之奴,稱為無價駄婆。菩薩行無緣大慈,同體大悲,猶如無價駄婆供人使役。《俱舍論頌疏論本》卷十八載:"如世傳有無價駄婆(此云無價奴,不用錢買,名無價奴也),當知此言。……或常觀已,如彼僕使,謂於一切難求事中皆能堪忍,勞迫事中,皆能荷負。"

⑥表幟:標記,標幟。

第三十一 釋含照圖寫千佛像感應(出《寺記》①)

唐興善寺釋含照②,發願圖千佛像。纔寫七佛像[一],不知九百九十三佛威儀③、手印④,精誠祈請,流泣悔過。夢見九百九十三佛現木葉,歡喜圖寫,流布傳世矣。

可參見《今昔物語集》卷六《震旦興善寺含照禮千佛語》(28);《三國傳記》卷六《釋含照圖千佛事》(20)。

【校記】

[一]寫:《物語》作"圖繪"、《三國》作"圖",疑"圖"是。

【注釋】

①《寺記》:未詳,疑其內容記寺院之事。

②興善寺:位於唐長安城靖善坊,盡一坊之地。此寺建立較早,初稱遵善寺。隋文帝登基,大崇佛教,重新修建,名曰興善寺。入唐之後,印度僧人曾住寺內譯經。唐玄宗開元年間,"開元三大士"善

元畏、金剛智、不空到此寺傳授密宗，它遂成為長安翻譯佛經的三大譯場之一、中國佛教密宗史的重要寺院。

③威儀：威嚴的態度。習稱行、住、坐、臥四威儀，即起居動作皆威德有儀則。

④手印：手指所結之印。佛教密宗修持以"三密相應"為主，"手印"謂配合所修的本尊而作出的各種手形。《陀羅尼集經》卷二："誦咒有身印等種種印法，若作手印誦諸咒法，易得成驗。"

第三十二　胎藏曼陀羅相傳感應[一]（古錄）

毘盧遮那如來說大悲胎藏曼陀羅王救護一切眾生①，金剛手傳受佛教②，經數百年，傳付中印度世無厭寺達磨掬多③，多謹傳弘，付斛飯王五十二代玄孫釋善無畏[二]④。無畏開元七年，從西國將曼陀羅圖[三]，來至此國。於玄宗皇帝朝為國師，翻譯《大教大曼陀羅》[四]⑤。設大壇場[五]⑥，諸尊放光，天雨細花而供養。其得感者，不可單記矣[六]。

大悲胎藏曼陀羅王傳法譜系可參唐釋海雲《兩部大法相承師資付法記》卷下。

可參見《今昔物語集》卷六《善無畏三藏胎藏界曼陀羅渡震旦語》(7)；《三國傳記》卷九《善無畏三藏圖胎藏界曼陀羅事》(17)。

【校記】

[一]陀：《兩部大法相承師資付法記》作"茶"。"茶"、"陀"係譯音不同。

[二]玄：疑衍，《兩部大法相承師資付法記》無此字。

［三］將:《三國》作"持"。

［四］大:《三國》上有"再圖"二字。

［五］壇:原作"旦",據《物語》《三國》改。

［六］單:續藏本注"單疑覃"。

【注釋】

①大悲胎藏曼陀羅王:即大悲胎藏曼陀荼羅王。《大日經》謂胎藏界的曼荼羅,是自大悲胎藏出生的曼荼羅,故稱大悲胎藏曼荼羅。《大日經》(《大毗盧遮那成佛神變加持經》)卷一曰:"大悲胎藏生大曼荼羅王,為滿足彼諸未來世無量眾生,為救護安樂故。"大悲胎藏是指一切行法皆須由大悲培育,有如胎藏。猶如母胎內所育之子,依大悲萬行而生長發育。

②金剛手:即金剛薩埵,自大日如來處學得密法,是密教傳法的第二祖。他的梵名是縛日囉薩怛縛摩訶薩怛縛,譯名執金剛、持金剛、金剛手、金剛手秘密王、金剛薩埵、金剛手菩薩摩訶薩、金剛手薩埵摩訶薩埵等。此薩埵與普賢菩薩同體異名。據海雲《兩部大法相承師資付法記》卷下記"此法從毗盧遮那佛,付囑金剛手菩薩,金剛手菩薩經數百年傳付中印度那爛陀寺達磨掬多阿闍梨,達磨掬多阿闍梨次付中印度國三藏釋迦種善無畏"。

③世無厭寺:即那爛陀寺,參見前文之注。

達磨掬多:印度那爛陀寺高僧,曾將如來密印傳於善無畏。事見《宋高僧傳》卷二《唐洛京聖善寺善無畏傳》)。

④斛飯王:斛饭,梵名 Dronodana,音譯途盧檀那,又作甘露飯王。約公元前 6 世紀人,乃净饭王之弟,佛陀的叔父。《兩部大法相承師

資付法記》卷上、卷下,皆記善無畏為斛飯王五十二代孫。《宋高僧傳》卷二《唐洛京聖善寺善無畏傳》言善無畏為甘露飯王之後,出身名門,地位尊崇。

善無畏:唐代來華的密宗高僧,開元三大士之一。梵語音譯戍婆揭羅僧訶。善無畏是中印度摩揭陀國人,出身剎帝利,十三歲依父親佛手王的遺命即位,但因兄弟不服,起兵相爭,遂讓位於兄,決意出家。他在那爛陀寺歸依寺內以禪、密著名的長老達磨鞠多,研習密教,傳承了總持瑜伽三密及諸印契,又得灌頂,號為三藏。他周行各地,遍禮聖跡,方便教化。唐玄宗開元四年(716),他到達長安,被禮為國師。開元五年,開始在西明寺菩提院譯出《虛空藏菩薩求聞持法》一卷。後譯《大毗盧遮那成佛神變加持經》七卷,為密宗的根本經典,通稱《大日經》。開元二十三年得病,十一月卒於洛陽大聖善寺,年九十九。

⑤大教大曼陀羅:據唐釋海雲《兩部大法相承師資付法記》卷下記善無畏譯《大毗盧遮那大教王經》,即《大毗盧遮那成佛神變加持經》,簡稱《大日經》。

⑥壇場:壇場是密教的道場,是密教修行者作法修行的處所。

第三十三　金剛界曼陀羅傳弘感應(古錄)

昔金剛薩埵親於毗盧舍那佛前[一]①,受金剛界大曼陀羅法義[二]②。後數百歲,傳於龍猛菩薩③;又數百歲之後,傳於龍智④。龍智慎傳持之,如瓶水移器[三],傳金剛智⑤。智是南印度摩賴耶國人[四]⑥,隨緣遊(化)[五],隨處利生⑦。聞大支那佛法崇盛⑧,遂汎船東遊[六],達于海隅[七]。開元八年中,方屆京邑。於是廣弘祕教,建曼陀羅[八]⑨,依法作成,皆感應瑞[九]。

此條參《大唐興善寺大廣智不空三藏和尚碑銘》《續古今譯經圖紀》《開元釋教錄》卷九、《貞元新定釋教目錄》卷十四。

可參見《今昔物語集》卷六《金剛智三藏金剛界曼陀羅渡震旦語》(8);《三國傳記》卷九《金剛智三藏和上事》(19)。

【校記】

[一]舍:《碑銘》《三國》作"遮"。濤按:"舍"、"遮"系譯音之別。

[二]金剛界大曼陀羅法:《碑銘》作"瑜伽最上乘"。

[三]器:《三國》上有"異"字。

[四]耶:《三國》下有"那"字。

[五]化:疑脱,據《圖紀》《開元錄》《貞元錄》補。

[六]船:《圖紀》《開元錄》《貞元錄》作"舶"。遊:《圖紀》作"逝"。

[七]達:原作"幸",據《圖紀》《開元錄》《貞元錄》改。

[八]陀:《圖紀》《開元錄》《貞元錄》作"荼",譯音不同。

[九]應:《圖紀》《開元錄》《貞元錄》作"靈"。《三國》作"應靈"。

【注釋】

①金剛薩埵:即金剛手,參見前篇金剛手注。薩埵為有情、勇猛之義,總言勇猛的大士。

②金剛界大曼陀羅:密教兩部曼荼羅之一,另一部為大悲胎藏曼

茶羅。金剛界大曼陀(茶)羅由九個曼茶羅會組成,故又稱九會曼茶
羅、金剛九會、金剛界九會曼茶羅。

③龍猛菩薩:密教付法第三祖。傳說佛陀寂滅之後,金剛薩埵遇
龍猛菩薩,向他灌頂授記,誦出兩部秘經,傳承了三密瑜伽的法門,這
被視作真言密教流布世間之始。

④龍智:密教付法第四祖,南印度人。空海《秘密曼茶羅教付法
傳》卷一記載,龍智為龍猛菩薩的付法高足,位登聖地,神力難思,德
被五天,名薰十方,上天入地,無礙自在。《貞元新定釋教目錄》卷十
四載呂向《金剛智三藏行記》述金剛智三十一歲時,往南天竺,承事
供養龍智七年,受學《金剛頂瑜伽經》《毗盧遮那總持陀羅尼法門》及
諸大乘經典及五明論,復受五部灌頂。

⑤金剛智:密教付法第五祖,唐代來華譯經家,开元三大士之一。
本為中印度刹利王伊舍那靺摩之第三子(一說為南印度摩賴耶國的
王族)。幼年在那爛陀寺出家,依寂靜智學聲明論。廣習大小乘律,
兼通粉繪之術,又受學《般若燈論》《百論》《十二門論》等。二十八
歲於迦毗羅衛城隨侍勝賢論師,學《瑜伽論》《唯識論》《辯中邊論》。
其後游南天竺,謁見龍樹菩薩的弟子龍智,承事供養七年,受學《金
剛頂瑜伽經》《毗盧遮那總持陀羅尼法門》等大乘經典,並受五部灌
頂,研究密教奧旨。開元八年(720)來到洛陽,進謁玄宗,被迎入大
慈恩寺,不久移居薦福寺。隨後,在所住寺院設大曼茶羅灌頂壇,化
度四眾,受王臣歸依。開元十一年,開始從事翻譯,先在資聖寺譯出
《金剛頂瑜伽中略出念誦法》及《七俱胝陀羅尼》,後又譯出八部十一
卷的祕密經典。開元二十九年欲歸本國,後因病示寂於洛陽廣福寺,
享年七十一。

⑥摩賴耶國：梵文 Malaya 音譯，南印度國名。《開元釋教錄》卷九載"摩賴耶國"："此云光明國，其國近觀音宮殿補陀落山。"

⑦利生：利益眾生。

⑧支那：古代印度、希臘和羅馬等地人稱中國為 Cīna、Thin、Sinae 等，或以為皆是秦國的"秦"之對音。佛教經籍中作支那，也寫作至那、脂那等。唐義淨《南海寄歸內法傳·師資之道》："且如西國名大唐爲支那者，直是其名，更無別義。"

⑨建曼陀羅：建立曼陀羅灌頂壇。此乃行灌頂聖式的壇場，梵语 Mandra 音译曼陀羅，又稱密壇。

第三十四　建金剛界灌頂道場祈雨而得感應（出《金（剛）智傳》[一]①）

金剛智三藏和上②，年三十一，往南天竺從龍智受五部灌頂諸（佛）祕密之藏[二]③，却還中天竺[三]。其後，南天竺三年亢旱④，草木枯死[四]。其王遣使，迎請和上，於自宮中建金剛界灌頂道場請雨[五]。其時，甘澤流澍⑤，王臣欣慶，遂為和上造寺安置，經餘三載矣[六]。

此條見《貞元新定釋教目錄》卷十四引呂向《故金剛智三藏行記》，所載較詳。

可參見《三國傳記》卷九《金剛智三藏和上事》（19）。

【校記】

[一]剛：原脫，據續藏本補。

[二]佛：原脫，據《故金剛智三藏行記》《三國》補。

[三]竺:《故金剛智三藏行記》無此字,下同。

[四]草木枯死:《故金剛智三藏行記》無四字。《三國》有四字。

[五]金剛界:《故金剛智三藏行記》無三字。

[六]餘:續藏本冠註曰"餘字未詳",《故金剛智三藏行記》有此字、《三國》無此字。

【注釋】

①《金剛智傳》:應即唐代呂向《故金剛智三藏行記》。本篇文字見於唐釋圓照《貞元新定釋教目錄》卷十四引呂向《故金剛智三藏行記》,前有"灌頂弟子正議大夫行中書舍人侍皇太子諸王文章集賢院學士呂向,敬師三藏因而紀之曰"。檢唐釋圓照《貞元續開元釋教錄》卷中記呂向撰《故金剛智三藏行記》一卷,即是文也。

②和上:同和尚。

③灌頂:修學密法的信徒必須舉行的儀式。即以水灌於頭頂,受灌者便能由此獲得晉升一定地位的儀式。

④亢旱:大旱。

⑤流澍:流瀉,灌注。《景德傳燈錄》卷二七:"仰祈甘露雨,流澍普無邊。"

第三十五　禮拜金剛界大曼陀羅感應(新錄)

傳聞:汴州有孤女[一]①,愚癡不信,不識因果。生年五十有七,遭疾而死②。其人見之,六日方醒,流淚投身③,自責過[二]。人異之,而問因緣。女答曰:"吾見不可思議希有之事。初死之時,入逆鐵火地獄。投地獄中,獄有心白閻魔王[三]。王撿一卷書曰:'此女昔於辯弘和上室[四]④,禮拜金剛界大曼陀羅灌頂壇場,只是彼力耳。汝非生死人,早還人間。'"見此事得活,因此發心耳矣。

可參見《今昔物語集》卷六《震旦汴州女禮拜金剛界得活語》(29);《三國傳記》卷九《汴州女金剛界大曼陀羅感應事》(14);《真言傳》卷二《千手陀羅尼之事》。

【校記】

[一]汴:原作"津",據《物語》《考證今昔物語集》引《要略錄》《三國》《真言傳》改。

[二]過:疑上脫"己"或"悔"。《物語》意作悔責自身過,《三國》作"過悔身責"。

[三]獄有心:"獄有心"與上句間文欠通,疑闕數字。濤按:《物語》下有投地獄火變涼水事,乃此處所無。檢《考證今昔物語集》所引《要略錄》(未詳版本)文作"既投身地獄中,獄釜化為花池,火湯反如涼水,罪人坐花上,獄卒生希有心",《三國》文作"既投身地獄中,獄釜化為花池,火湯反如涼水,罪人坐花上,獄卒生希有疑心";《真言傳》作"地獄變成蓮花池,又火湯反如涼水,罪人坐華上,獄卒生稀有心"。

[四]辯:原作"功言",據續藏本、《真言傳》改。《物語》《考證今昔物語集》引《要略錄》《三國》作"誓"。

【注釋】

①汴州:原誤作"津州"。按《新唐書》卷四三《地理志》記隴右道設羈縻州有津州,但建置不明,且遠在隴右邊州;隋曾設津州,但存

世極短,《隋書》卷三一《地理志》記"(開皇)十八年改江州爲津州,大業初廢州",僅存於隋開皇十八年(598)至大業(605—617)初,隋津州即北周所置江州,據楊光華《北周宜昌縣州屬考》(《中國歷史地理論叢》,2003 第 2 期)考其治所在巴山縣(故城在今湖北長陽縣西)。然據本篇所載,孤女曾禮拜辯弘密教灌頂壇場,其所在州郡應在中原地區,距長安辯弘和上室不遠,故疑"津"字誤。據《今昔物語集》、《考證今昔物語集》引《要略錄》、《三國傳記》《真言傳》當作"汴州"。汴州本爲隋浚儀縣,唐武德四年置汴州,天寶七年改爲陳留郡,乾元元年復爲汴州,治今河南開封市。

②遭疾:生病。

③投身:投身於地之略。指五體於地,流淚懺悔。

④辯弘:原作"功言弘",不似僧侶之名,"功言"必誤訛也。據此僧名末"弘"字,且是能建金剛界大曼陀羅灌頂壇場的密教高僧等信息推斷,續藏本、《真言傳》的"辯弘"爲確。辨、辯古常混用,如日本東寺三密藏古寫本《頂輪王大曼荼羅灌頂儀軌》末注"此軌者辯弘和尚集歟,辨辯兩字通用之間"。辯弘又作辨弘,他曾集《頂輪王大曼荼羅灌頂儀軌》,《金胎兩界師相承》《兩部大法相承師資付法記》及《惠果和尚行狀》皆記他是惠果法嗣,活躍在代宗大曆之後。海雲《金胎兩界師資相承》《兩部大法相承師資付法記》記其爲汴州人,而《惠果和尚行狀》則記其爲訶陵國(又作波陵,在爪哇島。《南海寄歸傳》卷一稱爲南海諸洲十餘國之一)人。《今昔物語集》《考證今昔物語集》引《要略錄》《三國傳記》等作"誓弘",其人未詳,或傳抄之訛。

第三十六　念胎藏大曼陀羅（諸尊像）感應^[一]（新錄）

傳聞：大興善寺傳法灌頂阿闍梨惠應有一沙彌^[二]①，從七歲師事和上。至（十）七歲^[三]，有因緣附船渡新羅^[四]，忽遇暴風，乘舶頓覆^[五]，五十餘人沒海，不知何處漂寄。沙彌一心念胎藏聖眾②，曰："諸海會眾，起大悲心，普救船眾。"如夢見虛空聖眾，如星散光，身忽在岸上。五十餘人不溺沒同在一處^[六]，其中二十餘人，謂見空聖眾。當知救難之力不可思議矣。

可參見《今昔物語集》卷六《震旦沙弥念胎藏界遁难語》（30）；《三國傳記》卷九《大興善寺沙彌念胎藏界曼陀羅感應事》（20）；《真言傳》卷二《千手陀羅尼之事》。

【校記】

[一]諸尊像：疑脫，據目錄補。

[二]一：下原衍"人"字，據文意刪。

[三]十：原脫，據《物語》《三國》《真言傳》補。濤按：文言沙彌七歲師事惠應，年長附船渡新羅，此處必非七歲，故知其上脫字。

[四]有：《三國》上有"因"字。

[五]舶：《物語》《三國》作"船"。

[六]不溺沒：《三國》作"忽岸上致"。濤按：疑"不溺沒同"為日僧傳抄倒文，當作"不同溺沒"。

【注釋】

①阿闍梨：梵語 Acārya 音譯，又作阿只梨、阿只利、阿舍梨、阿遮

梨耶、阿遮利耶,意譯為軌範、正行、應可行、教授、傳授。密教狹義的阿闍梨則指灌頂及傳法灌頂的導師。據《大日經》卷一所述,阿闍梨應具備發菩提心、妙慧慈悲、兼得眾藝、善巧修行般若波羅蜜、通達三乘、善解真言實義、知眾生心、信諸佛菩薩、得傳教灌頂、其性調柔離我執、於真言行善得決定、究習瑜伽、住勇健菩提心等十三德。又據《大日經疏》之意,即使已具足此十三德,若未受灌頂亦不得名為阿闍梨。

惠應:海雲《金胎兩界師資相承》記大興善寺惠應為惠果法嗣,就此推算其活躍在代宗、德宗之世。

沙彌:初出家而僅受持十戒的男子。常指佛教僧團(即僧伽)中,已受十戒,未受具足戒,年齡在七歲以上、未滿二十歲的出家男子。

②聖眾:此指密宗胎藏界的佛菩薩等。

第三十七　漢明帝時佛舍利感應(出《漢法內傳》等①)

明帝弘法立寺。于時,西域所將舍利五粒②,五色[一],直上空中,旋環如蓋③,映蔽日光矣④。

此條見《珠林》卷四十引《漢法內傳》,文字略同。又《破邪論》卷上、《廣弘明集》卷一、《集古今佛道論衡》卷一、《感通錄》卷上、《珠林》卷五五、《歷代法寶記》、《續集古今佛道論衡》、《古今譯經圖紀》卷一等書轉引《漢法內傳》,原文極詳。

【校記】

[一]五:《釋氏六帖》卷一上有"放光"二字。

【注釋】

①《漢法內傳》:又作《漢法本內傳》《後漢法本內傳》,《廣弘明集》卷一稱其全名為《漢顯宗開佛化法本傳》,撰者不詳。此書廣為唐人所引,然名稱不一,如《珠林》卷四十引《漢法內傳》,卷十八、卷五五引作《漢法本內傳》,卷一百引作《後漢法本內傳》。其內容皆為東漢明帝弘法事蹟,如《廣弘明集》卷一和《集古今佛道論衡》卷一引"明帝夢金人"、"迦攝摩騰答明帝"、"五嶽道士與摩騰明帝殿前鬥法"三條;《法琳別傳》引"迦攝摩騰答明帝"條作《後漢法本內傳》。此書共五卷,唐釋智昇《續大唐內典錄》言"《漢法本內傳》五卷,未詳作者,今見在焉"。釋智昇《續集古今佛道論衡》轉引極多,言:"《漢法本內傳》凡有五卷,第一卷明帝求法品,第二卷請法師立寺品,第三卷與諸道士比校度脫品,第四卷明帝大臣等稱揚品,第五卷廣通流布品,一部五卷。"然至開元末期,此書遭禁,釋智昇《開元釋教錄》卷十三及《開元釋教錄略出》卷四皆記"明勅禁斷,不許流行,故不編載"。今敦煌遺書存殘卷,恐其後漸亡佚,非濁未必見到原書,很可能輾轉傳鈔。

②舍利:指火葬後所遺存的粒狀骨。梵語Śarīra,音譯設利羅、室利羅、實利,意譯為體、身、身骨或遺身。據《破邪論》卷上、《廣弘明集》卷一等引《漢法本內傳》載"帝御行殿在寺南門,佛舍利經像置於道西",為取驗佛法靈異,遂加焚燒舍利,"時佛舍利光明五色,直上空中,旋環如蓋,遍覆大眾,映蔽日光",這才使大眾信服。

③旋環:迴繞,環繞。

④映蔽:遮蔽。

第三十八　吳王圍寺執僧舍利浮光於鉢上感應（出《吳錄》《宣驗》等記[一]）

孫皓時①，有王正解上事[二]②，言："佛法宜滅[三]，中國不列胡神[四]③。"皓便下詔集諸沙門[五]，陳兵圍寺[六]，欲（行）誅癈之事[七]。謂僧會法師曰④："佛若神也，宜崇之。若其無靈，黑衣一日同命⑤。"僧或縊死，或逃于外。會乃請齋[八]，期七日現神[九]。以銅鉢盛水置庭中，食畢[十]，而曦光暉耀[十一]。忽有聞庭鉢鎗然有聲[十二]⑥，忽見舍利，明照墀宇[十三]⑦，浮於鉢上。皓及大眾前看，駭愕失措[十四]，離席改容而進⑧。會曰："陛下使孟賁之力[十五]⑨，擊以百鈞之槌[十六]⑩，金剛之質，終不毀破。"皓如言，请先經唄[十七]⑪，禮拜，散花燒香，高唱曰[十八]："誠軍蹤慈氏[十九]，來津未絕，則法輪將轉，徹於幽塗[二十]，威神不少，宜現今日[二一]。不然，則三寶永絕。"言畢，壯士運槌生風[二二]。觀者戰慄，而氣竭槌碎[二三]，舍利不損。光明挺出[二四]，耀彩充盈[二五]。皓伏投誠[二六]，勤營齋講[二七]。此塔在建康大市北[二八]，後猶光瑞。元嘉十九年秋，寺刹夜放光明，鮮紅彩發[二九]。有異火光[三十]，使四層上[三一]，從西繞南。又以火燒[三二]，騰光上踊，作大蓮花。遂發信，乃為立寺，名為建初[三三]⑫，改所住地名佛地矣。

此條見《辯正論》卷七引《吳錄》及《宣驗記》，文字相同；《集神州三寶感通錄》卷上、《珠林》卷四十，文異。濤按：《高僧傳》卷一記康僧會為孫權驗舍利事，而本則記驗舍利是孫皓時事，蓋時有不同記載，故慧皎記："有記云：'孫皓打試舍利，謂非其權時'。"

可參見《今昔物語集》卷六《康僧會三藏至胡國行出佛舍利語》

（4）。

【校記】

［一］吳:原作"異",據《辯正論》改。

［二］解:《辯正論》作"辯"。

［三］滅:原作"感",據《辯正論》改。

［四］列:《辯正論》作"利"。

［五］下:原作"一",據《辯正論》改。

［六］寺:魯迅輯《宣驗記》校本作"守"。

［七］行:原脱,據《辯正論》補。

［八］齋:原作"齊",據《辯正論》改。

［九］神:大正藏《辯正論》本下有"變"字。

［十］食:《辯正論》上有"中"字,疑衍。

［十一］而曦:原作"義乃",據《辯正論》改。濤按:續藏本作"俄乃"。

［十二］有:《辯正論》無此字。

［十三］埠:《辯正論》作"庭"。

［十四］駭:原作"驍",據《辯正論》改。

［十五］孟:原作"猛",據《辯正論》改。

［十六］槌:《感通錄》《珠林》作"杵"。

［十七］請:原作"謂",據《辯正論》改。

［十八］高:宋、元、明本《辯正論》作"歌",大本《辯正論》作"高唱丹"。

［十九］軍蹤:宋、元、明本《辯正論》作"運距",大本《辯正論》作

"運踔",續藏本冠註曰"軍蹤二字更詳",疑"運蹤"是。

［二十］幽：《辯正論》作"靈"。

［二一］宜：原作"冥",據《辯正論》改。

［二二］士運槌：原作"在士軍搥",據《辯正論》改。

［二三］竭槌：原作"端搥",據《辯正論》改。

［二四］挺：原作"搥",據《辯正論》改。

［二五］耀彩：宋、元、明本《辯正論》作"輝采",大本《辯正論》作"輝彩充楹"。

［二六］皓：宋、元、明本《辯正論》下有"敬"字,大本《辯正論》無"敬"字。

［二七］勤：原作"勸",據《辯正論》改。

［二八］此：原作"石",據《辯正論》改。濤按：下文言塔遭火燒,則知塔非石質,石誤也。康：原作"唐",據《辯正論》改。

［二九］紅：原作"江",據《辯正論》改。

［三十］異：《辯正論》無此字。光：宋、元、明本《辯正論》作"大"。

［三一］使：《辯正論》作"俠",魯校《宣驗記》作"從"。

［三二］火：原作"大",據續藏本改。

［三三］初：大谷本作"切",據續藏本改。濤按：吳有建初寺,《高僧傳》卷一記孫權為康僧會所修。

【注釋】

①孫皓：三國時期吳國的末代皇帝,264—280 年在位。吳大帝孫權之孫,孫和之子。在位初期雖施行過明政,但不久即沉溺酒色,

專於殺戮,變得昏庸暴虐。280年,吳國爲西晉所滅,孫皓投降西晉,被封爲歸命侯。佛教典籍載其曾排斥佛教,迫害僧侶。

②上事:向朝廷上書言事。

③胡神:指從古印度傳入中國的佛教神靈。漢代以後泛稱外國爲胡,而佛教是從古印度傳入中國的宗教,故時人將佛教的佛菩薩視之爲胡神。此處以中原正統眼光稱呼佛教,有排斥之意。

④僧會法師:即康僧會法師,三國時來華的譯經僧。康僧會祖籍康居,世居天竺,後因其父行商而移居交趾(越南北部)。十余歲時,父母雙亡,服喪畢後出家。精進修學,對於三藏、六典、天文、圖緯諸學無不精通。當時江東佛法未盛,康僧會乃立志東遊弘法。於赤烏十年(247)抵達建業,建立茅茨,造像傳道。孫權不信佛法,康僧會祈願舍利感應,感化孫權發心建塔。晉太康元年康僧會示寂,人號"超化禪師"。康僧會譯有《六度集經》八卷、《雜譬喻經》二卷等經典,还曾為《安般守意經》《法鏡經》《道樹經》作注。事見《高僧傳》卷一《康僧會傳》。

⑤黑衣:指僧侶。因僧徒常衣黑袈裟,故稱黑衣。《釋氏要覽》卷上曰:"今禪僧多著黑黲衣。若深色者,可是律中皂黑衣,攝用墨錠,與雜泥不遠故。"

⑥鎗然:形容金屬器物等響亮、清脆的聲音。

⑦墀宇:宮殿前的丹墀,此指宮殿。

⑧改容而進:改變儀容,動容。

⑨孟賁:戰國時勇士。《孟子·公孫醜上》:"若是,則夫子過孟賁遠矣。"孫奭疏引《帝王世說》:"秦武王好多力之人,齊孟賁之徒並歸焉。孟賁生拔牛角,是謂之勇士也。"

⑩百鈞：三千斤。形容非常重。

⑪經唄：歌詠經文之聲，即梵唄也。慧琳《一切經音義》卷六十五曰："經唄，僧尼法事梵唄聲也。"

⑫建初：指建初寺，位於建鄴城外（今江蘇南京）的寺廟。《高僧傳》卷一《康僧會傳》載此寺是孫權見佛教有驗所建。西晉永嘉六年（312），西域僧帛尸黎蜜多羅來此駐錫，譯《孔雀王經》等。此後多有重修之舉，依《大明一統志》所載，建初寺在梁時改為長干寺；宋代更名天禧；明永樂初，全部改造，名大報恩寺。明成祖曾捐獻名磁制塔。塔有八角八棱九層，五彩燦爛。惜清末太平天國事件時，全部化為灰燼。

第三十九　康阿得造塔放還感應[一]

康阿得死三日，還蘇，說：初死時，兩人挾腋[二]①，有白馬吏驅之②。不知行幾里，見北向黑門，南入[三]；見東向黑門，西入[四]；見南向黑門，北入。見有七十餘梁間瓦舍[五]，有人皂服龍冠[六]，邊有二十餘吏[七]，皆言府君，西南復有四五十吏。阿得便前拜府君[八]。府君問③："何所奉事？"得曰："家起浮圖寺塔[九]④，供養道人⑤。"府君曰："卿大福德。"問都錄使者⑥："此人命盡耶？"見持一卷書伏案之[十]，其字甚細，曰："餘壽三十五年[十一]。"府君大怒曰："小吏敢頓奪人命[十二]！"便縛白馬吏著柱，處罰一百，血出流漫。問得："欲歸不？"得曰："爾。"府君曰："今當送卿歸，欲便遣卿案行地獄⑦。"即給馬一匹，及一人[十三]。從東北出[十四]，不知幾里，見一城方數十里，有滿城上屋。因見其未事佛時亡伯、伯母、己叔、父母[十五]，皆著杻械[十六]⑧，衣（裳）破壞[十七]，身體（膿）血[十八]。（復）前行[十九]，見一城，其中有臥鐵床上者[二十]，燒床正赤。凡見十獄，各有楚毒，獄名赤沙、黃沙、白沙，如此七沙。有刀(山)劍樹[二一]⑨，抱赤銅柱。於是便還[二二]，復見七十之梁間瓦室[二三]，夾道種槐[二四]，(云)名福舍[二五]⑩，諸佛弟子住中。福多者上生天，福少者住此舍。遙見大殿二十餘梁，有二男子[二六]、二婦人從殿上來下，是得事佛後亡伯、伯母、亡叔、叔母[二七]。須臾，值人來[二八]，問得："一城方數十里有滿[二九]，識我不?"得云："不識。"曰："汝何以不識我? 我共汝作佛圖主[三十]。"於是咲而憶之[三一]。還至府君所，即遣前二人送歸，急便蘇活者也[三二]。

此條見《辯正論》卷七引《幽明錄》。可參見《釋氏六帖》卷二、卷四。

【校記】

[一]康：原作"唐"，據《辯正論》《釋氏六帖》卷二改，下同。

[二]挾：《辯正論》《釋氏六帖》作"扶"。

[三]南：原作"而"，據《辯正論》《釋氏六帖》卷四改。濤按：下文"見南向黑門，北入"，知南是。

[四]西：原作"而"，據《辯正論》《釋氏六帖》卷四改。濤按：下文"見南向黑門，北入"，句式相近，知此處"西"是。

[五]七：《辯正論》無此字。濤按：文末言"復見七十之梁間瓦室"，則知《辯正論》脫"七"字，《釋氏六帖》卷四作"千"，形訛也。瓦舍：原作"凡舍"，《辯正論》作"瓦屋"，今從續藏本作"瓦舍"。

[六]龍：《辯正論》《釋氏六帖》卷四作"籠"。

[七]二：宋、元、明本《辯正論》作三，大本《辯正論》作"二"。

[八]拜:原作"辭",據《辯正論》改。

[九]浮:《辯正論》作"佛",《辯正論》"寺塔"作"塔寺"。

[十]伏:《辯正論》下有"地"字。

[十一]壽:《辯正論》《釋氏六帖》卷四作"算"。

[十二]敢:《辯正論》《釋氏六帖》卷四上有"何"字。頓:《釋氏六帖》卷四作"預"。

[十三]人:《辯正論》上有"從"字。

[十四]從:《辯正論》無此字。

[十五]其:《辯正論》無此字。亡伯、伯母、己叔、父母:《辯正論》作"亡伯、伯母、亡叔、叔母",《釋氏六帖》卷四略稱作"亡伯、母,亡叔、母"。

[十六]杻械:原作"神域",據《辯正論》改。

[十七]裳:原脱,據《辯正論》補。

[十八]膿:原脱,據《辯正論》補。

[十九]復:原脱,據《辯正論》補。

[二十]臥:原作"以",據《辯正論》改。

[二一]山:原脱,據《辯正論》補。

[二二]還:原作"速",據《辯正論》改。

[二三]七十之:《辯正論》作"七八十"。瓦室:原作"凡室",《辯正論》作"瓦屋",今從續藏本作"瓦室"。

[二四]夾:原作"挾",據宋、元、明本《辯正論》改。

[二五]云:原脱,據《辯正論》補。

[二六]二:原作"一",據文意改。濤按:鄭晚晴《幽明錄》校本作"二",據後文人物身份判斷當是。

〔二七〕亡伯、伯母、亡叔、叔母：原作“己伯父母”，據《辯正論》改。

〔二八〕道：原作“值”，據《辯正論》改。濤按：疑《要略錄》“值”作“道”，或省略“有一”也。

〔二九〕一城方數十里有滿：《辯正論》無此句。

〔三十〕圖：原作“門”，據《辯正論》改。

〔三一〕咲：宋、元、明本《辯正論》作“遂”。

〔三二〕活者也：宋、元、明本《辯正論》作“活也”，大本《辯正論》作“活”。

【注釋】

①挾腋：挾腋系從兩旁架住，被迫前行；《辯正論》《釋氏六帖》作“扶腋”，有攙扶之意，據文意判斷，挾腋似乎符合主人公的狀況。

②白馬吏：騎著白馬的冥吏。

③府君：指泰山府君。漢魏時期，中國流傳泰山地府的民間信仰，認為人死後要去泰山，而泰山的主宰就是泰山府君。這是佛教地獄觀傳入中國前的冥界形式，本篇則顯示了中國泰山信仰與佛教地獄觀交融的現象。

④浮圖：亦作佛圖、浮屠，皆即梵語 Buddha（佛陀）的異譯。佛教為佛所創，古人因稱佛教徒為浮圖，後並稱佛塔為浮圖。浮圖寺塔即指佛寺佛塔。

⑤道人：指佛教徒，和尚。道人原為修行佛道者的稱呼，並不局限於道教徒，六朝時常用來稱呼佛教徒，如《牟子理惑論》：“僕嘗遊于闐之國，數與沙門道士相見。”南朝宋劉義慶《世說新語·言語》：

"支道林常養數匹馬,或言道人畜馬不韻,支曰:'貧道重其神駿。'"

⑥都錄使者:掌管冥界文書的官吏,如《幽明錄·趙泰》"主者又召都錄使者"。這一職位可能受到六朝都錄官名的影響,當時總錄郡中諸吏的官員稱為都錄,如南朝梁有南郡都錄,是主官的輔佐官員。

⑦案行:巡視。

⑧杻械:杻指手銬;械為腳鐐。泛指刑具。

⑨刀山劍樹:佛家所說的地獄中的慘苦境象之一。《增壹阿含經》卷四十:"設罪多者,當入地獄,刀山、劍樹,火車、爐炭、吞飲融銅;或為畜生,為人所使,食以芻草,受苦無量。"

⑩福舍:指地獄中供有少量福德者居住的地方。福舍本是佛教所設佈施修福的處所,此處成為指代地獄的婉轉詞語,勸誘信徒修福造德,認為這些行為能有福報而不會受地獄之苦。

第四十　五級未就臨刑刀斷感應[一]（出《宣驗記》①）

滎陽高苟[二]②,年已五十,為殺人被收[三],鎖項地牢[四],分必受死[五]③。同牢人云:"努力共誦觀世音④。"苟云:"我罪甚重耳[六]。受死[七],何由可免?"同禁勸之,因始發心[八]:誓當捨惡行善,專念觀音[九],不簡造次[十]。若得免脫,願起五層佛圖,捨身作奴,供養眾僧。旬日用心[十一],鉗鎖自解。監司驚怪[十二]⑤,語高苟云:"若佛神憐汝[十三],斬應不死[十四]。"臨刑之日,舉刀未下[十五]。刀折刃斷,奏得原免矣。

此條見《辯正論》卷七注引《宣驗記》及《續搜神記》;《廣記》卷一一一引作《宣驗記》;齊陸杲《繫觀世音應驗記》亦載,文異。

【校記】

[一]臨刑刃斷:原作"刑利刃斷",據目錄改。

[二]縈:原訛作"熒",據《辯正論》、董志翹《〈觀世音應驗記三種〉譯注》、李劍國《新輯搜神後記》、《廣記》改。苟:《辯正論》作"苟",《廣記》作"荀"。董志翹《〈觀世音應驗記三種〉譯注》、李劍國《新輯搜神後記》皆以"《繫觀世音應驗記》目錄上,字跡清晰,作'高荀'"而改作"荀"。然《繫觀世音應驗記》正文作"苟",《廣記》潘與文野竹齋抄本、談愷刻本目錄俱作"苟",姑襲原文作"苟"。

[三]殺人:原作"人殺",據《辯正論》、李劍國《新輯搜神後記》改。

[四]項:《廣記》作"頓",《繫觀世音應驗記》作"頸"。地:原作"他",據《辯正論》、李劍國《新輯搜神後記》改。

[五]必受:《辯正論》《廣記》作"意必"。

[六]甚重耳:《辯正論》《廣記》作"至重"。

[七]受死:《辯正論》《廣記》上有"甘心"兩字,《廣記》"死"作"誣",疑訛。

[八]始:上原衍"如"字,據《辯正論》《廣記》刪。

[九]音:疑上脫"世"。李劍國《新輯搜神後記》注"六朝時譯作觀世音(或作光世音),唐初避李世民諱始去'世'字,今補(觀世音)"。

[十]簡:原作"蕳",據《辯正論》改。《廣記》作"離"。

[十一]日:《辯正論》作"月",《廣記》作"日"。

[十二]怪:《廣記》作"懼"。

[十三]若:《辯正論》無此字,《廣記》有。

[十四]斬:原作"暫",據《辯正論》《廣記》改。

[十五]下:下原衍"刀"字,據《辯正論》刪。

【注釋】

①《宣驗記》:南朝宋志怪小說集。《隋書·經籍志》雜傳類著錄,十三卷,題"劉義慶撰"。此書今已亡佚,《太平廣記》《太平御覽》曾多次引錄,魯迅《古小說鉤沉》據前代典籍輯錄三十五則。此書宣揚佛教因果應驗,是一部"釋氏輔教之書"。

②滎陽:北方州郡,今河南滎陽。西晉泰始元年(265),改河南郡為滎陽郡,郡治在滎陽。《宋書》卷三六《州郡志》載:"滎陽領京、密、滎陽、卷、陽武、苑陵、中牟、開封、成皋凡九縣。"南朝宋時,滎陽並不在南朝版圖之中,屬於北朝管理範圍。

③分:意料,料想。

④觀世音:以慈悲救濟眾生為本願的菩薩,又作光世音、觀自在、觀世自在、觀世音自在、觀世自在者。自西晉竺法護譯出《正法華經》以後,即興起觀世音信仰,如《比丘尼傳》卷一、《名僧傳鈔》《續高僧傳》卷二十五等,述及張崇、徐義、開達、法智、竺法純等人各因稱念此菩薩名而免諸種災厄事。後秦鳩摩羅什傳譯《妙法蓮華經》以後,其信仰更盛,造立其形像之風亦告大行,此信仰亦滲入民間,出現了大量類似本篇的作品。

⑤監司:負有監察之責的官吏。漢以後的司隸校尉和督察州縣的刺史、轉動使、按察使、布政使等通稱為監司。

第四十一　廟神奉絹世高為起塔離蟒身感應

沙門安世高者①,安息國王太子也[一],至孝。遊化[二]②,往豫章[三]③,至宮亭湖廟[四]④。神告世高曰:"吾昔在外國出家作道人,好行布施,不持戒。今日在此為宮亭湖神,周圓千里[五],並吾所統[六]。百姓貢獻,珍玩無數,是我先身損己之報。若能持戒[七],福應生天,以毀戒故墮此神中[八]。師本是吾同學[九]⑤,今得相見,悲欣可言。壽盡旦夕,而醜形長大。不欲於此捨命[十],穢污潮水[十一],當度山西空澤之中。此身滅(後)[十二],恐墮地獄。吾有絹一千匹[十三],在石函中[十四]⑥,并諸雜物[十五],可為我立塔,營建三寶。使我過世得生善處,深以相託[十六]。"世高聞此,涕泣流漣[十七]。便語神云:"何不現形[十八],面共言對。"神云:"毀戒之罪,形甚醜陋[十九],見必驚怖。"世高曰:"但暫見身,吾不懼也[二十]。"神從床後出頭,乃是大蟒蛇。至世高膝邊,淚如雨下,不知其尾長短所在。俄而,入於床後。世高於是收取絹物,悉內船中,辭別而退[二一]。宗侶一時颺航進路[二二]⑦,神復出蛇身,登(於)山頂[二三],遙望發去[二四]。眾人舉手[二五],然後乃滅[二六]。倏忽之間[二七],便達豫章,即於彼境,以起東寺[二八]⑧。神即移,度山西過命[二九]⑨,頭尾相去四十餘里,今潯陽郡蛇村是[三十]⑩。世高還郡[三一],以廟中餘物於瓦官寺起塔二重[三二]⑪。世高後夢,神來云[三三]:"蒙師作福,已脫蟒身矣。"

此條見《辯正論》卷七引作"梁外兵尚書劉璆撰《塔寺記》(《珠林》卷一百記梁朝尚書兵部郎中兼史學士劉璆撰《京師塔寺記》二十卷)",篇末附註"又見《宣驗記》",可知亦為《宣驗記》所錄。《高僧

傳》卷一、《出三藏記集》卷十三、《三寶感通錄》卷下、《珠林》卷五七
(引作《梁高僧傳》)、《古今譯經圖紀》卷一、《開元釋教錄》卷一、《釋
門自鏡錄》卷一、《貞元新定釋教目錄》卷二、《艺文类聚》卷九六引周
景式《庐山記》亦載此事,文異。亦可參見《三國傳記》卷三《嗔恚僧
成大蛇事》(26),事類似。

【校記】

[一]王:《辯正論》下有"之"字。

[二]化:"化"上等四字《辯正論》無。

[三]豫:原訛作"預",據《高僧傳》《辯正論》改,下同。

[四]宮:原訛作"官",據文意改。《高僧傳》《出三藏記集》及
宋、元、明本《辯正論》《感通錄》《珠林》《圖紀》《開元錄》《自鏡錄》
《貞元錄》作"邽",下同。濤按:《一切經音義》卷八四"邽亭湖,上音
恭,此洞亭湖名也,本無正字。《晉書·郭璞傳》中作邽亭,今《譯經
圖記》中從人作傍亭,書寫誤也。流俗相傳,見今呼為宮亭湖。蓋是
吳楚語訛,難為准定,此即洞亭湖也。"(又按《一切經音義》誤將此湖
作洞亭湖,實為彭蠡湖也)

廟:下原衍"人"字,據《辯正論》删。

[五]圓:《高僧傳》《出三藏記集》《珠林》《開元錄》《自鏡錄》
《貞元錄》作"迴"。濤按:《辯正論》作"圓",義同,故不改。

[六]統:《高僧傳》《出三藏記集》《珠林》《開元錄》《自鏡錄》
《貞元錄》作"治"。濤按:《辯正論》作"統",義同,故不改。

[七]若:原作"答",據續藏本、《辯正論》改。

[八]戒:《辯正論》作"禁"。

[九]本:原作"卿",大藏本《辯正論》無"卿"、"吾"兩字,今從宋、元、明本《辯正論》。

[十]不欲:《高僧傳》《出三藏記集》《珠林》《開元錄》《自鏡錄》《貞元錄》作"若"。

[十一]潮水:《高僧傳》《出三藏記集》《感通錄》《珠林》《圖紀》《開元錄》《自鏡錄》《貞元錄》作"江湖",《辯正論》作"湖水"。

[十二]後:原脱,據《高僧傳》《出三藏記集》《辯正論》《珠林》《開元錄》《自鏡錄》《貞元錄》補。

[十三]一:《高僧傳》《出三藏記集》《感通錄》《珠林》《圖紀》《開元錄》《自鏡錄》《貞元錄》無此字。

[十四]在:《辯正論》無此字。

[十五]諸雜:《高僧傳》《出三藏記集》《珠林》《圖紀》《開元錄》《自鏡錄》《貞元錄》作"雜寶"。

[十六]託:原作"詫",據《辯正論》改。

[十七]漣:原作"連",據《辯正論》改。

[十八]現:原作"見",據《辯正論》改。

[十九]陋:《高僧傳》《出三藏記集》《珠林》《開元錄》《自鏡錄》《貞元錄》作"異"。

[二十]吾:"吾"上等三字原作"見吾身",據《辯正論》改。大本《辯正論》"見"作"現"。

[二一]退:《高僧傳》《出三藏記集》《珠林》《開元錄》《自鏡錄》《貞元錄》作"去"。

[二二]宗:《高僧傳》《出三藏記集》《珠林》《開元錄》《自鏡錄》《貞元錄》作"舟"。

［二三］登：下疑脫“於”字，《辯正論》等有。

［二四］遙望發去：原作“遙登去”，據《辯正論》改。

［二五］舉：原作“取”，據《高僧傳》《出三藏記集》《辯正論》《開元錄》《自鏡錄》《貞元錄》改。

［二六］乃：上原有“起”字，據《高僧傳》《出三藏記集》《辯正論》《珠林》《開元錄》《自鏡錄》《貞元錄》改。

［二七］間：《高僧傳》《珠林》《開元錄》《貞元錄》作“頃”。

［二八］東：原作“蕭”，據《高僧傳》《出三藏記集》《辯正論》《珠林》《開元錄》《貞元錄》改。濤按：宋、元、明本《辯正論》作“東林”，疑“林”衍。

［二九］過：原作“遇”，據續藏本、《辯正論》改。

［三十］潯：原作“尋”，據《高僧傳》及宋、元、明本《辯正論》《感通錄》《珠林》《圖紀》《開元錄》《自鏡錄》改。

［三一］郡：《辯正論》作“都”。

［三二］二重：《辯正論》作“三層”。

［三三］來：下疑脫“報”，《辯正論》有。

【注釋】

①安世高：本名清，字世高，原為安息國太子。自幼信奉佛教，後出家修道，讓位於其叔。他精研阿毗曇，修習禪定。於東漢末年到達洛陽，不久即通曉漢語，翻譯經典。據晉代道安編纂的《眾經目錄》記載，安世高所譯經典共三十五種，四十一卷；現存有二十二種，二十六卷。此外，《歷代三寶紀》和《開元釋教錄》所載安世高譯經數量，都比《眾經目錄》為多，但根據不足，未盡可信。他譯文條理清楚，措

辭恰當,但偏於直譯。由於當時譯經尚屬創舉,沒有其他的譯作可資觀摩取法,所以有些譯文意義尚欠明白。此後,他遊歷了江南的豫章、潯陽、會稽等地(今江西、浙江省),晚年蹤跡不詳,在華活動前後約三十年。事見《高僧傳》卷一《安清傳》。

②遊化:《辯正論》無"至孝遊化",此句應是《要略錄》概括《高僧傳》卷一《安清傳》所記"幼以孝行見"、"遊化中國"諸語。

③豫章:西漢始設置的郡。據《漢書》卷二八《地理志》記:漢高祖初年(約於公元前 202 年)設豫章郡(贛江原稱豫章江),郡治南昌,下轄十八縣,分佈地域為贛江、盱江、信江、修水、袁水沿岸,即與後來的江西省區大致相當。東漢、三國、晉、南北朝,皆置豫章,郡治所在南昌。

④宮亭湖:即鄱陽湖,因湖旁有宮亭廟而得名,古又稱彭蠡。湖位於豫章北部,長江南岸。宮亭湖頗有靈驗,《太平御覽》卷六六引盛弘之《荊州記》曰:"宮亭湖廟神甚有靈驗,途旅經過,無不祈禱,能使湖中分風而帆南北。"

⑤同學:同所習者。《高僧傳》卷一《安清傳》記安世高前身有一同學,相處二十餘年,共出家學道。

⑥石函:石制的匣子。古籍常記載石函藏有神人、仙家的突變祕密或寶物。

⑦宗侶:同行,此指同行船隻。

⑧東寺:應是在宮亭湖邊的一座寺廟。宋、元、明本《辯正論》作"東林寺",恐非。東林寺位於廬山西北麓,是東晉年間慧遠所建,與東寺地理位置、創建年代皆不相符。

⑨過命:《高僧傳》卷一《安清傳》等作"命過",意指命終。如

《太平廣記》卷三二二引晉陶潛《續搜神記·王恒之》:"法師來曰:'貧道以某月日命過,罪福皆不虛。'"

⑩潯陽郡:南朝之前,潯陽多作尋陽。《晉書》卷十五《地理志》記:"永興元年,分廬江之尋陽、武昌之柴桑二縣置尋陽郡",郡治柴桑,隸江州。

⑪瓦官寺:南京古寺,建於東晉年間。《高僧傳》卷一《安清傳》等未言安世高在瓦官寺建塔。文末記:"又庾仲雍《荊州記》云:'晉初有沙門安世高,度䢼亭廟神,得財物立白馬寺於荊城東南隅。'宋臨川康王《宣驗記》云:'蟒死於吳末。'曇宗《塔寺記》云:'丹陽瓦官寺,晉哀帝時沙門慧力所立。後有沙門安世高,以䢼亭廟餘物治之。'然道安法師既校閱群經,詮錄傳譯,必不應謬。從漢桓建和二年至晉太康末。凡經一百四十餘年。若高公長壽,或能如此。而事不應然。"若以時間推算,安世高不可能建寺塔,此說當系六朝人之杜撰。

第四十二　昔須達長者圖精舍地感應

長者須達共舍利弗①,往圖精舍②。須達自手授繩一頭[一],(時舍利弗自捉一頭)[二],共圖精舍[三]。時,舍利弗欣然含笑。須達問言:"尊人何笑?"答言:"汝始於此地住[四],六欲天中宮殿已成③。"則借道眼,悉見六天嚴寶殿[五]。問舍利弗言:"是六天[六],何處最樂[七]?"舍利弗言:"下三色染,上二憍逸,第四天中④,少欲知足,恒有一生補處菩薩⑤,來生其中,法訓不絕[八]。"須達言[九]:"我正當生第四天中[十]。"言已竟[十一],餘宮悉滅,唯第四天宮殿湛然矣[十二]。

117

此條見《賢愚經》卷十、《經律異相》卷三、《釋迦譜》卷三、《珠林》卷三九,文字略同;《金剛般若疏》卷一、《翻譯名義集》卷二等文字稍異。

【校記】

[一]自手授:《賢愚經》《釋迦譜》作"手自捉",《珠林》《翻譯名義集》作"自手捉"。

[二]時舍利弗自捉一頭:疑脫,文不連貫,據《賢愚經》《釋迦譜》《珠林》補。

[三]圖:《賢愚經》《釋迦譜》《珠林》《翻譯名義集》作"經"。

[四]地住:《賢愚經》《釋迦譜》《金剛般若疏》《珠林》《翻譯名義集》作"經地",《經律異相》作"經營地"。

[五]悉見:《賢愚經》《釋迦譜》《經律異相》上有"須達",《金剛般若疏》上有"長者"。六天嚴寶:《賢愚經》《釋迦譜》作"六欲天中嚴淨宮",《珠林》《翻譯名義集》作"六天嚴淨宮殿"。

[六]六天:《賢愚經》《釋迦譜》《經律異相》作"六欲天"。

[七]樂:原作"乘示",據《賢愚經》《釋迦譜》《經律異相》、續藏本、《珠林》改,《金剛般若疏》作"勝"。

[八]訓:原作"詞",據《賢愚經》《釋迦譜》《經律異相》《珠林》改。

[九]言:《賢愚經》《釋迦譜》《珠林》下有"曰"字。

[十]中:《賢愚經》作"上"。

[十一]言:《賢愚經》《釋迦譜》《經律異相》《珠林》上有"出"字。

［十二］矣：《賢愚經》《釋迦譜》《珠林》無此字。

【注釋】

①長者須達：中印度憍薩羅國舍衛城的長者，波斯匿王的主藏吏。又稱須達多、蘇達哆，意譯善施、善授、善與、善給、善溫。長者，是積財具德者的通稱；長者須達是城中富豪，秉性仁慈，常憐愍貧窮、孤獨者，好行佈施。他曾購得祇陀太子苑林，建成祇樹給孤獨園（即祇園精舍），後獻給佛陀。

舍利弗：佛陀十大弟子之一。有"智慧第一"之稱。舍利弗生於王舍城外那羅陀村（Nālada），與鄰村目犍連結交，相約出家學道。後歸依佛陀，常隨從佛陀，破斥外道，論究法義，代佛說法，主持僧事。領導僧團，多方弘贊佛法。

②精舍：僧眾住處、寺院或佛堂的別稱，意為智德精練者的舍宅。此指祇樹給孤獨園，即祇園精舍。據《賢愚經》等經典記載，長者須達、舍利弗圖謀建立的精舍為祇樹給孤獨園。

③六欲天：欲界有六種天，謂之六欲天。即四王天、忉利天、夜摩天、兜率天、化樂天及他化自在天，它們共同特質是仍有欲樂。其中，四王天、忉利天據須彌山而住，稱地居天，其餘諸天則住於虛空密雲之上，稱空居天。

④第四天：欲界六天中的第四天是兜率天，《彌勒上生經宗要》："兜率陀者，譯言知足，六天之中是其第四天。下三沈欲情重，上二浮逸心多，此第四天欲輕逸少，非沈非浮，莫蕩於塵，故名知足。"

⑤一生補處菩薩：即彌勒菩薩。一生補處是菩薩階位的最高位，即等覺位，或譯作一生所系。因經此生的系縛即可補佛位處，故稱一

生補處,略稱補處。彌勒菩薩在未來世降生閻浮提世界,繼釋尊之後將會成佛,住兜率天。

第四十三　建立精舍地感應[一](出《天請問記》及《光憼菩薩經》等①)

昔佛住祇洹精舍時,放大光明,遍照三千大千世界百億天地②,無非明徹,猶如見掌。爾時,大眾萬億,舍利弗等而為上首,於光明中見百億四天下③,黃金地處處遍滿。佛之光明分散,停住黃金之地,還不收。久時,須達居士從座而起,合掌白佛言:"世尊,何故今日我等大眾見雜染世界中,處處有黃金地如彫鏤? 云何世尊光明分散停住黃金處處,不還取之?"佛言:"(我)涅槃後[二],正像末時分④,信男、信女、比丘、比丘尼、國王、長者、大臣、人民,以佛威力於此處處建立寺堂,今日光明所住黃金地者是也。彼諸四部弟子以我白毫功德分故,廣作佛事,所得功德者(與)汝無異[三]⑤。復次,所留毫光,我雖入滅⑥,而常住不滅,當來興造時最為照明。更從施主口入,住胸方寸臟,漸漸照清,生死重氷[四],決定不墮四惡趣中⑦。必當得佛金色寶刹[五],如文殊師利等雖有此益,四部弟子,爾時日用不知也[六]。"

可參見《三國傳記》卷七《建立精舍地感應事》(9)。

【校記】

[一]建:目錄"建"上有"滅後"二字。

[二]我:疑脱,據《三國》補。

[三]與:疑脱,據文意補。

[四]氷:"氷"及上五字《三國》作"消生死重罪"。

[五]得:《三國》作"至"。

[六]爾時日用不知:《三國》作"喻如日月不出"。

【注釋】

①《天請問記》及《光愍菩薩經》:二書不詳。此篇未見他書傳載,亦疑二書傳播有限。按《開元釋教錄》卷十八、《貞元新定釋教目錄》卷二八皆錄"《光愍菩薩問如來出世當用(何)時普告經》一卷",注"是妖徒偽造……以斯妖妄誘惑凡愚,淺識之流多從信受,因斯墜沒。可謂傷哉。"未審是否即指《光愍菩薩經》。

②三千大千世界:古代印度人的宇宙觀。又名三千世界、一大三千大千界或一大三千世界。指由小、中、大等三種"千世界"所成的世界。《長阿含經》卷十八曰:"如一小千世界,爾所小千千世界,是為中千世界。如一中千世界,爾所中千千世界,是為三千大千界。"即一小千世界中有千日月、千須彌山等,一千個小千世界,為一中千世界;一中千世界有百萬日月、百萬須彌山等,一千個中千世界稱為大千世界;一大千世界中有百億日月、百億須彌山等。據經典所述,此三千大千世界為一佛所化之土,故又稱一佛國。

③四天下:須彌山東南西北的四大洲。

④正像末:又作正像末三時、三時。佛法共分為三個時期,即正法時期、像法時期、末法時期。釋迦牟尼的法運期限各經所載不同,多依用正法一千年,像法一千年,末法一萬年之說。正法時期,佛雖滅度,法儀未改,有教、有行、有證果者;像法時期,有教,有行,但證果的人已經很少;末法時期,轉為微末,只有教而無行,更無證果之人。

⑤與汝無異:祇洹精舍為須達居士所造,并以此供养佛陀,因此佛陀說四部弟子广作佛事的功德和須達居士無異,皆等同量。

⑥入滅:證入涅槃,又名圓寂,也作為聖者謝世的代名詞。

⑦四惡趣:指地獄、餓鬼、畜生、阿修羅等四惡處。又作四惡道,即眾生以造作惡業而受生的苦難世界。

第四十四　沙彌以杖加精舍為壁木延壽感應(出《西域雜記》①)

昔罽賓國有精舍②,僧徒三百餘人、沙彌二十餘人也。沙彌之中最少生年十三[一],上座驅使僧事不違③。時有一尼乾子,善占相察,見沙彌云:"汝餘壽唯二年也。"沙彌聞之,生大怖畏。經一夏時,尼乾(又)見沙彌[二],云:"不可思議! 不可思議! 甚為希有! 汝壽既延五十年,有何妙術?"沙彌云:"更不修延命法。"尼乾白上座,上座是三明大阿羅漢④,入邊際定⑤,觀知因緣。從定而起,告尼乾子言:"此沙彌於夏初眾僧修營精舍壁時,少一木,即持古杖加之成壁。以是因緣,延五十年壽矣。"

《法華傳記》卷七"天竺于闐國瞿摩帝寺沙彌"引《西國傳》與此略似。

可參見《三國傳記》卷十《精舍壁修營時加小木延十年壽事》(19)。

【校記】

[一]少:疑下脫"者"字。

[二]又:疑脫,據《三國》補。

【注釋】

①《西域雜記》:未詳待考。

②罽賓國:印度西北部的古國,即迦濕彌羅,在今喀什米爾一帶之地。中國史書中的罽賓名義尚存紛歧,各個時代所指不同。

③上座:又稱長老、上臘、尚座、首座、上首。此詞指出家年數較長之人,或指年歲高者,有時亦為對僧人的尊稱。

④三明:指宿命明、生死明、漏盡明三種修證境界,又作三達、三證法。三明阿羅漢能瞭達三世,能得知宿世、未來諸事,故知沙彌緣何延長壽命。

⑤邊際定:此定是多種靜慮中的最佳者。邊,無越之義,謂此定殊勝而無有能超越者;際,類、極之義。

第四十五　拂精舍庭生天感應(同記)

昔如來在世之時,有天人來下祇洹精舍①。佛為說四諦法②,得法眼淨③。阿難問佛。佛言:"須達居士造精舍已,遣一奴拂寺庭[一],掃除道路,乘此善根,生忉利天。來下聽法,得法眼淨也。"

可參見《三國傳記》卷六《拂除精舍庭生天事》(4)。

【校記】

[一]一:下原衍"人"字,據文意刪。

【注釋】

①天人:梵語 Apsara,指住在欲界、色界等天界之有情,即諸神。

又作天眾。據經典所載,天人歡喜佛事,常奏天樂,散天花,飛行於虛空,故另有飛天之稱。

②四諦:即苦集滅道四諦。諦謂真實不虛,釋迦牟尼親證此四諦。他成道後,至鹿野苑為五賢者始說此法,講四諦之義。

③法眼淨:指具有觀見諸法真理而無障礙、疑惑之眼。與清淨法眼、淨法眼同義。經中常載有佛陀說法,令諸會眾等遠離塵垢,證得清淨法眼的事蹟。

第四十六　昔於父母故宅地造精舍感應(出《賢聖集傳》)

昔尊者夜周多①,歸於舊里,父母故宅地建立佛精舍[一]。尊者夜分,有百千天子來下[二]②,供養精舍。尊者知而問,天子言:"我是汝父母,以惡業故墮地獄。汝出家日,生天。於故宅地建立精舍時[三],自宮殿動搖[四],光明倍勝,以見此事,故來供養也。"

可參見《三國傳記》卷五《昔尊者于父母故宅地造精舍事》(16)。

【校記】

[一]父:疑上"於"字,可參下文其父母所言。

[二]有:疑作"見"。

[三]故:原作"古",據文題改。

[四]自:疑作"見"。濤按:下文"以見此事",故疑"自"作"見"。

【注釋】

①尊者:指智德皆勝,可為人師表者,是對佛弟子、阿羅漢等的

敬稱。

②天子:指諸天的天人。《大般若經》卷一二六:"時有無量百千天子為聽法故皆來集會,歡喜踊躍,敬受如是甚深般若波羅蜜多。"

第四十七　室羅伐悉底國寺(蔽大祠)感應^[一](出《西域記》①)

室羅伐悉(底)國有一精舍^{[二]②},高六十餘尺。次東^[三],有天祠、量等精舍^{[四]③}。日旦流光^{[五]④},天祠之影不能蔽精舍^[六];日將落照,精舍之陰遂覆天祠矣^[七]。

此條出《西域記》卷六。又參見《慈恩傳》卷三、《珠林》卷二九、《釋迦方志》等,文異。

【校記】

[一]蔽大祠:原脱,據目錄補。

[二]底:原脱,據文題、《西域記》《慈恩傳》《珠林》《釋志》補。精舍:《珠林》《方志》下有"名曰影覆"四字。

[三]次:原作"以",據《慈恩傳》《西域記》《釋志》改。

[四]等:《釋志》《珠林》作"同"。

[五]日旦流光:《慈恩傳》作"日光移轉"。

[六]之:《慈恩傳》無此字。能:《西域記》無此字,疑衍。

[七]祠:下原衍"影覆"二字,據《西域記》删。濤按:《西域記》無"影覆矣"三字;《西域記》下文作"影覆精舍東三四里",非濤誤將下句首"影覆"置於句末,遂成衍文;文末加"矣"字為非濤行文慣例。

【注釋】

①《西域記》：即《大唐西域記》，亦稱《西域行傳》，凡十二卷。唐玄奘述，總持寺沙門辯機綴文，記述唐玄奘游西域諸國的紀行。玄奘法師於唐貞觀三年（629）秋西行求法，經歷西域各地，於貞觀十九年初還國。他到洛陽第一次會見唐太宗時，太宗即要他敍述西遊經歷，而編寫一部西域傳。於是玄奘根據自己遊歷見聞，口授給他的弟子辯機，一起編撰此書，到次年七月方告成。玄奘在上進本書的表文裏提到書內的記述包括他親到的和聽到的地方，共有一三八國。書內所述很多地方取材於所經各地的古籍，所以經錄家把它列入譯本一類。本書記述西域和印度各國，以玄奘遊歷間（即公元 7 世紀的40、50 年代間）的情況為主，但對各國政教興衰，舊史往事以至民間傳說，也有聞必錄，保留了很多古代的史料。至於佛教方面，則對當時各國佛法的傳播概況，以及過去的史跡，都記載特詳。或敍述佛滅後的重大史事（如三次結集等），或上溯佛在世時代（如佛出家、成道、說法等事），或記佛出世以前（如過去諸佛等）的重要故事，記述範圍上下涉及千餘年，大部分是印度佛教史上極寶貴的資料。

②室羅伐悉底國：憍薩羅國首都，即法顯所記的拘薩羅國舍衛城。室羅伐悉底，梵文Śrāvastī的音譯，舊譯舍衛、舍婆提。此地是佛典中的名地，釋迦牟尼曾在此度過了二十五年，宣揚佛教教義，此地的祇洹精舍是佛教的傳播中心。室羅伐悉底位於阿契羅伐替河畔，是北印度的商業中心，商場繁榮，人口眾多。後來逐漸衰微，玄奘法師西行抵達此地時，見城郭荒頹，寺院毀壞，滿目荒涼。

③精舍：指影覆精舍，位於室羅伐悉底國，即舍衛城中。法顯西行

時,亦見此精舍,據《法顯傳》載:"其道東有外道天寺,名曰影覆。與論議處精舍夾道相對,亦高六丈許。所以名影覆者,日在西時,世尊精舍影則映外道天寺。日在東時,外道天寺影則北映,終不能得映佛精舍也。"

④日旦:每天早晨。

第四十八　昔貧兒以木葉戲作寺延壽感應(出《貧兒延壽經》)

昔阿羅漢路值一貧兒,觀知餘壽三日,生悲愍。去至第三日,值貧兒①,入定觀知②,有六十年壽。生希有念,又觀善根③,知與諸乞兒共戲拾木葉為寺報。為人說之,聞者生信矣。

可參見《三國傳記》卷九《小兒戲以木葉造寺壽延事》(25)。

【注釋】

①值:遇到。《爾雅·釋言》"遇,偶也",晉郭璞注:"偶爾相值遇。"

②入定:入於禪定。得道者入定,能令心專注於一境,顯示出特殊神通。

③善根:謂人所以為善的根性。善根指身、口、意三業之善法而言,善能生妙果,故謂之根。

第四十九　比丘補(寺)壁孔延壽感應[一](出《雜寶藏》[二]①)

昔有一比丘,死時將至。因入僧伽藍[三],見壁有孔,即便團泥而補塞之,增其壽命矣。

此條出《雜寶藏經》卷四"比丘補寺壁孔獲延命報緣",所載較詳;《四分律鈔批》卷十三引作《雜寶藏經》。

【校記】

[一]寺:疑脫,據目錄補。

[二]雜:原作"離",據續藏本改。

[三]伽藍:《雜寶藏經》《四分律鈔批》作"坊"。濤按:僧坊、僧伽藍意同,系非濁所改。

【注釋】

①《雜寶藏》:即《雜寶藏經》。元魏吉迦夜與曇曜共譯,收於大正藏第四册。本書内容包括佛傳、本生、因緣,以及印度民間故事、寓言故事、譬喻故事等。

第五十　昔金地國王治古寺延壽感應[一](出《譬喻經》①)

昔有相師占金地國王②:却後七日,必當命終。後日遊獵,次見一故寺破壞[二]。即生悲心,速修治之,得三十年壽矣。

可參見《雜寶藏經》卷四"乾陀衛國王治故塔寺得延命緣",所載較詳;亦可參見《三國傳記》卷九《金地國王修造古堂延壽事》(16)。

【校記】

[一]古:疑目錄及題目"古"字作"故"。

[二]次:《雜寶藏經》無此字。

【注釋】

①《譬喻經》:此條未見現存的《譬喻經》,或出於亡佚《譬喻

經》。藏經中題《譬喻經》者有五部:比丘道略集《雜譬喻經》一卷、鳩摩羅什譯《衆經撰雜譬喻經》二卷、吳康僧會譯《舊雜譬喻經》二卷、失譯《雜譬喻經》二卷、後漢支婁迦讖釋《雜譬喻經》一卷,已上五部同名别經皆不載國王治故寺延壽事。據《經律異相》等引十卷譬喻經,今不傳;《出三藏記集》載同名經十部已湮滅,故難知此篇出於何部《譬喻經》。

②金地國:印度古國名,《翻譯名義集》卷三記:"中天竺國,東至震旦五萬八千里,南至金地國,西至阿拘遮國,北至小香山阿耨達,亦各五萬八千里。"則知其國在中天竺之南,學界認爲它位於今緬甸仰光以南,是馬來半島西海岸之古國。然《雜寶藏經》記此事發生於乾陀衛國,即玄奘《西域記》所言的北印度"健馱邏國",此與中天之南的金地國南轅北轍,何啻千里?檢《賢愚經》卷七《大劫賓寧品》記舍衛城"南方有國,名爲金地","有一長者,爲起塔廟,造作堂閣,四供養具。歲月漸久,而塔崩落,床褥衣食,亦復斷絕。其主長者,有子比丘,便行勸化人民之類,各令減割,用治斯塔,又設飲食床臥之具","時長者子比丘者,今金地王摩訶劫賓寧是",據此可知修復故寺者爲舍衛城南的金地國之王,《雜寶藏經》所云乾陀衛國不合實情。

《三寶感應要略録》卷上(終)[一]

【校記】

[一]終:續藏本無此字。

《三寶感應要略錄》卷中目錄^[一]

【校記】

【校記】

[一]華：正文文題作"花"。恒：正文文題上有"然"字。

[二]華：正文文題作"花"。

[三]四阿含：正文文題作"阿含經"。

[四]國：正文文題無此字。

[五]定：正文文題下有"二人"二字。

[六]觀無量壽經：正文文題作"觀經"。

[七]國：正文文題上有"小"字。

[八]國：正文文題上有"有一"二字。王：疑脫，據正文文題補。

[九]除怨害等：正文文題無四字。

[十]除怨害等：正文文題無四字。

[十一]三：疑脫，據正文文題補。

〔十二〕二卷：正文文題無二字。

〔十三〕誦：正文文題無此字。

〔十四〕華：正文文題作"花"。

〔十五〕華：正文文題作"花"。

《三寶感應要略錄》卷之中

釋子非濁集

第一　有人將讀《華嚴經》以水盥掌（水）所霑虫類生天感應[一]（出《經傳》及《遊記》[二]①）

執師子國沙門釋迦彌多羅[三]，此云能友[四]，是第三果人也②。麟德之初，來儀震旦[五]③，請尋聖迹[六]，遍歷名山及寺[七]。至京師西太原寺[八]④，屬諸僧轉讀《花嚴》經典[九]⑤。乃命譯語問云："此是何經？"答："是《花嚴經》。"能友肅然改容[十]，曰："不知此處亦有是經耶！"合掌歡喜，讚言[十一]："若聞《花嚴》題目字者[十二]，決定不墮四惡趣⑧，此大方廣功德難思⑥。西國相傳⑦：'有人以水盥掌，將讀此經。水之所霑，灑及虫蟻，因此捨命，後得生天[十三]。'何況受持讀誦，蓋不可思議之福也[十四]！"

嘗聞于填國東南二千餘里[十五]，有國名遮拘槃[十六]⑨。王宮側有精舍，於中大乘沙門轉讀《花嚴》[十七]，王臣供養之。夜中分，忽然有大光明遍滿城中。光明之中，有百千天人以種種天衣⑩、珠寶、瓔

135

珞⑪奉獻王及沙門。王問曰："是誰?"天答曰⑫:"我是精舍側蜫虫也。沙門以水盥掌,將讀《花嚴》,水之所霑,因此捨命,生忉利天。天上法爾,初知本因,故來下報恩。"王聞天語,悲喜,立制:我國偏重大乘,不可流通小法。從其已來,彼王歷葉敬重大乘[十八]。諸國名僧入其境者,並皆試練。若小乘學,則遣不留[十九];摩訶衍人[二十]⑬,請停供養,至今不改。王宮內自有《花嚴》《摩訶般若》《大集》《法華》等經十二部並十萬偈[二一],王自受持[二二],親執戶鑰[二三]⑭。轉讀則開,香花供養。如此等異,蓋多矣。

前段見《華嚴經傳記》卷四"師子國沙門釋迦彌多羅",所載較詳。《華嚴經隨疏演義鈔》卷十五、《華嚴經疏鈔玄談》卷八較詳,文字稍異;元釋普瑞《華嚴玄談會玄記》卷三八略引《華嚴經傳記》。

後段中虫類生天事未詳出處。餘事見《華嚴經傳記》卷四;又參見《歷代三寶紀》卷十二、《法華傳記》卷一"隱顯時異"引《西域志》、《華嚴經隨疏演義鈔》卷十五引《歷代三寶紀》等,文字稍異。

可參見《今昔物語集》卷六《天竺迦彌多羅花嚴經傳震旦語》(31)。

【校記】

[一]水:疑脫,據目錄補。

[二]傳:原作"田",據文獻出處《華傳》改。

[三]執:《華傳》《隨疏演義鈔》《疏鈔玄談》無此字。濤按:執師子國、師子國乃翻譯之別,所指相同。沙:《華傳》上有"長季"二字。

[四]此:《華傳》下有"土"字。友:《物語》《考證今昔物語集》引《要略錄》作"支",下同。

［五］震:原作"晨",據《華傳》《隨疏演義鈔》《疏鈔玄談》改。

［六］請尋:原作"情",據《華傳》《隨疏演義鈔》改。

［七］及寺:《華傳》無兩字。

［八］太:原作"大",據《華傳》《隨疏演義鈔》《疏鈔玄談》改。"至京師西大原寺",《隨疏演義鈔》《疏鈔玄談》作"因出至西太原寺";《華傳》作"嘗至京師西大原寺"。

［九］屬:原作"勵",據《華傳》《隨疏演義鈔》《疏鈔玄談》改。"屬諸僧"《華傳》作"時屬諸僧將";《隨疏演義鈔》《疏鈔玄談》作"時屬諸僧"。

［十］能友:諸書作"多羅",蓋非濁襲用意譯。

［十一］讚言:《華傳》作"讚歎久之而言曰",《隨疏演義鈔》作"讚歎久之言曰",《疏鈔玄談》作"讚歎久之曰"。

［十二］若聞等十五字:《華傳》《隨疏演義鈔》《疏鈔玄談》無。

［十三］後:《隨疏演義鈔》《疏鈔玄談》作"皆"。

［十四］蓋:原作"益",據《華傳》改。不可思議:《華傳》作"不思"。

［十五］填:《華傳》《歷紀》《法傳》《華嚴經隨疏演義鈔》作"闐"。濤按:填、闐音譯不同。

［十六］槃:《歷紀》作"迦"。

［十七］中:疑下脫"有"字,《物語》下有"有"字。

［十八］歷葉:《法傳》作"累世"。

［十九］則:《歷紀》作"即"。

［二十］摩訶衍人:《法傳》作"大乘人"。《考證今昔物語集》引《要略錄》誤作"摩訶行人"。

137

[二一]内:《歷紀》無此字。自:《隨疏演義鈔》無此字,《法傳》作"亦"。《花嚴》《摩訶》《般若》《大集》《法華》等經十二部:《歷紀》作"摩訶般若大集華嚴三部大經",《華嚴經隨疏演義鈔》作"華嚴摩訶般若大雲等經凡一十一部",《法傳》作"華嚴大集摩訶般若法華大涅槃等五部大經",《華傳》作"華嚴摩訶般若大集等經"。

[二二]自:《歷紀》《華傳》《華嚴經隨疏演義鈔》《法傳》作"躬"。

[二三]戶:《歷紀》作"鍵"。

【注釋】

①《經傳》及《遊記》:《經傳》指《華嚴經傳記》,原訛作"《經田》"。此條見於《華嚴經傳記》卷四;其下兩條皆見於《華嚴經傳記》,注出《經傳》,可知非濁參閱《華嚴經傳記》。《華嚴經傳記》五卷,唐法藏撰。又作《華嚴傳之記》《華嚴傳記》《華嚴經傳》《華嚴傳》。本書系《華嚴經》之部類及傳譯、講解、諷誦等有關人物事蹟的集録。《遊記》或指卷上提及的常愍《遊歷記》《記遊天竺記》,本文第二段或出自是書。

②第三果:小乘四果中的第三果不還果。得此果者,悉斷欲界煩惱,不再還於欲界,故稱不還。

③震旦:又作真旦、真丹、振旦,印度等國指中國本部及與中國相鄰接之地。

④西太原寺:在唐代長安城西北的休祥坊,是唐高宗時譯經重鎮,日照三藏、菩提流志、般若三藏等僧侶皆在此譯經。據韋述《兩京新記》卷三、徐京《唐兩京城坊考》卷四記,唐高宗咸亨元年(670)

將武皇后外氏故宅立為太原寺,垂拱三年(687)改為魏國寺,載初元年(689)又改為崇福寺。據此寺建於咸亨元年推斷,能友於麟德初(664)來華,"請尋聖跡,遍歷名山",可能在幾年後,即咸亨元年之後方游至京師西太原寺。

⑤轉讀:讀誦經典。轉者自此移彼,輾轉之義。

⑥大方廣:方是方正的意思,廣是廣大的意思,是諸大乘經的通名,此處指《大方廣佛華嚴經》。

⑦西國相傳:虫蟻升天事恐為西域傳說,據胡幽貞《華嚴經感應傳》記:"《西域傳記》中說:'有人轉《華嚴經》,以洗手水,滴著一蟻子。其蟻命終,生忉利天。'"

⑧惡趣:此指地獄、餓鬼、畜生、修羅等。是造惡業眾生所趣之所,謂之惡趣。

⑨遮拘槃:《歷代三寶紀》卷十二:"于闐東南二千餘里,有遮拘迦國",據此知此國又作遮拘迦國,位於于闐東南。

⑩天衣:天人之衣,傳其輕且貴。

⑪瓔珞:古代用珠玉串成的裝飾品,多用為頸飾。

⑫天:猶言天人,天上之人,天界生類之總稱。本書天人常略稱作天。《雜阿含經》卷四七:"昨夜有二天來詣我所,稽首作禮",《續高僧傳》卷二五《釋僧意傳》:"及期,果有天來入寺及房,冠服羽從,偉麗殊特。"

⑬摩訶衍人:即大乘人。摩訶衍,又作摩訶衍那,皆是梵語Mahāyanā的音譯,意譯作大乘。慧琳《一切經音義》卷二一曰:"摩訶衍,具云摩訶衍那,言摩訶者此云大也,衍那者云乘也。"聲聞緣覺二乘教法為小乘,菩薩教法為大乘。

⑭戶鑰：屋舍鑰匙。

第二　毘瑟（奴）寺小乘師以《花嚴》置《阿含》下然恒在其上感應[一]（出《（經）傳》等文[二]）

日照三藏云①：南天竺近占波城有一僧伽藍[三]②，名毘瑟奴③，於中有諸小乘師而住[四]④。後有一大乘法師[五]，持《花嚴經》一袟來至其所[六]。小乘諸師，更不相敬[七]。彼大乘師，乃留經一袟而去[八]。諸小乘學者，情盡不信，投之井內[九]。後見井中[十]，光明如烈火[十一]。雖久在水中，都不霑濕[十二]。便信此經是佛所說，猶尚不及小乘[十三]，遂置在《阿含》等經律之下[十四]⑤。及明旦[十五]，輒見在上。乃訶諸群小[十六]："誰後輒移[十七]？"對云："無人動經[十八]。"乃還置下，明又如初，復在其上，若此者數焉。小乘諸師[十九]，咸大感驚歎[二十]，方知此經過於己學。以身投於地，宛轉號泣，懺謝迴心，專共受持[二一]⑥。《花嚴》一經，盛于此國矣。

此條出《華嚴經傳記》卷四。可參見元釋普瑞《華嚴懸談會玄記》卷三八，事稍略。

可參見《三國傳記》卷十《毘奴寺小乘師以〈花嚴〉置〈阿含〉下在其上事》(16)。

【校記】

[一]奴：原脫，據正文寺名補。《三國》題目作"毘奴寺"，文作"毘慧奴"。

[二]經：原脫，據文意補。濤按：此條出於《華傳》，其上條、下條同出一書，故據下條"出《經傳》"可知脫"經"字。

[三]竺:《華傳》下有"國"字。

[四]諸小乘師而住:《華傳》作"諸頭陀僧等竝小乘學"、《華嚴懸談會玄記》作"諸頭陀僧竝小乘學"、《三國》作"諸小乘師在住",疑《三國》是。

[五]後:《華傳》下有"忽"字、《華嚴懸談會玄記》"後"作"忽"。

[六]袟:《華傳》《三國》作"帙",《華嚴懸談會玄記》作"夾","帙"、"袟"古同,下同。所:《華傳》作"處"。

[七]更:《華傳》作"既"。

[八]經一袟而去:《華傳》作"帙而去,不知所適"。

[九]投之井內:《華傳》上有"遂持此經帙"五字。

[十]見:《華傳》《華嚴懸談會玄記》上有"數"字。

[十一]明如烈火:《華傳》作"煥赫,上衝於外,有同烈火。以物鉤漉,果得《華嚴》"。《華嚴懸談會玄記》作"光明上衝,同於烈火,即復勾取之,其經夾不濕"。

[十二]濕:原作"溫",據《華傳》、續藏本、《華嚴懸談會玄記》改。

[十三]尚:《華傳》作"將"。

[十四]《阿含》等:《華傳》作"小乘"。

[十五]及:《華傳》作"及至",《三國》作"既至"。

[十六]諸:原作"若",據《華傳》改。

[十七]後:《華傳》作"復"。

[十八]無人動經:《華傳》作"元無人動"。

[十九]師:《華傳》作"德"。

[二十]感:原作"教",文不通,據《三國》改。歟:《華傳》作

"嗟"。

[二一]受:《華傳》作"授"。

【注釋】

①日照:中印度人,唐高宗儀鳳(676—679)間來華,譯《大乘顯識論》《華嚴經入法界品》等十八部三十四卷。他曾向法藏面授三論義,所說被稱為新三論,與羅什所傳略有不同。

②近占波城:疑即摩訶瞻波城。《初期大乘佛教之起源與開展(下)》(《印順法師佛學著作全集》第 17 卷)以為此城是央伽(鴦伽,孟加拉古國)國首都占波城。然據《西域記》卷十所載,占波(瞻波,梵名 Campā,該城遺址在巴迦爾普爾附近)位於中印度,并不同於本篇南天竺(南印度)的記載;且此事由中印度人日照講述,豈有不知近占波城為中印度之理,故知近占波城並非指中印度央伽國首都占波城。此城或即摩訶瞻波,亦作占婆、林邑,《求法高僧傳》卷下《法振傳》"瞻波"一名下原注:"即林邑國也",是占人建立的國家,故地在今越南橫山以南的中部和南部部分地區。《西域記》卷十記玄奘未到此國,僅聽聞三摩呾吒國東南有此國,位於南天竺。

③毘瑟奴:寺名。據文意寺乃在南天竺近占波城。《華嚴經傳記》卷四誤注曰"人名也"。

④小乘師:信仰小乘佛教的僧眾。

⑤《阿含》:北方所傳原始佛教經典彙編的名稱,其意義為依著師承的輾轉所傳。一般佛教文獻裏都將它看成小乘經藏,有《長阿含》《中阿含》《雜阿含》和《增壹阿含》。而《華嚴經》則是大乘經典,故小乘諸師的態度由懷疑到接受,顯示小乘與大乘經典信仰的交鋒狀態。

⑥受持：受者領受，持者憶持。以信力故受，以念力故持。

第三　釋靈幹講《花嚴經》見天宮迎改生花藏（世）界感應^[一]（出《經傳》文）

釋靈幹①，每講《花嚴》，遠近涼煥^[二]②。開皇十七年，遇疾悶絕^[三]，唯心不冷，未敢藏殯③。後醒，云^[四]：我生兜率天^[五]，見休、遠二法師^[六]④，並坐花臺^[七]，光偉絕世^[八]。謂幹曰："汝與我諸弟子，後皆生此矣^[九]。"至八年正月^[十]，卒於寺，春秋七十有八，乃火葬於終南之陰⑤。初，幹志奉《花嚴》，常依（經）本^[十一]，作蓮花藏世界海觀及彌勒天宮觀⑥。至于疾甚，目精上視⑦，不與人對，久乃如常^[十二]。沙門童真問疾在側，幹謂真曰："向見青衣童子引至兜率天宮^[十三]，而天樂非久，終墜輪迴⑧。蓮花藏是所圖也。"不久氣絕，須臾復通^[十四]⑨。真問："何所見耶？"幹曰："見大水遍滿，花如車輪。幹坐其上，所願滿足^[十五]。"尋爾，便卒矣^[十六]。

此條出《華嚴經傳記》卷二。《續高僧傳》卷十二《釋靈幹傳》、《珠林》卷十六引作《唐高僧傳》，所載稍詳而文字有異。

可參見《今昔物語集》卷六《震旦僧靈幹講華嚴經語》(32)。

【校記】

[一]世：疑脫，據目錄補。

[二]遠近：《華傳》作"亙延"。

[三]悶絕：《珠林》作"暴悶"。

[四]云：《續高僧傳》《珠林》上有"述"字。

[五]生：《華傳》作"往"。兜率天：《續高僧傳》《珠林》作"兜率

陀天"，翻譯不同。

　　［六］休、遠：《續高僧傳》《珠林》述兩僧為僧休、慧遠。

　　［七］坐：原作"座"，據《華傳》、續藏本改。

　　［八］偉：原作"俍"，據《續高僧傳》及宮、宋、元、明本《珠林》改。濤按：《華傳》作"暉"，疑"偉"之訛。

　　［九］後：原作"復"，據《續高僧傳》《珠林》《華傳》《物語》改。

　　［十］八：上原衍"十"字（《物語》亦衍），據《續高僧傳》《珠林》《華傳》刪。濤按：此指大業八年，大業僅十四年，故知"八"上"十"衍。蓋非濁省略《華傳》《續高僧傳》《珠林》等"及大業三年，置大禪定，有勑擢為道場上座"諸語，造成上下文意脫節，以致誤解此即前文"開皇十七年"之後的"開皇十八年"。

　　［十一］經：原脫，據《續高僧傳》《華傳》補。

　　［十二］乃如常：《續高僧傳》《珠林》作"之乃垂，顏如常日"。

　　［十三］童子：《續高僧傳》《珠林》下有"二人"。

　　［十四］通：原作"童"字，據《華傳》及宮、宋、元、明本《續高僧傳》改。濤按：非濁所引《華傳》作"通"，宮、宋、元、明本《續高僧傳》亦如是，若作"童"則上句文字不順，故從《華傳》；然據文意，宮、宋、元、明本《珠林》作"蘇"、大本《續高僧傳》作"還"，意皆佳。

　　［十五］滿足：《續高僧傳》《珠林》《華傳》作"足矣"。

　　［十六］卒：原作"車"，據《華傳》、續藏本、《續高僧傳》《珠林》改。

【注釋】

　　①釋靈幹：俗姓李，金城狄道（今甘肅省臨洮縣）人。十四歲出

家,勤習《華嚴經》,精通其義,以奉《華嚴經》為業。隋大業八年卒,火葬於終南之陰,事見《續高僧傳》卷十二《釋靈幹傳》,又參見《釋氏六帖》卷十。

②涼燠:冷暖,寒暑。

③藏殯:入殮殯葬。

④休、遠二法師:《續高僧傳》卷十二《釋靈幹傳》詳載二僧為僧休、慧遠法師,皆是釋靈幹的舊識,於隋開皇十七年(597)前已去世。僧休是隋僧人,《弘贊法華傳》卷二記闍那崛多在隋文帝時與"沙門僧休、法粲等更出眾經",當指其人;慧遠乃隋京師淨影寺慧遠,事見《續高僧傳》卷八《慧遠傳》。

⑤火葬:印度四種葬法之一,或稱荼毗(Jhāpeti,燃燒之意)。印度人舉行火葬時,先在野外的空地上堆滿香薪,遺骸用白布纏繞置於龕內,然後放在積薪上,淋上酥油加以焚燒。中國自古即有厚葬的習俗,忌諱損傷遺體,因此火葬雖隨佛教傳入,但最初僅有部分外國僧人施行。據《敕修清規》記載,唐宋時施行火葬者已漸增多,如本篇釋靈幹即採用火葬。

⑥蓮花藏世界:即蓮華藏世界,《華嚴經》《梵網經》中所述毗盧遮那佛(盧舍那佛)的世界,詳稱蓮華藏世界海、華嚴莊嚴世界海、蓮華臺藏世界海,略稱華藏世界、蓮藏。意指以蓮華裝飾,深廣似海之世界。依《華嚴經》所載,蓮華藏世界是毗盧遮那佛歷經無數菩薩行之廣大功德莊嚴成就,其底層有十重微塵數風輪,十重微塵數風輪之上為香水海,香水海中有大蓮華,其中的世界即為蓮華藏世界。

彌勒天宮觀:即彌勒菩薩居住的兜率陀天宮。

⑦目精:眼珠,眼睛。

⑧輪迴：指眾生由於起惑造業的影響，而在迷界（六道）流轉生死，如車輪旋轉，迴圈不已，故云"輪回"。又稱流轉、生死、輪轉、生死輪回、輪回轉生。此種輪回思想，為印度各派宗教、哲學所共通的根本思想，而此思想則源自靈魂轉生、靈魂不滅的觀念。佛教形成與業（karman）思想相結合的輪回觀念，進一步地演繹與發展了印度的原有觀念。

⑨復通：《要略錄》原作"復童"，文句不通，故依《華嚴經傳記》卷二及宮、宋、元、明本《續高僧傳》卷十二改為"復通"，然"復通"亦稍費解，疑《華嚴經傳記》《續高僧傳》文有訛誤，其意當以宮、宋、元、明本《珠林》"復蘇"為准。

第四　唐朝散大夫孫宣德發寫《花嚴》願感應（新錄）①

唐朝散大夫孫宣德②，雍州永安縣人也[一]③。德依因緣發願，將造《花嚴經》。間觸事④，生不信，即捨廢，無惡不造。後射獵，落馬悶絕，經一日醒覺，悲泣投地，悔過自責。謂思邈曰⑤："吾初死之時，見三冥官驅沒官到於大城前[二]，五道大臣位次敘列⑥，閻魔大王安處於（座）[三]，嗔呵吾言：'汝癡人，人恣造惡[四]，依所殺禽獸憼非分召汝。'即見庭中吾所殺生百千萬，向王各各白非分奪命由[五]。王彌嗔怒。時有一童子自稱善財，忽至王所。王恭從座下，合掌向童子。童子曰：'汝可放宣德。彼發（願）造《花嚴》未果[六]，所願之時，無不信心，豈以後惡捨前善？'王歡喜曰：'理實如然，宜可放還。'即童子示歸路。"得醒悟：《大花嚴經》功德不（可）思議[七]。仍悔先愚，更盡所有書寫之。八十有六而卒，對親友曰："吾寫《花嚴》生兜率天，奉事慈氏矣。"

可參見《今昔物語集》卷六《孫宣德書寫華嚴經語》(35);《三國傳記》卷十《唐朝散太(大)夫孫宣德事》(17)。

【校記】

[一]永安縣:《三國》誤作"衣懸"。

[二]三:下原衍"人",據文意刪。《物語》一本作"一"。沒:疑作"末"。

[三]座:原脫,據文意補。濤按:下文有"王恭從座下",知"安處於"下脫"座"字。

[四]人:疑涉上"人"而衍。《三國》本句作"恣造惡業"。

[五]奪:《三國》上有"被"字。

[六]願:原脫,據文意補。濤按:上文云"因緣發願,將造《花嚴經》",知下文"彼發造《花嚴》未果"中脫"願"字。《物語》《三國》有"發願"二字,可做旁證。

[七]可:原脫,據《物語》《三國》補。

【注釋】

①新錄:本條上三條及下二條皆引自《華嚴經傳記》,該書卷五有"唐朝散大夫孫思邈"事,推測非濁翻檢是書時,看到"朝散大夫"、"孫思邈"等信息,想起曾閱讀某書的"朝散大夫孫宣德"事,遂展卷新撰此篇,注作"新錄"。寫畢此條後,遂又繼續抄錄《華嚴經傳記》卷五"唐朝散大夫孫思邈"其下的"康阿祿山"事,即本書下一則"東市行證為親寫《華嚴》救苦感應"。

②朝散大夫:隋時設置的散官名。唐時為文散官,從五品下。

③雍州:隋京兆郡。《舊唐書》卷三八《地理志》載:唐武德元年(618)改為雍州,置牧一人,以親王為之。開元元年(713)改雍州為京兆府,領縣十二。永安即雍州轄縣,原名華原,垂拱二年(686)方改華原為永安,神龍元年(705)復為華原,即今陝西耀縣。據雍州、永安的存在時間推算,可知此篇的創作時間應在垂拱二年(永安得名)至神龍元年(復改華原)間。然其事發生時間,據下文孫宣德問孫思邈可知事在孫思邈存世前,即《舊唐書》卷一九一《孫思邈傳》所說的永淳元年(682)之前。據上可知,孫宣德或在唐初至永淳元年間發願造經並遇奇事,其事被某作者所知,遂於垂拱二年至神龍元年間創作成篇,沿用當時雍州永安的說法。這種情況類似於法藏《華嚴經傳記》卷五稱孫思邈為"雍州永安人",系沿用州縣舊稱而已。

④觸事:遇事。

⑤思邈:即孫思邈。唐朝京兆華原人,著名的醫師與道士,被後人譽為"藥王",卒於永淳元年。事見《舊唐書》卷一九一《孫思邈傳》。

⑥五道大臣:同於五道大神、五道大官,地府中的屬官,掌管人的生死。《法華傳記》卷九記:"閻魔大王五道大官,於門外露地而坐"。

第五　東市行證為親寫《華嚴》救苦感應(出《經傳》文)

雍州萬年縣康阿祿山[一]①,調露二年五月一日染患遂亡[二]②。至五日蘇起[三],自說被冥道誤追[四]③。在閻羅王時,見東市藥行人何容師[五]④,師去調露元年患死[六]。(為)生時煮雞子[七]⑤,與七百人入鑊湯地獄⑥。先識祿山,遂憑囑曰[八]⑦:"吾第四子行證,稍有仁慈,君為(我)語之[九],令寫《花嚴經》一部[十],余不相當。

若得為寫[十一]，此七百人皆得解脫[十二]。"山往東市賣藥何家[十三]，以容師之言具告行證。證大悲感，遂於西太原寺請經[十四]，令人書寫。初，自容師亡後，家人無夢想[十五]。至初寫經之夕，合家同夢其父來[十六]，喜暢無已⑧。到永隆元年八月，《莊嚴》周畢，請大德法藏義學沙門慶經設供[十七]⑨。祿山爾日亦在會中，乃見容師等七百鬼徒並來齋處[十八]，禮敬三寶，同跪僧前[十九]，懺悔受戒。事畢曰[二十]："我等依經力，改報於天堂。"言畢而去。山既備矚冥司[二一]⑩，深信罪業矣。

此條出《華嚴經傳記》卷五，稍詳。《華嚴懸談會玄記》卷三八轉引較略。

【校記】

[一]縣:《華傳》下有"人"字。

[二]調:《華傳》上有"以"字。

[三]至五日蘇起:《華傳》作"至五日將殯，載至墓所，未及下車，聞棺中有聲。親里疑其重活，剖棺視之，祿山果蘇起，載至家中。"

[四]被:原訛作"彼"，據《華傳》改。

[五]藥行人:《華嚴懸談會玄記》作"卖藥人"。

何:原作"阿"，據《華嚴懸談會玄記》改，下同。濤按:《華嚴懸談會玄記》作"何"，崔致遠《唐大薦福寺故寺主翻經大德法藏和尚傳》注"七百人來跪群僧"云"具如《華嚴傳》內所述王氏及何容師之事"，可知其人確姓"何"也；另，清釋續法《起信論疏記會閱》卷一引此事亦言"何容師"。據上，建治元年寫東大寺藏本、正德元年刊大谷大學藏本《華傳》及大谷大學藏本《要略錄》"阿"字，皆"何"字

149

形訛。

　　[六]師：原作“而”，據《華傳》改。

　　[七]為：原脫，據《華傳》補。《華嚴懸談會玄記》“生”上有“為在”二字。子：《華嚴懸談會玄記》下有“故”字。

　　[八]囑：《華傳》作“属”，二字古通。

　　[九]我：原脫，據《華傳》補。

　　[十]令：原作“今”，據《華傳》《華嚴懸談會玄記》改。

　　[十一]得：原作“適”，據《華傳》改。

　　[十二]脫：《華傳》《華嚴懸談會玄記》下有“矣”字。

　　[十三]山：《華傳》上有一段文字，《華嚴懸談會玄記》作“祿山既放还”。

　　[十四]太：原作“大”，據《華嚴懸談會玄記》改。濤按：西太原寺見卷中第一條注。寺：《華傳》下有“法藏師處”四字，《華嚴懸談會玄記》下有“賢首法師處”五字。請：《華傳》《華嚴懸談會玄記》下有“華嚴”兩字。

　　[十五]無：《華傳》上有“寂”字。

　　[十六]同：《華嚴懸談會玄記》無此字。

　　[十七]法藏義學：《華傳》無四字。本句《華嚴懸談會玄記》“請”等十八字作“僧齋慶”。濤按：此四字當為非濁概括《華傳》前文“法藏師處”之意。

　　[十八]徒：《華嚴懸談會玄記》訛作“從”。齋：原作“齊”，據《華傳》《華嚴懸談會玄記》改。

　　[十九]同：《華嚴懸談會玄記》作“周”。

　　[二十]畢：《華傳》《華嚴懸談會玄記》下無“曰：我等依經力，改

報於天堂。言畢"十三字。

[二一]既:原作"免",據《華傳》改。

【注釋】

①萬年:唐代京兆府縣,在今陝西西安。《舊唐書》卷三八《地理志》:"萬年,隋大興縣。武德元年,改為萬年。乾封元年,分置明堂縣,治永樂坊。長安三年廢,復並萬年。天寶七載,改為咸寧,乾元復舊也。"

康阿:復姓。北方少數民族姓氏。《北史》卷九二《恩幸傳》:"武平(570—576)時有胡小兒,俱是康阿馱、穆叔兒等富家子弟";P.3432《某寺斟鬥帳》記"康阿朵羅麥十五碩",兩處康阿皆為胡人復姓。

②調露二年:公元680年,調露為唐高宗年號,僅有兩年,調露二年八月便改為永隆元年。

③冥道:冥府之意。此詞產生的時代相對較晚,與冥界用法相仿,代指閻魔王住處。如敦煌變文《目連緣起》:"莫作如斯咒誓,慈母作咒,冥道早知。"

④東市:唐代長安城東劃分的貿易市場。東市珍貨山積,商賈雲集,何容師的藥行便系其一。

⑤鷄子:鷄卵,鷄蛋。佛教本不禁食鷄蛋,但漢傳佛教卻提倡不食鷄蛋。《高僧傳》卷四《支遁傳》"遁幼時,嘗與師共論物類,謂鷄卵生用,未足為殺",後來支遁"忽見形,投卵於地,殼破鷇行,頃之俱滅。遁乃感悟,由是蔬食終身。"唐代文獻記食用鷄蛋會遭致地府懲罰,如《冥報記·孔恪》載閻羅王勘問"何故復殺鷄卵六枚"。

⑥鑊湯地獄：十八地獄之一，乃是把罪人置於鍋鑊沸湯之中，以懲其生前罪行的地獄。據《觀佛三昧海經》卷五載，此地獄共有十八鑊，每一鑊縱廣皆四十由旬，有七重之鐵網，其內充滿沸鐵。有五百羅刹，以大石炭燒其銅鑊，其火焰焰相承，常年不滅。眾生毀佛戒法、殺生祠祀、食肉焚燒山野而傷害眾生、燒煮生類等，皆會招致鑊湯地獄的果報。

⑦憑囑：囑咐，請託。《高僧傳》卷十二《釋慧益傳》"益既見帝，重以佛法憑囑"。

⑧喜暢：歡喜，心情舒暢。

⑨慶經：慶喜經典造成而舉辦的法事。

⑩備矚：全部看見，目睹。《高僧傳》卷十三《釋法獻傳》："聞猛公西遊，備矚靈異。"

第六　王氏感地藏菩薩感應[一]（出《經傳》《別記》等）

京師人姓王[二]①，失其名[三]（余記名定藏也），既無戒行，曾不修善。文明元年[四]，因患致死。（被）二人引至地獄門（前）[五]。王氏本事地藏菩薩[六]②，見有一僧云是地藏菩薩，乃教王氏誦一行偈。其文曰："若人欲了知[七]，三世一切佛。應當如是觀，心造諸如來。"菩薩曰[八]："誦得此（偈）[九]③，能排地獄[十]。"王氏盡誦[十一]。遂入見閻羅王，王問此人[十二]："有何功德？"答云[十三]："唯受持一四句偈。"具如上說[十四]。王遂放免王氏[十五]。當誦此偈時[十六]，聲所及（處）[十七]，受苦之人皆得解脫[十八]。王氏三日（始）蘇[十九]，向諸沙門說而已[二十]。（所言一偈者，《花嚴》第十二卷《夜摩天宮無量諸菩薩雲集說法品》文也云云[二一]）

此條出《華嚴經傳記》卷四。又見唐澄觀《華嚴經隨疏演義鈔》卷十五及卷四二、唐澄觀述《華嚴經疏鈔會本》卷十九、唐澄觀《華嚴經疏鈔玄談》卷八、宋延壽《宗鏡錄》卷九、明祩宏《修設瑜伽集要施食壇儀》等引作《纂靈記》；宋常謹《地藏菩薩像靈驗記》引《華嚴經傳記》，文字有異。

可參見《今昔物語集》卷六《震旦王氏誦華嚴經偈得活語》(33)；《私聚百因緣集》卷六《地藏菩薩教偈救苦之事》(8) 引《宗鏡錄》。

【校記】

[一] 感：目錄上有"誦花嚴偈排地獄"七字。

[二] 京師：《演義鈔》卷十五、《玄談》《宗鏡錄》作"京兆"，《演義鈔》卷四二、《鈔會本》作"洛京"。

[三] 失其名：《演義鈔》卷四二、《鈔會本》《玄談》作"名明幹"。濤按：正慶元年刊小野玄妙氏藏本《演義鈔》卷十五作"失其名"。

[四] 文明元年：此句《華傳》《演義鈔》《鈔會本》列於文首。

[五] 被：原脫，據《華傳》《演義鈔》卷十五、《玄談》《宗鏡錄》補。濤按：增上寺報恩藏本《演義鈔》卷四二作"見彼"、德川時代刊今津洪嶽氏藏本《演義鈔》卷四二、《鈔會本》作"見被"，增上寺報恩藏本"彼"為"被"形訛，故知諸本皆有"被"字，唯"見"字或後加。

前：原脫，據《華傳》補。《演義鈔》卷四二、《鈔會本》無"門"字，而下句作"地獄門前見有一僧"，《演義鈔》卷十五、《玄談》《宗鏡錄》下句作"地獄門前見一僧"。

[六] 王氏本事地藏菩薩：《華傳》《演義鈔》《鈔會本》《玄談》無

153

此句。濤按：此句為非濁所加。

　　〔七〕了：《華傳》、佛馱跋陀羅譯《華嚴經》卷十《大方廣佛華嚴經夜摩天宮菩薩說偈品》作“求”。濤按：武周實叉难陀譯《華嚴經》卷十九《夜摩宮中偈讚品》作“了”，《華嚴經隨疏演義鈔》等書皆作“了”，此字出自《華嚴經》的不同譯本，故不改，疑非濁所見《華嚴經》亦如是，故《物語》傳抄時亦作“了”。

　　〔八〕菩薩：《華傳》《演義鈔》《鈔會本》下有“既授經文，謂之”六字，《玄談》《宗鏡錄》下有“授經已，謂之”五字。濤按：非濁當省略諸字。

　　〔九〕偈：原脫，據《華傳》《演義鈔》《鈔會本》《玄談》《宗鏡錄》補。

　　〔十〕地獄：《演義鈔》《鈔會本》下有“之苦”兩字，《演義鈔》卷十五上有“汝”、下有“苦”字，《宗鏡錄》下有“苦”字。

　　〔十一〕盡：《演義鈔》《鈔會本》作“既”。

　　〔十二〕人：《演義鈔》下有“曰”字，《鈔會本》無“此人”二字而径作“曰”。

　　〔十三〕云：《演義鈔》《鈔會本》無此字。

　　〔十四〕說：原作“記”，據《華傳》《演義鈔》《鈔會本》《玄談》《宗鏡錄》改。

　　〔十五〕王氏：《華傳》《演義鈔》《鈔會本》《玄談》無二字。濤按：二字或系非濁所加。

　　〔十六〕此：《演義鈔》《鈔會本》無此字。

　　〔十七〕處：原脫，據《華傳》《鈔會本》、德川時代刊今津洪嶽氏藏本《演義鈔》卷四二補。濤按：增上寺報恩藏本《演義鈔》卷四二作

"到處",《演義鈔》卷十五、《玄談》《宗鏡錄》作"至處",知諸書"及"字有異,然"處"實有。

[十八]之:《華傳》無此字。濤按:今本《華傳》或脫此字,諸書傳載皆有此字。

[十九]始:原脫,據《華傳》補。濤按:《演義鈔》《鈔會本》《玄談》《宗鏡錄》"始"作"方",義同。

[二十]向諸沙門說而已:《華傳》《演義鈔》《鈔會本》《玄談》此句上有"憶持此偈"四字,《華傳》"而已"作"之",《演義鈔》卷四二、《鈔會本》本句皆作"向空觀寺僧定法師說之",《演義鈔》卷十五、《玄談》《宗鏡錄》作"向諸道俗說之"。濤按:此句系非濁改动。

[二一]文:《演義鈔》《鈔會本》作"偈"。濤按:此句為非濁概括《華傳》原文而注。

【注釋】

①京師:都邑。按《舊唐書》卷五《高宗本紀》記高宗永淳元年(682)幸東都洛陽,睿宗文明元年(684)都於洛陽,故《華嚴經隨疏演義鈔》卷四二、《華嚴經疏鈔會本》卷十九徑作"洛京"。

②地藏菩薩:即大願地藏菩薩,與觀音(大悲)、文殊(大智)、普賢(大行)並稱為四大菩薩。依經典所載,地藏菩薩受釋尊付囑,出現於釋尊入滅後至彌勒佛出世的無佛時代,誓願濟度教化六道一切眾生後始願成佛,且又有"地獄未空,誓不成佛"的誓願,故被稱為"大願菩薩"。地藏菩薩信仰在初唐開始興起,此篇即描述睿宗文明元年的地藏菩薩信仰。法藏《華嚴經傳記》所記類似的地藏菩薩感應較多,顯示了大乘佛教菩薩信仰的潮流動態。

③偈：梵語 Gatha(偈陀或伽他)的省音譯,意譯為諷頌、重頌,或音義並譯為偈頌,通常由固定的字數和音節組成。佛經在用散文(長行)敘述以後,往往又用韻文(偈)概括地復述一遍,以加強讀者的印象。本篇"偈"見於東晉佛陀跋陀羅譯《華嚴經》卷十《大方廣佛華嚴經夜摩天宮菩薩說偈品》、武周實叉難陀譯《華嚴經》卷十九《夜摩宮中偈讚品》,這與《華嚴經傳記》等所云"《華嚴經》第十二卷《夜摩天宮無量諸菩薩雲集說法品》"的卷次、品名不同,《華嚴經傳記》可能使用了不同的分卷本。

第七　空觀寺沙彌定生見紅蓮地獄謬謂華藏世界感應[一]①(出《別錄》)

沙彌定生[二],師僧法,不能誦經戒。聞陳說《花藏》世界相,情恒慕樂。恣誤僧事,入紅蓮花地獄,謬謂花藏世界,歡喜稱花藏妙土,其時地獄變為花藏。聞唱受苦之人,皆坐蓮花。時獄官白閻魔大王,王言："此是《花嚴》大不思議經力②。"即說偈言："歸命《花嚴》,不思議經。若聞題名,一四句偈,能排地獄,解脫業縛。諸地獄器,皆為花藏。而皆自見,坐寶蓮花。"沙彌一日一夜始蘇,自說此緣。其後有通集具,已後不知所遊方矣③。

可參見《今昔物語集》卷六《震旦空觀寺沙彌觀蓮藏世界得活語》(34);《三國傳記》卷二《定生沙彌事》(14)。

【校記】

[一]華:上原衍"實"字,據目錄、文意刪。

[二]沙:疑上脫"空觀寺"。濤按:題目有"空觀寺",文中卻無,

疑文首脱三字,考《物語》《三國》有此三字。

【注釋】

①空觀寺:在長安興化坊西南隅。韋述《兩京新記》卷三、《辯正論》卷四記此寺本爲駙馬都尉元孝矩舊宅,開皇七年舍宅建寺(徐松《唐兩京城坊考》卷四、張彦遠《歷代名畫記》一說爲周時村佛堂)。寺在唐時依然存在,其後不詳。

紅蓮花地獄:即紅蓮地獄,八寒地獄之第七。梵名缽特摩(Padma),譯曰紅蓮。罪人入此獄中,因寒冷而皮肉分裂如紅蓮華,故而得名。

花藏世界:蓮華藏世界的簡稱。在風輪之上的香水海中有大蓮華,此蓮華中含藏著微塵數的世界,所以叫作蓮華藏世界。又言它是一切世界的總稱,其領域極其光大無邊,包括娑婆世界、極樂世界、袈裟幢世界、勝蓮花世界(見《大方廣佛華嚴經如來壽量品》)等。

②大不思議經:指《華嚴經》。澄觀《華嚴經疏》卷三云"龍樹指此爲大不思議經"。

③遊方:雲遊,意謂周遊各地寺刹,參學問道。

第八　龍子從僧護比丘誦習《阿含經》感應[一]（出《僧護經》文[二]①）

昔佛在世,舍衛國中有五百商人入於大海,共求珍寶,請僧護比丘以爲聞法師[三]。未至寶所,龍王至船住持[四]②。商人怖[五],仰問:"是何神祇?而捉船住[六]。"爾時,龍王現身請僧護比丘。商人恐威,捨與而去。龍王歡喜,將詣宮中,龍有四子聰明智惠作僧護弟

157

子^[七]。白言:"為我教此四龍各有一《阿含》。第一龍者,教《增壹阿含》;第二龍者,教《中阿含》;第三龍者,教《雜阿含》;第四龍者,教《長阿含》。"僧護即便教之。第一龍者,默然聽受;第二龍者,眠目口誦;第三龍者,迴顧聽受;第四龍者,遠住聽受③。此四龍子,聰明智惠,於六月中,誦四阿含,領在心懷^[八],盡無遺餘。爾時,大龍問訊:"不愁悶也?"僧護答云:"甚大愁悶④。""何以故^[九]?""受持法者,要須軌則。此諸龍子在畜生道^[十]⑤,無軌則心,不知佛法受持誦習^[十一]。"龍王白言:"大德不應呵予^[十二],護師命故。龍有四毒⑥,不得如法受持誦習^[十三]⑦。何以故?默然受者^[十四],以聲毒故,若出聲者,必害師命,是故默受;眠目受者^[十五],以見毒故;迴顧受者,以取毒故^[十六];遠住受者,以觸毒故。"時諸商人迴,至失師處。龍知商人還^[十七],即將僧護付之云云^[十八]。龍尚要誦,況人倫乎?

此條出《僧護經》卷一,原文綦詳,《要略錄》省簡甚多。《珠林》卷九二引作《僧護經》,稍詳。

【校記】

[一]阿含經:目錄作"四阿含"。

[二]護:原作"後",據續藏本改。

[三]聞:疑"說"之誤。濤按:非濁省略《僧護經》《珠林》文字甚多,原文有"今請大德作說法師,我等聞法可得往還"及"今請僧護作說法師,我等聞法可得往還"等,疑其省簡而致前後文脫節,遂成"為聞法師"之誤。

[四]至船住持:《僧護經》《珠林》作"捉住",疑是。

[五]怖:《僧護經》《珠林》作"甚大驚怖"。

[六]捉:原作"投",據《僧護經》《珠林》改。

[七]龍有四子聰明智惠:《僧護經》作"爾時龍王,即以四龍聰明智慧",《珠林》作"爾時龍王,即以四龍聰明智慧者","惠"作"慧",下同。

[八]領:原作"顧",據《僧護經》《珠林》改。

[九]以故:《僧護經》《珠林》作"故愁悶",下有"僧護答曰"四字。

[十]子:《僧護經》《珠林》作"等"。

[十一]知:原作"如",據《僧護經》改。

[十二]不應呵予:《僧護經》作"不應訶諸龍等",《珠林》作"不言呵諸龍等"。

[十三]誦習:《僧護經》《珠林》作"讀誦"。

[十四]默然受:《珠林》作"初默受"。

[十五]眠:《僧護經》《珠林》作"閉"。濤按:上文有"眠目口誦",非濁或順文意而作"眠"。

[十六]取:《僧護經》《珠林》作"氣"。

[十七]人:原訛作"心",據《僧護經》《珠林》改。

[十八]將:《僧護經》《珠林》作"持"。

【注釋】

①《僧護經》:即《佛說因緣僧護經》,失譯,一卷,《開元釋教錄》卷十三將之"附東晉錄"。此經述僧護所遇之事,僧護本為舍利弗的弟子,曾與五百商人入海,後被龍請授四龍子以四《阿含經》。商人還時,僧護自海出而同還,途中失散,見五十三地獄。歸而問於佛陀,佛陀一一答之。

②龍王:龍類之王。龍王是佛經中常出現的角色,傳說釋尊誕生時,有難陀、跋難陀二龍王為其灌沐。諸龍王能興雲布雨,令諸眾生之熱惱消滅。

至船住持:《僧護經》《珠林》皆作"捉住"。若非濁原文如此,則疑"至船住持"與《僧護經》《珠林》"捉船住"同義。

③遠住:保持距離,遠离。

④愁悶:憂慮煩悶。

⑤畜生道:六道之一。有畜生業因者死後所趣之處。

⑥四毒:指龍所具有的四種危害。《法苑珠林》卷六記:"復有四毒不能如法。一以聲毒故不能如法,若出聲者聞則害人;二以見毒故不能如法,若見身者必能害人;三以氣毒故不能如法,若被氣噓必能害人;四以觸毒故不能如法,若觸身者必能害人。"

⑦如法:隨順佛所說之教法而不違背。亦指契合於正確的道理。

第九　新羅僧俞誦《阿含》生淨土感應[一]（新錄）

新羅僧俞者[二]①,新羅人也。少出家,歸心於淨土教。見諸誦持《阿含》者,毀呵言捨[三]②。夢至極樂東門③,將入門中,爾時有無量天童子在門外立,以寶杖驅出俞,曰:"小道滅沒,即大教滅相。以小法為梯[四],登此大道[五],是汝國式也。輕慢《阿含》,捨不誦,不可入大乘門云云。"夢覺,悲泣悔過,兼持誦四《阿含》,得淨土迎。弟子亦夢師坐蓮花,来語曰:"我(在)娑婆兼誦《阿含》[六]④,依本習故,先得小道,不久還入大(道)矣[七]。"

可參見《今昔物語集》卷六《新羅僧俞受持阿含經語》(36);《三國傳記》卷十一《新羅僧俞誦阿含生淨土事》(11)。

【校記】

[一]羅:目錄下有"國"字。含:目錄下有"經"字。

[二]新羅:与下文"新羅人也"重復,疑傳抄增衍。濤按:《三國》無文首"新羅"二字。

[三]言:《物語》《三國》作"令"。

[四]梯:《物語》作"桥"。

[五]登此:原作"橙登",據《物語》改。《三國》本句作"橙大道也","橙"訛也。

[六]在:疑脫,據《物語》《三國》補。

[七]道:疑脫,據《三國》補。

【注釋】

①新羅:朝鮮半島國家之一。公元 503 年開始定國號為"新羅",660 年和 668 年,新羅聯合唐朝先後滅亡百濟和高句麗,統一了朝鮮半島大同江以南地區。9 世紀末期,新羅分裂成"後三國"。935 年,"後三國"被高麗統一。新羅人常入唐求學,學習文化、宗教。

②毀呵:用言語攻擊,輕毀呵責。宋釋祖照《楞嚴解冤釋結道場儀》卷三:"以此長被毀呵,常遭鞭捶。"

③極樂:極樂世界。極樂世界在西方,東門謂其入口。

④娑婆:三千大千世界的總名,此指大眾生活的閻浮提洲。

第十　書寫《阿含經》生天感應（出《外國記》）

昔如來滅後一百年,中夜分有一天人放光來下阿難塔所[一]①,

161

散花供養。時有大阿羅漢,號曰近護②,即阿育大王師也③,問天曰:"汝何故常來禮塔[二]?"答曰:"(我)昔書寫四阿含[三],得生忉利天,是阿難恩。以此因緣,恒來供養。"復問:"如彼天有如汝者否?"答:"有百千人同業者,其中持《增壹阿含》生天甚多。"

可參見《三國傳記》卷七《天人下而供養阿難塔事》(12)。

【校記】

[一]天人:原倒作"人天",據《三國》改。

[二]常:《三國》作"當"。濤按:下文云"恒來供養",知"常"意是。

[三]我:疑脫,據《三國》補。

【注釋】

①中夜分:夜半。《方廣大莊嚴經》卷一:"爾時,如來於中夜分入佛莊嚴三昧。"

阿難塔:在中印度古國秣菟羅國(印度古國蘇羅森那的首都,在今朱木拿河西岸的馬特拉故城)。阿難是梵文 Ānanda 的音譯,又譯作阿難陀,意譯歡喜。據說是斛飯王之子,釋迦牟尼十大弟子之一。傳說他二十五歲出家,隨侍釋迦牟尼二十五年。釋迦牟尼逝世後,他是第一次會誦佛教總集《三藏》的主誦者。傳說阿難塔是藏阿難遺身的窣堵婆,《大唐西域記》卷四、《法顯傳》記僧尼常集結於此禮拜。

②近護:即鄔波毱多,梵文 Upagupta 的音譯,又作烏波毱多、優波笈多、優波屈等,意譯為近護、近密。約公元前 3 世紀左右時人,秣菟羅國商人之子。受阿育王聘請而赴華氏城參拜釋迦牟尼遺跡。佛

教徒認為他是傳遞佛陀正法的第四祖。事見《大唐西域記》卷四。

③阿育大王：即阿育王。古印度摩揭陀國的國王，華譯為無憂王。他於公元前 270 年間統一全印度，初奉婆羅門教，肆其暴行，殺戮兄弟、大臣及無數人民。後來改信佛教，成為佛教大護法，興慈悲，施仁政，於國內建八萬四千大寺、八萬四千寶塔。阿育王曾派遣近護參拜釋迦牟尼遺跡，并派人到四方傳教，發揚光大了佛教。

第十一　乾陀衛國阿羅漢昔聞《阿含》感應[一]（同記）

昔乾陀衛國瞿摩夷精舍有一阿羅漢①，名富那舍②。六通三明清徹，晝夜誦《中阿含》，未曾暫廢。有人問曰："師更極聖，何偏好誦？"阿羅漢答曰："吾入宿住三昧，觀知先業。昔生在犬中，隨比丘而行。比丘誦《中阿含》，隨聞之受，樂而不吠。乘此一善，生在乾陀衛國婆羅門家，出家乃得阿羅漢果。以是因緣，恒誦不廢矣。"

【校記】

[一]漢：目錄下有"富那舍"三字。阿：目錄上有"中"字。

【注釋】

①乾陀衛國：即健馱邏國。

②富那舍：又作富那耶舍、富那奢、富那、夜奢。中印度華氏城人，為空身長者第七子，付法藏（即傳遞佛陀正法）的第十祖（一說十一祖）。依《付法藏因緣傳》卷五所載，師受法於脅比丘，演倡勝法，教化無量眾生。後於閑林中與馬鳴對論佛法，說第一義諦空、無我之義，遂屈馬鳴為弟子，臨終付法。

第十二 五百蝙蝠聞阿毘達磨藏感應^[一]（出《西域傳》）

昔南海之濱有一枯樹^[二]，五百蝙蝠於中穴聚居^[三]。有商侶止於樹下^[四]①，既屬風寒^[五]，人皆飢凍，聚積樵蘇^[六]②，蘊火其下^[七]，煙焰漸熾，枯樹遂燃^[八]。時，商侶中有（一）賈客^[九]，夜分已後③，誦《阿毘達磨藏》④。諸蝙蝠雖為火困^[十]，愛好法音^[十一]⑤，忍而不去，於是命終^[十二]。隨業受生，俱得人身，捨家修學小乘法^[十三]，聰明利智，並證聖果^[十四]⑥。近迦膩色迦王與脇尊者^[十五]⑦，招集五百賢聖於迦濕彌羅國，作《毘婆娑論》^[十六]⑧，斯（並）枯樹之中五百蝙蝠也^[十七]。

此條出《大唐西域記》卷二。《釋門自鏡錄》卷一、《祖庭事苑》卷一等引作《西域記》。

可參見《三國傳記》卷十二《五百蝙蝠證果聖人生事》(7)。

【校記】

[一]五等十二字：目錄作"南海濱五百蝙蝠聞阿毘達磨藏作五百應真感應"。

[二]昔：《西域記》作"曩者"。枯樹：原倒作"樹枯"，據《西域記》《自鏡錄》《三國》改。

[三]聚：疑衍，《西域記》《自鏡錄》《三國》無此字。

[四]商：《西域記》上有"諸"字。於：《西域記》作"此"。

[五]既：《西域記》作"時"。

[六]蘇：《自鏡錄》作"薪"，義近。

[七]蘊：原作"溫"，據《西域記》《自鏡錄》改。

［八］遂燃：《自鏡錄》作"自然"。

［九］一：疑脫，據《西域記》《自鏡錄》補。

［十］諸：《西域記》《自鏡錄》上有"彼"字;《自鏡錄》"諸"訛作"請"。雖：原作"雜"，據《西域記》《自鏡錄》改。

［十一］愛：原作"受"，據《西域記》《自鏡錄》改。

［十二］是：《西域記》《三國》作"此"。

［十三］小乘法：《西域記》《自鏡錄》作"乘聞法聲"四字。濤按：或為非濁改動。

［十四］果：《西域記》下有"為世福田"四字。

［十五］近：《自鏡錄》無此字。膩：《自鏡錄》作"尼"。濤按："膩"、"尼"音譯之別。

［十六］娑：《自鏡錄》作"沙"。

［十七］並：疑脫，據《西域記》《自鏡錄》補。

【注釋】

①商侶：結伴的商旅。

②樵蘇：樵薪，柴草。《一切經音義》卷八二"樵蘇，情遙反，樵薪"。

③夜分：夜半。《後漢書·光武帝紀下》："數引公、卿、郎、將講論經理，夜分乃寐。"李賢注："分猶半也。"

④《阿毘達磨藏》：又作論藏、對法藏。一切論部的總稱。漢譯經典中，屬於論藏的有六足論、發智論、大毗婆沙論等小乘諸論，及大智度論、十住毗婆沙論、十地經論、瑜伽師地論、成唯識論、攝大乘論、中論、百論、十二門論等大乘諸論。

⑤法音:解說佛法的聲音,佛法。

⑥聖果:指四種沙門果中的阿羅漢果,是小乘佛教的最高果位。

⑦脇尊者:一作脇比丘,小乘佛教有部的大師。曾勸說迦膩色迦王為佛教經典作第四次結集。事見《大唐西域記》卷二。

⑧《毘婆娑論》:全稱《阿毗達磨大毗婆娑論》。本經典共二百卷,今有玄奘譯本,其內容收集諸論師對說一切有部佛教根本聖典《發智論》的注釋,系統地總結“說一切有部”的理論主張,並對大眾部、法藏部、化地部、飲光部、犢子部、分別說部等部派以及數論、勝論、順世論、者那教等觀點進行批駁。

第十三　鼠聞律藏感應[一]

昔罽賓國末田地阿羅漢精舍有一阿羅漢①,三明六通清徹②,達三藏十二分教③,於中戒律清高,一同在世優婆離[二]④。恒呵門徒[三],云:“汝等當勤修學戒律[四]。所以者何? 吾昔在凡地,依惡業故受鼠身,在石窟中而住[五]。時有一比丘夜宿窟中,誦律藏⑤。吾聞之,乘此善根受人身,得阿羅漢,戒律精明[六]。”以鼠身聞律藏尚爾,何況信心修行乎?

鼠聞律藏可參見《今昔物語集》卷四《天竺僧房天井鼠聞經得益語》(19);《三國傳記》卷十二《鼠聞律藏功德事》(4)。

【校記】

[一]鼠聞律藏:目錄作“罽賓國鼠聞誦律藏得阿羅漢”。

[二]離:疑“離”上二句次序顛倒。濤按:下文述阿羅漢往昔之事,非優婆離之語,故疑上句倒文。考《三國》作“宛同在世優婆離尊

者阿羅漢門從告云",意即阿羅漢告云。

[三]呵:古通"訶"。

[四]學:疑衍,於文不辭。

[五]而:《三國》無此字。

[六]戒律:《三國》作"持戒"。

【注釋】

①末田地:又作末田提、摩禪提、摩田提、末田底迦、末田地那。意譯為水中、日中、金地。相傳他為阿難的最後弟子,傳付如來法藏的第三祖,也是迦濕彌羅(罽賓)佛教的早期弘揚者。《大唐西域記》卷三"迦濕彌羅國"條下記末田底迦(末田地)修得神通後,在迦濕彌羅國(罽賓國)得到一地,"運大神通力,立五百伽藍,於諸異國買鬻賤人,以充役使,以供僧眾。"此即末田地阿羅漢精舍。

②三明:梵文 trividyā,即六神通中的天眼通、宿命通和漏盡通的總稱。

六通:六神通,六種自在無礙的能力。即天眼通(自在照見世間一切遠近之形色,及六道眾生苦樂之相)、天耳通(自在聽聞世間種種音聲,及六道眾生一切苦樂言語)、他心通(自在得知六道眾生心中所想之事)、宿命通(能知自身一世二世,乃至百千萬世之宿命,亦能得知六道眾生之宿命)、神足通(隨意變現,身能飛行於山海,一切動作皆無障礙)、漏盡通(斷盡見思惑,不受三界生死而得解脫)。

③三藏:佛教經典的總稱。梵文 tripitaka 的意譯,pitaka 意為藏,指收藏物品的筐篋。佛教經典共分為經藏(佛所說的教法)、律藏(僧眾教團所遵行的戒律)、論藏(對經文的論述和注釋)。

　　十二分教：即十二部經。在經典結集歷史中逐漸形成的十二種類佛陀所說之法。包括：契經(以散文直接記載佛陀之教說，即一般所說之經)；應頌(與契經相應，即以偈頌重復闡釋契經所說之教法，故亦稱重頌)；記別(本為教義之解說，後來特指佛陀對眾弟子之未來所作之證言)；諷頌(以偈頌來記載佛陀之教說)；自說(佛陀未待他人問法，而自行開示教說)；因緣(記載佛說法教化的因緣)；譬喻(以譬喻宣說法義)；本事(載本生以外之佛陀與弟子前生的行誼)；本生(載佛陀前生修行之種種大悲行)；方廣(宣說廣大深奧之教義)；希法(載佛陀及諸弟子稀有之事)；論議(載佛論議抉擇諸法體性)。此十二部經，大小乘共通。

　　④優婆離：指在家修行的男性佛教徒。意譯近事男、近善男、近宿男、善宿男、清信士、清信等。為在家二眾之一、四部弟子之一，即指親近三寶、受持五戒之在家男子。

　　⑤律藏：三藏之一，指佛所說戒律的結集。律藏能治眾生貪嗔癡種種之惡，如治世法律。本篇中的優婆離常苛責弟子，故阿羅漢述其往事以勸化勤修戒律，滅除貪嗔癡行跡。

第十四　受持律藏感應[一]（同文）

　　昔罽賓國可維精舍有二比丘[二]，一人受持律藏，一人受(持)論藏[三]①。人皆以上妙食供律師。夜分，天人來至，禮拜持律比丘，不禮持論比丘。如此一月餘，持論比丘心懷忿恚。天呵云[四]："戒律開人[五]、天道②，乃至涅槃道[六]③。以是因緣，天人重持誦者[七]，不可悔恨。"爾時，持論比丘，兼持律藏[八]，精勤修習。俱得初果，時天供二比丘矣。

可參見《三國傳記》卷五《阿維精舍之二比丘事》(25)。

【校記】

[一]受持律藏:目錄作"受持律比丘感天"。

[二]可:《三國》作"阿"。

[三]持:疑脫,據《三國》補。

[四]呵:古通"訶"。

[五]開:《三國》作"圖"。

[六]涅槃:《三國》作"菩薩"。

[七]誦:《三國》作"律"。

[八]兼:原作"其"。濤按:下文"俱得"、"二比丘"咸指兩人並修習律藏,故疑持論比丘遂持律藏或並持律藏。考《三國》作"兼",今從之。

【注釋】

①論藏:三藏之一。指對佛典經義加以論議,化精簡為詳明,以決擇諸法性相;為佛陀教說的進一步發展,而後人以殊勝智慧予以組織化、體系化地論議解釋。

②人、天道:即人道和天道。人道苦樂參半,善於分辨事物的前因後果,易於知苦斷集,明理去惑,轉凡成聖,眾生修五戒及中品十善即可生於人道;天道即天界。天道分佈在欲界、色界、無色界三界之中。眾生行上品十善、修四禪定、四空定,即可生於天界。

③涅槃:原是印度語,具稱涅槃那,也譯作泥洹或抳縛南。它的意義包括了滅、寂、寂滅、寂靜、滅度,而玄奘譯為圓寂。涅槃並不僅

指死,印度其他宗教很早就採用此詞作為最高的理想境界,佛教的涅槃具有"滅"義,指的是消滅煩惱災患,是以實相或法身為體,起有生命無窮盡的作用。

第十五　釋迦昔得《大集經》一函滅罪感應[一]①（出《集法悅捨苦陀羅尼經》此是《大集經》中別流也）

釋迦昔無數劫中②,在凡夫時名遮他(陀)[二],在加倫羅國作於商客販賣活[三]③。虛妄無實,造諸惡行,害父愛母,經由數年[四],舉國人民一皆知之,稱聲唱言:"遮他陀害父愛母,爾時思念與畜無異[五]。"時夜跳城,奔走趣於深澤。國王毘闍羅告國人民[六]:"此人婬癡無道[七],其有能得者[八],當重賜寶物。"國人各各受募[九],欲捕其身。即出國作沙門,在於他國,坐禪學道,晝夜泣淚。經三十七年[十],以五逆障故[十一]④,心不得[十二]。三十七年在於山窟[十三],舉聲泣哭悲歎[十四]。下窟乞食,時道中地得一大鉢,中有一函經[十五],更無餘經,唯有《大集法悅捨苦陀羅尼經》[十六]。此經能除百億劫生死五逆大罪[十七],若有受持讀誦者[十八],終不墮三途[十九]⑤。何以故?過(去)恒河沙諸佛所說故[二十]⑥。是時,得此經已,即不乞食,歡喜向窟中,燒香禮拜,悲淚讚仰,於窟中修習讀誦。經一年始得,以罪業障故,不能入心懷[二一]。更數年修行,飛行無礙,見十方諸佛[二二]。後有行者[二三],如法行之云云。

此條出《集法悅捨苦陀羅尼經》(一卷,錄於失譯《七佛八菩薩所說大陀羅尼神咒經》卷二、失譯《陀羅尼雜集》卷九、南朝宋曇摩蜜多譯《觀虛空藏菩薩經》),所載較詳。又見於唐窺基《大乘法苑義林章》卷三引作《大集經》;《如來廣孝十種報恩道場密教》卷上引作

《集法悅捨苦陀羅尼經》。

【校記】

[一]釋等十一字：目錄作"感天釋迦昔在凡地得大集經一函滅罪得通"。

[二]在：《神呪經》《陀羅尼雜集》《觀虛空藏菩薩經》《義林章》作"處"。名：《神呪經》《陀羅尼雜集》《觀虛空藏菩薩經》《義林章》作"字"。陀：原脫，據《神呪經》《陀羅尼雜集》《觀虛空藏菩薩經》《義林章》補。

[三]羅：《神呪經》《觀虛空藏菩薩經》作"邏"。濤按：此國名諸書不一，蓋譯音不同。於：《義林章》無此字。活：疑《神呪經》《陀羅尼雜集》《觀虛空藏菩薩經》作"治業"，《義林章》無此字。

[四]經由數年：原作"逕由數年"，據宋、元、明本《陀羅尼雜集》改。《神呪經》《觀虛空藏菩薩經》作"經數年中"。

[五]畜：《神呪經》《陀羅尼逕由數年雜集》《觀虛空藏菩薩經》《義林章》上有"六"字。

[六]羅：《神呪經》《觀虛空藏菩薩經》無此字。告國：《神呪經》《陀羅尼雜集》《觀虛空藏菩薩經》作"告令國中"字。

[七]人：原作"又"，據文意改。濤按：《神呪經》《陀羅尼雜集》《觀虛空藏菩薩經》作"遮他陀"，故知此處代指"遮他陀"。癡：《神呪經》《觀虛空藏菩薩經》作"荒"，《陀羅尼雜集》作"曠"。

[八]得：《神呪經》《觀虛空藏菩薩經》下有"此人"兩字。

[九]受：《神呪經》訛作"愛"。

[十]經：原作"逕"，據《神呪經》《陀羅尼雜集》《觀虛空藏菩薩

經》改。

[十一]障:《神呪經》《陀羅尼雜集》《觀虛空藏菩薩經》《義林章》上有"罪"字。

[十二]得:《神呪經》《觀虛空藏菩薩經》《義林章》作"定"字，《陀羅尼雜集》作"得定"。

[十三]三十七年:《神呪經》《陀羅尼雜集》《觀虛空藏菩薩經》作"以三十七年中"。

[十四]哭:《神呪經》《陀羅尼雜集》《觀虛空藏菩薩經》下有"苦哉苦哉，當以何心去此苦也"十二字，濤按:十二字為非濁省減。

[十五]函:《神呪經》《觀虛空藏菩薩經》作"匣"。

[十六]大:《神呪經》《陀羅尼雜集》《觀虛空藏菩薩經》無此字。

[十七]除:《神呪經》《陀羅尼雜集》《觀虛空藏菩薩經》下有"去"字。

[十八]有:《神呪經》《陀羅尼雜集》《觀虛空藏菩薩經》下有"人"字。

[十九]墮:《神呪經》《陀羅尼雜集》《觀虛空藏菩薩經》下有"於"字。

[二十]去:原脫，據《神呪經》《陀羅尼雜集》《觀虛空藏菩薩經》補。故:《神呪經》《陀羅尼雜集》《觀虛空藏菩薩經》無此字。

[二一]入:《神呪經》《陀羅尼雜集》《觀虛空藏菩薩經》上有"得"字。

[二二]見:《神呪經》《觀虛空藏菩薩經》上有"覩"字。方:《神呪經》《陀羅尼雜集》《觀虛空藏菩薩經》下有"三世"二字。

[二三]後:原作"復"，據《神呪經》《陀羅尼雜集》《觀虛空藏菩

薩經》改。

【注釋】

①《大集經》：文題中的前一《大集經》指《大集法悅捨苦陀羅尼經》，這是一部密教神咒之作，凡一卷，見錄於失譯《七佛八菩薩所說大陀羅尼神咒經》卷二、失譯《陀羅尼雜集》卷九、南朝宋曇摩蜜多譯《觀虛空藏菩薩經》等。後一《大集經》則指大乘經五大部之一，乃藏經之分類名，如北涼曇無讖等譯《大方等大集經》，乃大集部諸經之彙編。

②無數劫：無數劫是佛教术語，泛指極長時間。無數出於梵文，其音譯作阿僧伽、阿僧企耶、阿僧祇，意譯為無數或無央數，此是印度數目之一，表極大或不可數之數。劫，是古代印度的時間單位，人間的四億三千二百萬年為一劫，常被視作不可計算的極長時間。

③加倫羅：古印度的國家名，《神咒經》《陀羅尼雜集》《觀虛空藏菩薩經》等翻译不同，或作伽倫羅、加倫邏，其國位置不明。

④五逆：指五種極惡之行為。又名五逆罪、五無間業、五無間罪或五不救罪。即殺父、殺母、殺阿羅漢、出佛身血、破和合僧。

⑤三途：指地獄、餓鬼、畜生。

⑥恒河沙：略稱恒沙。恒河沙之數，譬物之多。

第十六　并州比丘道如唯聞《方等》名字生淨土感應①

并州有一比丘，名曰道如。此州之人，七歲已上，多解念佛[一]。然此比丘，不修念佛，不持戒[二]，畜不淨物，身犯不悔[三]。生年六十一，頓中風疾[四]②，月餘方死。三日始蘇，起居輕利③，病盡除愈，云:"吾初死之時,見觀音、勢至來④,示教利喜⑤,曰:'汝不修淨土業,唯聞大乘《方等》十二部經名字。以是因緣,罪垢微薄,遠來影向⑥。餘命未盡,十二年後,將生淨土。'即合掌流淚,方醒活。"更捨所有造《方等大集》⑦,兼修念佛。至第十二年正月十五日方卒,音樂在空[五],天花雨降[六],現所見聞矣[七]。

可參見《今昔物語集》卷六《震旦并州道如書寫方等生淨土語》(37);《三國傳記》卷八《并州道如比丘往生極樂事》(11)。

【校記】

[一]多:疑作"皆"。《法傳》卷五"唐并州釋僧衒"條"七歲已上,皆解念佛";《物語》作"皆"。

[二]戒:《三國》下有"行"字。

[三]犯:《三國》下有"有漏罪"三字。

[四]頓:《三國》作"頻"。

[五]空:原作"室",據《物語》《法傳》改。

[六]降:《三國》作"地"。

[七]現所見聞:《物語》作"見聞人多",疑"現"作"衆"。

【注釋】

①方等:梵語 Vaipulya,音譯作毗佛略、毗富羅、鞞佛略、斐肥儸、為頭離,意譯為方廣、廣破、廣大、廣博、廣解、廣、無比等。在大乘佛教中,主要是指大乘經典的用語,後世的小乘三藏並未說及方等;故方等不僅意味其量之廣大,在內容上亦指說廣大平等之理趣者。大乘經典名稱冠以大方等、大方廣等語者,系為與九部經、十二部經之

174

一的方等加以區別。因為方等意謂大乘經典,故大乘經典亦稱大乘方等經典。

②風疾:風痺、半身不遂等症。

③輕利:輕快。

④觀音、勢至:即觀世音、大勢至兩菩薩。《觀無量壽經》記觀世音、大勢至菩薩,為阿彌陀脅侍。大勢至菩薩主佛之智門,其大智至一切處,故名大勢至,如《觀無量壽經》曰:"以智慧光普照一切,令離三塗,得無上力,是故號此菩薩名大勢至。"此菩薩與觀音菩薩俱攝護眾生,被視為臨終來迎令得往生極樂世界的菩薩,而廣受崇信。大勢至與彌陀、觀音二聖,有極深的淵源。在彌陀成佛以前,大勢至即曾與觀世音菩薩共同為彌陀的侍者。在未來世,大勢至也將步觀世音菩薩之後而成佛,名為善住功德寶王佛。

⑤示教利喜:佛陀教化眾生的四種方式。即示、教、利、喜的並稱。又稱示教讚喜,或示教照喜。《菩薩地持經》卷二云:"教誡眾生所謂示教讚喜,令修善法舍不善法。"示者為示人之好醜善不善,應行不應行也。如生死為醜,涅槃為好,分別三乘,分別六波羅蜜,如是等名示;教者,指教其舍惡行善;利者,通過福報等利益引導信眾不要在學佛法時心生退意;喜者,指隨其所行加以讚歎,使信眾心中生喜。

⑥影向:指佛菩薩的應現,又作影響。諸佛菩薩為輔助佛陀教化而自在示現,如影之隨形,如響之應聲,以隨機濟度眾生。

⑦《方等大集》:具名《大方等大集經》。大方等為大乘經的通名,大集為大乘經五大部之一,乃藏經之分類名。

第十七　曇榮、僧定二人行方等懺法得(授)記感應[一](出《唐高僧傳》)

唐潞州法住寺釋曇榮[二]①,貞觀七年依清信士常凝保等請[三]②,於法住寺行方等悔法[四]③。至七月十四日,有本寺沙門僧定者,戒行精高[五],於道場內見大光明④,五色間起,(從)上而下[六],中有七佛相好非常⑤,語僧定云:"我(是)毘婆尸如來無所著至真等正覺[七]⑥,以汝罪消[八],故來為證,然非本師,不與授記[九]⑦。"如是六佛皆同此詞。最後一佛言[十]:"我是汝本師釋迦牟尼[十一],為汝罪消,故來授記。曇榮是汝滅罪良緣,於賢劫中名普寧佛⑧。汝身器清淨⑨,後當作佛[十二],名為普明[十三]。"若斯之應,現感靈祥[十四],信難聞矣[十五]。

此條出《續高僧傳》卷二十《釋曇榮傳》。又見《珠林》卷十二引作《唐高僧傳》;《法傳》卷五"唐潞州法住寺釋僧定"引"別記",文異;元曇噩《新脩科分六學僧傳》卷二五亦引此事。

【校記】

[一]授:原脫,據目錄補。

[二]潞:原訛作"路",唐無路州,據《續高僧傳》《珠林》《法傳》改。

[三]依:《續高僧傳》《珠林》無此字。濤按:此句系非濁概括之語。請:《續高僧傳》《珠林》下有"榮"字。

[四]法住寺:《續高僧傳》《珠林》上有"州治"兩字。悔:《珠林》作"懺"。

[五]高:《續高僧傳》《珠林》作"固",《法傳》作"高"。

[六]從:原脫,據《續高僧傳》《珠林》《法傳》補。

[七]是:原脫,據《續高僧傳》《珠林》《法傳》補。至:原訛作"主",據《續高僧傳》《珠林》《法傳》改。

[八]消:《續高僧傳》《珠林》《法傳》作"銷",下同。濤按:銷、消古通。

[九]授:《珠林》作"受"。

[十]言:《續高僧傳》《珠林》《法傳》作"云"。

[十一]尼:《續高僧傳》《珠林》《法傳》下有"也"字。

[十二]後:《法傳》無此字。

[十三]名:原訛作"亦",據《續高僧傳》《珠林》《法傳》改。

[十四]祥:《法傳》無此字。

[十五]聞:《續高僧傳》《珠林》作"圖",《法傳》本句"難稱記矣"。

【注釋】

①潞州:唐代州郡。據《舊唐書》卷三九《地理志二》記唐武德元年改隋上黨郡為潞州,武德二年置總管府,後改為都督府。開元十七年以玄宗歷職潞州別駕,置大都督府。天寶元年改為上黨郡,乾元元年復為潞州大都督府。領縣十,治所在上黨,在今山西省長治市。貞觀七年,潞州廢都督府,轄上黨等縣。

法住寺:潞州寺院。據《續高僧傳》卷二十《釋曇榮傳》載,此寺在貞觀初年已存在,餘不詳。

②清信士:受三歸五戒並具有清淨信心的男子,梵語作優婆塞。

③方等悔法：方等三昧的懺法，又作方等懺。即行方等三昧時，誠心懺悔六根的罪障。

④道場：道場有廣狹二義，廣義指一切修行處所，狹義則指釋尊成道之處。此處指修行處所，即舉行方等悔法的地方。

⑤七佛：指釋迦牟尼佛及在其以前出現的六位佛陀。即過去莊嚴劫末的毗婆尸、毗舍浮、尸棄等三佛，與現在賢劫初的拘留孫、俱那含牟尼、迦葉、釋迦牟尼等四佛。這七佛皆已入滅，故又稱過去七佛。

⑥無所著至真等正覺：無所著是佛的德號，以佛不執著塵染故得名；至真謂佛離一切之虛偽；等正覺是佛的十號之一，即梵語三藐三菩提，謂遍正覺知一切法。

⑦授記：梵語音譯毗耶佉梨那、弊迦蘭陀、和伽羅那、和羅那，又作授決、受決、受記、受別、記別等。本指分析教說，或以問答的方式解說教理，後來專指未來世證果及成佛名號的預言。此處指對未來成佛的預言，即釋迦牟尼預言僧定"後當作佛，名為普明"。

⑧賢劫：指佛典中所述宇宙迴圈過程中的一個階段，即過去、現在、未來三階段中的"現在住劫"。依照佛典所載，現在大劫有成、住、異、滅四劫，其中住劫有千佛等賢聖出世救度眾生，故稱賢劫。

⑨身器：比喻有情的身體猶如器物，能容受諸法，故稱身器。

第十八　隋朝智者大師講《淨名經》感應（出《傳》及《瑞應傳》等文）

隋朝智者大師①，諱智顗，姓陳氏，潁川人也[一]②。生時[二]，地涌一山號大賢③。終時，山即隨沒，為大賢湖也。講《淨名經》次[三]④，忽見三道寶階從空而下[四]⑤。阿閦佛土一會[五]，儼然而現。十數梵僧執香爐入堂[六]⑥,遠顋三匝[七],讚曰[八]:"善哉智顋,玄悟佛意,吾來影向⑦,感應如是。"

此條出《續高僧傳》卷十七《釋智顋傳》《往生西方淨土瑞應傳》,文詳事異。又見《珠林》卷十二引《唐高僧傳》;宋戒珠《淨土往生傳》卷中亦錄其事,文字有異。

地涌大賢山事可參見《三國傳記》卷二《天臺大師事》(11);《私聚百因緣集》卷五《天臺智者大師事》(9)。

【校記】

[一]穎:原作"頴",據《續高僧傳》改。濤按:"穎"字古籍多訛作"頴"。

[二]生時:下三句諸書皆無。

[三]次:《淨土往生傳》上有"一旦講",他書無此字。

[四]忽:《淨土往生傳》作"倏"。階:原作"隋",據續藏本、《瑞應傳》《淨土往生傳》改。從空而下:《淨土往生傳》作"自天來降",《續高僧傳》《珠林》"下"字作"降"。

[五]阿閦:阿閦等十字他書皆無。濤按:疑此為非濁注語。

[六]十數:《續高僧傳》《珠林》《瑞應傳》作"數十"。執:《續高僧傳》《珠林》作"擎"。香:《瑞應傳》無此字。

[七]匝:《瑞應傳》作"迊"。

[八]讚曰:讚曰等十八字諸書皆無。

【注釋】

①智者大師:隋代名僧智顋,世稱智者大師,是中國天臺宗的開

宗祖師。俗姓陳,家居荊州華容(今湖南華容縣)。十七歲時,在荊州長沙寺佛像前發願為僧,先後追隨法緒、慧曠、慧思學法。學成後,東下到達陳都講禪,受請住瓦官寺開講《法華經》,逐漸樹立了新的宗義,奠定了天臺宗教觀的基礎。入隋後,智顗曾為晉王楊廣授菩薩戒,獲"智者"的稱號。開皇十七年(597)智顗入寂,世壽六十歲,僧臘四十。晉王依照他的遺願在天臺山另行創建佛剎,於大業元年(605)題名為國清寺。

②潁川:郡名,秦王政十七年(公元前230年)置,以潁水得名。治所在陽翟(今河南省禹州市)。轄境相當今河南登封市、寶豐以東,尉氏、鄢城以西,新密市以南,葉縣、舞陽以北地。其後治所屢有遷移,轄境漸小。隋開皇初廢潁川,改為汝陰郡,大業初復置。唐武德四年改為許州,天寶改為潁川郡,乾元元年又改為許州。潁川是陳姓郡望,故陳姓多以此地為故鄉以示出身望族,智顗實出生於荊州華容。

③大賢:大賢山在衡州南境。據《隋天臺智者大師別傳》載,智顗聽聞慧曠律師"兼通方等,故北面事焉","後詣大賢山"。宋曇照《智者大師別傳註》卷上注曰:"大賢山在衡州",故知此山在衡州,《佛祖統紀》卷六亦言山在衡州南境。據《智者大師別傳》文意,智顗後往大賢山,則知《要略錄》所言生時便在大賢山不合實情,或為非濁增衍。

④《淨名經》:《維摩詰經》的通稱。維摩詰,梵名 Vimalakīrti,意譯淨名。玄奘將《維摩詰經》譯為《無垢稱經》,玄奘以後則皆以《淨名經》稱之。

⑤三道寶階:指金、銀、琉璃三階,又作三道寶梯。即佛陀從忉利

天下降時所用的三道階梯。如卷上第一條等載佛陀曾上升忉利天爲
其母摩耶夫人説法三月,其後從天界回地上之際,帝釋天化現金、銀、
琉璃等三道階梯,佛陀即依此而降下。《阿閦佛國經》卷上:"(阿閦
如來)刹以三寶爲梯陛。一者金,二者銀,三者琉璃。從忉利天下至
閻浮利地,其忉利天欲至阿閦如來所時,從是梯陛下。"

⑥梵僧:一指由西域或印度而來的異國僧侣,一指持戒清淨(即
修梵行)的修行僧。

⑦影向:指佛菩薩的應現。諸佛菩薩爲輔助佛陀教化而自在示
現,如影之隨形,如響之應聲,以隨機濟度衆生。

第十九　釋普明誦《維摩經》感應^[一](出《梁高僧傳》)

宋臨淄釋普明誦《法華》《維摩》二經^[二]①。誦《維摩經》,聞空
中唱樂^[三]。又善神呪②,所拯皆愈^[四]。有鄉人王道真妻病^[五],請
明入內^[六],婦便悶絶,俄見一物如狸,長數尺許云云^[七]。

此條出《高僧傳》卷十二《釋普明傳》。《弘贊法華傳》卷六、《法
華傳記》卷四"宋臨淄釋普明"皆録其事,《要略録》節選部分文字;又
見《珠林》卷十七誤引作《唐高僧傳》。

可參見《今昔物語集》卷七《震旦定林寺普明轉讀法華經伏靈
語》(16)。

【校記】

[一]釋:目録上有"宋臨淄"三字。

[二]宋:《珠林》作"齊"。濤按:本書卷下亦録釋普明事,抄録
於《珠林》,作齊上定林寺釋普明。淄:《珠林》《弘贊》《物語》《釋氏

六帖》卷十二作"渭";《高僧傳》題目作"渭",文作"淄"。

[三]聞:《高僧傳》《珠林》《弘贊》《法傳》上有"亦"字。

[四]拯:《高僧傳》《珠林》《弘贊》《法傳》作"救"。

[五]鄉:原訛作"卿",據續藏本、《高僧傳》《珠林》《弘贊》《法傳》改。真:《物語》無此字。

[六]入內:《高僧傳》《珠林》《弘贊》《法傳》作"來呪,明入門"。

[七]長:《法傳》、麗藏本《珠林》上有"身"字。

【注釋】

①臨淄:《高僧傳》題目作"臨渭",而《珠林》《弘贊法華傳》亦作"臨渭"。按《晉書》卷十四《地理志》記晉略陽郡轄臨渭縣(今甘肅秦安縣東南),然至北魏時臨渭已併入隴城縣。故疑"臨淄"為是,《高僧傳》題目"渭"乃"淄"形訛,而《珠林》誤錄作"臨渭"。臨淄為縣名,今屬山東臨淄市,本屬青州治所,南朝宋武帝克青州,占齊地,臨淄縣先後屬劉宋、蕭齊、北魏、北齊。

《法華》:《妙法蓮華經》的簡稱,是大乘佛教的重要經典。現存三種漢譯本,以後秦鳩摩羅什所譯的七卷本最為通行。

《維摩》:即《維摩詰所說經》,又名《維摩詰經》,凡三卷,計十四品。本經旨在闡說維摩所證之不可思議解脫法門,故又稱《不可思議解脫經》。本經的中心人物維摩居士為佛陀住世時印度毗舍離城的長者。佛陀在毗舍離城說法時,維摩稱病,佛遂遣諸比丘菩薩前往探望,維摩藉此機會與佛派來問病的文殊師利等反覆論說佛法,因成此經。據歷代經錄記載,維摩經之漢譯有七本,現存有三。除鳩摩羅什通行譯本外,另有吳支謙譯《維摩詰經》凡二卷或三卷,唐玄奘譯

《無垢稱經》凡六卷。

②神呪：神秘的呪語，故曰神呪。古印度流行誦念呪語，尤其是後來的密宗善持呪語，認為它能令善法不散失，令惡法不起。

第二十　會稽山陰書生寫《維摩經》感應[一]（新錄）

會稽山陰縣有一書生①，失姓及名，身有少疾，發願寫《維摩經》。始立題，夜夢有天女摩書生身。夢覺，即身疾即無[二]，更發信心，畢一部文。又發願為亡親寫一部，至《問疾品》②，夢忽有乘雲天[三]，來到住室，云：“吾是汝父。以惡業故，墮黑暗地獄。汝為我等造經，光明照身，苦息生天。以歡喜故，來告所因。”生復問[四]：“不審母在何處？”答：“母依貪財[五]，墮餓鬼中。汝寫《佛國品》③，離苦即生無動國④。吾又不久當生彼。慇懃寫畢！”夢覺流淚，畢一部，又而供養[六]。又夢有異服官人，捧旗來告曰：“閻魔法王召牒中有汝名。寫《維摩經》故，可生金粟佛土⑤。王賜汝命二十年，努力莫怠。”春秋七十有九而卒，身金色變[七]，人皆謂生金粟佛土表示也而已。

可參見《今昔物語集》卷六《震旦會稽山陰縣書生書寫維摩經生淨土語》(38)。

【校記】

[一]寫：下原衍“經”字，據續藏本、目錄刪。感：目錄上有“除疾救亡”四字。

[二]即：前一“即”字疑衍。《考證今昔物語集》引《要略錄》無此字。

[三]天：《物語》下有“人”。濤按：本書“天人”常作“天”，義同。

〔四〕生:原作"于"(《考證今昔物語集》引《要略錄》無此字),續藏本"冠註曰於疑子或生",《物語》作"書生",今改作"生"。

〔五〕依:疑"以",與上文"父以惡業故"相證。

〔六〕又:《考證今昔物語集》引《要略錄》無此字。

〔七〕身:《物語》下有"忽"。變:原作"反",據《物語》《考證今昔物語集》引《要略錄》改。

【注釋】

①會稽山陰縣:《舊唐書》卷四十《地理志》記會稽本為漢郡名,"宋置東揚州,理於此,齊、梁不改。隋平陳,改東揚州為吳州。煬帝改為越州,尋改會稽郡",唐改隋會稽郡為越州中都督府,天寶元年改越州為會稽郡。乾元元年,復為越州。山陰縣即會稽郡一縣,與會稽縣分理州治。

②《問疾品》:即《文殊師利問疾品》,《維摩經》中的一品。維摩詰居士患病,佛陀便遣文殊師利前往問疾。八千菩薩、五百聲聞、百千人天,皆欣然從往,一同探病。維摩詰騰空室內擺設,唯置一床,病臥其上。文殊致問,維摩詰告以"從癡有愛,則我病生。以一切眾生病,是故我病;若一切眾生病滅,則我病滅",大眾皆發菩提心。

③《佛國品》:《維摩經》的第一品。釋迦牟尼在毗耶離城外庵羅樹園與眾集會,有位長者之子寶積說偈贊佛,佛告訴他:"若菩薩欲得淨土,當淨其心,隨其心淨,則佛土淨"。當佛現此國土嚴淨之時,寶積和五百長者之子皆得無生法忍,八萬四千人皆發阿耨多羅三藐三菩提心。

④無動國:即不動國。東方不動如來(阿閦佛)的佛土,這裡與

西方極樂世界一樣美好。《法苑珠林》卷二十言不動國"此即淨土常嚴,不為三災所動也"。

⑤金粟佛土:金粟如來所處的佛土。《維摩經》中的維摩詰居士為金粟如來化身,其所居佛土即金粟佛土。據《維摩經·見阿閦佛國品》記:"有國名妙喜,佛號無動,是維摩詰於彼國沒而來生此",故知金粟佛土亦即妙喜國。山陰書生書寫《維摩經》,故能往生金粟佛土。

第二十一　法祖法師為閻羅王講《首楞嚴經》感應(出《傳》中①)

帛遠②,字法祖,河內人也③。乃於長安造築精舍,以講習《首楞嚴經》為業④。時有一人,姓李名通,死而更蘇,云:"見祖法師在閻羅王處,為王講《首楞嚴經》。無量罪人[一],聞師講聲,生第二天⑤。自云[二]:'講竟,應生忉利天[三]。彼天等若聞此經[四],得不退功德矣⑥。'"

此條出《高僧傳》卷一《帛遠傳》。《珠林》卷五七引作《梁高僧傳》;《出三藏記集》卷十五、《幽明錄》《開元釋教錄》卷二、《貞元新定釋教目錄》卷四、《太平御覽》卷六五六引《高僧傳》等皆載其事,文有不同。

可參見《今昔物語集》卷六《震旦法祖于閻魔王宮講楞嚴經語》(39)。

【校記】

[一]無量罪人:《高僧傳》《珠林》諸書無"無量罪人,聞師講聲,

生第二天”。

　　[二]自:《高僧傳》《珠林》諸書無此字。

　　[三]生:《高僧傳》《珠林》諸書作“往”。

　　[四]彼天下等十三字:《高僧傳》《珠林》諸書無。

【注釋】

　　①《傳》:此指《高僧傳》,事見是書卷一《帛遠傳》。

　　②帛遠:西晉僧人。俗姓萬,字法祖,故亦稱帛法祖。少時發道心,改服出家。才思俊徹,敏朗絕倫,每日誦經八九千言,研習經文,妙入幽微,並博通內外典籍。又通胡語,譯《佛般泥洹經》等十六部佛經。惠帝末年,秦州刺史張輔請師還俗,欲召為僚屬,帛遠堅拒而遭害,不意遭鞭笞至死。事詳《高僧傳》卷一《帛遠傳》。

　　③河內:《晉書》卷十四《地理志》記漢置河內郡,統九縣。晋徙治野王,在今河南沁陽市。

　　④《首楞嚴經》:佛教的重要經典,與唐代般剌蜜帝所譯《大佛頂首楞嚴經》(即俗謂《楞嚴經》)內容並不相同。帛遠生活的西晉末期,此經已有多種譯本,據《出三藏記集》卷二記載後漢支讖、吳時支謙、曹魏時白延、西晉時竺法護、西晉竺叔蘭等皆曾翻譯此經。帛遠對此經青睞有加,曾親自注解此經并擅長講解經文。但今存的《首楞嚴經》是後來鳩摩羅什所譯經本,又稱《舊首楞嚴經》。帛遠所見經本,早已失傳,其內容當同與鳩摩羅什譯本,宣揚首楞嚴三昧法的威力。

　　⑤第二天:即忉利天,忉利天是欲界六天中的第二天,在須彌山之頂,閻浮提之上。

⑥不退：不再退轉的意思。梵語阿毗跋致的意譯。指功德善根，愈增進而無退失。

第二十二 光宅寺雲法師講《勝鬘經》降雨感應（出《傳》中）

梁武帝欲祈雨。志公曰①："將請光宅寺雲公②。"即請講《勝鬘經》③，雨降④，受潤自足矣。

此條出《高僧傳》卷十《釋保誌傳》。《珠林》卷三一《感應緣》引作《梁高僧傳》，文異。

【注釋】

①志公：南朝僧人釋保誌，世稱誌公。釋保誌出家後，常顯異跡，數日不食仍無饑容。時或賦詩，言如讖記，至後皆驗。誌公現靈異化眾四十餘年，恭事者不計其數。事見《高僧傳》卷十《釋保誌傳》。

②光宅寺：南朝南京寺院。《釋迦方志》卷下記梁天監年中，武帝"於本第造光宅寺，鑄金銅丈八像"。《續高僧傳》卷五《釋法雲傳》記釋法雲奉敕住此寺，弘傳佛法，僧詢、道遂、道標、寶瓊等皆從師受學。南朝後，此寺沿革不明。

雲公：南朝僧人釋法雲。義興陽羨（今江蘇宜興）人，俗姓周。七歲投鍾山定林寺僧印出家，後轉拜多師，勤奮志學。南齊建武四年（497）夏，於妙音寺開《法華》《淨名》二經，學徒海湊，四眾盈堂，講經之妙，獨步當時。入梁後，住法雲寺，大通三年示寂，享年六十三。他與莊嚴寺僧旻、開善寺智藏並稱為梁三大法師，因寺名而被稱作"光宅法雲"。《華嚴經探玄記》卷一、《新華嚴經論》卷三等皆記法雲依《法華經譬喻品》羊鹿牛及大白牛之四車立四乘教。法雲事見

《續高僧傳》卷五《釋法雲傳》。

③《勝鬘經》：即《勝鬘師子吼一乘大方便方廣經》。勝鬘傳為古印度拘薩羅國波斯匿王之女，阿踰闍國王后，此經為記述勝鬘夫人勸信佛法的說教。南朝時，可見的譯本有北涼曇無讖譯《勝鬘經》一卷、南朝宋求那跋陀羅《勝鬘經》一卷。

④雨降：據《高僧傳》卷十《釋保誌傳》載法雲講經後，夜便大雪；志公言"須一盆水加刀其上"，隨之大雨傾盆，"高下皆足"。

第二十三　貧女受持《勝鬘經》現作皇后感應①（出《三寶記》）

昔佛滅度三百年中，阿輸闍國有貧女[一]②，六親俱無，拾薪活命，餘暇受持《勝鬘經》。貧女為薪更入山，身疲不能還去[二]，而臥山中講經[三]。爾時，國王遊獵入山，忽見此女雲蓋其身③。王異之，近見端正女人④，歡喜還宮，立為皇后。其國此典，久絕不行，當於此時再興，求法者於此得此經本矣。

可參見《三國傳記》卷五《貧女受持勝鬘經現身作皇后事》（22）。

【校記】

[一]闍：《三國》作"沙"。

[二]去：《三國》作"家"。

[三]講：疑誤，續藏本作"誦"，《三國》作"讀"。

【注釋】

①皇后：此處所謂的皇后即古印度阿輸闍國王之妻。貧女為王

后的故事在佛經中流傳較多,《歷代三寶紀》等書目存"《貧女為王夫人經》"書名,《生經》卷五、《經律異相》卷四十等記國王出獵奉一女為王后。《雜寶藏經》卷四"貧女以兩錢佈施即獲報緣"所載貧女事與本篇所載略似,然未言持《勝鬘經》。《勝鬘經》本述阿踰闍國王后勝鬘講經之事,故此國有傳誦此經的傳統。

②阿輸闍:即阿踰闍國,玄奘《西域記》卷五作"阿踰陀國",是憍薩羅國的故城。

③雲蓋:狀如車蓋的雲彩,是吉瑞之相。凡有靈異感應发生,或事非尋常,就会出現雲蓋的情況。

④端正:容貌周正。在佛教典籍中,凡隨順正法,聞聽佛法者,就會顯相端正,和氣安心,顏色悅懌,自生光澤。

第二十四 道珍禪師誦《阿彌陀經》生淨土感應①(出《瑞應傳》等文)

梁朝道珍,念佛,作水觀[一]②。夢見水[二],百人乘船欲往西方,求附載[三],船上人不聽。珍云[四]:"一生修西方業[五],何故不聽?"船上人云:"師業(未圓)[六],未誦《彌陀經》,并(不)營浴室[七]。"於是船人一時俱發。既不得去[八],啼泣睡覺,乃誦經浴僧③。他時[九],又夢一人乘白銀樓臺[十]④,舉手言曰:"汝業已圓,好用其心,故來相報,定生西方。"臨終夜,山頂如烈數千炬火[十一],異香滿寺。亡後,於經函中收得在生遺記矣[十二]。

此條出《瑞應傳》。又見《續高僧傳》卷十六《釋道珍傳》、《樂邦文類》卷三、《淨土往生傳》卷上、《往生集》卷一等,文異;又事略見《拔一切業障根本得生淨土神呪》附《阿彌陀經不思議神力傳》、

P. 2066《淨土五會念佛誦經觀行儀》卷中附《往生西方記驗》等。

可參見《今昔物語集》卷六《震旦道珍始讀阿彌陀經語》(40)；《三國傳記》卷七《道珍禪師讀誦阿彌陀經往生事》(21)；《三寶繪》下；《寶物集》。

【校記】

〔一〕作水觀：《瑞應傳》作"因作水觀"，《續高僧傳》作"作彌陀業"。

〔二〕水：疑下脫"上"或"中"，《續高僧傳》作"大海中"，《樂邦文類》作"海上"。

〔三〕求：《瑞應傳》上有"乃"字。

〔四〕云：《瑞應傳》作"曰"，下同。

〔五〕一：《瑞應傳》上有"貧道"二字。

〔六〕未圓：原脫，據《瑞應傳》《三國》補。

〔七〕不：原脫，據《物語》《三國》補。濤按："并營浴室"乖違文意，疑"并"字作"未"，或"并"下脫"不"，《樂邦文類》《往生集》作"未"；又考《物語》《三國》作"並不"，姑從之。

〔八〕既：《瑞應傳》上有"珍"字。

〔九〕他：《瑞應傳》作"多"。

〔十〕人：原脫，據《瑞應傳》補。乘：《樂邦文類》《淨土往生傳》《佛祖統紀》卷二七作"捧"，疑是。樓：疑衍。濤按：除《瑞應傳》外，諸書無此字，此即銀臺也。

〔十一〕烈：《瑞應傳》《續高僧傳》作"列"。千：原作"十"，據《瑞應傳》《續高僧傳》《樂邦文類》《淨土往生傳》《物語》《三國》改。

[十二]在:《瑞應傳》作"存"。

【注釋】

①《阿彌陀經》:敘說阿彌陀佛淨土功德莊嚴而勸念佛往生的經典,淨土三經之一。此經在中國弘傳極盛,曾有多個譯本,如後秦鳩摩羅什《阿彌陀經》、南朝宋求那跋陀羅《小無量壽經》、唐玄奘《稱讚淨土佛攝受經》。求那跋陀羅譯本久已佚失,但從元代以來各藏中又都收有署名求那跋陀羅譯《拔一切業障根本得生淨土神咒》,可能是他譯本中僅存的佚文。《拔一切業障根本得生淨土神咒》卷末附有《阿彌陀經不思議神力傳》,述道珍求附西方船被拒一事,或道珍時所見《阿彌陀經》即求那跋陀羅譯本。

②水觀:即水想觀,又作水相觀。《觀無量壽經》言觀想極樂國土的琉璃地,即先觀水之澄清,次想冰,見晶瑩剔透之冰而想琉璃,觀想淨土琉璃地之內外明澈。

③浴僧:設浴室浴僧,是一種積累功德的行為。P.3265《報恩寺開溫室浴僧記》記令狐義忠為其亡父建功德,遂開溫室浴僧。

④白銀樓臺:應作白銀臺,即白銀佛座。《宋高僧傳》卷二四《釋懷玉傳》記"有一人擎白銀臺從窗而入",《淨土往生傳》卷上記"有捧銀臺而至者,曰:'法師報盡當陞此臺'",知此白銀臺乃僧人往生西方的法座。敦煌變文《八相押座文》記"西方還有白銀臺",將它視為西方淨土接引的象徵。

第二十五 曇鸞法師得《觀經》生淨土感應(同文)

齊朝曇鸞法師[一]①,得此土仙經十卷[二]②,欲訪陶隱居學仙術③。後逢三藏菩提[三]④,問曰:"佛法中有長生不死法勝得此土仙經否[四]?"三藏唾地,驚曰[五]:"此方何處有長生不死法?縱得延壽[六],年盡須墮三有[七]⑤。"即將《無量壽觀經》授與鸞[八]⑥,曰:"此大仙方!依而行之[九],長得解脫[十],永離生死[十一]。"鸞便須火,遂焚仙經。忽於半夜[十二],感龍樹菩薩說偈⑦,乃知壽終,自執(香)爐面西念佛[十三],即便壽終。聞空中音樂西來,須臾即還矣[十四]。

此條出《瑞應傳》。《續高僧傳》卷六《釋曇鸞傳》《珠林》卷五誤引作《梁高僧傳》,事詳;《觀無量壽經義疏正觀記》引《淨土傳》《樂邦文類》卷三、《龍舒增廣淨土文》卷五、《淨土往生傳》卷上等載錄其事,文異。文末數句可參《淨土論》卷下。

可參見《今昔物語集》卷六《震旦曇鸞燒仙經生淨土語》(43);《三國傳記》卷十二《曇鸞法師事》(26);《私聚百因緣集》卷五《曇鸞法師事》(4)引《樂邦文類》。

【校記】

[一]齊朝:《珠林》作"魏沙門釋"。

[二]得:《瑞應傳》上有"因"字。經:宮、宋、元、明本《續高僧傳》《珠林》作"方"。

[三]菩提:《續高僧傳》《珠林》下有"流支"兩字。

[四]中:《珠林》作"頗",《續高僧傳》下有"頗"字。得:《續高僧傳》《珠林》無此字。

[五]驚:續藏本作"罵",《續高僧傳》無此字,《珠林》作"告"。濤按:三藏菩提聞語唾地驚曰,不至犯嗔"罵曰"。

[六]縱:大谷本《瑞應傳》無"縱"上十字,《續高僧傳》《珠林》"縱得延壽"作"縱得長年少時不死"。

[七]三有:《瑞應傳》無"三有"二字,《續高僧傳》"須墮三有"作"終更輪回三有耳"、《珠林》"須墮三有"作"終輪三有"。

[八]將:《續高僧傳》《珠林》作"以"。無量壽觀經:《續高僧傳》《珠林》作"觀經",《物語》作"觀無量壽經"。

[九]依而行之:《續高僧傳》《珠林》作"依之修行"。

[十]長:《續高僧傳》《珠林》作"當"。

[十一]永離生死:《續高僧傳》作"生死",《珠林》作"生死永絕輪迴"。

[十二]半夜:《續高僧傳》《珠林》等無文末六句。此句《瑞應傳》作:"忽於半夜見一梵僧入房,語鸞曰:'我是龍樹菩薩。'便說偈:'已落葉不可更附枝,未來粟不可倉中求。白駒過隙,不可暫駐。已去者叵反,未來未可追,現(濤按:原脫,據《淨土論》補)在今何在,白駒難可迴。'"

[十三]香:疑脫,據《瑞應傳》補。

[十四]還:《三國》作"迎"。

【注釋】

①齊朝:《瑞應傳》《要略錄》咸作"齊朝曇鸞",《珠林》則作"魏沙門",因曇鸞有北魏、北齊人兩說。《續高僧傳》卷六《釋曇鸞傳》《珠林》卷五等記曇鸞為北魏雁門(今山西大同)人,梁大通間曾遊至江南見梁武帝,訪陶弘景學仙術,又遊至洛陽遇菩提流支,後歸北方住汾州北山石壁玄中寺,東魏孝靜帝興和四年(542)年卒於平遙山

寺。終其一生,多在北朝生活,雖有遊歷南朝之舉,卻是梁時事,無涉南朝蕭齊、北朝高齊;然《淨土論》卷下言其"魏末高齊之初猶在",《續高僧傳》卷二十《釋道綽傳》又言"(汶水石壁谷玄中)寺即齊時曇鸞法師之所立也,中有鸞碑,具陳嘉瑞事",羅振玉所藏拓本北齊天保五年二月《敬造太子像銘》中的願主題作"比丘僧曇鸞",以上三條皆記曇鸞為北齊人。《瑞應傳》《要略錄》襲承後說,故云"齊朝曇鸞"。

曇鸞:南北朝時代北魏弘傳淨土教的高僧。年少出家,廣學內外經典,對於龍樹一系的《智度論》《中觀論》《十二門論》《百論》等四部論及佛性義的研究特別有心得。遊歷南方,遇見北印度三藏法師菩提流支,遂改學淨土。據《續高僧傳》卷六及《隋書》卷三四《經籍志》《新唐書》卷五九《藝文志》等所記,曇鸞有著述十種。現存《淨土往生論注》《贊阿彌陀佛偈》《略論安樂淨土義》三種都是有關淨土思想的著作。曇鸞的淨土思想對淨土宗的貢獻及後學的影響極大。

②仙經:宣說長生不死術的經書,即道教經典之總稱。道教講求服餌、導引、胎息、內丹、外丹等修煉方法,以求長生不死,故其所依用之經典,概稱為仙經。

③陶隱居:即陶弘景,南朝時道士。自號華陽隱居,常年隱居句容之句曲山,人稱陶隱居。陶弘景善辟穀導引之法,常年研習煉丹書,年逾八十而有壯容,深受梁武帝佛信任。《續高僧傳》卷六《釋曇鸞傳》記曇鸞曾向陶弘景請教仙術,得贈十卷仙經。《雲笈七簽》卷五九載"曇鸞法師服氣法",傳言法師曾習仙法。

④三藏菩提:菩提流支。三藏是對精通佛教聖典中經、律、論三藏者的尊稱。菩提是菩提流支簡稱,師為北印度人,深悉三藏,顯密

兼通。北魏永平元年(508)攜大量梵本,經蔥嶺來洛陽,受北魏宣武帝禮遇而居永寧寺。在此翻譯梵經,譯有《十地經論》《金剛般若經》《佛名經》《法集經》等三十九部,共一二七卷。曾授曇鸞《觀無量壽經》,後被尊為淨土宗的初祖。

⑤三有:三界的生死有因有果,故稱"三有"。欲有,即欲界的生死;色有,即色界的生死;無色有,即無色界的生死。此處指求仙者死後終當墮入三界。

⑥《無量壽觀經》:即《觀無量壽經》,又稱《觀無量壽佛經》《無量壽佛觀經》《無量壽觀經》或《十六觀經》,簡稱《觀經》。此經系佛在王舍城宮中,應韋提希夫人之請,開演修三福、十六觀等往生淨土之法的經典,與《無量壽經》《阿彌陀經》同稱"淨土三部經",為淨土法門之寶典。漢譯本今存南朝宋畺良耶舍譯本,此本流傳在南北朝時流傳甚廣,菩提流支所與曇鸞《無量壽觀經》或系此譯本。

⑦龍樹菩薩:印度大乘佛教史上最偉大的論師,也是中觀學派(空宗)的奠基者。梵名意譯又作龍猛、龍勝,音譯有那伽閼剌樹那、那伽夷離淳那、那伽曷樹那、那伽阿順那等名。龍樹出家,先後學小乘三藏及大乘教,傳其入龍宮學習各種方等深經。著述有《中論》《大智度論》《十二門論》《十住毗婆沙論》等數十部書,他的思想極大影响了大乘佛教,使印度佛教的教義體系局面大开,被譽為佛教史上的重要人物。

第二十六　并州僧感受持《觀經》《阿彌陀經》生淨土感應(新錄)

并州有比丘名僧感,持《觀無量壽經》《阿彌陀經》以為業。感夢見自身生羽翼①,左《觀經》文,右《阿彌陀經》文,欲飛,身尚少重。覺,彌誦兩經。三年後夢,羽翼既長,欲飛少輕。更經二年,夢身輕,飛騰虛空無礙,即指西方而飛行,到極樂地②。爾時,有一佛二菩薩[一]:"汝誦經力,得到極樂邊地。汝早還娑婆,每日誦四十八卷,一千日後方生上品地③。"夢覺,如說修行,三年而終。臥處頓生九莖蓮花[二]④,七日不萎落矣。

可參見《今昔物語集》卷六《震旦僧感受持觀無量經阿彌陀經語》(44);《三國傳記》卷九《比丘僧感夢飛極樂地事》(5)。

【校記】

[一]薩:疑下脫"曰"或"云"或"告"。《物語》作"告宣",《三國》作"告言"。

[二]九:續藏本作"七"。

【注釋】

①身生羽翼:《法傳》卷五"并州釋僧衍"有句"夢自身左右生羽翼",所記略似。

②極樂地:即阿彌陀佛的極樂淨土。

③上品:往生淨土中的上品類。願意往生淨土之人,由于個人機緣不同、行業各殊,有優劣品級之別,故其所生的極樂淨土亦有上、中、下之別。上、中、下品,又細分為上品上生、上品中生、上品下生、中品上生、中品中生、中品下生、下品上生、下品中生、下品下生等九種品位。

④九莖蓮花:多莖蓮花在佛教中是一個吉瑞的象徵。《今昔物

語集》抄此篇作"九莖蓮花",《三國傳記》抄此篇作"九臺蓮花",知《要略錄》原文當作"九"而非續藏本所言"七"。但佛經也多處提及七莖蓮花,如《過去現在因果經》卷一云"於時樹下,亦生七寶七莖蓮花,大如車輪";漢文佛典中較少提及九莖蓮花,臆測其與九品蓮相近,為往生淨土最上品的象徵。

第二十七　西印度小國講《金光明經》敵國得和感應（出《開元錄》及《摩騰傳》①）

西印度有一小國,請摩騰迦尊者講《金光明經》[一]②。俄而,隣國(興)師而來[二],既將踐境[三]③,輒有事礙,兵不能進。彼國兵眾,疑有異術[四]④,密遣使覘[五],但見群臣安然,共聽其所講大乘經⑤,明地神王護國之法[六]⑥。於是彼國請和求法,俱得安穩矣。

此條出《開元釋教錄》卷一、《高僧傳》卷一《攝摩騰傳》,後者文異。《古今譯經圖紀》卷一、《貞元新定釋教目錄》卷一、《翻譯名義集》卷一等書引此事;《歷代三寶紀》卷四所引文異。

可參見明釋受汰《金光明經感應記》(附于《金光明經科注》末);又可參見《三國傳記》卷十一《西印度小國講金光明經和敵事》(4)。

【校記】

[一]迦:原訛作"邊",據《三國》及文意改。濤按:續藏本、《高僧傳》作"摩騰",《圖紀》《開元錄》《貞元錄》等略稱"騰",緣"沙門迦葉摩騰,或云竺葉摩騰,亦云攝摩騰,群錄互存未詳孰是"。

[二]興:疑脫,據《開元錄》《貞元錄》《歷紀》《翻譯名義集》《圖

紀》補。

　　［三］既:《翻譯名義集》無此字。

　　［四］疑:原訛作"止",據續藏本、《開元錄》《貞元錄》《歷紀》《翻譯名義集》《圖紀》《三國》改。

　　［五］覘:原作"覩",據《圖紀》《開元錄》《貞元錄》《翻譯名義集》改。《歷紀》此句作"密遣覘觀"。

　　［六］明地神王護國之法:《歷紀》作"此法地神王護之"。

【注釋】

　　①《開元錄》及《摩騰傳》:指《開元釋教錄》及《高僧傳·攝摩騰傳》,事見《開元釋教錄》卷一與《高僧傳》卷一。《開元釋教錄》二十卷,唐釋智昇撰,略稱《開元錄》。《開元釋教錄》分為總錄和別錄兩大類,總錄以時代為序,記載由東漢至唐代譯師 176 人所出及失譯經籍目錄,並附有譯人傳記和古今諸家目錄;別錄分為七類記載大小乘經、律、論入藏目錄。

　　②摩騰迦尊者:即迦葉摩騰、攝摩騰,東漢明帝時來華僧人。參見卷上第三條(漢土最初釋迦像感應)注。

　　《金光明經》:此經與《法華經》《仁王經》同為鎮護國家的三部經,若誦讀此經,國家皆可獲得四天王之守護。本經譯本有五種:北涼曇無讖譯四卷《金光明經》;陳朝真諦譯七卷(或六卷)《金光明帝王經》;北周耶舍崛多譯五卷《金光明更廣大辯才陀羅尼經》;隋代寶貴等糅編八卷《合部金光明經》;唐義淨譯十卷《金光明最勝王經》(略稱《最勝王經》)。攝摩騰所用當是梵本經典。

　　③踐境:越過邊境,侵犯國土。

④異術:指法術。《太平廣記》卷七四引唐康駢《劇談錄·唐武宗朝術士》:"武宗皇帝好神仙異術,海內道流方士多至輦下。"

⑤大乘經:闡述六度法門的大乘經典。

⑥地神王護國之法:《金光明經》述若奉此經,諸天王與神靈會保護國土,《金光明經》卷二云"復當勤心擁護是王及國人民,為除衰患令得安隱"。

第二十八 中印度有一國講《金光明最勝王經》感應[一](出《西國傳》①)

中印度有國名奔那代彈那[二]②,如來滅後八百年中,國荒蕪[三],五穀不登。王臣土民飢餓[四],疾疫流行,妖死滿路[五]。王問臣曰:"何方便將救此苦[六]?"智臣白王言:"除國妖孽③,不如佛經,王將修行佛教。"王曰:"何經典[七]?"臣曰:"昔摩揭陀國救責難[八],依講《金光明最勝王經》[九]④,王將講聽彼典。"王即請法師,一夏講經得五返。時,夢諸童子執竹杖追打惡鬼,驅出國,即時疾疫頓息。又夢有大力鬼神掘地[十]⑤,甘水涌出,滿一切田,即稼苗殷盛,五穀豐稔。未出一年,國民富[十一],以為年式矣[十二]。

可參見《三國傳記》卷八《中印度內小國講金光明經拂疫難事》(15)。

【校記】

[一]一:下原衍"中",據文意、目錄刪。

[二]彈:《三國》作"禪"。

[三]荒:原訛作"芒",據《三國》改。

[四]餓:《三國》作"饉",疑是。

[五]妖:疑作"夭"。

[六]何:《三國》上有"以"字。苦:《三國》下有"難"字。

[七]何:《三國》上有"修"字。

[八]責:疑衍。濤按:"責"義不通,考《三國》作"五穀饑饉"(一本作"穀饑"),疑"責"衍。

[九]依:《三國》作"俄"。金光明最勝王經:原作"金光明最勝帝王典",據文意改。濤按:題目作《金光明最勝王經》,考此經無異名,則文中當作此經名,而"帝"字頗不類,疑衍而刪;經名中的"典"字疑涉"經"而誤。

[十]掘:《三國》作"鑿"。

[十一]富:《三國》下有"有"字。

[十二]年:《三國》作"法",疑是。

【注釋】

①《西國傳》:未詳。文中提及《金光明最勝王經》,考《開元釋教錄》卷九記此經"長安三年(703)十月四日於西明寺譯畢,沙門波崙、惠表筆受",此前並無此經名。據此,可知《西國傳》成書於《金光明最勝王經》譯成之後,即武周長安三年之後。

②奔那代彈那:中印度古國,《阿育王經》卷三譯為分那婆陀那,意譯為正增長。玄奘西游時曾至其國,《西域記》卷十記"自此(羯朱嗢祇羅國)東渡殑伽河,行六百餘里,至奔那伐彈那國","奔那伐彈那國周四千餘里。國大都城周三十餘里。居人殷盛,池館花林往往相間。土地卑濕,稼穡滋茂。……氣序調暢,風俗好學。伽藍二十餘

所,僧徒三千餘人,大小二乘,兼功綜習"。印度史詩《摩訶婆羅多》《他氏梵書》皆提及此國,其領土在強盛時包括孟加拉全境。印度學者勞(B. C. Law)考定該國在今孟加拉 Rajshahi 及 Bogra 一帶(Historical Geography of Ancient India, pp. 246-248),這與《新唐書》卷四三下《地理志》"自驃國西度黑山,至東天竺迦摩波國千六百里,又西北渡迦羅都河至奔那伐檀那國六百里,又西南至中天竺國東境,恒河南岸羯朱嗢羅國四百里",所載該國在迦摩縷波國西北、羯朱嗢祇羅國東北、迦羅都河西岸的位置大致相近。(參見《西域記校注》頁792)

③妖孽:指物類反常的現象,古人以為是不祥之兆。《禮記·中庸》:"國家將亡,必有妖孽。"

④《金光明最勝王經》:經名,十卷,略稱《最勝王經》,唐釋義淨譯。這是《金光明經》三譯本中最後出且最完備者。本經敘說金光明懺法之功德,且敘述四天王鎮護國家和現世利益的信仰。

⑤大力鬼神:即大力鬼王,又作大力神王。諸譯本《金光明經》皆記有大力鬼王,名那羅延,率領眷屬,護衛國土。

第二十九　溫州治中張居道冥路中發造《金光明》四卷願感應(出《滅罪傳》①)

昔溫州治中張居道②,因適女事殺猪③、羊、鵝、鴨等。未踰一旬,得重病便死。經三夜活,即說由緣④:初見四人來,懷中拔一張文書以示居道[一],乃是猪、羊等同詞共訟,曰:"猪等雖前身積罪,令受畜身[二],自有年限。遂被居道枉相屠害,請裁。"後有判:"差司命追過。"即打、縛[三],將去直行⑤,一道向北。至路中,使人曰:"未合死。""當何方便而求活路?""怨家詞主三十餘頭⑥,專在王門底,悔難可及。"居道曰:"自計所犯,誠難免脱,乞示一計[四]。"使人曰:"汝為所殺生發心願造《金光明經》四卷,當得免難[五]。"即承教,再唱其言。少時,望(見)城門[六],見閻魔廳前無數億人哀聲痛響[七],不可(聽)聞[八]。使唱名[九],王以猪等訴狀示之[十]。居道述願狀,所殺者乘此功德隨業化形。王歡喜。再歸生路[十一],説此因緣[十二],發心造經一百。餘人斷肉止殺,不可計數矣(更有安固縣丞妻脱苦緣[十三]⑦,煩故不述之)。

此條出《金光明經懺悔滅罪傳》,《要略錄》縮減甚多。

可參見明釋受汰《金光明經感應記》(附于《金光明經科注》末);又可參見《今昔物語集》卷六《張居道書寫四卷經得活語》(41)。

【校記】

[一]拔:《滅罪傳》作"枚"。濤按:"拔"意勝"枚"。

[二]令:疑訛,《滅罪傳》作"合",《物語》作"今"。

[三]打縛:《滅罪傳》作"棒杓居道頭及縛兩手"。

[四]示:原作"樂",據續藏本、《滅罪傳》改。

[五]難:《滅罪傳》作"脱"。

[六]見:原脱,據《滅罪傳》補。

[七]魔:《滅罪傳》作"王"。

[八]聽:原脱,據《滅罪傳》補。

[九]使唱名:續藏本作"便唱名"。濤按:《滅罪傳》作"使人即過狀,閻王唱名出見","使唱名"當係作者概況之語。

[十]示：原作“樂”，據續藏本、《滅罪傳》改。

[十一]再：《滅罪傳》上有“判放居道”四字。

[十二]說：原作“聞”，據續藏本、《滅罪傳》改。濤按：《滅罪傳》本句作“居道當說此因由”，知乃居道講述因緣，非居道聽聞也。

[十三]丞：原作“承”。據續藏本、《滅罪傳》改。

【注釋】

①《滅罪傳》：即《金光明經懺悔滅罪傳》的略稱。《房山石經題記彙編》載宋庭照等造《金光明經懺悔滅罪傳第一》題記，按房山刻《大般若經》第七五三條題記有“貞元六年(790)四月八日”、“檢校造經官宋庭照”等信息，據此可知最晚在貞元六年前《金光明經懺悔滅罪傳》已經流傳。此傳今附於北涼曇無讖《金光明經》譯本末。內容講述溫州治中張居道入冥事，因發願造《金光明經》四卷(即曇無讖譯本)而被釋放。張居道入冥事廣爲傳抄，敦煌 S.364、S.1963、S.3257、S.4155、S.4984、S.6514、S.2981、P.2203、L.735 等《金光明經》前皆抄有此傳，S.4155 尾題《金光明經冥報驗傳記》，敦煌寫卷亦有題名《金光明經記》者。

②溫州：史上曾有二溫州。按《舊唐書》卷四十《地理志三》記唐上元二年(675)始廢永嘉郡而置溫州，天寶元年(742)改爲永嘉郡，乾元元年(758)復爲溫州，宋時則稱溫州永嘉郡；《周書》卷二《文帝紀下》記西魏廢帝時，曾改新州(治所在今湖北京山縣)爲溫州。王仲犖《北周地理志》考北周時仍襲溫州，北周天和三年(568)裴寬任溫州刺史，《金石録》敘天和七年三月北周溫州刺史烏丸僧修墓誌。按下文提及溫州安固縣，可知此處的溫州應指唐代溫州，亦知此文或

成文于唐高宗上元二年至唐德宗貞元六年間(溫州始置至宋庭照題記前)。

治中:漢置,爲州刺史的助理,主掌文書案卷,也稱治中從事史,歷代沿置。《舊唐書》卷四二《職官志》記唐貞觀二十三年七月改諸州治中爲司馬。此處沿襲治中的舊稱。

③適女:指女兒出嫁。

④由緣:緣故。《法苑珠林》卷三九:"度驚曰:'汝那得蓬萊道人書喚我歸耶?'乃説由緣,又將鉢與之。"

⑤將去:帶去,引領。

⑥詞主:提出訴訟的人。宋葉適《校書郎王公夷仲墓誌銘》:"(夷仲)亟至右獄,問:'詞主安在?'吏曰:'官人也,隨司爾。'夷仲鞭吏,急追詞主,將械之。"

⑦安固:《舊唐書》卷四十《地理志三》記安固本是後漢章安縣,晉改爲安固,隋廢。唐武德八年分永嘉縣置,屬東嘉州。貞觀元年廢東嘉州,安固屬括州,唐高宗上元時又屬溫州。

第三十　則天皇后供養《金光明最勝王經》感應(出《皇后傳》)①

三藏法師義淨②,齊州人③,姓張字文明,志遊西域,所歷三十餘國。天后證聖元年,還至河洛[一],天后受佛記④,敬法重[二]。長安三年十月四日,於西明寺譯《毘》[三]⑤,沙門波崙[四]、惠表、惠治等筆受[五]⑥。同月十五日,即於西明寺而供養,即施百尺幡二口、四十九尺幡四十九口[六]、絹百疋、香花等供具⑦,皆用七寶而爲莊嚴⑧。爾時,紫雲蓋寺,經卷放光,大地微動,天雨細花。自非受佛記,誰後五百年中得此感應矣。

可參見《今昔物語集》卷六《義淨三藏譯最勝王經語》(42)。義淨事可參見《宋高僧傳》卷一《義淨傳》。

【校記】

[一]河:原作"阿",據續藏本改。《開元錄》卷九、《宋高僧傳》卷一載"天后證聖元年乙未仲夏還至河洛"。

[二]敬法重:疑下脫"僧"。濤按:《物語》作"深佛法信",意即深信佛法。

[三]毘:續藏本冠註曰"毘等五字更勘"。《物語》作"《金光明最勝王經》畢",《考證今昔物語集》引《要略錄》作"毘奈耶"。濤按:《開元錄》卷九記義淨長安三年(703)十月四日翻譯《金光明最勝王經》十卷(沙門波崙、惠表筆受)、《根本說一切有部毘奈耶》五十卷(沙門波崙惠表等筆受)等,然以文供養《金光明最勝王經》揣測,"毘"非指《毘奈耶》,疑系"畢"字之訛,《物語》之載為是。

[四]波:原作"婆",據《物語》改。

[五]治:疑"沼"之形訛。濤按:據《開元錄》卷九載惠(慧)沼助義淨譯經,而義淨譯《根本說一切有部尼陀那目得迦》《根本說一切有部略毘奈耶雜事攝頌》《根本說一切有部毘奈耶尼陀那目得迦攝頌》皆署"翻經沙門淄州大雲寺大德慧沼證義"。

[六]九:前一"九"字《物語》《考證今昔物語集》引《要略錄》無。

【注釋】

①《皇后傳》:待考。據所載"天后"事蹟推斷,當是記載武則天

事蹟的一部書籍。其事不見於《舊唐書·則天本紀》《新唐書·則天本紀》《新唐書·武后傳》。舊、新唐書《潘既濟傳》記吳兢撰《則天本紀》,潘既濟上書擬名《則天順聖武皇后(傳)》,但其名未獲代宗批允。或後有記則天事者,撰寫此傳。

②義淨:唐代西行、譯經名僧。俗姓張,名文明,齊州(今山東濟南地區)人。出家後勤修經典,因仰慕法顯、玄奘西行求法高風,於唐高宗咸亨二年(671)從廣州搭乘波斯商船泛海南行。先達室利佛逝(今蘇門答臘),經末羅瑜(後改隸室利佛逝)、羯茶等國,於咸亨四年(673)二月到達東印耽摩梨底國。其後,與唐僧大乘燈一同隨商侶前往中印度,瞻禮各處聖跡,往來各地參學,經歷三十余國。義淨留學那爛陀寺歷時十一載,向那爛陀寺寶師子等當時著名大德學習瑜伽、中觀、因明和俱舍學。在印度期間,他求得梵本三藏近四百部,合五十余萬頌。證聖元年(695),他才偕貞固、道宏離開室利佛逝,歸抵洛陽,與于闐實叉難陀、大福先寺主復禮、西崇福寺主法藏等譯《華嚴經》。久視元年(700)以後,他組織譯場,自主譯事。他的《南海寄歸內法傳》《西域求法高僧傳》皆敍述了初唐時期赴印求法盛況、中印交通、印度佛教及社會生活面貌。玄宗先天二年(713)正月,卒于長安大薦福寺翻經院,享年七十有九。

③齊州:齊州本為漢濟南郡,隋稱齊郡。唐武德元年,改為齊州,《舊唐書》卷三八《地理志一》記"天寶元年,改為臨淄郡。五載,為濟南郡。乾元元年,復為齊州。"其地在今山東省濟南地區。

④受佛記:指佛預言弟子將來必當作佛之事。武則天時,僧人懷義等進偽經《大雲經》(此非曇無讖等人譯本),預言則天是彌勒佛轉世。《舊唐書》卷六《則天皇后本紀》記"載初元年,有沙門十人偽撰

《大雲經》,表上之,盛言神皇受命之事";《舊唐書》卷一八三《薛懷義傳》載:"懷義與法明等造《大雲經》,陳符命,言則天是彌勒下生,作閻浮提主,唐氏合微。"

⑤西明寺:唐長安城的名寺。唐顯慶元年(656)八月,高宗在延康坊濮王李泰故宅為孝敬太子病癒建寺。寺成後,高宗下令遴選五十位大德駐錫,以道宣為上座,神泰為寺主,懷素為都維那,並命玄奘監督。義淨曾在此翻譯經文,後來慧琳曾在此撰《一切經音義》百卷,此寺名揚國內。會昌法難時,因堂塔遭毀,遂趨式微。

⑥波崙、惠表、惠治:則天時參與譯經的僧人。《開元釋教錄》卷九、《貞元新定釋教目錄》卷十三皆記波崙、惠表參與義淨譯經,筆受《金光明最勝王經》《根本說一切有部毘奈耶》。《大周刊定眾經目錄》卷十五末記(天冊)萬歲元年(695)時,波崙在大福光寺。《華嚴經感應傳》記聖曆元年(698)實叉難陀於東都佛授記寺翻譯《華嚴》時,波崙審覆證義,他曾隨實叉難陀翻譯多部經典,又著《陀羅尼神咒經序》《不空羂索陀羅尼經序》今存世。惠表亦曾參與多次譯經活動,《華嚴經感應傳》記聖曆二年十月八日,惠表曾任佛授記寺都維那,至長安三年他隨義淨翻譯《根本部律》時,唐中宗《三藏聖教序》已稱其為"授記寺主"。惠治未見傳載,疑"治"為"沼"之形訛,據《開元釋教錄》卷九載惠(慧)沼助義淨譯經,而義淨譯《根本說一切有部尼陀那目得迦》《根本說一切有部略毘奈耶雜事攝頌》《根本說一切有部毘奈耶尼陀那目得迦攝頌》皆署"翻經沙門淄州大雲寺大德慧沼證義"。

筆受:即於譯場聽受譯主之言,而以漢文筆錄下來。我國所傳佛經皆為梵文,須經中文翻譯,但是通達漢文者未必熟知梵文,熟知梵文者未必通達漢文,故需要兩相配合,方能完成譯經。

⑦幡:梵語 patākā,音譯波哆迦、馱縛若、計都,是旌旗的總稱。"幡"與"幢"同為供養佛菩薩的莊嚴具,用以象徵佛菩薩的威德。

香花:香和花均為供佛之物,謂之"香花供養"。香的品種極多,如檀香、塗香、末香、丸香、棒香、綫香等。據《大宋僧史略》卷中謂:"經(指《賢愚經》)中長者請佛,宿夜登樓,手秉香爐,以達信心。明日食時,佛即來至。故知香為信心之使也。"

⑧七寶:七種珍寶,又稱七珍,有金、銀、琉璃、玻璃、硨磲、珊瑚、瑪瑙等多種說法。

第三十一　梓州姚待為亡親自寫大乘經感應[一]（出《金剛般若記》等①）

梓州郪縣人姚待②,以長安四年丁憂[二]③,發願為亡親自寫四大部經,《法華》《維摩》各一部,《藥師經》十卷,《金剛般若經》一百卷[三]。日午時,有一鹿突門而入,立經案前[四]④,舉頭舐案。家狗見,不敢輒吠。姚待下床抱得,亦不驚懼,為受三歸⑤,跳躑屈脚,放而不去。又有屠兒李迴奴者[五],來立案前,取《般若經》而馳去。一去之後,不復再見,莫知所之(是時隣家夢:鹿是待母,屠兒待父,各依業故受異身,待自為寫,故來受其化而已)。

此條出《金剛般若經集驗記》卷下,《要略錄》縮省極多。又見《廣記》卷一〇四引《報應記》《法華傳記》卷八"唐梓州姚待"。

可參見《今昔物語集》卷六《震旦梓州郪縣姚待寫四部大乘語》(45)。

【校記】

[一]大:目錄上有"四部"二字。

[二]憂:《物語》誤作"酉"。

[三]一:《集驗記》無此字。

[四]案:《集驗記》《法傳》作"牀"。

[五]奴:《法傳》作"好"。

【注釋】

①《金剛般若記》:即《金剛般若經集驗記》,唐孟獻忠撰,三卷。據卷首自序,是書作於"開元六年(718)四月"。據此書所載,孟獻忠係武則天至唐玄宗時人,長安三年時曾任申州司戶,開元四年"獻忠時任梓州司馬"。本書在中土早已失傳,幸賴日本僧人攜歸海東而存世,今《卍續藏經》第一四九冊所錄該書即日本所存的一個版本。《金剛般若經集驗記》主要記載圍繞《金剛般若經集驗記》所發生的靈異故事,是研究盛唐志怪小說、宗教信仰的重要資料。

②梓州:《舊唐書》卷四一《地理志》記武德元年,改隋新城郡為梓州。"天寶元年,改為梓潼郡。乾元元年,復為梓州。乾元後,分蜀為東、西川,梓州恒為東川節度使治所。"治所在郪縣(今四川三臺縣潼川鎮)。

③丁憂:"丁"是遭逢、遇到的意思。丁憂原指遇到父母或祖父母等直系尊長等喪事,後多指官員居喪。

④經案:抄寫經文的案幾。

⑤三歸:又曰三歸依,三歸戒,即歸依佛、歸依法、歸依僧。由姚

待向鹿行三歸之儀。

第三十二　唐張謝敷讀誦《藥師經》感應[一]（出《三寶記》①）

唐謝敷，姓張氏，頓得重病，其妻妾請眾僧七日七夜讀誦《藥師經》。滿夜，敷夢有眾僧以經卷覆身上，覺後，平復如故，自謂經功力矣。

可參見《今昔物語集》卷六《震旦張謝敷依〈藥師經〉力除病語》（46）。

【校記】

[一]感：目錄上有"除病"二字。

【注釋】

①《三寶記》：待考，據文知或為唐人之作。

第三十三　唐張李通書寫《藥師經》延壽感應[一]

張李通[一]，其年二十七時，相師見云①："君甚壽短，不可過三十一。"李通憂愁，依投邁公②。公曰："有長壽方，君以敬心，書寫受持。"即授唐三藏譯《藥師經》。通云："俗塵世務[二]③，甚恐君王責，受持實難，今先須寫。"即請經卷，精誠自寫，世務相逼，纔得一卷。時，先相師見通云："甚為希有！甚實希有！君有何功德？頓得三十年壽。"通語上事，聞者歸心蓋多矣。

可參見《今昔物語集》卷六《震旦張李通書寫藥師經延命語》（47）；《三國傳記》卷五《唐李返（通）書寫藥師經延壽事》（23）。

【校記】

[一]通:《三國》作"返",下同。

[二]俗塵世務:《三國》作"我在俗塵世務甚繁"。

【注釋】

①相師:古時以相術供職或為業的人。

②邁公:據文意,此邁公為唐玄奘法師之後的名僧,且熟識玄奘所譯《藥師經》。新羅僧太賢《本願藥師經古跡》三次引邁師(靖邁)論《藥師經》,《東域傳燈目錄》記日僧攜歸靖邁所撰《稱讚淨土經疏》一卷、《藥師本願經疏》一卷,靖邁曾隨玄奘譯經,又精通《藥師經》;《續古今譯經圖紀》稱靖邁作"邁公",據此推斷本文邁公或指靖邁。據《宋高僧傳》卷四《靖邁傳》記靖邁為簡州福聚寺(《瑜伽師地論》卷一百作"簡州福眾寺")僧,於貞觀間在長安譯經,後不知所往。又考《要略錄》卷上"第二十七藥師如來救產苦感應"提及淄州女人求教邁公(事在《藥師經》譯成後),若兩處邁公如指一人,且"淄州"無誤,那麼靖邁或許在長安譯經後雲遊淄州,遂為淄州懷孕女人指引生路。若前篇與此處邁公為一人,按前篇注出《藥師驗記》,此篇或亦出是書。

③世務:塵世間的事務,當係李通的公務。

第三十四　寫《大毘盧遮那經》感應[一](出《經序》①)

昔北天竺國界內有一小國,號為勃魯羅[二]②。其國城北有大石山,壁立千仞[三],懸崖萬丈,於其半腹,有藏祕法之窟。每年七月,即有眾聖集中。復有數千猿猴^[四]，捧經出曬。既當晴朗，髣髴見之，將昇無階，以觀雲雁^[五]。屬暴風忽至，乃吹一梵篋下來。時採樵人輒遂取得，覩此奇特，便即奉獻於王。王既受之，得未曾有。至其日暮，有大猿來索此經。斯須未還，乃欲殞身自害。善巧方便③，殷懃再三，云："經夾即還^[六]，但欲求寫。"見王詞懇，遂許通融，云："且為向前，受攝三日^[七]④，即來却取。"王乃分眾繕寫⑤，及限却還。王唯太子相傳，其本不流於外。近有中天大瑜伽阿闍梨⑥，遠涉山河，尋求祕寶。時，王覩闍梨有異，欣然傳授此經矣。

此條出崔牧《大毘盧遮那成佛神變加持經序》，甚詳。

【校記】

[一]寫：目錄下有"傳"字。

[二]魯：《經序》作"嚕"。

[三]仞：《經序》誤作"云"。

[四]猿：《經序》作"猨"，古通，下同。

[五]以：《經序》作"似"。

[六]夾：原作"篋"，據《經序》改。濤按：下文言作"經夾即還"，故知上文亦為"夾"字；又據《兩部大法相承師資付法記》卷下記善無畏持此經"梵夾經等來至此國"。

[七]攝：原作"桸"，據《經序》改。

【注釋】

①《經序》：指《大毘盧遮那成佛神變加持經序》。此篇經序，撰寫於善無畏譯成《大毘盧遮那經》（開元十二年）後。《大毘盧遮那

經》全稱《大毗盧遮那成佛神變加持經》（常稱作《大日經》），乃是密宗的根本經典之一。藏經書院版《續藏經》第三六函《大日經疏卷首》附此文，署名為太子內率府冑承軍事清河崔牧述，記撰時為開元十六年。

②勃魯羅：《大唐西域記》卷三記北印度有“鉢露羅”，梵文音譯相似，當指一國。鉢露羅的梵文水谷真成還原作 Balūra，《洛陽伽藍記》卷五作鉢盧勒，慧超《往五天竺國傳》作大勃律國。此國役屬吐蕃，其地在罽賓國與吐蕃之間。

③善巧方便：隨順機宜而施設的巧妙智用。

④受攝：意同攝取，攝物而取之。

⑤繕寫：謄寫。

⑥中天大瑜伽阿闍梨：中天指中天竺，大瑜伽阿闍梨指密教高僧。此處的“中天大瑜伽阿闍梨”指傳授給善無畏此經的中印度那爛陀寺達磨掬多阿闍梨，據《兩部大法相承師資付法記》卷下記“中天竺國大阿闍梨集今時所傳者四千偈”，而其略本則如崔牧《大毗盧遮那成佛神變加持經序》所言大阿闍梨“乃與諸聖賢者簡繁摭要，集為二千五百誦”。《兩部大法相承師資付法記》卷下述此經傳承，“金剛手菩薩經數百年，傳付中印度那爛陀寺達磨掬多阿闍梨，達磨掬多阿闍梨次付中印度國三藏釋迦種善無畏”，善無畏於開元七年從西國將《大毗盧遮》梵夾經等帶來中國，後來翻譯了《大日經》等經。

第三十五　書《隨求陀羅尼》繫頸滅罪感應①（出《注》上卷[一]②）

曾有苾芻，心壞淨信[二]，如來制戒有所違，犯不與取現前僧物^[三]③、僧祇眾物將入己用^[四]④。後遇重病,受大苦惱。時,彼苾芻無救濟者,作大叫聲。則於其處,有一婆羅門聞其叫聲^[五],即往詣彼病苾芻所,起大悲愍,即為書此《隨求大明王陀羅尼》繫於頸下,苦惱皆息,便即命終,生無間獄⑤。其苾芻尸,殯在塔中,其陀羅尼,帶於身上。因其苾芻,纏入地獄,諸受罪者,所有苦痛,悉得停息,咸皆安樂。阿鼻地獄所有猛火,由此陀羅尼威德力故,悉皆消滅云云。

此條出《隨求陀羅尼經》卷上。

【校記】

[一]注:疑作"經"。

[二]壞:原作"懷",據磧砂藏本、永樂北藏本《隨求陀羅尼經》改。

[三]與:原作"寫",據續藏本、《隨求陀羅尼經》改。

[四]物:《隨求陀羅尼經》下有"四方僧物"四字。己:大本、磧砂藏本《隨求陀羅尼經》作"已"。

[五]門:《隨求陀羅尼經》下有"優婆塞"三字。

【注釋】

①《隨求陀羅尼》:全名《普遍光明焰鬘清淨熾盛如意寶印心無能勝大明王大隨求陀羅尼經》,略稱《大隨求陀羅尼經》《隨求陀羅尼經》《大隨求經》等,本文又稱作《隨求大明王陀羅尼》。密宗經典,二卷,唐不空譯。本經記佛在大金剛須彌峰樓閣,集一切大眾,放頂毫之光照十方一切佛剎而說普遍光明大神咒。

②《注》:據文題當作《隨求陀羅尼注》或《隨求陀羅尼經注》,然

未見傳世。考本文出於《隨求陀羅尼經》卷上，疑"注"或為"經"之訛。

③現前僧物：指現前僧（眼前所見的住於一寺之比丘、比丘尼）能受用之物，即施主佈施給現前僧的物資，或指已亡比丘的遺物。

④僧祇眾物：僧祇譯曰眾，指比丘、比丘尼大眾。大眾共有之物，謂為僧祇物。

⑤無間獄：即無間地獄。八熱地獄中的第八地獄，音譯阿鼻或阿鼻旨，故又稱阿鼻地獄。依佛典所載，此地獄位於閻浮提地下二萬由旬處，墮此地獄之有情，受苦之狀，慘不忍睹。造五逆罪之一者，即墮於此，一劫之間，受苦無間，故名無間地獄。

第三十六　《尊勝陀羅尼經》請來感應（出《經序》及《目錄》等文①）

北印度罽賓國沙門佛陀波利②，唐云覺護[一]，忘身徇道[二]③。聞文殊在清涼山[三]④，遠涉流沙，躬來禮謁[四]⑤，望覩聖容[五]。見一老翁從山中出來[六]，語波利曰[七]："師從彼國將《佛頂尊勝陀羅尼》來否[八]⑥？此土眾生多造諸罪[九]，出家之輩亦多所犯[十]。佛頂神呪除罪祕法[十一]，若不將經[十二]，徒來何益[十三]！縱見文殊，何必能識[十四]！師可還西國[十五]，取彼經來，流傳此土[十六]。"波利聞此語已[十七]，不勝喜躍[十八]，舉頭之頃，忽（不見）老人[十九]。波利驚愕，遂返歸本國[二十]，取得經來。入於五臺山[二一]，于今不出矣。

此條出《佛頂尊勝陀羅尼經序》、《貞元新定釋教目錄》卷十二，前者所載甚詳。又《佛頂尊勝陀羅尼經疏》卷上、《廣清涼傳》卷中、

《一切經音義》卷三五、《釋氏稽古略》卷三、《佛祖統紀》卷三九、《翻譯名義集》卷一等皆載其事,文異;《開元釋教錄》卷九、《續古今譯經圖紀》(《宋高僧傳》卷二《佛陀波利傳》亦載其事)等文字相同。

可參見《今昔物語集》卷六《佛陀波利尊勝真言渡震旦語》(10);《真言傳》卷二《尊勝陀羅尼之事》。

【校記】

[一]唐:《宋高僧傳》作"華",《釋氏稽古略》作"此"。濤按:"唐"字乃唐人自語,《開元錄》《貞元錄》《續圖紀》作"唐言覺護"。

[二]徇:原訛作"徇",據《開元錄》《續圖紀》《宋高僧傳》《翻譯名義集》《廣清涼傳》改。道:《開元錄》《貞元錄》《續圖紀》下有"遍觀靈跡"四字。

[三]文殊:《開元錄》《貞元錄》《續圖紀》下有"师利"二字。濤按:文殊乃略称也。

[四]躬:《經序》作"故"。禮:《經序》作"敬"。

[五]望覯:《宋高僧傳》"望"作"冀",《翻譯名義集》作"虔禮"。

[六]翁:《經序》作"人"。

[七]波利:《經序》作"僧"。

[八]從:下原衍"從"字,據《開元錄》《貞元錄》《續圖紀》《宋高僧傳》、續藏本刪。否:《開元錄》《貞元錄》《續圖紀》作"不"。

[九]此土:《經序》《廣清涼傳》作"漢地"。諸罪:《經序》《廣清涼傳》作"罪業"。

[十]所犯:《經序》《廣清涼傳》作"犯戒律"。

[十一]法:《開元錄》《貞元錄》《續圖紀》《宋高僧傳》《佛祖統

紀》作"方"。

[十二]若:《經序》《廣清涼傳》作"既"。將:《宋高僧傳》作
"齎"。

[十三]徒:《經序》作"空"。

[十四]何必能:《經序》作"亦何必",《宋高僧傳》作"亦何"。

[十五]還:《經序》《廣清涼傳》作"卻向"。

[十六]土上等七字:《經序》作"取此經來,流傳漢土",《廣清涼傳》作"取此經至,流傳斯土"。

[十七]波利:《經序》作"其僧",下同。《宋高僧傳》無下"此語"兩字。

[十八]躍:敦煌北 7323 作"懼"。

[十九]不見:原脫,據《經序》《開元錄》《貞元錄》《續圖紀》《宋高僧傳》補,續藏本作"忽老人失"。

[二十]歸:《宋高僧傳》《翻譯名義集》無此字。《經序》此句作"迴還西國"。

[二一]山:《開元錄》《貞元錄》《續圖紀》《宋高僧傳》《翻譯名義集》無此字。

【注釋】

①《經序》:即《佛頂尊勝陀羅尼經序》,現附於佛陀波利譯《佛頂尊勝陀羅尼經》之前。經序記《佛頂尊勝陀羅尼經》的翻譯因緣。《金石萃編》卷六七載《佛頂尊勝陀羅尼經》有兩個譯本,杜行顗譯本無序;佛陀波利《佛頂尊勝陀羅尼經》譯本前有永昌元年(689)八月定覺寺沙門志靜序。然據《佛頂尊勝陀羅尼經序》"垂拱三年,定覺

寺主僧志靜因停在神都魏國東寺,親見日照三藏法師。問其逗留,一如上說,志靜遂就三藏法師諮受神呪",雖提及志靜,但本文似非志靜所撰,故《開元釋教錄》卷九稱"其序復是永昌已後有人述記"。此經序流傳甚廣,四川閬中縣寶寧鐵塔舊藏唐天寶四年《佛頂尊勝陀羅尼經序》刻文,即為此文;敦煌《佛頂尊勝陀羅尼經序》S.5717 末題"僧志靜",S.7172、北 7323、北 7329 錄文較多,本條亦參考上述諸篇加以校核。

②佛陀波利:北印度罽賓來唐的譯經三藏,意譯覺護。佛陀波利遍曆諸國訪尋靈跡,唐儀鳳元年(676)到五臺山禮拜文殊菩薩,傳說他聽從了文殊菩薩化身的囑咐而歸國攜來《佛頂尊勝陀羅尼經》,後與西明寺順貞等共譯此經。事見《宋高僧傳》卷二《佛陀波利傳》。佛陀波利之事傳播甚广,除上引典籍之外,敦煌卷子 S.5573、S.4039等《五臺山贊》提及"佛陀波利里中禅"。日僧圓仁《入唐求法巡禮行記》卷三亦記:"昔儀鳳元年,西天梵僧佛陀波利來到此處,雨淚遙禮臺山,感得大聖化為老人,約令卻迴天竺。取佛頂之處,今見建寶幢。幢上箸《佛頂陀羅尼》及《序》,便題波利遇老人之事。"

③徇道:不惜身以維護正道。徇,通"殉"。

④清涼山:傳說中文殊菩薩的道場。東晉佛陀跋陀羅譯《華嚴經》記:"東北方有菩薩住處,名清涼山。過去諸菩薩常於中住,彼現有菩薩,名文殊師利,有一萬菩薩眷屬,常為說法。"後代常以五臺山即為文殊所居的清涼山。五臺山位於山西東北部,被譽為中國佛教聖地,據《古清涼傳》記唐代此山佛寺極多。

⑤禮謁:以禮謁見。

⑥《佛頂尊勝陀羅尼》:此經前後有五個譯本,此處指唐時佛陀

波利譯《尊勝陀羅尼經》，又作《佛頂尊勝陀羅尼》《尊勝陀羅尼》。敍述佛為善住天子宣說攘災延壽之法，以示尊勝陀羅尼的靈驗。

第三十七　童兒聞《壽命經》延壽感應①（出《經疏序》②）

玄宗皇帝開元末歲，有相者聞聲知長、短壽[一]。於資聖寺聞門外聲唯有今日壽③，即出見之，童子年十三，色貌端正，悲愍默入。明日，復聞前童兒年既七十餘歲延[二]。生奇特念，即出問由致。童兒曰："吾今夜寄宿僧房[三]，聞《壽命經》，更無餘事。"相師歎曰："佛法不可思議，以占相智不可識之矣。"

可參見《今昔物語集》卷六《震旦兒童聞壽命經延命語》（48）；《三國傳記》卷九《聞壽命經延命事》（26）。

【校記】

[一]長、短壽：《三國》作"壽長、短"，疑是。

[二]既七十餘歲延：《三國》作"既延七十餘歲"，疑是。

[三]今：疑作"昨"。

【注釋】

①《壽命經》：全名作《一切如來金剛壽命陀羅尼經》，略稱《金剛壽命陀羅尼經》《金剛壽命經》《壽命經》。密教經典，一卷，唐不空譯，收在《大正藏》第二十冊。全卷僅一千餘字，敍述佛與諸比丘眾在恒河岸時，四天王以一切眾生有夭死、非命、疾病等災厄，故請佛祖宣說對治之法。

②《經疏序》：指《壽命經疏序》，撰者未詳。《東域傳燈目錄》載

"《金剛壽命經疏》一卷(善珠撰)",考善珠為日本僧人,撰述頗多,約在天應元年(781)撰《因明論疏明燈抄》十二卷,《金剛壽命經疏》或撰于天應元年前後;京都帝國大學圖書館(日大未76)、大谷大學圖書館(餘大3871)藏良源《金剛壽命陀羅尼經疏》,約成書于寬和元年(985)。此篇所言經序可能指善珠《金剛壽命經疏序》或良源《金剛壽命陀羅尼經疏》,但也可能是他書。

③資聖寺:位於唐長安城崇仁坊東南隅。據《唐兩京城坊考》卷三載資聖寺本為長孫無忌宅,唐高宗龍朔三年為文德皇后追福,立為尼寺,咸亨四年改為僧寺。武則天長安三年七月,遭火焚燒,灰中得經數部,不損一字,百姓施捨,數日之間所獲鉅萬,遂營造如故。

第三十八　烏耆國王女讀誦《般若心經》感應①(出《經明驗讚記》②)

昔烏耆國,舉群疾疫,皆悉滅[一],倍於半民。有一王女,名曰典韋,懷妊之後[二],漸垂玖瓮[三]。母被重病,胎子既死,王女臨冥[四],懼惶罔極③,專遍悶絕④,都無仰憑⑤。女恐,晝夜墮哭,讀誦《般若心經》。由誦經力,胎子復生,安隱產生⑥,療病平成⑦。其兒叫聲,絕世奇異。恒誦《摩訶般若波羅蜜》,王臣歡喜,唱名波羅,生年三歲,間說般若了義[五]。至於七秋,太子聰叡,達三藏,秀當時。公民踊躍,驚彼行事,舉國讀誦,病疾不興,天下泰平,萬民安樂也。

【校記】

[一]滅:疑下脫某字。

[二]妊:原作"任",據文意改。

[三]菟:疑誤,義不通,或"娩"之訛。濤按:"菟",《集韻》作"奴侯切",《爾雅·釋獸注》:"江東呼兔子曰菟"。

[四]冥:未詳,待勘。

[五]間:疑作"嫻"。

【注釋】

①烏耆國:即焉耆國,焉、烏音近相通,古籍中常相混用,兩漢至唐時的漢文史籍多寫作焉耆或烏耆。此國即《西域記》卷一所記阿耆尼國,在古代高昌國之西、龜茲之東,即今新疆焉耆回族自治縣。

《般若心經》:指《般若波羅蜜多心經》,略稱《般若心經》《心經》。此經有多個譯本,另有鳩摩羅什譯《摩訶般若波羅蜜大明經》一卷、唐利言譯《般若波羅蜜多心經》一卷、唐法月譯《普遍智藏般若波羅蜜多心經》一卷、宋施護譯《佛說聖佛母般若波羅蜜多經》一卷。

②《經明驗讚記》:據文意應為《般若心經明驗讚記》,其書待考。

③罔極:無窮盡。

④專逼:文中指逼近。

⑤仰憑:憑藉,依靠。仰,表敬之詞。

⑥安隱:安穩,平安。《太平廣記》卷一一〇引《冥祥記》:"遂得還路,安隱至家。"

⑦平成:原比喻萬事妥帖,此指疾病康復。

第三十九　畢試國王寫誦《般若心經》感應(同文)

昔畢試國為小邊裔①,王族斷嗣,役屬隣境②,貴仁豪民[一],逃散他土。眾多怨王,互來侵逼③。時有聖主,名曰聽祐,智惠高名^[二]④,自心思惟佛法驗《般若心經》是。作是觀訖,頒告國內男女大小^[三],各令寫誦《般若心經》。明朝為期,制以准刑,勸以舉爵⑤。三年之間,每旦各誦,勤於境界,龍神悅怡。此時,諸國發起惡心,趣畢試國。時,其軍眾死皆悉落,若有諸群賊至彼土,自然落失。有眾反逆,向其界者,不覺悶逆^[四]。爾時,畢試國平定已訖,漸盈十年,三十餘國^[五],成大聖主。諸方所貴胡三十四國,楚朝二十八國^[六]。名感二驗,別人寫誦護代,持者常為恒例,一切眾生,無不得護也。

【校記】

[一]仁:疑作"仕"或"臣"、"公"。

[二]惠:同"慧"。名:疑作"明"。

[三]頒:原訛作"領",據續藏本改。

[四]不:原作"下",據文意改。

[五]三:疑上脫"領"或"役"。

[六]楚:疑作"來"。

【注釋】

①畢試國:疑作"迦畢試國"。迦畢試國梵语作Kāpiśī,其地在今阿富汗境內的 Begram。

②役屬:謂使隸屬於己而役使之。《新唐書·西域傳上·焉耆》:"(焉耆國)戶四千,勝兵二千,常役屬西突厥。"

③侵逼:侵犯逼迫。

④高名:盛名,名聲大。

⑤舉爵:晉升爵位。

第四十　遍學三藏首途西域每日誦《般若心經》三七遍感應①

玄奘法師,本名禕,俗姓陳。以貞觀三年,杖錫遵路[一]②。每日誦《般若心經》三七遍,作是誓言:"貧道為求大法,發趣西方。若不至婆羅門國,終不東歸。縱死中塗,非所悔也。"誠重勞輕,乘危涉嶮[二],周遊西宇十有七年③,耳目見聞百三十八箇國[三]。若有留難處④,誦《般若心經》及念觀世音,必免怖畏。十九年正月,方始旋返,屆于長安,所獲經論六百五十七部。三藏自云:"皆是《般若心經》及觀音力也矣。"

此條見《續高僧傳》卷四、《大唐大慈恩寺三藏法師傳》卷六、《三藏聖教序》等,所載極詳。

【校記】

[一]遵:原作"道",《西域記序》:"以貞觀三年,杖錫遵路",今從之。

[二]危:原作"厄",下篇言"乘危履嶮",《續高僧傳》《慈恩傳》等作"乘危遊邁"、"乘危遠邁",今從之。

[三]箇:疑衍,《慈恩傳》載"耳目見聞百三十國"。

【注釋】

①遍學三藏:此指玄奘法師。《唯識論同學鈔》記"遍學三藏游西天之時,印度諸師承《起信論》本,故譯唐言以為梵本";《法傳》卷三言介紹玄奘弟子窺基,"釋大乘基者,遍學三藏上足"。

②杖錫:手持錫杖。錫杖是比丘行路時攜帶的法器。

③西宇：佛教的發源地古印度。

④留難：無端阻留，故意刁難。《法苑珠林》卷三一："智者若見有人欲出家，應勤方便，勿作留難。"

第四十一　《大般若》翻譯時感應[一]（出《慈恩傳》①）

顯慶五年正月一日起首翻《大般若經》②[二]，梵本總有二十萬頌[三]。文既廣大，學徒每請刪略，法師將順眾意③，如羅什所翻④，除繁去重。作此念已，於夢中即有極怖畏事，以相警誡[四]，或見乘危履嶮，或見猛獸搏人，流汗戰慄[五]，方得免脫。覺已驚懼，向諸眾說，還依廣翻，夜中乃見諸佛菩薩眉間放光[六]，照觸己身，心意怡適[七]。法師又自見手執花燈供養諸佛，或昇高座為眾說法，多人圍遶，讚嘆恭敬；或夢見有人奉己名果[八]。覺而喜慶，不敢更刪，一如梵本。

佛說此經，凡在四處：一，王舍城鷲峯山⑤；二，給孤獨園；三，他化自在天宮[九]⑥；四，王舍城竹林精舍。總一十六會，合為一部[十]。然玄奘法師於西域得三本[十一]，到此翻譯之日，文有疑錯⑦，即校三本以定之[十二]。慇懃省覆⑧，方乃著文，審慎之心，自古無比。或文乖旨奧，意有躊躇，必覺異境，似若有人授以明決，情即豁然，若披雲觀日[十三]。自云："如此悟處，豈玄奘淺懷所通？並是諸佛菩薩所冥加耳。"

經之初會有《嚴淨佛土品》⑨，品中說：諸菩薩摩訶薩眾為般若波羅蜜故，以神通願力，盛大千界上妙珍寶、諸妙香花、百味飲食、衣服、音樂、隨意所生五塵妙境[十四]⑩，種種供養，嚴說法處。時，玉花寺主惠德及翻經僧嘉尚[十五]⑪，其夜同夢見玉花寺內廣博嚴淨，綺飾莊嚴、幢帳、寶輦[十六]、華幡、伎樂盈滿寺中；又見無量僧眾手執花蓋，如前供養《大般若經》[十七]。寺內衢巷墟壁皆莊綺飾[十八]，地積名花，眾共履踐。至翻經院⑫，倍加勝妙[十九]，如經所載寶莊嚴土。又聞院內三堂講說，法師在中堂敷演⑬。既覩此已，歡喜驚覺，俱參法師，說所夢事。法師云："今正翻此品，諸菩薩等必有供養。諸師等見信有是乎[二十]！"時，殿側有双李樹[二一]，忽於非時數數開花，花皆六出，鮮榮紅白，非常可愛。時眾評議[二二]，云是《般若》開闡之徵[二三]。又六出者，表六到彼岸。至龍朔三年冬十月廿三日，方及絕筆[二四]，合成六百卷，稱為《大般若經》焉。合掌歡喜，告徒眾曰："此(經)於此地有緣[二五]，玄奘來此玉花者[二六]，經之力也。"

此條出《慈恩傳》卷十。

【校記】

[一]若：目錄下有"經"字。

[二]正：《慈恩傳》上有"春"字。

[三]梵：上原衍"經"字，據宮、宋、元、明《慈恩傳》《開元錄》卷八、《貞元錄》卷十二刪。

[四]以：宮、宋本《慈恩傳》作"已"。警誡：原作"驚誡"，據續藏本、《慈恩傳》改。

[五]慄：原作"慓"，據《慈恩傳》改。

[六]乃：原作"及"，據《慈恩傳》改。

[七]怡：原作"調"，據《慈恩傳》改。

[八]名：原作"亦"，續藏本"冠註曰亦疑花或名"，《慈恩傳》作"名"，今從之。

[九]天:《慈恩傳》《珠林》卷一百"般若部"下有"王"字。

[十]合:原作"今",據《慈恩傳》改。

[十一]玄奘:《慈恩傳》無兩字。

[十二]校:《慈恩傳》作"挍"。

[十三]觀:大本《慈恩傳》作"覩"。

[十四]五塵妙境:原作"五妙憶",續藏本"冠註曰五等三字未詳",《慈恩傳》《宋高僧傳》卷四《嘉尚傳》作"五塵妙境",憶乃境訛,今從之。

[十五]花:《慈恩傳》作"華",下同。"花"古通"華"。惠:《慈恩傳》作"慧","惠"古通"慧"。嘉:原訛作"喜",據《慈恩傳》改。濤按:《大唐故三藏玄奘法師行狀》載"因命翻經僧嘉尚"、《開元錄》卷八與《貞元錄》卷十一記沙門嘉尚等筆受《大般若波羅蜜多經》,知嘉是。

[十六]輦:《慈恩傳》作"輿"。

[十七]供:《慈恩傳》上有"供具共來"四字。

[十八]內:上原衍"中"字,據《慈恩傳》刪。墟:《慈恩傳》作"牆"。飾:大本《慈恩傳》作"錦"。

[十九]倍:《慈恩傳》上有"其院"兩字。

[二十]是:大本《慈恩傳》作"此"。

[二一]李:大本《慈恩傳》作"柰"。

[二二]評:《慈恩傳》作"詳"。

[二三]開:《慈恩傳》作"再"。

[二四]方及:《慈恩傳》作"方乃",大本《慈恩傳》作"功畢"。

[二五]經:原脫,據《慈恩傳》補。此:大本《慈恩傳》作"漢"。

[二六]花:宮、宋、元、明本《慈恩傳》下有"寺"字。

【注釋】

①《慈恩傳》:即《大唐大慈恩寺三藏法師傳》。亦稱《大慈恩寺三藏法師傳》《三藏法師傳》《慈恩傳》等。十卷,慧立撰、彥悰箋,記敍玄奘的生平事蹟。因為玄奘長期居住在大慈恩寺,故被尊稱為慈恩寺三藏法師。本書原為五卷,垂拱四年(688)彥悰箋注為十卷。前五卷大致依據《大唐西域記》記玄奘出家及到印度求法經過;後五卷記回國後的譯經情況,敍述玄奘受到太宗、高宗的禮遇和社會的尊崇等,所錄尤以玄奘所上的表啟為最多。

②《大般若經》:全名《大般若波羅蜜多經》,六百卷,唐玄奘譯。"般若波羅蜜",意即"通過智慧到達彼岸"。全經旨在說明世俗認識及其面對的一切物體,均屬因緣和合,假而不實,唯有通過"般若"認識世俗的真相,方能把握絕對真理,達於覺悟解脫之境。此經總有十六會,其最早形成的似是八千頌般若,即相當於此經第四會的《小品般若》。後經多家翻譯,但未至詳備。及至唐龍朔三年(663)唐玄奘六百卷譯本完工,大大超越了當時佛教界有關般若部類的知見範圍,使學人震驚於這部大經文義的廣博。因而此經實為諸部《般若》總集大成的經典。

③將順:附和,遷就。

④羅什:即後秦時的鳩摩羅什。鳩摩羅什曾譯二十七卷本《摩訶般若波羅蜜經》,除繁去重,刪繁就簡,故而眾僧想效仿他的刪略筆法而翻譯《大般若經》。

⑤鷲峯山:靈鷲山的異名。位於中印度摩揭陀國王舍城東北,簡

稱靈山,或稱鷲峰、靈嶽。此山形似鷲頭,又以山中多鷲,故得名。如來曾在此山講《法華》等大乘經,遂成為佛教聖地。

⑥他化自在天:欲界最高處的第六天。音譯為波羅尼蜜和耶越(拔)致、波羅維摩婆奢、波羅尼蜜、娑舍跋提,意譯為他化樂天、他化自轉天。簡稱自在天、他化天、第六天。此天有情能於他所變化的欲境自在受樂,因而得名。

⑦疑錯:可疑和差錯處。

⑧省覆:檢查審核。

⑨《嚴淨佛土品》:《大般若經》中的第七十二品,主要講說六度、三十七品、二十空等一切法皆菩薩道,勸化有情往生嚴淨佛土、成就菩提。

⑩五塵妙境:五塵指色、聲、香、味、觸五境。《大般若經》卷三九四記:"有菩薩摩訶薩以通願力,嚴辦種種人中、天上隨意所生上妙色、聲、香、味、觸境,供養諸佛及佛制多、獨覺、聲聞並諸菩薩,施餘生類。"

⑪惠德、嘉尚:皆是隨同玄奘譯經的唐代僧人。惠德為玉華寺寺主。嘉尚為玄奘門下四哲之一,他天資穎慧,遊學於玄奘門下,接受瑜伽、唯識要領。玄奘譯大般若經時,嘉尚任證義、綴文,輔助玄奘譯經。

⑫翻經院:寺院中翻譯經典的殿院,如《玄奘法師行狀》記"有令造慈恩寺,於寺西北角造翻經院。"此處的翻經院指玉華寺內的翻經院。

⑬敷演:陳述經典而加以發揮。

第四十二 《大般若經》最初供養感應(出《翻經雜記》文①)

玉花寺都維那沙門寂照慶賀翻譯功畢②,以聞皇帝③,經既譯畢,設齋會供養。皇帝歡喜,莊嚴嘉壽殿設齋會[一]④,寶幢幡蓋,種種供具,極妙盡美。即龍朔三年冬十月三十日也。此日請經,從肅成殿往嘉壽殿齋會所講讀。當迎經時,般若放光,照觸遠近。天雨妙花,兼有非常香氣。時,玄奘法師語門人曰[二]:"經自說此方,當有樂大乘者國王、大臣、四部徒眾,書寫受持,讀誦流布,皆得生天,究竟解脫。既有此文,不可緘默。"

又寂照自夢,千佛在空,異口同音而說偈言:"般若佛母深妙典,於諸經中最第一。若有一經其耳者,實得無上正等覺[三]。書寫受持讀誦者,一花一香供養者。是人希有遇靈瑞[四],是人必盡生死際(云云)。"夢覺,白三藏。三藏言:"此是經中現千佛也。"

前段事見《慈恩傳》卷十,所載較略。

可參見《今昔物語集》卷七《唐玄宗初供養大般若經語》(1)。

【校記】

[一]齋:原訛作"齊",據《物語》改,下同。

[二]奘:原作"弉",古同。

[三]實:《物語》作"定"。

[四]遇:原作"過",據《物語》故。

【注釋】

①《翻經雜記》:據文可知《翻經雜記》是記翻譯《大般若經》諸

事之文。所記譯經諸事有別於《慈恩傳》所記,惜已散佚。

②玉花寺:即玉華寺。位於陝西宜君縣西南,又稱玉華宮寺。該地原為私人宅邸,唐太宗在位時為避暑而於此建離宮,號玉華宮。《元和郡縣圖志》卷三"關內道·宜君縣"記高宗永徽二年(651)廢宮為寺。後來,玄奘奉敕於此譯《大般若經》,遂終老此寺。當時,慧德任寺主,寂照任都維那,窺基、普光、玄則等均參與譯業。諸僧在光雲殿、明月殿、嘉壽殿、慶福殿、八桂亭等譯出《大般若經》及其他經典。

都維那:又作維那,舊稱悅眾、寺護,為寺中統理僧眾雜事的職僧。維那二字系梵漢兼舉之詞:維,綱維,統理之義;那,為梵語karma-dāna(音譯羯磨陀那)之略譯,意譯授事,即以諸雜事指授於人。維那源於佛制,為掌管僧眾雜事之職。古來大寺院皆設三綱,即上座、寺主、維那,由維那統御住僧。我國律宗、禪宗等皆置此職。禪宗的維那是掌理眾僧進退威儀的重要職稱,其他宗派的維那則多引導僧侶學習宗派教義。

③皇帝:此指唐高宗,《大般若經》譯成于唐高宗龍朔三年(663)。

④嘉壽殿:嘉壽殿及下文肅成殿,皆是玉花寺中的殿堂,這些本是離宮堂殿,後成為寺院重要部分。當時的譯經工作就在嘉壽殿中展開,玄奘曾住肅成殿譯經。

第四十三　唐乾封書生依高宗勅書《大般若經》一帙感應[一]（傳新錄）

唐高宗乾封元年[二]①,有一書生,遭疾而死,一日二夜始蘇,云:

吾初死之時,有赤服冥官以文牒召。即從冥官至大城門,使者云:
"城內大王是息諍王②,以彼文牒召汝③。"是時驚怖,見自身右手放
大光明直至王前,過日月光明。王驚異,從座而起,合掌尋光,推之出
門。問吾云:"公修何功德,右手放光?"即答:"更不修善,又不覺放
光由。"王還城內,撿一卷書。出城歡喜,謂吾曰:"公依高宗勅④,寫
《大般若經》十卷,右筆而寫,右手放光。"爾時,吾憶知此事。王曰:
"放公早還。"時,白王:"吾亡來路[三]。"王曰:"尋光而還。"即如王
教,近古宅[四],光滅得醒。說此由緣,悲喜流泣,捨所有,寫六百卷。
此由親聞矣。

可參見《今昔物語集》卷七《唐高宗時書生書寫大般若經語》
(2);《三國傳記》卷六《依大般若書寫功德蘇生事》(5)。

【校記】

[一]帙:目錄作"袟"。

[二]年:原作"中",《物語》《三國》作"年",今從之。

[三]亡:疑作"忘",《物語》作"忘"。

[四]古:疑作"故"。濤按:《物語》作"舊","故"義近。

【注釋】

①乾封:唐高宗李治年號,666 至 668 年。

②息諍王:即閻羅王。《釋氏六帖》卷十六"幽冥鬼神"引《俱舍
論》"梵語閻羅,或云炎摩羅,此云息諍,為能止息罪人諍故"。日本
典籍多將閻羅王稱作息諍王,如《三國傳記》《今昔物語集》等。小野
玄妙《佛書解說大辭典》(株式會社 1933 年版)第五卷"十三佛本地

垂跡簡別釋"條釋"息諍王"記"《梵漢對映私鈔》(寂真《梵漢相對
鈔》)閻魔王"。此處息諍王或為日僧傳抄時所改。

③文牒:案卷,文書。

④高宗勅:《慈恩傳》卷十等載《大般若經》譯成於唐高宗龍朔三
年(663)冬十月三十日,釋靜泰《眾經目錄序》記唐高宗在麟德元年
(664)"勅使洛州長史銀青光祿大夫南康郡開國公韓威、判官洛州司
功參軍李亮、臺使鄭州司士參軍盧行訥、判官王屋縣尉鄭祖均等,精
加撿覆,寫舊經論七百四十一部,二千七百三十一卷。又寫大唐三藏
法師新譯經論七十五部,一千三百三十五卷,合新舊八百一十六部,
四千六十六捲(卷)入藏。"文中的書生在乾封元年前奉敕寫經,當指
奉敕參與此次寫經活動。

第四十四　東印度三摩呾吒國轉讀《大般若》王供養感應[一] (出《求法記》①)

澧州僧哲禪師②,思慕聖蹤,浮舶西域③。既到西土[二],適化隨
緣,巡禮略周④,歸東印度。到三摩呾吒國[三]⑤,王名曷羅社跋
吒[四]⑥。其王既深敬三寶[五],深誠徹信,光絕前後。每於日日造
拓模泥像十萬區[六],讀《大般若》十萬頌,用鮮花十萬朵親自供
養[七]。於王城內僧尼有四千許人[八],皆受王供養。每於晨朝,令
使入寺[九],合掌房前,急行疾問[十]:"大王奉問法師等宿夜得安和
否[十一]?"僧答曰:"願大王無病長壽[十二],國祚安寧⑦。"怨國求
和[十三],士民豐饒,大般若之力也矣[十四]。

此條出《大唐西域求法高僧傳》卷下。

【校記】

[一]咀:原訛作"咀",據目錄與《求法傳》改。

[二]既:大谷本《求法傳》作"師"。到:《求法傳》作"至"。

[三]摩:原脫,據文題、《求法傳》補。

[四]王:《求法傳》上有"國"字。

[五]寶:《求法傳》下有"為大鄔波索迦"六字。

[六]拓模:原作"柘摸",據《求法傳》改。區:《求法傳》作"軀"。

[七]朵:原訛作"尋",據《求法傳》改。

[八]尼:原訛作"居",據《求法傳》改。許:原作"計",據《求法傳》改。

[九]使:原訛作"便",據《求法傳》改。

[十]問:原訛作"國",據《求法傳》改。

[十一]否:《求法傳》作"不"。

[十二]願:下原衍"願大僧呪"四字,據《求法傳》刪。

[十三]怨:《求法傳》無"怨"等十五字。

[十四]之:續藏本無"之"字。

【注釋】

①《求法記》:即《大唐西域求法高僧傳》,二卷。唐代高僧義淨于公元691年在南海室利佛逝國(今印尼蘇門答臘島)撰寫的作品。書中記載玄奘西行回國(645)以後,到本書寫出為止的四十六年間,中國僧人和朝鮮、越南僧人以及中亞細亞僧人西行求法的一些事蹟。本條記僧哲禪師浮舟西行之事,高麗覺訓《海東高僧傳》卷二《釋玄

233

遊傳》轉引《求法傳》,提及了僧哲、玄遊去印度之事。

②澧州:《舊唐書》卷四十《地理志》:"澧州下,隋澧陽郡。武德四年,平蕭銑,置澧州……天寶元年,改為澧陽郡。乾元元年,復為澧州。"治所在澧陽(今湖南澧縣)。

僧哲禪師:《求法傳校注》卷下:"(僧哲)幼敦高節,早託玄門。而解悟之機,實有灌瓶之妙;談論之銳,固當重席之美"(《求法傳校注》頁169),又"(靈運)與僧哲同遊。越南溟,達西國"(《求法傳校注》頁168)。僧哲乃唐代西遊求法之僧,《求法傳校注》卷下亦記其攜徒高麗國僧人玄遊住師子國。

③浮舶西域:《求法傳校注》卷下:"後僧哲師至西國,云其人(玄逵)已亡"(《求法傳校注》頁145),考是書載咸亨二年玄逵仍在世,故僧哲浮舶西域應在此後的數年。

④巡禮:指宗教徒參拜廟宇或聖地。

⑤三摩呾吒國:三摩呾吒國為東印度古國,《大唐西域記》卷十記"三摩呾吒國週三千餘里,濱近大海,地遂卑濕。國大都城週二十餘里。"三謨陀羅笈多王(Samudragupta,四世紀中葉)的阿拉哈巴德圓柱銘刻中已提到此國,它是與迦摩縷波、尼泊爾相提並論的重要國家,其領域在恒河及梅格納河三角洲上,包括今提帕拉(Tipperah)、納奧卡里(Noakhali)、昔尔赫特(Sylhet)。(見《大唐西域記校注》頁801)

⑥曷羅社跋吒:七世紀後期東印度三摩呾吒國的國王。

⑦國祚:國運。

第四十五 并州常愍禪師寫《大般若經》感應(同記)

并州常愍禪師[一]①,發大誓願生極樂。所作淨業既廣[二]②,數難詳悉。後遊京洛③,專崇斯業,幽誠冥兆④,有所感徵。遂願寫《大般若經》[三]⑤,滿於萬卷,冀得遠詣西域[四],禮如來所行聖迹。以此勝福,迴向願生。遂詣闕上書,請於諸州教化抄寫《大般若》。且心所志也[五],天必從之。乃蒙授墨勑⑥,南遊江表⑦,敬寫《般若》,以報天恩[六]。要心既滿[七],附舶西征[八]⑧。百千天人[九],奏伎樂之,即見乘舶是般若夾。後於天竺而卒,得淨土迎矣。

此條見《大唐西域求法高僧傳》卷上。可參見《釋氏六帖》卷九(作常繁,繁形訛)。

【校記】

[一]慜:原訛作"便",據續藏本改。

[二]既廣:《求法傳》上有"稱念佛名福基"六字。

[三]大:《求法傳》無此字。

[四]域:《求法傳》作"方"。

[五]志:原作"至",據《求法傳》改。

[六]恩:《求法傳》作"澤"。

[七]要:上原衍"深"字,據《求法傳》刪。

[八]西:《求法傳》作"南"。

[九]百:百等二七字《求法傳》無。

【注釋】

①常慜:即常愍,慜、愍古通。師是唐代并州(山西太原)人。曾發大誓願,往生淨土,專修淨業。遠至西域,欲參禮如來聖跡,遂附舶南征,前往印度。《大唐西域求法高僧傳》卷上記常愍途經室利佛時

遭遇颶風，他放棄求生機會而讓同船之人乘小舶逃生，與船同沒水中。但據本條記載，"後於天竺而卒"，又據《要略錄》卷上轉引《常愍遊歷記》記載，他還曾遊歷了北印度，故知常愍并未喪生大海，終成天竺之行，這有補於義淨所記之不足。

②既廣：兩字略顯突兀，據《求法傳》知其上有"福基"兩字，連之則語義通順，蓋《要略錄》省略《求法傳》文字而生歧解。

③京洛：洛陽的別名。因東周、東漢曾在此建都，故稱作"京洛"。

④冥兆：指天意神旨注定之初而尚未明白顯示的時候。《文選·劉孝標〈辯命論〉》："命也者，自天之命也，定於冥兆，終然不變。"李善注："祖臺之論命曰：存亡壽夭，咸定冥初。"劉良注："冥，昧也；兆，始也。言命定之於冥昧之始。"

⑤願寫《大般若經》：《大般若經》譯成于唐高宗龍朔三年(663)冬十月三十日(見《慈恩傳》卷十)，若如本篇所記常愍願寫《大般若經》，當在龍朔三年之後數年方附舟南渡。但是，《大般若經》共有六百卷，抄寫萬卷既不能湊成整套，在唐時抄寫起來又相當困難，故疑當如《求法傳》所記"願寫《般若經》"而非《大般若經》。

⑥墨勑：亦作"墨敕"，由皇帝親筆書寫，不經外廷蓋印而直接下達的命令。《大唐新語》卷十三："神龍之際，政令多門，京尉由墨敕入臺者，不可勝數。"

⑦江表：指長江以南的地區。與中原相對，地在長江以外，故稱江表。

⑧附舶西征：據《大唐西域求法高僧傳》卷上作"附舶南征"。師從江表乘舟，需渡往訶陵國，從訶陵國附舶往末羅瑜國，再圖西詣中

天竺,按其路綫似應為南征。

第四十六　京兆僧智諷誦《大般若經》感應(新錄)

釋僧智,京兆人①,其母夢見吞銅香爐而有身產生②。生即唱《大般若》名字,人皆異之。至十歲[一],自然諳誦《大般若經》二百卷,餘無練習。每日為業,誦一百卷,內心怪謂余無宿習③,祈念欲知。夢一沙門來[二],語智曰:"(汝)前世受弊牛身[三],主人負《大般若經》二百卷驅向精舍,於深泥踏蹴而終[四],即生人間。以是因緣,諷誦二百卷,餘無練習。汝捨此身,將生雷音佛國④。"夢竟,悔謝矣⑤。

可參見《今昔物語集》卷七《震旦僧智背誦大般若經二百卷語》(4);《三國傳記》卷十一《京兆僧智諷誦大般若二百卷事》(14)。

【校記】

[一]十:《物語》作"廿"。

[二]一:下原衍"人",據文意刪。濤按:本書記人數時在數詞後常衍"人",如下條"六童子"衍作"六人童子"。

[三]汝:疑脫,據《物語》《三國》補。

[四]泥:疑下脫"中"字。

【注釋】

①京兆:即京兆府,轄長安(今陝西西安)及其附近地區。《舊唐書》卷三八《地理志》:"隋京兆郡,領大興、長安、新豐、渭南、鄭、華陰、藍田、鄠、盩厔、始平、武功、上宜、醴泉、涇陽、雲陽、三原、宜君、同

237

官、華原、富平、萬年、高陵二十二縣。"唐代數易其名,或稱雍州,此後歷朝多襲稱京兆府,至元代而改名為安西路和奉元路。

②有身產生:辭頗不雅,不若《今昔物語集》之"懷妊"。

③宿習:平素所學習的,預先誦習過的。

④雷音佛國:雷音佛的佛國。《大般若波羅蜜多經》卷三九八言"菩薩摩訶薩今在大雲雷音佛所修行梵行",《大智度論》卷八二《釋大方便品》描述雷音佛國:"師子雷音佛國,寶樹莊嚴,其樹常出無量法音,所謂一切法畢竟空、無生無滅等。其土人民生便聞此法音故,不起惡心,得無生法忍。"

⑤悔謝:悔過謝罪。

第四十七　并州道俊寫《大般若經》感應(出《并州往生記》①)

釋道俊一生修念佛三昧②,不樂餘行。時同州僧常憨,勸寫《大般若經》。俊曰:"我修念佛,全無餘暇,如何寫抄?"憨曰:"《般若》是菩提直道③,往生要路也④,汝須寫抄。"俊都不諾,曰:"我生淨土,自然圓滿。"即夜夢至海濱見渡[一],海西岸上有莊嚴殿堂,六童子棹舶在海渚[二]。俊謂舶童:"我欲附舶渡西岸。"童子曰:"汝不信舶,豈得附舶?"俊問:"如何信舶?"童子曰:"舶是般若,若無般若,不能渡生死海,豈得生彼不退地?　汝設附舶,舶即沒。"夢覺,驚怖悔過,(捨)衣鉢寫抄《般若》[三]。自供養日[四],紫雲西來,音樂聞空,將非感應耶矣。

可參見《今昔物語集》卷七《震旦并州道俊書寫大般若經語》(5);《三國傳記》卷五《并州道俊寫大般若事》(29)。

【校記】

[一]渡:《三國》作"漫漫";《物語》無此字。

[二]六:下原衍"人",據文意删。

[三]捨:原脫,據續藏本、《三國》補。

[四]自:下原衍"然"字,據《三國》删。

【注釋】

①《并州往生記》:書不詳,疑與本書卷上所引的《并州記》為同一書。按其內容,敘唐代并州僧侶往生淨土之事,故當是唐代并州信徒所撰的有關并州僧侶往生淨土感應之書。

②釋道俊:據本文知乃初唐並州僧,與常愍相識。

念佛三昧:禪觀之一,指以念佛為觀想內容的一種禪定,亦即觀念佛德或稱念佛名的三昧。唐代道綽《安樂集》等認為,專注且相續不斷地念"念佛三昧"的相狀或佛的神力,念佛的智慧、毫相、相好等,念其本願,稱名等,總稱為念佛三昧。

③菩提:指開悟的智慧。梵語 bodhi,意譯智慧、知、覺。廣義而言,是斷絕世間煩惱而成就涅槃的智慧。

直道:不迂曲而直至涅槃之道。

④往生:往是指去往阿彌陀佛的極樂淨土,生是指化生於彼土蓮華中。往生之意偏在極樂,故常把它視為極樂的別名,這是淨土宗的重要面向。

第四十八　唐豫州神母聞《大般若經》名感應^[一]（新錄）

唐豫州有一老母^[二]①，不知俗姓，唯事神道^[三]②，不信三寶，人舉名稱神母^[四]。邪見覆心，不往詣塔寺邊。若行路時，遇比丘僧③，掩目而還^[五]。時，忽一頭黃牛在女門外而立，經於三日，更無牛主（尋）^[六]。神母自謂神助，自往牽牛。牛力強，遂不隨之。女解衣帶繫牛鼻，牛牽入佛寺④，女人惜牛及帶故，掩眼入寺，背佛而立。爾時，眾僧驚出，生悲愍故，各稱南謨《大般若波羅蜜多經》⑤。神母捨牛走出，臨小河洗耳，云：“我聞不祥事，所謂南無《大般若波羅密多經》。”三稱此言，自謂與水墮⑥。即還其家，牛忽不見。後時，神母遭疾而死。嫡女思慕之，夢告曰：“我死至于閻魔法王處，唯有惡業，莊嚴身全無，少分善根。閻王撿札而微咲^[七]，云：‘汝有聞《般若》稱名善。還於人間，應持《般若》。然人業盡^[八]，遂生忉利天，不應生憂念。’”夢覺，而寫《般若》將三百餘卷，見在矣。

可參見《今昔物語集》卷七《震旦預州神母聞般若生天語》（3）；《三國傳記》卷三《神母被牛牽到佛寺事》（14）。

【校記】

[一]名：目錄下有“死更得活”四字。

[二]豫：《三國》誤作“預州”，唐無“預州”。

[三]道：原作“通”，據續藏本、《物語》《三國》改。

[四]人：《物語》上有“世”字。

[五]還：《三國》作“過”。

[六]尋：疑脫，《三國》有此字。

［七］闇:原作"國",據文意改。濤按:《三國》"闇"作"炎",義同。撿:原作"捻",據續藏本、《三國》改。微哂:原訛作"徵嘆",據續藏本、《三國》改。

［八］然:《三國》無此字。

【注釋】

①豫州:本是隋汝南郡。《舊唐書》卷三八《地理志》記唐武德四年四月平王世充,置豫州,設總管府,七年改為都督府。天寶元年,改為汝南郡。乾元元年,復為豫州。寶應元年,避代宗李豫諱而改為蔡州。領汝陽、朗山、遂平、郾城、上蔡、新蔡、褒信、新息、平輿、西平、真陽十一縣。此事記豫州老母誦《大般若波羅密多經》,此經譯成於龍朔三年(663)十月,而據寶應元年(762)豫州改稱蔡州推斷,則事或發生於高宗麟德至肅宗上元末年期間。

②神道:民間指鬼神禍福的迷信說法。

③比丘:男子出家進入佛教教團,受具足戒且滿二十歲以上的修行僧。其梵語由"求乞"的動詞轉化而來,意指托缽乞化之僧。中國將梵語音譯作比丘、苾芻等,意譯作乞士、除士等,而我國常將比丘稱為僧人或和尚。實則這三個辭彙原意並不相同:"僧"指僧團而言,是對出家眾(團體)的稱呼;和尚原意指有德望的出家人,或對自己師父的尊稱,故又譯為親教師。與比丘一詞,含意不同。

④牛牽入:牛力強,老母不能制之,遂為牛所牽而入寺廟。

⑤南謨:即南無,是眾生向佛至心歸依信順之語。

⑥與水墮:《三國》作"此言水隨失速消",即"此言隨水速消失"之意。

第四十九　踏《大般若經》所在地感應[一]（出《求法記》）

　　釋靈運①，天竺名般若提婆[二]②，本襄陽人也③。追尋聖跡，越南濱[三]，達西國。於那蘭陀寺畫彌勒真容、菩提樹像[四]④。至伊爛拏鉢代多國[五]⑤，有孤山，既為勝地，靈廟寔繁，感應多種[六]。最中有精舍，以刻檀觀自在像為尊[七]。若有人七日、二七日祈諸願望者[八]，從像中出妙身[九]，慰喻其心[十]，滿其心願[十一]。傍有鐵塔，收《大般若》二十萬偈。五天競興，供養像及經。靈運一七日絕食，請祈所願有三⑥：一令身必離惡趣；二必歸本國，廣興佛事；三修佛法，速得佛果。即從檀像中出具相莊嚴、光明照耀妙身，慰喻運曰："汝三願皆成就，汝當入鐵塔將讀《大般若經》。踏經所在地，必免三惡趣。若人發心，將赴此地，步步滅罪，增進佛道。我昔行般若，得不退地。若持此經，書寫經卷者，必令滿足其人所求。"說此語已，化身不現。即三七日，籠居鐵塔，禮拜經夾，方讀其文。經歷半年，以歸唐國[十二]，廣興佛事，翻譯聖教，實有堪能⑦。是觀音加力，《大般若》威德也矣。

　　此條出《大唐西域求法高僧傳》卷下，然未載祈願事。祈願事見《慈恩傳》卷三、《玄奘行狀》，《要略錄》蓋糅合諸書所載，將玄奘祈三願事附會為靈運事蹟。

　　可參見《今昔物語集》卷七《震旦靈運渡天竺踏般若經所在語》（6）。

【校記】

[一]地：目錄下有"離惡趣業"四字。

[二]天竺:《求法傳》作"梵"。婆:原作"波",據《求法傳》《物語》改。

[三]濱:《求法傳》作"溟"。

[四]蘭:《求法傳》《物語》作"爛"。濤按:爛、蘭梵語音譯之别。彌勒:《求法傳》作"慈氏"。

[五]代:續藏本作"伐"。《物語》下無"多"字。

[六]感應多種:《慈恩傳》作"感變之奇,神異多種"。

[七]像:《慈恩傳》上有"菩薩"兩字。

[八]祈諸願望:《慈恩傳》上有"絶粒斷漿請"五字。

[九]從:《慈恩傳》上有"即見菩薩具相莊嚴,威光朗曜"十二字。

[十]心:《慈恩傳》作"人"。

[十一]滿:《慈恩傳》作"與"。

[十二]以歸唐國:《求法傳》作"齎以歸國"。濤按:唐國之稱當出非濤語。

【注釋】

①釋靈運:"釋"乃非濤自加,全書僧人多以釋氏通稱。《求法傳》記其與僧哲遊印度。

②般若提婆:梵文 Prajñādeva,意譯慧天。《求法傳》記智行、無行、靈運皆有此梵名。

③襄陽:《舊唐書》卷三九《地理志》:"襄陽漢縣,屬南郡。建安十三年,置襄陽郡。晉入為荆州治所。梁置南雍州,西魏改為襄州,隋為襄陽郡,皆以此縣為治。"唐代為山南道襄州治所,在今湖北襄

陽市。

④那蘭陀寺：梵文 Nālandā，又譯作那爛陀寺，古代中印度佛教最高學府和學術中心。寺在古摩揭陀國王舍城附近，今印度比哈爾邦中部都會巴特那東南 90 公里。梵語"那爛陀"三字意謂"施無畏"或"無畏施"。

傳說此地本是庵摩羅園，後來有五百商人捐錢買下獻給佛陀，佛陀在此說法三月。後來有數位國王在此興建佛寺，供立佛像。經過歷代君王的營建，那爛陀寺規模宏大，曾有多達九百萬卷的藏書，學者輩出，最盛時有上萬僧人學者聚集于此。玄奘在此從戒賢法師學習多年，聽講《瑜伽論》《順正理》《顯揚》《對法》《因明》《聲明》《集量》等經書，兼學婆羅門學；義淨在此從寶師子學習十年，翻譯《根本說一切有部毗奈耶頌》三卷、《一百五十贊佛頌》一卷；此外來此學佛的唐僧還有慧業、靈運、玄照、道希、道生、大乘燈、道琳、智弘、無行等法師。玄奘《大唐西域記》、義淨《大唐西域求法高僧傳》《南海寄歸內法傳》、慧立《大慈恩寺三藏法師傳》對那爛陀寺都作過說明，而義淨對當時那爛陀寺的佈局、建築樣式，寺院制度和寺僧生活習慣，敍述得尤其詳細。

1193 年突厥人巴克赫提亞爾·卡爾積（Bakhtiyar Khalji）帶兵侵佔那爛陀寺，該寺院和圖書館遭受嚴重破壞，大批那爛陀僧侶逃往西藏避難，從此那爛陀寺失去了昔日的光輝，並漸漸被人遺忘，變成廢墟。

⑤伊爛拏鉢代多國：古印度國，《慈恩傳》卷三簡稱伊爛拏國。在今印度比哈爾邦的孟格爾（Monghyr），其領域自 Lakṣmīsarai 直抵 Sultanganj，北臨恒河；又從 Pārśvanāth 山西端直抵 Barakar 與 Dāmudā

兩河匯合處為其南界。(《西域記校注》頁 779)玄奘法師曾游至該國,《西域記》卷九:"從此東入大山林中,行二百餘里,至伊爛拏鉢伐多國。"卷十:"伊爛拏鉢伐多國,週三千餘里。國大都城北臨殑伽河,週二十餘里。稼穡滋植,花菓具繁。氣序和暢,風俗淳質。伽藍十餘所,僧徒四千餘人,多學小乘正量部法。"

⑥祈所願有三:《慈恩傳》卷三載玄奘"至誠禮讚訖,向菩薩跪發三願:一者,於此學已,還歸本國,得平安無難者,願花住尊手;二者,所修福慧,願生覩史多宮事慈氏菩薩,若如意者,願花貫掛尊兩臂;三者,聖教稱眾生界中有一分無佛性者,玄奘今自疑不知有不,若有佛性,修行可成佛者,願花貫掛尊頸項"。三事皆得應驗。

⑦堪能:才能。

第五十　釋迦從鉢羅笈菩提山趣菩提樹中路地神奉《般若》函感應[一](出《外國記》等)

釋迦菩薩六年苦行①,將證正覺②,登鉢羅笈菩提山③,唐云前正覺山。從東北岳登以至山頂[二],大地震動,山將傾顛[三]。山神恐怖[四],告曰:"此山非成正覺之地。若宿於此[五],入金剛定,山震傾[六]。"即從山下,西南半崖大石室結跏趺坐,地亦動搖。時,須陀會天在空中曰[七]④:"此非成道地。從此西南十四五里,去苦行處不遠,有菩提樹[八],其下有金剛座⑤,三災所不能壞,堅固所依。三世諸佛皆坐此座上,成道之地。菩薩當往彼處!"爾時,石室大龍請世尊住⑥,菩薩留影而去⑦。諸天善道[九],將趣菩提樹下⑧,地神於中路從地涌出⑨,捧三寸金夾,以奉上菩薩,云:"此是先佛印函,收入般若波羅密法門。三世諸佛,皆得此夾,由般若力,降魔成道,轉大法輪⑩，度脫眾生。若未得印函，雖坐樹下，佛法不現前，不得成佛道。吾過去六佛初成道時，皆奉此夾。"菩薩歡喜，申手而取頂戴[十]⑪，往至菩提樹下，坐金剛座。開金夾時，夾中廣轉十方佛土[十一]，般若印文皆反為佛，放白毫光，照菩薩頂，授法王位⑫，方成正覺。先讚般若，十方梵王來請法輪。爾時，釋迦默然思惟，不務速說矣。

此條釋迦登山、入窟事見《西域記》卷八，又《釋迦方志》卷下、《珠林》卷二九引《西域記》略言其事，三書與《要略錄》文異。

【校記】

[一]應:應等二三字目錄作"釋迦趣菩提樹下時地神奉般若金夾"。

[二]岳:《西域記》《釋志》作"崗"。

[三]大地震動，山將傾顛:《西域記》作"地既震動，山又傾搖"。

[四]恐怖:《西域記》作"惶懼"。

[五]宿:《西域記》作"止"。

[六]傾:疑上脫"當"或"亦"。《西域記》作"地當震陷，山亦傾覆"。

[七]須陀會天:《西域記》《釋志》作"淨居天"。濤按:須陀會天應即首陀會天，意同五淨居天。

[八]菩提樹:《西域記》《釋志》作"卑(畢)鉢羅樹"。

[九]善道:續藏本疑"善"作"前"，《西域記》"善道"作"前導"。

[十]申:通"伸"。

[十一]轉:續藏本疑作"博"。

【注釋】

①六年苦行:釋迦牟尼成佛之前,未得法門,在摩揭陀國的優樓頻羅村苦行林中苦修六年。雖然形體枯瘦,心神勞頓,卻始終未能成道,於是結束苦行生活,前往鉢羅笈菩提山。

②正覺:正覺是一切諸法的真正覺智,成佛也被叫作正覺。釋迦未成佛前,稱作菩薩,將證正覺指將要真正覺悟,即將成佛。

③鉢羅笈菩提山:鉢羅笈菩提,梵文作 Prāgbodhi,意譯前正覺。據康寧哈姆考證,此山即今之莫拉山(Mora Mt.),距伽耶城(在今印度比哈爾邦中部)約三英里,尼連禪河東岸(《西域記校注》頁667)。這與《釋迦方志》卷二所載基本吻合,"山(伽耶山)東南尼連河減二里許,至鉢羅笈菩提山"。

④須陀會天:應即首陀會天,意同五淨居天。五淨居天是色界第四禪證不還果的聖者所生之處,有無煩天、無熱天、善現天、善見天、色究竟天。

⑤金剛座:釋迦牟尼成道時所坐之座。據《大唐西域記》卷八記,金剛座位於中印度摩揭陀國伽耶城的南方。這裏被視為聖地而聞名於世,前來禮拜者頗多。金剛質地堅硬,人們以其堅實而譬喻能破萬物,故有堅如金剛、通達一切諸法的金剛定之喻。佛入金剛定,其坐處也被稱為金剛座。

⑥石室大龍請世尊住:《西域記》卷八記室中龍對釋迦牟尼說"斯室清勝,可以證聖,唯願慈悲,勿有遺棄",石室大龍不捨釋迦牟尼離去,遂請其停留。

⑦留影而去:釋迦牟尼留影之處,據說就是前正覺山的佛影石

窟。今印度習俗稱為 Durgā-śrī，即自在天妃難近母的祠窟。(據水谷真成譯注《大唐西域記》第 261 頁)

⑧菩提樹：即畢鉢羅樹，釋迦牟尼在此樹下成道，故名菩提樹，意譯作道樹、覺樹等。其成道處稱為菩提場或菩陀加雅，在今印度比哈爾邦加雅城(Gdyā)南郊。(《西域記校注》頁 667)

⑨地神：大地之神。

⑩轉大法輪：指佛說法。佛的教法，如車輪旋轉，能轉凡成聖，能碾碎一切的煩惱，謂之"法輪"，故佛說法，度眾生，即叫作"轉法輪"。

⑪頂戴：將佛像、經典等乘戴頭頂上，表示極為尊敬之意。與頂禮、頂受等同表尊敬之極。五體中以頭為最尊，為表示尊敬之故，以頭禮戴。

⑫法王：此指佛之尊稱。梵語 dharma-rāja。王有最勝、自在之義，佛為法門之主，能自在教化眾生，故稱法王。

第五十一　周高祖武帝《大品》感應^[一](出《法苑珠林》等文①)

周高祖滅法^[二]②，經籍從灰^[三]③。以後年中④，忽見空中如菌大者五六^[四]，飛上空中，極目不見，全為一段^[五]，隨(風)飄飄上下^[六]。朝宰立望^[七]⑤，不測是何^[八]。久乃翻下，墮上土牆^[九]，視乃是《大品經》之第十三卷^[十]⑥。人皆謂希奇感應，歸心者多矣。

此條出《珠林》卷十八、《感通錄》卷下。

【校記】

[一]帝：目錄下有"代滅法時"四字。

[二]高：《感通錄》《珠林》無此字。

[三]籍:原作"藉",據《感通錄》《珠林》改。

[四]菌:《感通錄》作"困"。五:《珠林》上有"有"字。

[五]全為:《感通錄》無二字。

[六]風:原脫,據《感通錄》《珠林》補。

[七]朝:原作"朔",據續藏本、《感通錄》《珠林》改。

[八]測:原作"側",據《感通錄》《珠林》改。

[九]土:原作"士",據《感通錄》《珠林》改。

[十]經:《感通錄》無此字。第:《感通錄》《珠林》無此字。

【注釋】

①《法苑珠林》:唐釋道世撰,一百卷。此書鈔錄多種佛典論著,以所記事實闡明罪福的因果關係,增強對於佛法的信念,旨在推明罪福之由,加強眾生的敬信之念。全書保存了一些珍貴文獻和史料,收錄了大量有關佛典的佚文。《法苑珠林》對《要略錄》創作裨益甚多,《要略錄》雖僅有三篇標注出於《法苑珠林》,但事實上很多篇章借鑒了《法苑珠林》的文字。

②周高祖滅法:即北周武帝滅佛事。北周武帝宇文邕 560 至578 年在位,謚號武帝,廟號高祖,是佛教史上以毀佛著稱的皇帝。武帝在位之初,亦有造像、建寺等奉佛之舉,他曾為北周文皇帝造錦釋迦像、建金剛師子寶塔二百二十軀,事見《辯正論》卷三。他禮遇僧實、曇崇、曇延等僧侶,保定三年下詔奉造一切經藏,後來逐漸偏重道教,《周書》卷五《武帝紀》記周武帝"以儒教為先,道教為次,佛教為後",終釀毀佛悲劇,於建德三年"初斷佛、道二教,經像悉毀,罷沙門、道士,並令還民"。如《歷代三寶紀》卷十二載:"近遭建德周武滅

時,融佛焚經,驅僧破塔。聖教靈跡,削地靡遺;寶剎伽藍,皆為俗宅。沙門釋種,悉作白衣。凡經十年,不識三寶。當此毀時,即是法末。所以人鬼哀傷,天神悲慘。"

③經籍從灰:指周武帝焚燒佛教經典。《續高僧傳》卷二三載:"帝遂破前代關東西數百年來官私佛寺,掃地並盡,融刮聖容,焚燒經典";釋惠遠《周祖平齊召僧敘廢立抗拒事》記"融刮佛像,焚燒經教。三寶福財,簿錄入官"。

④以後年中:北周武帝建德三年(574)廢佛,後年似為建德五年。然史載周武帝的廢佛持續了四年,至宣政元年六月他辭世方結束,故後年當為泛稱。

⑤朝宰:朝廷官員。

⑥大品經:即《大品般若經》。鳩摩羅什于後秦弘始四年(402)至十四年(412)所譯,又作《摩訶般若波羅蜜經》《摩訶般若經》,係大乘佛教初期說般若空觀之經典。

第五十二　阿練若比丘讀誦《大品經》感應(出《西國傳》)

昔有練若比丘①,讀誦《摩訶般若經》②。常夜分③,天人來至比丘處,以天甘露供養④。比丘問天曰⑤:"天上有《般若》否?"答云:"有。"比丘問云:"若有經卷,何故來下?"答:"為敬法故。又天上《般若》,諸天傳語⑥;人中《般若》,正記佛言,是故來下。"比丘復問:"天上有受持者否?"答:"天著樂故,不能受持。餘州亦無,唯此閻浮提大乘根熟,能行般若,必畢苦際。"比丘復問:"守護受持《般若》者,汝一人否?"答:"八十億諸天來下人間,守護持《般若》者。乃至聞一句者敬之,如佛持佛母故⑦,不可廢退矣。"

可參見《今昔物語集》卷七《震旦比丘讀誦〈大品般若〉得天供養語》(7);《三國傳記》卷九《阿練若比丘讀〈大品經〉感應事》(28)。

【注釋】

①練若:亦云蘭若,阿練若的略稱。寺院的總名,是比丘的住處。

②《摩訶般若經》:指鳩摩羅什所譯《摩訶般若波羅蜜經》,即題目所言《大品經》。

③夜分:猶言夜半。

④天甘露:梵語音譯阿密裏多,譯言甘露,異名天酒。甘露,味甘如蜜,天人之食。《注維摩詰經》卷七載:"諸天以種種名藥著海中,以寶山摩之令成甘露。食之得仙,名不死藥。……生曰:'天食為甘露味也,食之長壽,遂號為不死食也。'"

⑤天:猶言天人,天上之人,天界生類之總稱。佛典中的天人常略稱作天,如《雜阿含經》卷四七:"昨夜有二天來詣我所,稽首作禮",《續高僧傳》卷二五《釋僧意傳》:"及期,果有天來入寺及房,冠服羽從,偉麗殊特。"

⑥諸天:佛教的護法天神。色界的四禪有十八天,無色界的四處有四天,其他尚有日天、月天、韋馱天等諸天神,總稱為諸天。

⑦佛母:此處似喻"法"為佛母。《大品般若經》卷十四《問相品》:"般若波羅蜜是諸佛母,般若波羅蜜能示世間相,是故佛依止是法行","佛以般若為母,般舟三昧為父",故禪家稱摩訶般若波羅蜜為摩訶佛母。

第五十三　天水郡張志達寫《大品經》三行延壽感應(新錄)

天水郡志達①，姓張，特巧書譽[一]②，而信道士，不寫佛經。或至親友家，見書寫《大品般若》不了③，謂《老子經》[二]④，問親友："《老子經》否?"友戲言："爾也[三]。"達取之，寫三行，知非《老子經》，恚忿起去[四]。經三年，遇疾而死。過一宿還活，流淚，悲喜悔謝[五]。至親友家語曰："君大善知識[六]⑤！令我延壽，令我得(生)天堂[七]⑥。"友驚異曰："如何有此言?"答曰："我死見閻摩法王。王見我來，云：'汝癡人，信邪師道，不識佛法。'即取一卷書，撿挍惡業[八]，二十餘紙既盡，殘唯半紙計。王止，見我微笑：'汝有大功德，至親友家寫《大品般若》三行。我等依人間修習《般若》之力，三時受苦輕微⑦。汝壽行既盡，今增壽業，放還人中。汝等受持《般若》，報今日放恩云云。'聞是語已，還入本身，豈非君恩?"即走歸家，捨所有財，書寫八部而供養之。春秋八十三，無病而卒。後見遺書，云："千佛迎我，以《般若經》為双翼，往生淨土矣。"

可參見《今昔物語集》卷七《震旦天水郡志達依〈般若經〉延命語》(8);《三國傳記》卷十二《天水郡張志達寫〈大品經〉三行延壽事》(11)。

【校記】

[一]特：疑作"持"，《三國》作"巧書譽世"。

[二]謂：《三國》上有"志達是"三字。

[三]爾：《物語》作"然"。

[四]恚：原作"嘖"，據《三國》改。忿：原作"忽"，據《物語》《三

《國》改。

　　［五］謝：《物語》作"過"。

　　［六］君：《三國》下有"是"字。

　　［七］生：疑脫，《三國》作"令得天宮可生事"。

　　［八］撿挍：同"檢校"。

【注釋】

　　①天水郡：西漢元鼎三年（前114）析隴西郡地置天水郡，治平襄縣（今甘肅通渭縣平襄鎮），此後歷朝的天水郡多有廢置，至隋大業五年（609）廢秦州為天水郡，治上邽（今天水市區）。唐武德元年（618）改為秦州，天寶元年（742）復天水郡，並為隴右道治所。乾元元年（758），取消天水郡而改為秦州。

　　②特巧書譽：疑"特"作"持"。下文言志達至親友家抄寫《老子經》，友人為求其抄寫而欺紿，則其書法或有過人之處，故享持"巧書"之譽。

　　③不了：未完，沒完。

　　④老子經：即《道德經》，常稱作《老子》，是記錄道家哲學思想的重要經典。

　　⑤大善知識：指有大德的善知識。即教人遠離諸惡，奉行諸善的善友。

　　⑥天堂：指天眾所住的宮殿，又作天宮，與"地獄"相對。天堂是善人死後，依其善業所至受福樂的處所。

　　⑦三時受苦：早期佛典描述閻羅王、獄卒等在地獄飽受苦楚，如《長阿含經》卷十九記載："閻羅王晝夜三時，有大銅鑊自然在

前。……有大獄卒捉閻羅王臥熱鐵上,以鐵鉤擘口使開,洋銅灌之,燒其唇舌,從咽至腹,通徹下過,無不燋(焦)爛。"不獨閻羅王被獄卒施以種種刑罰,其臣吏也需三時受苦。

第五十四　晉居士周閔《大品般若》感應(出《冥報記》[一]①)

晉周閔②,汝南人也[二]③,晉護軍將軍④。(家)世奉法[三]。蘇峻之亂⑤,都邑人士皆東西波遷[四]⑥。閔家有《大品》(一部)[五]⑦,以半幅八丈素反覆書之[六]。又有餘經數臺[七],《大品》亦雜在其中。既當避難(單)行[八],不能得盡持去;尤惜《大品》[九],不知在何臺中?倉卒應去[十],不展尋搜[十一]⑧,徘徊歎吒[十二],不覺《大品》忽自出外。閔驚喜,持去。周氏遂世寶之,今云尚在[十三]。一說云:周嵩婦胡母(氏)有素書《大品》[十四]⑨,素廣五寸[十五],而《大品》一部盡在矣[十六]。

此條見《珠林》卷十八、《廣記》卷一一三,并引作《冥祥記》。

【校記】

[一]報:疑作"祥"。濤按:《珠林》《廣記》記本條出自《冥祥記》。

[二]汝:原作"江",據《珠林》《廣記》改。

[三]家:原脫,據《珠林》補。

[四]波:原作"被",據《珠林》作改,《廣記》作"播"。

[五]閔:原作"聞",續藏本疑作"閔",《珠林》《廣記》作"閔",今從之。一部:原脫,據《珠林》《廣記》補。

[六]幅:原作"福",據續藏本、《珠林》《廣記》改。覆:《廣記》作

“復”。

[七]臺:丽藏本《珠林》作“囊”,下同,疑是;《廣記》作“部”。

[八]單:原脫,據《珠林》《廣記》補。

[九]惜:原作“諸”,據《珠林》《廣記》改。

[十]倉:原作“食”,據《珠林》《廣記》改。應:《廣記》作“而”。

[十一]搜:原作“橡”,據《珠林》改。

[十二]歎吒:《廣記》作“叹惋”。

[十三]今云:《廣記》作“至今”。

[十四]氏:原脫,據《珠林》《廣記》補。

[十五]素:《廣記》上有“其”字。

[十六]盡:原作“書”,據《珠林》《廣記》改。

【注釋】

①《冥報記》:《冥報記》是唐代唐臨撰寫的一部志怪小說集,主要述佛教因果報應之事。但本篇並非選自《冥報記》,實出自王琰《冥祥記》,《法苑珠林》卷十八、《太平廣記》卷一一三並引作《冥祥記》。“報”字如非傳抄訛誤,則係非濁之誤。

②周閔:周顗之子,字子騫,方直頗有父風。歷衡陽、建安、臨川太守,又任尚書左僕射、護軍將軍等職,事略見《晉書》卷六九《周顗傳》附。

③汝南:原作“江南”,非是。《晉書》卷六一《周浚傳》記周閔祖父周浚“汝南安成人也”,則周氏當為汝南人而非江南人。《晉書》卷十四《地理志》記:“汝南郡漢置。統縣十五,戶二萬一千五百。”

④護軍將軍:古代武職官銜的一種統稱,始於漢代,盛行于南北

朝,唐以後逐漸衰微。《晉書》卷二四《職官志》:"護軍將軍,案本秦護軍都尉官也。漢因之,高祖以陳平為護軍中尉,武帝復以為護軍都尉,屬大司馬。……(晉)元帝永昌元年,省護軍,並領軍。明帝太寧二年,復置領、護,各領營兵。……資重者為領軍、護軍,資輕者為中領軍、中護軍。"又據《晉書》卷八《穆帝紀》載永和十年(354)五月,"以吏部尚書周閔為中軍將軍",《晉書》卷六九附《周顗傳》記"加中軍將軍,轉護軍",則周閔任護軍將軍當在擔任中軍將軍的永和十年五月之後。然蘇峻之亂始於咸和二年(327),其事在周閔任將軍的二十餘年前,故推測周閔或卒于護軍將軍任,故後世稱其護軍將軍。

⑤蘇峻之亂:蘇峻字子高,晉朝將領,事見《晉書》卷一百《蘇峻傳》。《晉書》卷七《成帝紀》載咸和二年(327)"十一月,豫州刺史祖約、曆陽太守蘇峻等反"。溫嶠、陶侃起兵討伐,蘇峻戰敗被殺,至咸和四年,亂軍方平。

⑥波遷:《珠林》作"波遷",《廣記》作"播遷","波遷"、"播遷"意同,皆指遷徙之意。蘇峻反晉,京師塗炭,《晉書》卷二七《五行志》載"(咸和二年)是冬,以蘇峻稱兵,都邑塗地"。《晉書》卷一百《蘇峻傳》記其惡行"遂陷宮城,縱兵大掠,侵逼六宮,窮凶極暴,殘酷無道。驅役百官,光祿勳王彬等皆被捶撻,逼令擔負登蔣山。裸剝士女,皆以壞席苦草自鄣,無草者坐地以土自覆,哀號之聲震動內外。"故百姓四處流竄,南北波遷。

⑦《大品》:即《大品般若經》。

⑧不展:來不及,不能夠。

⑨周嵩:周顗之弟,字仲智,狷直果俠,每以才氣凌物,後為王敦構陷害死,生平見《晉書》卷六一《周浚傳》。《晉書》卷六一:"嵩精

於事佛,臨刑猶於市誦經云。"

　　胡母:復姓。如西漢有經學大師胡母生,秦朝有太史令胡母敬。

第五十五　朱士行三藏《放光般若》感應(出《傳》等①)

　　前魏廢帝甘露五年②,沙門朱士行者[一]③,講《小品經》④。或云:"常講《道行般若》,每歎此譯理未盡。"發跡長安,度流沙至于闐⑤,得梵書正本九十章[二]。彼國多小乘學者⑥,譖於王曰:"漢地沙門欲以婆羅門書⑦,惑亂正法[三],何不焚之[四]?聾盲漢地,王之咎也。"王即不聽齎經東去[五]。士行因請燒之為驗。于時,積薪殿前,畢而焚[六],其經無損。王始歸信,士行寄經還國。竺叔蘭、曇無羅叉譯為《放光般若》者是也[七]⑧。

　　此條出《高僧傳》卷四《朱士行傳》,文字極詳。此事傳載極多,如《歷代三寶紀》卷六、《內典錄》卷二、《三寶感通錄》卷下、《珠林》卷十八(引作《梁高僧傳》並《雜錄》)等,與此文字有別;《大宋僧史略》卷上所載與此文字略似。

【校記】

[一]沙:大谷本原作"汝",據續藏本、《珠林》改。

[二]書:原作"音",據《高僧傳》《大宋僧史略》改。

[三]法:《高僧傳》作"典"。

[四]何:《高僧傳》作"若"。

[五]即:《大宋僧史略》作"乃"。

[六]畢:《大宋僧史略》上有"誓",疑脫。

[七]曇:《高僧傳》《大宋僧史略》無此字。

【注釋】

①《傳》:此指《高僧傳》卷四《朱士行傳》。朱士行以火驗經事,諸書記載極多。《歷代三寶紀》卷六載:"房審校勘《支敏度錄》及《高僧傳》《出經後記》、諸雜別目等,乃是無羅叉、竺叔蘭等三人詳譯。朱士行身留停于闐,仍於彼化,唯遣弟子奉齎經來到乎(《大唐內典錄》卷二作於)晉",可知《支敏度錄》及《高僧傳》《出經後記》、諸雜別目皆載其事。非濁是文雖言出《高僧傳》,但其文字不類,蓋參考諸書所載也。

②魏廢帝:指魏後廢帝曹髦,其年號為甘露。

③朱士行:三國時曹魏的僧人,乃是我國最早前往西域求法之僧,也被稱作我國最早出家的僧人。朱士行為潁川(今河南許昌)人,以弘法為己任,致力於經典研究。朱士行有感《道行般若經》文句簡略,義理艱澀,令人難以理解大乘之旨,遂于甘露五年(260)出塞至于闐,後抄得《放光般若經》,托弟子帶回中土。太康三年示寂於于闐,世壽八十。

④《小品經》:即《小品般若經》,下文稱《道行般若》。《道行般若經》十卷,是後漢光和二年(179)支婁迦讖所譯。

⑤于闐:西域古國,其地在今新疆和田。唐玄奘西游時,稱此地名瞿薩旦那國,位於西域的交通要道之上。

⑥小乘學者:修習小乘經典者。

⑦婆羅門書:小乘學者排斥般若系列的大乘經典,遂稱之作婆羅門書,妄言其非出自佛陀之法。

⑧竺叔蘭:天竺人。西晉時避難至中國,居於河南。西晉惠帝元

康元年(291),譯有《首楞嚴經》二卷、《異維摩詰經》三卷,又與無羅叉在倉垣水南寺,譯出《放光般若經》二十卷。

曇無羅叉:《貞元新定釋教目錄》卷二十記曇無羅叉與竺叔蘭共譯《放光般若經》。他書多作無羅叉,其為西晉譯經僧。

《放光般若》:即《放光般若經》。本經記述般若波羅蜜法及其功德,並勸眾生修學之。本經由朱士行在于闐抄得梵本九十六章六十餘萬字,後由弟子送回洛陽,西晉時始由于闐僧無羅叉執梵本,竺叔蘭口傳,祝太玄、周玄明筆受完成。

第五十六　釋清虛為三途受苦眾生受持《金剛般若經》感應(出《經驗記》)

梓州惠義寺釋清虛①,少誦《金剛般若》。去萬歲通天元年十月初②,於齊(州)靈巖寺北三總山中[一]③,發願為三途受苦眾生受持《金剛般若》[二]④。從十月二十三日日西,於山中端坐誦經。忽然似夢[三],見一城,縱廣可有五里[四]。其僧下道,至城東門,其門纔可容一人入。僧問捉門者曰[五]⑤:"得知大王何時放地獄受苦眾生?"報曰:"昨日未時[六],齊州禪師手執錫杖,年可七十已上,來詣王前,語王言:'有一客僧為三途受苦眾生誦《金剛般若》[七],王得知不[八]?大王何時息放地獄受苦眾生[九]?'王報云[十]:'先知[十一],明日午時為阿師放却少分輕者。'"其捉門人謂其僧云:"阿師即去,請更莫語矣。"

此條出《金剛般若經集驗記》卷中,《要略錄》縮略極多。《法華經傳記》卷五"釋清慧"略似。

【校記】

[一]州：原脱，據《集驗記》、《法傳》卷五"釋清慧"補。

[二]生：《集驗記》誤作"在"。

[三]然：《集驗記》作"非"，疑誤。濤按：《法傳》卷五"釋清慧"作"然"。

[四]可：原作"了"，據《集驗記》《法傳》卷五"釋清慧"改。

[五]捉：原作"投"，據《集驗記》改，下同。曰：原作"自"，據《集驗記》改。

[六]未：《集驗記》作"午"。

[七]途：《集驗記》作"塗"。

[八]不：《集驗記》作"否"。

[九]大：《集驗記》作"天"，疑誤。

[十]云：《集驗記》作"阿師言"。

[十一]先知：《集驗記》上有"弟子"兩字。

【注釋】

①惠義寺：唐時梓州寺院，即慧義寺。王勃《梓州慧義寺碑銘》記此寺本為北周新州刺史元則修建的安昌寺，唐高宗時改稱慧義寺。《古尊宿語錄》卷三五記慧義寺，即"今護聖寺竹林院"，則知宋時改稱為護聖寺竹林院。

釋清虛：唐時梓州惠義寺僧人。《宋高僧傳》卷二五有《釋清虛傳》，其文源自《集驗記》。其事又可略見《法華傳記》卷六"釋清慧"條所記的"釋清靈"，《法華傳記》之"靈"或為"虛"訛。

②萬歲通天元年：武則天年号，696 年。

③靈巖寺：在齊州長清縣東南方山下，北魏孝明帝正光中法空禪師始建。《宋高僧傳》卷十八"齊州靈巖寺道鑒傳"言道鑒住於齊州靈巖寺。《乾隆一統志》卷一二七、《嘉慶一統志》卷一六三記載此寺。

④《金剛般若》：即《金剛般若波羅蜜經》，一卷。後秦鳩摩羅什譯，略稱《金剛經》。此經闡釋一切法無我之理，是我國佛教史上極受歡迎的經典。

⑤捉門：守門。原作"投門"，誤也，捉、投形近而訛。《弘贊法華傳》卷九、《法華經傳記》卷七雖皆有"投門"一詞（"及至寺門，乃見一騎投門"），然考其淵源，兩書所記的故事皆源自道宣之作，道宣《集神州三寶感通錄》卷三、《大唐內典錄》卷十却記"及至寺門，乃見一騎捉門"，故疑《弘贊法華傳》卷九、《法華經傳記》皆訛錄；《要略錄》所引"投門"，在其本事《金剛般若經集驗記》中作"捉門"。訛作投門，蓋不知捉門本意也。捉門乃唐代捉鋪守門者，如《新唐書》卷四九《百官志四》記"捉鋪持更者，晨夜有行人必問，不應則彈弓而向之，復不應則旁射，又不應則射之"。而《金剛般若經集驗記》原文即提及捉鋪，下文"捉門"乃指前文捉鋪人也。

第五十七　僧法藏書誦《金剛般若經》滅罪感應（同記）

隋鄜州寶室寺僧法藏[一]①，武德二年閏二[二]月得患困重②。經二旬餘，乃見一人青衣③，服飾花麗[三]，在高樓上[四]，手持經一卷[五]，告法藏云："汝今互用三寶物[六]④，得罪無量。我所持經者是《金剛般若》，若自造一卷，至心誦持，一生已來所用三寶物罪並得消滅^[七]。"藏即應聲:"若得滅罪,病又瘥差⑤,敬寫百部,誦持不廢。"藏即命終,將至王所,具問一生作何福業。藏即分疏:"造佛像,抄寫《金剛般若》百部,於一切人轉讀^[八]⑥,兼寫一切經八百卷^[九]。晝夜誦持《般若》,不曾廢闕^[十]。"王聞此言,"師造功德極大,不(可)思議^[十一]"。即遣使藏中取功德簿將至王所⑦,王自開檢^[十二]。並依藏師所說,一不錯謬。王言:"師功德不可思議!放師在寺,勸化一切讀誦《般若》,具修一切功德,莫生懈怠。師得長壽,無病安樂^[十三]。後命終之日,即生十方淨土⑧。"乃得醒活^[十四],自對他說焉云云。

此條出《集驗記》卷中,《要略錄》縮略極多。又見《珠林》卷十八引作《冥報記》、敦煌 P. 2094《持誦金剛經靈驗功德記》、《金剛經感應傳》,文異。

可參見《今昔物語集》卷七《震旦寶室寺法藏誦持金剛般若得活語》(9);《三國傳記》卷九《寶室寺僧法藏事》(29)。

【校記】

[一]寶:原作"實",《三國》亦作"實";據《集驗記》《珠林》、P. 2094、《金剛經感應傳》《物語》改。

[二]二:原作"三",《集驗記》作"五",P. 2094 作"四",《金剛經感應傳》《珠林》作"二",今從《珠林》。濤按:《物語》《三國》作"潤三",皆誤。

[三]麗上等六字:《珠林》作"衣著青衣好服";P. 2094"青衣"下無"服飾花麗"四字。

[四]高樓:《集驗記》訛作"當樓",《珠林》、P. 2094 作"高閣"。

[五]持:《珠林》、P.2094 作"把"。

[六]汝今:《珠林》作"唯有少分",P.2094 作"唯有少"。

[七]並得消滅:P.2094 作"悉得除滅",《金剛經感應傳》作"悉皆消滅"。

[八]於:《集驗記》作"施",《物語》作"令"。

[九]一切:《集驗記》作"餘"。

[十]曾:《集驗記》作"嘗"。

[十一]可:原脫,據《集驗記》《物語》補。

[十二]檢:原作"撿",據《集驗記》改。

[十三]無病安樂:《集驗記》無四字。

[十四]乃:《集驗記》無"乃"下等十一字。

【注釋】

①鄜州:州治在洛交縣(今陝西富縣)。《舊唐書》卷三八《地理志》:"隋上郡。武德元年,改為鄜州,領洛交、洛川、三川、伏陸、內部、鄜城六縣。"

寶室寺:原作"實室寺","實"乃傳寫形訛。《全唐文》卷九八八有闕名《鄜州寶室寺鐘銘》文,知寶室寺在鄜州。據《珠林》卷十八、《集驗記》卷中所記,寺乃法藏所建,"隋開皇十三年於洛交縣韋(韋)川城造寺一所,佛殿精妙,僧房華麗,靈像幡華,並皆修滿",則知寺在洛交縣韋(韋)川城。洛交縣乃鄜州治所,因位處洛水之交而得名,而寶室寺寺址便在鄜州州治洛交縣內。

②武德二年閏二月:檢陳垣《二十史朔閏表》武德二年有閏二月,《舊唐書》卷一《高祖本紀》武德二月下記"閏月辛丑,劉武周侵我

并州”,亦明閏二月之事,《集驗記》《要略錄》原載並訛。

③青衣:身穿青衣之人。

④互用三寶物:指相互濫用佛、法、僧三寶物之罪。"三寶互用"
是說將佛物用於法或僧,將法物用於佛或僧,將僧物用於佛或法。此
為佛律所不能允,故道宣《四分律刪繁補闕行事鈔》卷中記:"故僧祇
寺主好心互用三寶物,是盜波羅夷,謂愚癡犯也。"

⑤瘳差:病癒。

⑥轉讀:讀誦經典。

⑦功德簿:陰府中記錄凡人功德福德的簿冊。早期的功德簿主
要記錄誦讀經典、修造佛寺的宗教行為,後來也包含普通的善舉
嘉行。

⑧十方凈土:十方諸佛之淨土。又稱十方佛刹、十方佛土、十方
佛國、十方妙土。指東西南北,四維、上下,十方皆有諸佛淨土,無量
無邊。

第五十八　唐玄宗皇帝誦《仁王呪》感應[一]（新錄）

唐天寶元年壬午[二]①,西蕃、大石、康五國來侵安西國[三]②。
其年二月十一日,奏請兵[四]。玄宗詔發兵師[五],計一萬餘里,累月
方到,豈頓救之[六]?大臣白言[七]:"且可詔問不空三藏[八]。"帝依
奏詔,請天王為救[九]。帝秉香爐,不空誦《仁王護國經》陀羅尼二七
遍③。帝忽見神人可五百員,帶甲冑、荷戈楯在殿前[十]。帝驚異
問[十一],三藏答曰[十二]:"此是毘沙門第二太子獨健領兵[十三]④,制
陛下意[十四],往救安城[十五],故來辭也[十六]。"其年四月,安(西)奏
云[十七]:"二月十一日已後[十八],城東北三十里雲霧晦冥,中有人

眾^[十九]，可長丈餘，皆被金甲⑤。至酉時⑥，鼓角大鳴⑦，聲振三百里，地動山傾。經二日，大石、康等五國當時奔潰⑧，諸帳幕間有金色毛鼠齧斷弓弩弦及器仗^[二十]⑨，悉不堪用。斯須^[二一]，城樓上有光明，天王現形，無不見者。謹圖天王樣矣^[二二]⑩。”

此條本事出不空《毘沙門儀軌》，事極詳。唐後典籍記載頗多，可參見《大宋僧史略》卷三;《釋氏要覽》卷三、《仁王經疏》卷四、《釋門正統》卷四、《翻譯名義集》卷二、《歷朝釋氏資鑑》卷七、《釋氏稽古略》卷三、《佛祖統紀》卷二九與卷四十諸書皆轉引《大宋僧史略》，事有詳略之別;《宋高僧傳》卷一所載文異。

可參見《今昔物語集》卷六《不空三藏誦仁王咒現驗語》(9);《真言傳》卷一《大辯正三藏》。

【校記】

[一]唐等十一字:目錄作“唐玄宗皇帝自誦仁王經呪請天兵救安西感應”。

[二]年:《毘沙門儀軌》作“戴”，系“載”之訛。午:原作“子”，據《毘沙門儀軌》《歷朝釋氏資鑑》改。濤按:天寶元年為壬午歲，子、午形近而訛，諸書傳抄襲訛。《大宋僧史略》《仁王經疏》《釋門正統》等下有“歲”字。

[三]西蕃:《毘沙門儀軌》無二字。大石康:原作“太石康”，據《毘沙門儀軌》《仁王經疏》《物語》《宋高僧傳》及下文“大石康等五國”改。《大宋僧史略》《釋門正統》作“大石康居”，《宋高僧傳》此句作“大石康三國帥兵圍西涼府”。侵:《毘沙門儀軌》作“圍”，《大宋僧史略》《仁王經疏》《釋門正統》作“寇”，義近。國:《毘沙門儀軌》

265

《物語》作"城",《大宋僧史略》《仁王經疏》無此字。

[四]兵:《毘沙門儀軌》下有"救援"二字,《大宋僧史略》《仁王經疏》下有"解援"二字。

[五]兵:《大宋僧史略》《仁王經疏》無此字。

[六]豈頓救之:《大宋僧史略》《仁王經疏》《釋門正統》等無此句。

[七]大臣白:《大宋僧史略》作"時近臣",《仁王經疏》作"得近臣"。

[八]詔:《大宋僧史略》《仁王經疏》下有"入內"兩字。

[九]請:《大宋僧史略》《仁王經疏》上有"持念"兩字。

[十]帶甲冑荷戈楯:《大宋僧史略》《仁王經疏》《釋門正統》等作"帶甲荷戈"。

[十一]異:《大宋僧史略》作"疑"。

[十二]三藏答曰:《大宋僧史略》《仁王經疏》《釋門正統》作"不空對曰"。

[十三]是:《大宋僧史略》《仁王經疏》《釋門正統》無此字。獨:原作"胅",據《毘沙門儀軌》《大宋僧史略》《仁王經疏》《釋門正統》等改,諸書上無"太"。

[十四]制:《大宋僧史略》《仁王經疏》作"必副",《釋門正統》等作"副"。

[十五]城:《大宋僧史略》《仁王經疏》《釋門正統》作"西"。

[十六]也:《大宋僧史略》《仁王經疏》《釋門正統》作"耳"。

[十七]西:原脫,據《毘沙門儀軌》《大宋僧史略》《仁王經疏》《釋門正統》補。

[十八]二:《毘沙門儀軌》《大宋僧史略》《仁王經疏》《物語》上有"去"字。

[十九]人衆:《物語》作"多人"。

[二十]色:《毘沙門儀軌》《大宋僧史略》《仁王經疏》《釋門正統》無此字。《毘沙門儀軌》《釋門正統》《佛祖統紀》下無"毛"字。

[二一]斯須:原作"辭顧",《大宋僧史略》《仁王經疏》《釋門正統》等作"斯須",今從之。

[二二]謹圖天王樣:《仁王經疏》無此句。

【注釋】

①天寶元年壬午:天寶是唐玄宗的第三個年號,天寶元年即 742 年,是年為壬午歲。

②西蕃、大石、康:西蕃指吐蕃;唐宋常稱阿拉伯為大石,又作大食;康,即康國。《舊唐書》卷一九八《西戎傳》:"康國,即漢康居之國也",《通典》卷一九三引杜環《經行記》云:"康國在米國西南三百餘里,一名薩末建。"大石、吐蕃常相勾結攻擊大唐,《資治通鑒》記開元三年(715)大石、吐蕃共立阿了達為王,發兵攻打臣服大唐的拔那漢;天寶六載,高仙芝亦為制止吐蕃與大石的聯合而發兵西征。

安西國:《毘沙門儀軌》《今昔物語集》作"安西城",指唐安西都護府。《通典》卷一七四《州郡四》記:"安西都護府,本龜茲國也。大唐明(濤按:避中宗李顯諱而改顯為明)慶中置。(貞觀中,初置安西都護府於西州;明慶中,移於龜茲城。)東接焉耆,西連疏勒,(西去蔥嶺七百里。)南鄰吐蕃,北拒突厥。"其治所多次遷移,但主要在龜茲,即今新疆庫車縣。

③《仁王護國經》陀羅尼:《仁王護國經》所說的陀羅尼,即題目中所說的《仁王咒》,此陀羅尼修行迅速,能消滅所有罪障。《仁王護國經》全稱《仁王護國般若波羅蜜多經》,此指不空的譯本,分上下兩卷。陀羅尼,密教所持奉的真言,故《毘沙門儀軌》記"急入道場請,真言未二七遍",而《宋高僧傳》曰:"誦仁王密語"。

④毘沙門:四大天王中的毘沙門天王。他是佛教中的護法天神,以福德而聞名四方,故名多聞天。此篇故事記載了西域毘沙門天王信仰的興起。

獨健:毘沙門天王之子,隨其父守護奉法者。不空《北方毘沙門天王隨軍護法真言》記"天王使太子獨健領天兵千人衛護,不離其側,所求如意,應念隨心,皆得成就"。

⑤金甲:金飾的鎧甲。

⑥酉時:古代記時法,指十七時到十九時。

⑦鼓角:戰鼓和號角,軍隊用以報時、警眾或發出號令。

⑧奔潰:逃散,敗逃。

⑨器仗:泛指武器。

⑩謹圖天王樣:畫毘沙門天王的圖像。唐時已興起圖繪沙門天王的圖像,如《歷代名畫記》卷三寶應寺記"韓幹畫側坐毘沙門天王",《太平廣記》卷三一二引《唐闕史》:"青龍寺西廊近北,有繪釋氏部族曰毘沙門天王者,精彩如動,祈請輻湊。"

第五十九　唐代宗皇帝講《仁王般若》降雨感應(出《唐記》①)

代宗皇帝永泰元年秋,天下無雨枯渴②。代宗以八月二十三日詔於資聖[一]、西明兩寺請百法師講新翻《仁王般若經》③,以三藏法師不空為都講④。至于九月一日,黑雲聳空,甘露雨降,天下得潤雨澤,枯死草木,頓成榮茂。《仁王般若》威神不可思議!又羌胡寇邊⑤,京城又因星變⑥,内出《仁王經》二卷。開百座仁王道場,皆有感應矣。

可參見《今昔物語集》卷七《震旦唐代依仁王般若力降雨語》;又可參見《大宋僧史略》卷下;《真言傳》卷二《仁王經之事》。

【校記】

[一]聖:原作"坐",據續藏本、《物語》改。

【注釋】

①《唐記》:未詳。考《新唐書》卷五九《藝文志》錄"李隱《大唐奇事記》十卷(咸通中人)",宋王堯臣《崇文總目》卷三亦載"《大唐奇事記》十卷,李隱撰",今僅有《太平廣記》保存數篇傳記神仙精怪之事,内容有別此篇的佛教題材。然原書十卷篇目較多,並不能排除敘及佛教故事的可能,故未審此處所引是否是李隱之書。(《宋史》卷二百三《藝文二》又記"陳彭年《唐紀》四十卷",考陳彭年為北宋真宗時人,此書未必能在非濁時傳至北遼)

②天下無雨枯渴:此事頗不合于史。《舊唐書》卷十一《代宗本紀》載永泰元年春旱,四月方雨;七月因久旱,"京師米斗一千四百",至庚子日方降雨;然至講經之前,却降雨不斷。故《貞元續開元釋教錄》卷一載唐代宗擬定八月二十三日於資聖、西明兩寺請百法師講《仁王經》,可"時屬秋雨霖霪不休,所司奏聞請更延日……為霖雨宜改至二十六日迎經開講……永泰元年八月二十二日,左監門衛將軍

知省事劉清潭宣：'改期甫至，天雨未晴。恩旨又延九月一日。'"《舊唐書》卷三七《五行志》亦載："永泰元年，先旱後水。九月，大雨，平地水數尺，溝河漲溢。時吐蕃寇京畿，以水，自潰而去。"永泰八月末淫雨霏霏，淋漓不止，講經事一拖再拖，何言秋日無雨而降甘雨？講經得雨一事，或為非濁等妄造乎？

③《仁王般若經》：即《仁王護國般若波羅蜜多經》。《仁王經》本有竺法護、鳩摩羅什、真諦等譯本。至唐代宗永泰元年（765），不空奉詔重譯，又稱《仁王護國經》《新譯仁王經》。全書分二卷、八品，文詞與舊經略同。

④三藏法師不空：不空三藏。唐代來華的譯經名師，真言宗付法第六祖。不空金剛是他受灌頂的號（略稱不空），他名智藏，或稱不空智。他來華後，在淨影寺從事翻譯和開壇灌頂，翻譯《仁王般若經》等密教經典。

都講：又稱都講師，是經論講會中所設的職稱。魏晉南北朝時，佛教學者講經採取一問一答的方式，都講發問，後由講師詳加講解闡發。不空三藏善解經典，主持了永泰元年秋的講會。

⑤羌胡寇邊：指吐蕃等興兵犯唐事，《舊唐書》卷三六《天文志》載："永泰元年九月辛卯，太白經天，是月吐蕃逼京畿。"《舊唐書》卷一九五《回紇本紀》載"永泰元年秋，懷恩遣兵馬使范至誠、任敷將兵，又誘回紇、吐蕃、吐谷渾、黨項、奴剌之眾二十余萬，以犯奉天、醴泉、鳳翔、同州等處，被其逆命"。

⑥星變：古時認為星象的異常變化預示著凶災。《舊唐書》卷十一《代宗本紀》載："（永泰元年九月）時以星變，羌虜入寇，內出《仁王佛經》兩輿付資聖、西明二佛寺，置百尺高座講之。"

第六十　舊譯《仁王經》感應[一]（新錄）

德宗皇帝貞元十九年①，有一沙門不知名及住處。宿太山府君廟堂②，誦新譯《經》[二]③“四無常偈④”。府君夢示，云：“吾昔在佛前親聞此經，什公翻譯詞質義味泯合⑤，聞讀誦聲，身心清涼。新經文詞甚美[三]，義味淡薄。汝持（舊）本[四]，又毘沙門與經卷副[五]。”沙門夢覺，兼持舊本矣。

可參見《今昔物語集》卷七《震旦唐代宿太山廟誦仁王經僧語》(12)；《三國傳記》卷七《太山府君舊譯仁王經譽事》(2)。

【校記】

[一]王：目錄下有“般若”二字。

[二]經：《三國》上有“仁王”二字。

[三]文：原訛作“又”，據文意、《三國》改。

[四]舊：疑脫，據《物語》《三國》補。

[五]又毘沙門與經卷副：《三國》作“與經卷”。

【注釋】

①德宗皇帝：唐代皇帝李適，貞元為其第三個年號，貞元十九年即803年。

②太山府君廟堂：泰山府君的神廟。泰山府君被視為中國傳統的冥神，泰山附近建有他的神廟，如《元和郡縣圖志》卷十《河南道》云“泰山府君祠在（魚臺）縣西十二里”，又記“泰山，一曰岱宗，在縣（魚臺）西北三十里”。泰山府君廟亦同于泰山廟，後來遍及天下，元

孟淳《長興州修建東嶽行宮記》言"自唐封禪,郡縣咸有之"。

③新譯經:指不空新翻譯的《仁王般若經》。

④四無常偈:又名四非常偈。指《仁王經》卷下所說無常、苦、空、無我等義之偈文,共有八偈,分為四節,一節各二偈,次第闡說無常、苦、空、無我。

⑤什公:指鳩摩羅什。鳩摩羅什譯《佛說仁王般若波羅蜜經》,稱作舊本,而不空譯《仁王護國般若波羅蜜多經》被稱作新本。

第六十一　《無量義經》傳弘感應（出《經序》及《齊記》①）

此《無量義經》雖《法花》首載其目[一],而中夏未覩其說。講《法華》者[二],每臨講肆懷疑[三],未嘗不廢談而歎,想見斯文[四]。忽有武當山惠表[五]②,勤苦求道,南北遊尋,不擇夷險。以建元三年[六],復訪奇搜祕,遠至嶺南。於廣州朝亭寺[七]③,遇中天(竺)沙門曇摩伽陀耶舍[八],手能隸書,口解齊言[九],欲傳此經,未知所授[十]。來便慇懃致請[十一],心形俱至[十二],淹歷旬朔[十三]④,僅得一本,仍還嶠北[十四],齎入武當[十五]。以今永明三年九月十八日,頂戴出山,見投弘通[十六]。奉覩真文[十七],欣敬兼誠,詠歌不足[十八],手舞足蹈,莫宣輒虔[十九]。

時有一人生不信,云:"此經何必《法花》序耶?"夢有一神[二十],長丈餘,帶金甲以利劍擬之[二一],云:"汝若不信,當斬頭頸。此經正是《法華(花)》序分。一經耳者,得不失菩提心。億劫時一遇[二二],豈失二利。"即覺,悔謝矣。

此條上段出劉虬《無量義經序》,原文甚詳。《法華義疏》卷二引作《無量義經》,《法華傳記》卷二、《出三藏記集》卷九、《法華文句記》卷二皆引作《無量義經序》。

可參見《今昔物語集》卷七《慧表比丘携〈無量義經〉渡震旦語》(13);《三國傳記》卷十二《〈無量義經〉弘傳事》(2)。

【校記】

[一]花:《無量義經序》等皆作"華",古通。載:《無量義經序》《出三藏記集》(校本改作"載")作"戴",《法華義疏》《法傳》作"載"。

[二]講法華者:《無量義經序》《出三藏記集》《法華義疏》《法傳》《法華文句記》無四字。

[三]懷疑:疑衍,《無量義經序》《出三藏記集》《法華義疏》《法傳》《法華文句記》無二字。

[四]見上等三字:《法華義疏》作"欽見於"。

[五]惠:《無量義經序》《出三藏記集》《法華義疏》《法傳》作"慧","慧"上有"比丘"兩字。表:《法華文句記》下有"比丘"二字。

[六]以:《無量義經序》《出三藏記集》《法華義疏》《法傳》《法華文句記》下有"齊"字。

[七]亭:《無量義經序》《法華文句記》作"廷"。

[八]竺:原脫,據《無量義經序》《出三藏記集》《法華義疏》《法傳》補。

[九]言:《法華義疏》上有"音"字。

[十]知:《法華義疏》下有"其"字。

[十一]來:《無量義經序》《出三藏記集》《法傳》作"表",《法華義疏》作"慧表"。

［十二］俱至:《法華義疏》作“相俱到”。

［十三］淹:原作“俺”,據《無量義經序》《出三藏記集》《法華義疏》《法傳》改。

［十四］嶠:《法華義疏》作“嵩”。

［十五］齎:原作“齊”,據《無量義經序》《出三藏記集》《法傳》改,《法華義疏》訛作“高”。

［十六］投:《無量義經序》《出三藏記集》作“校”,《法華義疏》作“授”,《法傳》作“投”。

［十七］覿:原作“觀”,據《無量義經序》《出三藏記集》《法華義疏》《法傳》改。

［十八］足:原作“知”,據《無量義經序》《出三藏記集》《法華義疏》《法傳》改。

［十九］虔上等三字:《無量義經序》《出三藏記集》《法傳》作“莫宣,輒虔訪宿解,抽刷庸思”;《法華義疏》作“莫宣,遂便注解云”。

［二十］夢:《三國》上有“夜”字。

［二一］帶:《三國》作“著”。

［二二］時:《三國》無此字。

【注釋】

①《無量義經》:一卷,曇摩伽陀耶舍翻譯,今見於《大正藏》第九冊。《歷代三寶紀》卷十一記“齊《無量義經》一卷(見僧祐、法上等錄)”,“高帝世,建元三年(481),天竺沙門曇摩伽陀耶舍,齊言法生稱,於廣州朝亭寺手自譯出。傳受人沙門慧表,永明三年齎至揚都繕寫流布。”本經內容多以《法華經》為中心,與《法華經》《觀普賢經》

合稱為"法華"三部經。注疏本有蕭齊劉虯《無量義經疏》一卷,而文中《經序》指劉虯《無量義經序》。

《齊記》:今已失傳,不詳,《要略錄》此條及下條皆引是書。考古代目錄所載唐前各家所著《齊記》頗多,有晏謨與伏琛《齊記》、丘淵之《齊記》、解道處《齊記》、杜臺卿《齊記》、劉陟《齊紀》、沈約《齊紀》等。《要略錄》所引兩則記南朝齊史事,又涉佛教譯經掌故,據此推斷其所引《齊記》或為一部有關南朝齊的史書,而其作者或為崇信佛教的信徒。

②惠表:蕭齊時武當山的僧人,自廣州朝亭寺帶回曇摩伽陀耶舍所譯《無量義經》,永明三年(485)出武當山而流布此經。

③朝亭寺:廣州古寺。據《無量義經序》等所載,南朝齊建元三年前已有此寺,然其廢立情況未見傳載。《太平御覽》卷一七二引潘懷遠《南越志》、卷一九四引裴淵明《廣州記》,皆記廣州朝臺西三十里,有南越王佗為陸賈所築的華館,名喚朝亭,未審南朝齊之朝亭寺是否在其附近。

④旬朔:泛指不長的時日。

第六十二　聞《無量義經》功德感應[一]（出《齊記》）

昔惠表比丘,武當山誦《無量義經》。後頂戴出山①,投宿山中。初夜分,有天來至[二]②,以百千天眾以為眷屬,供養《經》及表。表問:"誰?"天答曰:"吾等是武當青雀,聚聞《無量義經》,命終生忉利天,欲報恩,故來謁供養[三]。吾等本身在山西南隅一處,聚集捨身。"語此事已,忽然不見。表遣使者,尋青雀聚,實如所言。《經》功德如斯,歡喜見投弘通矣。

275

可參見《今昔物語集》卷七《慧表比丘携無量義經渡震旦語》(13);《三國傳記》卷十二《擇惠表事》(5)。

【校記】

[一]德:目錄下有"生忉利天"四字。

[二]天:《物語》《三國》下有"人"。濤按:天人可略稱作天,見前校。

[三]謁:《三國》無此字。

【注釋】

①頂戴:謂雙手持物舉過頭頂。表示致敬。唐元稹《韋氏館與周隱客杜歸和泛舟》詩:"持君寶珠贈,頂戴頭上頭。"

②天:猶言天人,天上之人,天界生類的總稱。本書天人常略稱作天。

第六十三　誦《法華經》滿一千部必有靈驗感應[一]（出《梁高僧傳》等①）

齊武成世②,并州東看山側有人掘地[二],見一處土,其色黄白。尋見一物[三],狀如人兩脣[二],其中有舌鮮紅赤色。以事聞奏。帝問道俗等[三],無能知者。沙門大統法師上奏曰[四]③:"此持《法花》者六根不壞報耳[五]④。誦滿千遍,其必徵驗矣[六]。"乃集持《法花》者圍繞誦經[七],纔始發聲,此靈脣舌一時鼓動[八]。聞見毛豎,以事奏聞[九]。詔遣石函藏之[十],遷于室矣[十一]。

此條出《續高僧傳》卷二八《釋志湛傳》。《法華傳記》卷四"齊并州誦經舌"、《珠林》卷八五引出《侯君素集》、《弘贊法華傳》卷七咸錄其事,其事稍詳;《珠林》卷十八引出《梁高僧傳》和《雜錄記》、《集神州三寶感通錄》卷下、《大唐內典錄》卷十,文字省於《要略錄》。

可參見《今昔物語集》卷七《震旦法花持者現唇舌語》(14)。

【校記】

[一]必:原訛作"女",據目錄改。

[二]地上等十字:《珠林》卷十八、《感通錄》《內典錄》本句作"並東看山人掘見土黃白"。

[三]尋:《珠林》卷十八、《感通錄》《內典錄》作"又"。

[四]人:《珠林》卷十八、《續高僧傳》《感通錄》《內典錄》無此字,《珠林》卷八五、《弘贊法華傳》無"人"上"如"字。

[三]道俗:《續高僧傳》《法傳》《珠林》卷八五作"諸道人"。

[四]統:原作"綂",據續藏本及諸書改。《續高僧傳》《法傳》《弘贊法華傳》"大統法師上"作"大統法上",《珠林》卷八五作"大統法師上",《珠林》卷十八作"法尚",《感通錄》《內典錄》作"法上"。

[五]六根不壞報耳:《珠林》卷八五作"令六根不壞"。

[六]矣上等九字:《珠林》卷八五作"慇誦千遍,定感此徵",《珠林》卷十八《弘贊法華傳》《感通錄》《內典錄》作"誦滿千遍,其徵驗乎"。

[七]持:《續高僧傳》《弘贊法華傳》《法傳》《珠林》卷八五上有"諸"字。者:《續高僧傳》《弘贊法華傳》《法傳》《珠林》卷八五作"沙門"。

[八]靈:《續高僧傳》《弘贊法華傳》《法傳》作"之"。

[九]以事奏聞:濤按《續高僧傳》《弘贊法華傳》《法傳》《珠林》卷八五作"珍以狀聞",蓋非濁省略諸書中書舍人高珍覘察之事。

[十]石函藏之:《珠林》卷八五作"藏之石函",《珠林》卷十八、《感通錄》《內典錄》作"石函緘之"。

[十一]室:《續高僧傳》《法傳》《珠林》卷八五上有"山"字。

【注釋】

①《梁高僧傳》:《梁高僧傳》記東漢永平至梁天監十八年(519)間僧人傳記,而是篇所記北齊武成帝年間事在《梁高僧傳》成書的四十多年後,故絕非《梁高僧傳》之作,非濁誤署引書名稱,此篇實出於《續高僧傳》。道宣注此事出隋侯君素《旌異記》,道世《珠林》亦言其此事見《侯君素集》,知其本事出於侯君素之作。

②齊武成世:北齊武成帝高湛,北齊第四任皇帝(561—565年在位)。

③大統法師上:即大統法上,如《續高僧傳》《法華傳記》并作"大統法上"。大統為僧官名,統轄一國的僧侶,《隋書·百官志》卷二十二載,北魏、北齊時曾于昭玄寺置大統一人、統一人、都維那三人,以統理眾僧尼,謝重光《中國僧官制度史》考北魏曇曜、僧顯、惠深、僧遷、僧敬都曾任大統(《中國僧官制度史》頁55),大統僧職制度在北朝得到沿襲,如《佛祖統紀》卷三八載"大統元年,勅沙門道臻為沙門大統"。法上為北齊名僧,知識淵博,素為僧眾崇仰,講《法華》答疑解難無所凝滯,使僧眾咸歸。法上在北齊建國之初即任大統,據《續高僧傳》卷八《釋法上傳》載:"初天保之中,國置十統。有司聞奏事

須甄異,文宣乃手注狀云:上法師可為大統,餘為通統。故帝之待遇,事之如佛,凡所吐言無不承用。"法上事蹟詳參《續高僧傳》卷八《釋法上傳》,又見《釋氏六帖》卷十"法上大統"。

④六根:眼耳鼻舌身意六官。

第六十四　書寫《法花經》滿八部必有救苦感應(出《經傳》①)

宋瓦官寺沙門惠道,豫州人②,釋惠果同母之弟也[一]③,生不修行業[二]④,但善於興販[三]⑤。當眾倉厨私自食用,知繒帛方便割盗[四]。後遇疾而死,三日蘇[五],云:吾冥官被驅向幽遠路[六]。有沙門謂道曰[七]:"王若推問,應作是言:我昔有造《法花》八部願[八]。"數授此言已[九],忽然不見。即至王所[十],王問:"(汝)修何功德?[十一]"答:"吾有造《法華經》八部願。"王唉曰:"既云有願,若造《法花》及八部者[十二],必脫八獄。依此一言,還放人間[十三]。"說此因緣。捨所有造八部[十四],其經見在矣。

此條出《法華傳記》卷八"宋瓦官寺釋惠道",事詳。

可參見《今昔物語集》卷七《瓦官寺僧慧道活後寫〈法華經〉語》(22);《三國傳記》卷八《沙門惠道造八部〈法花〉因緣事》(23)。

【校記】

[一]釋:《法傳》無此字。

[二]生:《法傳》無此字。

[三]但:《法傳》無此字。於:《三國》無此字。

[四]繒:《法傳》作"僧"。

[五]三:《法傳》上有"胸上暖"三字。

［六］冥官被：疑倒文，或作“被冥官”。路：《法傳》上有“閻”字。

［七］有：《法傳》作“路遇一”。

［八］花：《法傳》華，下有“經”字。

［九］數：《法傳》作“故”；《三國》作“教”，疑是。

［十］即：《法傳》作“道既”字。王：《法傳》上有“閻魔”兩字。

［十一］汝：疑脫，據《法傳》《三國》補。

［十二］及：《法傳》作“經”。

［十三］還放：疑倒文，《法傳》作“放還”。

［十四］捨所有造八部：《法傳》作“盡所有捨衣缽，造八部《法華經》”。

【注釋】

①《經傳》：《法華傳記》，又名《法華經傳記》。十卷，唐代僧詳撰，本書述有關《法華經》的流傳故事，是一部《法華經》的信仰史。作者僧詳活躍于唐玄宗開元年間，事不詳。

②豫州：古州郡。南北朝時天下分裂，北朝設豫州和東豫州，南朝設南豫州，據《名僧傳抄》釋惠果“負笈南遊至京師”判斷其故鄉豫州為北方豫州。《魏書》卷一百六中《地理志》載豫州領郡九、縣三十九，治所在汝南。

③釋惠果：南朝宋時僧。《名僧傳抄》卷一、《高僧傳》卷十二咸有其傳，前者文字稍詳。惠果為豫州人，恪守清規，德素高明，慈悲為意。元嘉四年（427），負笈南遊，至建康瓦官寺，常誦《十地》《法華》諸經論。泰始六年（470）圓寂，春秋七十六。其事亦爲《今昔物語集》所錄，見卷七《豫州惠果讀誦法花經救廁鬼語》。

④行業：佛教徒應該恪守的戒律操行。北齊顏之推《顏氏家訓‧歸心》："以僧尼行業多不精純為姦慝也。"

⑤興販：猶言經商，販賣。

第六十五　書寫《法華經》一日即速救苦感應（出《經傳》）

絳州有孤山①，永徽年中有二人僧同房而住[一]②。一名僧行[二]，行《三階佛法》③；二名僧法[三]，行《法花三昧》[四]④。二人要期[五]，若前亡者必告所[六]。後，僧行先亡。三年後，僧法祈請觀音。夢至地獄，猛火熾然[七]，不可親近，鐵網七重而覆其上，鐵扉四面，開閉甚固[八]。百千沙門犯淨戒不調身心者，在中受苦。問[九]："此中有沙門僧行不？"羅剎答曰⑤："有"。又曰："欲見。"答："不可見。"又曰："我等佛子，如何固惜[十]。"即時[十一]，羅剎以鋒貫（黑）炭示之[十二]。僧法見黑炭流泣，"沙門釋子如何受苦[十三]，願欲見昔形。"羅剎唱活，宛如平生，但身體燒爛。謂法曰："汝將救吾苦。"法曰："如何救之？"答："為造《法花經》。"法曰："如何造耶[十四]？"答："一日之中，以可畢其功。"法曰："貧道豈可一日中畢。"答："吾苦不可忍[十五]，剎那難過，非一日猛利行，焉得苦息。"夢覺，即日捨衣鉢資，雇書生四十人一日寫之[十六]，供養禮拜。其夜，夢僧行離地獄苦，近生忉利天矣[十七]。

此條出《法華傳記》卷八"絳州孤山西河道場僧"，事詳。

可參見《今昔物語集》卷七《震旦絳州孤山僧書寫〈法華經〉救同法苦語》(23)；《寶物集》。

【校記】

[一]房：原作"坊"，據《法傳》《物語》改。

[二]名:《法傳》《物語》上有"人"字,下同。

[三]二:《法傳》作"一"。

[四]花:《法傳》作"華"。

[五]期:《法傳》作"契"。

[六]前:《法傳》作"先"。所:《法傳》作"生處",疑是。

[七]然:《法傳》作"燃",古通。

[八]開:《法傳》無此字。

[九]問:《法傳》作"沙門謂防守羅剎曰"。

[十]如:《法傳》上有"汝"字。

[十一]即:《法傳》作"答若欲見隨意即見"。

[十二]黑:原脫,據《法傳》《物語》補。之:《法傳》下有"曰此是僧行也"。

[十三]苦:《法傳》上有"重"字。

[十四]耶:《法傳》無此字。

[十五]吾:原作"告",據《法傳》改。濤按:《物語》作"我"。

[十六]雇:原作"具以",據《法傳》《物語》改。

[十七]忉利天:《法傳》作"第二天"。

【注釋】

①絳州:唐州名。《舊唐書》卷三九《地理志》:"絳州,隋絳郡。武德元年,置絳州總管府,管絳、潞、蓋、建、澤、沁、韓、晉、呂、舉、泰、蒲、虞、芮、邵十五州。絳州領正平、太平、曲沃、聞喜、稷山五縣。三年,廢總管府。"治所在正平縣,今山西新絳縣。

孤山:絳州山名。《冥報拾遺·徹師》載"唐絳州南孤山隱泉寺沙門徹禪師"，據此知孤山或名"南孤山"。

②永徽：唐高宗李治的第一個年號，650至655年。

③《三階佛法》：指修習三階教經義。三階佛法是隋唐三階教的根本教典，為三階教徒最尊崇的根本聖典。凡四卷，隋代信行（540—594）撰於開皇十二年（592），今可見于《大正藏》第八十五冊。三階教亦稱為三階佛法，把全部佛教依時、處、人分為三類，每類又各分為三階。其宗旨與當時佛教界的理論和行持很不協調，因此不斷受到打擊，終至斷絕。

④法花三昧：四種三昧之一，又名半行半坐三昧。即依據《法華經》與《觀普賢菩薩行法經》所述，以三七日為期，行道誦經，並諦觀實相中道之理的法門。

⑤羅刹：此指地獄惡鬼，獄卒。

第六十六　七卷分八座講《法花經》感應[一]（出《經傳》）

釋惠明，不知何處人[二]，亦失俗姓。風範甚閑[三]①，聰惠多聞[四]，穎悟佛乘②。講《法華經》天機獨斷③，相訟說釋[五]④。或時入深山[六]，坐石室講經，數群猿猴來聽法[七]。經三月後，夜石窟上有光明[八]，漸近窟前，是則天人。自稱："吾是猿猴群中老弊而盲者是也[九]⑤，依聞公講[十]，生忉利天[十一]。本身在室東南七十餘步外[十二]。思師恩故，聽師講故[十三]，降臨此處[十四]，願聞講說。"明（日）[十五]："如何講說。"天曰："吾忽忽欲還天[十六]⑥，師以一部典分八而講。"明曰："所持七卷⑦，將分七座，何必八講？"天曰："法花是八年說，若八年講實久。願開八座[十七]，擬八歲說[十八]，略可佛旨[十九]。"明即分七卷成八軸[二十]，為天開講。天以八枚真珠奉

施[二一]⑧,而說偈曰[二二]:

釋迦如來避世遠,流轉妙法值遇難。

雖值解義亦為難,雖解講演最為難[二三]。

若聞是法一句偈,乃至須臾聞不謗。

三世罪障皆消滅,自然成佛道無疑。

吾今聞聽捨畜身[二四],生在欲界第二天。

威光勝於舊生天,勝利難思不可說。

說斯偈已[二五],還上本天。明具記事,彫石而收[二六]⑨。今見在矣[二七]。

此條出《法華傳記》卷八"唐釋慧明",事詳。

可參見《今昔物語集》卷七《慧明七卷分八部講〈法花經〉語》(24);《三國傳記》卷八《〈法華經〉分八軸事》(8)。

【校記】

[一]七等十一字:目錄作"分七卷法華經講八座感應"。

[二]處:《法傳》作"許"。

[三]範:原作"帆",續藏本疑作"貌",《法傳》作"範",從後者。

[四]聰:原訛作"聽",據《法傳》改。

[五]訟:大藏本《法傳》作"沿"。

[六]或:《法傳》作"一"。

[七]猿:《法傳》《三國》作"獮",下同。來:《法傳》作"未到","未"乃"來"之訛。

[八]窟:此處及下文皆疑作"室",大本《法傳》作"室",應上文之"石室講經"。

[九]弊:《法傳》作"蔽",疑誤。

[十]講:《三國》下有"經"字。

[十一]生:《法傳》上有"命終"兩字。

[十二]本身:《法傳》作"吾本身死"。《三國》上有"我"字。

[十三]師:《法傳》無此字。

[十四]處:《法傳》作"砌",疑誤。

[十五]曰:原脫,據續藏本、《法傳》《三國》補。

[十六]忽忽:《三國》作"急"。天:《法傳》下有"上"字。

[十七]願:《法傳》作"樂",疑誤。

[十八]歲:《三國》作"才"。

[十九]佛旨:《三國》作"表佛智"。

[二十]卷:《法傳》下有"經"字。

[二一]天:《法傳》無此字。施:《法傳》下有"慧明"兩字。

[二二]曰:《法傳》作"言"。

[二三]演:《法傳》作"宣"、《三國》作"宜"。最:原訛作"眾",據《法傳》《三國》改。

[二四]聽:《法傳》作"講",下有"講"字。

[二五]斯:《法傳》作"此"。

[二六]彤石而收:《法傳》作"收石室"。

[二七]矣:《法傳》作"焉"。

【注釋】

①風範:風度、氣派之意,言師氣度閑遠。

②佛乘:原指唯一能令人成佛的教法。此處似泛指佛教典籍,如

285

白居易《祭中書韋相公文》："佛乘之外，言不及他。"

③天機：天機猶靈性，謂天賦靈機。

④相訟說釋：指釋惠明講經天機獨斷，有別於前代說、釋之論。

⑤老弊：年老衰弱。

⑥怱怱：倉促，匆忙。

⑦所持七卷：指鳩摩羅什翻譯《妙法蓮華經》，原為七卷二十七品。

⑧真珠：即珍珠。天人以珍珠奉施，以示敬意。

⑨彫石：刻石記文。

第六十七　曇摩懺三藏傳《大涅槃經》感應[一]（出《傳》《目錄》等文）

晉安帝世①，中天竺國三藏法師曇摩懺②，涼言法豐，齎《大涅槃》前分十卷并《菩薩戒》等到姑臧③，止（於）傳舍[二]④。慮失經本[三]，枕（之）而寢[四]。夜有人牽懺墮地[五]，驚覺謂盜[六]。如此三夕，乃聞空中聲[七]，曰："此如來解脫之藏[八]⑤，何為枕之[九]？"懺乃慚悟[十]，別安高所[十一]。有盜者[十二]，夜數舉[十三]，竟不能勝[十四]。明旦，懺持不以為重[十五]。盜謂聖人⑥，悉來辭謝矣[十六]。

此條出《高僧傳》卷二《曇無讖傳》、《貞元新定釋教目錄》卷六。又見《開元釋教錄》卷四，事詳；又見《出三藏記集》卷十四《曇無讖傳》、《歷代三寶紀》卷九、《大唐內典錄》卷三，文字相近；《涅槃經玄義文句》卷下、《翻譯名義集》卷一、《華嚴玄談會玄記》卷十七等傳載其事，文字有異。

【校記】

［一］懺：《歷紀》《內典》、續藏本作"識"，下同。大：目錄下有
"般"字。

［二］於：疑脱，據《高僧傳》《出三藏記集》《開元錄》《貞元錄》
《歷紀》《內典》補。

［三］失：原作"告"，據《高僧傳》《出三藏記集》《開元錄》《貞元
錄》《歷紀》《內典》、續藏本改。

［四］之：疑脱，據《高僧傳》《出三藏記集》《開元錄》《貞元錄》
《歷紀》《內典》補。

［五］夜：《高僧傳》《出三藏記集》《開元錄》《貞元錄》無此字。
懺墮：《高僧傳》《出三藏記集》《開元錄》《貞元錄》作"之在"。

［六］驚覺謂盜：《高僧傳》《出三藏記集》作"識驚覺謂是盜者"，
《開元錄》《貞元錄》作"識驚謂是盜者"。

［七］聲：《高僧傳》《出三藏記集》《開元錄》《貞元錄》作"語"，
《歷紀》上有"有"字，下有"語"字。

［八］此：《歷紀》《貞元錄》下有"是"字。

［九］為：《高僧傳》《出三藏記集》《開元錄》《貞元錄》作"以"。

［十］慚：原作"漸"，據《高僧傳》《出三藏記集》《開元錄》《貞元
錄》《歷紀》《內典》改。

［十一］安：《高僧傳》《出三藏記集》《開元錄》《貞元錄》作
"置"。所：《高僧傳》《出三藏記集》《開元錄》《貞元錄》《歷紀》《內
典》作"處"。

［十二］有：《高僧傳》《出三藏記集》《開元錄》《貞元錄》上有

"夜"字,《歷紀》《内典》上有"果"字。

[十三]夜數舉:《高僧傳》作"數過提舉",《出三藏記集》《開元錄》《貞元錄》作"數過舉之",《歷紀》作"夜數提舉"。

[十四]竟:《出三藏記集》《開元錄》《貞元錄》作"遂"。

[十五]持:原作"特",據《歷紀》《内典》、續藏本改。《高僧傳》作"將經去",《出三藏記集》《開元錄》《貞元錄》作"持經去"。

[十六]辭:《高僧傳》《出三藏記集》《開元錄》《貞元錄》《歷紀》《内典》作"拜"。

【注釋】

①晉安帝:東晉安帝司馬德宗,東晉的第十位皇帝(397 至 418年在位),謚號為安帝。

②曇摩讖:北涼時古印度來華高僧,常作曇無讖,《高僧傳》言"曇無讖,或云曇摩讖",北涼稱作法豐。他所傳的涅槃學說,所譯的《涅槃經》,發揮一切眾生都具備能自覺成佛的佛性因素,乃至斷了善根的一闡提也不例外。這引起當時佛教界的激烈爭論,最終開創了義學上涅槃師一派。事見《高僧傳》卷二《曇無讖傳》。

③《大涅槃》:又稱《大本涅槃經》或《大涅槃經》,是宣說如來常住、涅槃常樂我淨、眾生悉有佛性乃至一闡提成佛等義的經典。《涅槃經》有大乘、小乘二經,小乘《大般涅槃經》三卷,晉法顯譯,曇無讖所譯為大乘《大般涅槃經》。《高僧傳》卷二《曇無讖傳》言其初攜梵本十卷來華,而《出三藏記集》卷十四《曇無讖傳》則記其初攜梵本十二卷來華,後再次回國訪覓梵本,續成三十六卷,譯成漢文。

《菩薩戒》:指北涼曇無讖所譯《菩薩戒經》或《菩薩戒本》,《高僧傳》卷二《曇無讖傳》載其攜"《菩薩戒經》《菩薩戒本》等",非瀆省略原文而作"《菩薩戒》"。《菩薩戒本》全一卷,是從《菩薩地持經》卷四《方便處戒品》錄出又加歸敬頌等而成,後人為區別於唐譯《菩薩戒本》稱它為《地持戒本》;曇無讖尚譯《菩薩戒經》,全十卷,又稱《菩薩地經》《地持經》《菩薩地持經》,傳說系無著記錄彌勒說法而成。

姑臧:古代多為涼州州治,地在今甘肅武威。《高僧傳》卷二《曇無讖傳》載曇無讖是在北涼玄始年間(412—428)至姑臧,當時北涼王沮渠蒙遜佔領姑臧並徙都於此,曇無讖被禮請此城譯《大涅槃經》。

④傳舍:古時供行人休息住宿的處所。

⑤解脫:從佛教的意義上說,解除妄想煩惱的束縛,脫離生死輪回的痛苦,獲得自在,謂之"解脫"。

⑥聖人:智慧卓越,人格完善,能力高強的人。

第六十八　釋惠嚴刪治《涅槃》感應[一](出《傳》《記》等文①)

宋釋惠嚴②,京師東安寺僧也③。嘗嫌《大涅槃經》文字繁多,遂加刊削④,就成數卷,寫兩三通以示同好。因寢寤之際[二],忽見一人身長二丈餘[三],形氣偉狀[四],謂之曰:"《涅槃》尊經,眾藏之宗,何得輕加斟酌[五]?"嚴悵然不悅[六],猶謂意已立[七],未有改心[八]。至明夕[九],復見昨人,狀有怒色[十],曰[十一]:"過而知改,是謂非過。昨相告[十二],猶不已乎?此經既無片理[十三],且君禍亦將及。"嚴驚覺,失聲[十四]。未及申旦[十五]⑤,便馳信求還,悉燒除之。識者諫曰[十六]:"此誠後人。"嚴雖以為然,終懷疑懼矣[十七]。

此條出《高僧傳》卷七《釋慧嚴傳》、《冥祥記》。《高僧傳》卷七、《歷代三寶紀》卷十，文稍異。又《釋門自鏡錄》卷一、《珠林》卷十八引《冥祥記》，文字相近。

【校記】

[一]槃：目錄下有"經感神責"四字。

[二]寤之際：《自鏡錄》作"寐之間"，《珠林》作"癮之際"。

[三]餘：《自鏡錄》無此字。

[四]形氣偉狀：《自鏡錄》作"儀形甚偉"，《珠林》作"形氣偉壯"。

[五]得：《高僧傳》《自鏡錄》作"以"，《珠林》作"得以君璪"。

[六]悵然不悅：《高僧傳》作"覺已惕然，珠林悵然不釋"，《自鏡錄》作"覺已惕然不悅"。

[七]謂：《自鏡錄》作"有"。《珠林》"謂意已立"作"猶以發意"。

[八]改：原作"愍"，據續藏本、《自鏡錄》改。此句《珠林》作"苟覓多知"。

[九]明夕：《珠林》上有"至"字，下有"將臥"二字。

[十]狀：《珠林》作"甚"。

[十一]曰：《珠林》上有"謂"字。

[十二]昨：原作"故"，據《珠林》改。

[十三]片：《珠林》作"行"。

[十四]聲：《珠林》作"措"。

[十五]申：原作"中"，據《珠林》改。

[十六]識:"識"下等十八字《珠林》無。

[十七]疑:《自鏡錄》無此字。

【注釋】

①《傳》《記》:當指《高僧傳》《冥祥記》,本篇出於兩書。

②釋惠嚴:即釋慧嚴(363—443),姓范,豫州人,南朝宋的名僧,頗受宋武帝、宋文帝器重禮遇。寶唱《名僧傳》存"宋東安寺釋惠嚴"目,《高僧傳》卷七《釋慧嚴傳》載其事蹟甚詳。

③京師:猶言京城,此指南朝都城建康(今江蘇南京)。

東安寺:六朝時建康寺廟。《辯正論》卷三記司徒王謐"感瑞呈真造東安寺",以王謐的生活年代推算該寺或建于東晉安帝年間。然《高僧傳》卷四、《世說新語》並記支道林在東晉哀帝時便駐錫此寺,若哀帝時已有此寺,則東安寺非王謐首建,寺早在五十餘年前便已存世。故孫文川《南朝佛寺考》亦以道林住此寺之事考其當建于晉哀帝。至南朝宋時,慧嚴、慧議並住東安寺,為道俗所重,它與當時鬥場寺並秀,俗稱"鬥場禪師窟,東安談義林"。《高僧傳》記釋道淵、釋道猛、釋法恭、釋曇智等皆曾住于東安寺,弘傳佛法。《出三藏記集》卷二記《大法鼓經》《相續解脫經》《第一義五相略》皆為東安寺僧所譯,它儼然重要的譯經道場。六朝之後,東安寺之名不傳於世。

④遂加刊削:指刪減。《高僧傳》卷七《釋慧嚴傳》記釋慧嚴"乃共慧觀、謝靈運等依《泥洹》本加之品目。文有過質,頗亦治改";《釋門自鏡錄》卷一言其"刪四十卷者為三十六卷"。

⑤申旦:自夜至明。

第六十九　書寫《涅槃經》生不動國感應（新録）

尚書刑部侍郎張行安發願寫《涅槃經》①。始立題，夜夢二沙門來[一]，云："汝寫深經，決定生不動國佛土[二]②。"夢覺，專志寫之，不知其後矣。

【校記】

[一]二:下原衍"人"，據文意删。

[二]決:疑衍。

【注釋】

①尚書刑部侍郎:尚書省刑部侍郎，刑部的副長官，掌法律刑獄。

②不動國佛土:東方阿閦佛所在的不動國土。

第七十　聞常住二字感應（新録）

揚州有居士[一]①，不信《大般涅槃》常住佛性理。更聞"常住"二字②，不墮惡道，生不信，云："聞一部典，猶不可免惡道，況二字乎?"後時，居士微疾而死③。心上少暖，未發葬。七日醒，云:吾至閻魔天子城，王呵云："汝謗深經，報在阿鼻。"爾時，憶持因果。白王言："設謗故墮惡道，聞常住二字故亦可閉惡道門户。"時，空中忽有光現，光中說偈曰:"若信若不信，纔聞常住字。決定不墮惡，即生不動國。"王歡喜而放還。自說此因緣，流淚修行。臨終之時，得不動國迎矣[二]。

可參見《三國傳記》卷七《揚州居士依常住二字生不動國事》(13)。

【校記】

［一］揚：原作"楊"，據文意改。

［二］矣：原作"乎"，據文意改。濤按：《要略録》文末多有"矣"字，殆其行文慣例。

【注釋】

①揚州：隋江都郡。《舊唐書》卷四十《地理志》："武德三年，杜伏威歸國，于潤州江寧縣置揚州，以隋江都郡為兗州，置東南道行臺。七年，改兗州為邗州。九年，省江寧縣之揚州，改邗州為揚州。置大都督，督揚、和、滁、楚、舒、廬、壽七州。……乾元元年，復為揚州。"以江都（今江蘇揚州江都區）為治所。

②常住二字：《涅槃經》詮釋"涅槃常住"之理，宣揚法無生滅變遷。《涅槃經》卷七記："或聞常住二字音聲，若一經耳，即生天上。"

③居士：梵語音譯伽羅越、迦羅越，指歸依佛門的在家男子。梵語原義有家長、家主、長者之義，又有居財之士或居家有道之士之意。即指吠舍（毗舍）階級的豪富者，或指在家的有德有道之士。在我國，居士一詞原指在家不求仕宦，而怡然自得於道藝者，後來多指身雖在家卻能通達佛道的著名居士。至後世，佛教徒往往在死後之法名上附加此稱，或稱將軍及貴顯者為大居士，稱士人等為居士。至近代則泛稱一般在家佛教徒為居士。

第七十一　手觸《涅槃經》感應（出《西域求法傳》）①

昔西域有一婆羅門從手放光②。人異之，問阿羅漢，不知因緣[一]。後得通大士來到彼家[二]③，見放光，云："善哉婆羅門！昔以手觸《涅槃》尊經，以是因緣，能放光明。汝未來得佛，亦名光明尊矣。"

此條未詳出處。

可參見《三國傳記》卷十一《西域婆羅門從手放光事》(28)。

【校記】

[一]不：《三國》上有"阿羅漢"三字。

[二]通：濤按《三國》此段夾雜編者注文，大意述阿羅漢"入定端坐"、"宿住床上"、"定出到彼家"，據此推測其意為阿羅漢入定得神通後，來到放光婆羅門家中，告知其放光因緣。

【注釋】

①《西域求法傳》：檢義淨《西域求法高僧傳》未載此事，未審為非濁誤記，或別有他書。然僧家目錄書籍除義淨《西域求法高僧傳》外，未見有名《西域求法傳》者。

②從手放光：《法華傳記》卷九"毒蛇生天"引《外國記》記："見一天子，從手放光，掩閉諸天。問因緣，答：'吾在人間書寫《法華》，生此天中，以是因緣手放光。'"

③通大士：或指觀音，其有別稱作圓通大士。《補陀洛迦山傳》附署名王勃《觀音大士讚》："蓋聞圓通大士，乃號觀音。"

第七十二　諸王寫一切經感應（出《經錄》、《法苑珠林》文①）

齊高宗明帝寫一切經②；陳高祖武帝寫一切經一十二藏③；陳世

祖文帝寫五十藏④;陳高宗宣帝寫十二藏[一]⑤;魏太祖道武皇帝寫一切經⑥;齊肅宗孝明帝為先皇寫一切經一十二藏[二]⑦,合三萬八千四十七卷;隋高祖文帝寫一切經一十六藏[三]⑧,十三萬三千八十六卷[四];(隋)煬帝寫六百一十二藏[五]⑨,二萬九千一百七十二部[六]。此等皆有感應,不能備記,更撿史書矣。

此條見《辯正論》卷三、《釋迦方志》卷下、《珠林》卷一百。《釋氏六帖》卷二"王侯信奉"述諸帝奉佛事。

【校記】

[一]宣:原作"寅",據續藏本、《辯正論》《釋志》《珠林》改。

[二]明:《辯正論》《釋志》作"昭"。濤按:齊肅宗諡為孝昭帝,《要略錄》"明"字實誤,考《珠林》作"明",非濁錄抄《珠林》而襲誤,故不改。一切:《釋志》《珠林》無二字。

[三]一切:《釋志》《珠林》無二字。一:疑誤,《辯正論》《釋志》《珠林》作"四"。

[四]十三:《辯正論》《釋志》《珠林》上有"一"字。三:疑誤,《辯正論》《釋志》《珠林》作"二"。

[五]隋:原脫,據《釋志》《珠林》補。

[六]二:《辯正論》作"三"。

【注釋】

①《經錄》:未詳所指。是篇所言《經錄》記隋文帝、隋煬帝事,考《舊唐書》卷一《高祖本紀》記李淵于武德元年"(九月)辛未,追諡隋太上皇為煬帝",據此知此為武德之後的作品。然檢《大周刊定眾經

目錄》《大唐內典錄》《古今譯經圖紀》《開元釋教錄》《續開元釋教錄》《貞元新定釋教目錄》等未見傳載，或別有所指。

②齊高宗明帝：南朝齊明帝蕭鸞，南朝齊第五任皇帝，死後諡為明帝，廟號高宗。

③陳高祖武帝：陳南北朝時期陳朝的開國皇帝陳霸先，初仕梁，曾輔佐王僧辯討平侯景之亂。後受禪稱帝，國號陳，都建康，在位三年，諡武皇帝，廟號高祖。

④陳世祖文帝：陳文帝陳蒨，陳武帝之侄。永定三年（559），武帝死，宣皇后與中書舍人蔡景曆等定計秘不發喪，召其還朝，立為帝。死後諡號為文帝，廟號世祖。

⑤陳高宗宣帝：陳孝宣帝陳頊，南北朝時期陳朝第四位皇帝，在位十四年，年號太建。他是高祖武皇帝陳霸先的侄子，世祖文皇帝陳蒨的弟弟。死後諡號為孝宣帝，廟號高宗。

⑥魏太祖道武皇帝：北魏道武帝拓跋珪，北魏開國皇帝，鮮卑族人。他是代王拓跋什翼犍的孫子，獻明帝拓跋寔的兒子，太武帝拓跋燾的爺爺。即位初年，積極擴張疆土，勵精圖治，將鮮卑政權推進封建社會，天下小康。死後諡號道武皇帝，廟號太祖。

⑦齊肅宗孝明帝：據《辯正論》《釋迦方志》知實為齊肅宗孝昭帝，《要略錄》襲《珠林》而誤。齊肅宗孝昭帝高演，北齊第三位皇帝。他是東魏權臣高歡的第六子，文襄帝高澄、文宣帝高洋、武成帝高湛同母兄弟。死後諡號為孝昭皇帝，廟號肅宗。

⑧隋高祖文帝：隋代開國皇帝楊堅。原為北周大臣，逼北周靜帝禪位而登基。在位時統一南北，死後諡號文皇帝，廟號高祖。文帝佞佛，《隋書》卷三五《經籍志四》記"開皇元年，高祖普詔天下；任聽出

家,仍令計口出錢,營造經像。而京師及并州、相州、洛州等諸大都邑之處,並官寫一切經,置於寺內"。

⑨隋煬帝:隋煬帝楊廣,隋朝的第二任皇帝,唐高祖諡為煬皇帝。

《三寶感應要略錄》卷之中(終)[一]

【校記】

[一]終:大藏本有此字。

《三寶感應要略錄》卷下目錄^[一]

【校記】

第三十九　陀羅尼自在王菩薩於地獄鑊緣上說法（救苦）
感應[十]

第四十　　馬鳴龍樹師弟感應

第四十一　釋道詮禪師造龍樹（菩薩）像生淨土感應[十一]

第四十二　淄州釋惠海畫無著世親像得天迎感應

【校記】

[一]昭：原作"照"，據《高僧傳》《珠林》改。

[二]造慈氏檀像：正文文題作"法師發願造慈氏菩薩三寸檀
像"。

[三]像：疑脫，據正文文題補。

[四]泰：原作"秦"，據正文補。

[五]郡：原作"那"，據正文文題改。

[六]州：原作"洲"，據正文文題改。

[七]州：原作"洲"，據正文文題改。

[八]州：原作"洲"，據正文文題改。

[九]簡：原作"蕳"，據文意及《靈驗記》改。

[十]救苦：疑脫，據正文文題補。

[十一]菩薩：疑脫，據正文文題補。

《三寶感應要略錄》卷之下（僧寶聚）

釋子非濁集

第一　文殊師利菩薩（得名）感應^[一]（出《清涼傳》等文①）

文殊師利②，舊云妙德^[二]，新云妙吉祥^[三]。立名有二：初就世俗，因瑞彰名^{[四]③}。此菩薩有大慈悲^[五]，生舍衛國多羅聚落梵德婆羅門家^{[六]④}。其生之時，家內屋宅凡如蓮花^[七]，從母右脇而生，身紫金色，墮地能語，如天童子⑤。有七寶蓋⑥，隨覆其上。具有十種感應事^[八]，故名妙吉祥：一、天降甘露；二、地涌伏藏⑦；三、倉變金粟⑧；四、庭生金蓮；五、光明滿室；六、雞生鸞鳳^[九]；七、馬產騏驎^[十]；八、牛生白犢^[十一]；九、猪誕龍豚；十、六牙象現^[十二]。所以，菩薩因瑞彰名^[十三]。二依勝義立名^{[十四]⑨}，如《金剛頂經》說^{[十五]⑩}："由菩薩身普攝一切法界等如來身、一切如來智惠等及一切如來神變遊戲"，已由極妙吉祥，故名妙吉祥也。

此條出《廣清涼傳》卷上。又見《文殊師利般涅槃經》，《華嚴經隨疏演義鈔》卷二八與《華嚴經疏鈔會本》卷十二引作《文殊般泥洹經》。《阿彌陀經通贊疏》《華嚴經行願品疏鈔》卷五、《法華經玄贊要集》卷十亦載文殊師利十種感應。

【校記】

[一]得名：疑脫，據目錄補。

[二]舊云妙德：《廣清涼傳》作"皆云曼祖（仁祖切）室利（二合）曳"，《阿彌陀經通贊疏》作"曼殊師利"，《華嚴經行願品疏鈔》作"正云妙德"、《淨名經關中釋抄》卷下作"此云妙德"。

[三]新：《廣清涼傳》作"此"。

[四]彰：《廣清涼傳》作"障"，下同。名：《廣清涼傳》下有"二就勝義，以德立號"八字。

[五]此菩：《廣清涼傳》"此菩"下至"其上"等五九字，原在前段中。濤按：此系非濁挪移次序。

[六]落：續藏本、《廣清涼傳》《文殊師利般涅槃經》《華嚴經隨疏演義鈔》《華嚴經疏鈔會本》作"落"。

[七]屋：《廣清涼傳》作"室"。凡如：《廣清涼傳》作"化生"，《華嚴經隨疏演義鈔》作"化作"，《文殊師利般涅槃經》《華嚴經疏鈔會本》作"化如"。花：《廣清涼傳》《華嚴經隨疏演義鈔》《華嚴經疏鈔會本》作"華"，古通。

[八]具：《廣清涼傳》無此字。感應事：《廣清涼傳》作"吉祥事"。

[九]鸞鳳：《華嚴經隨疏演義鈔》《阿彌陀經通贊疏》《華嚴經行願品疏鈔》《法華經玄贊要集》《華嚴經疏鈔會本》作"鳳子"。

[十]騏驎：續藏本、《廣清涼傳》作"麒鱗"，《華嚴經隨疏演義

鈔》《華嚴經疏鈔會本》作“麒麟”，《阿彌陀經通贊疏》《華嚴經行願品疏鈔》《法華經玄贊要集》作“騏驎”。

〔十一〕狴:《廣清凉傳》作“牦”，《華嚴經隨疏演義鈔》《華嚴經行願品疏鈔》《法華經玄贊要集》《華嚴經疏鈔會本》作“澤”，《阿彌陀經通贊疏》作“驛”。

〔十二〕六牙象現:《華嚴經隨疏演義鈔》《阿彌陀經通贊疏》《法華經玄贊要集》《華嚴經疏鈔會本》作“象具六牙”，《華嚴經行願品疏鈔》作“象生六牙”。

〔十三〕名:《廣清凉傳》下有“也”字。

〔十四〕勝義:《廣清凉傳》作“真諦”。

〔十五〕如:《廣清凉傳》作“據”。

【注釋】

①《清凉傳》:此指《廣清凉傳》，宋僧延一編，凡三卷。書成於北宋嘉祐五年(1060)，記述五臺山勝跡，共分二十三篇。非濁此篇即出於《廣清凉傳》，唯調整段序、變易文字矣。

②文殊師利:即文殊菩薩，大乘佛教中以智慧著稱的菩薩。菩薩梵名舊稱文殊尸利，新稱曼殊室利，意譯為妙德或妙吉祥。一行《大毘盧遮那成佛經疏》卷一記:“妙吉祥菩薩者，妙謂佛無上慧，猶如醍醐純淨第一。室利翻為吉祥，即是具眾德義。或云妙德，亦云妙音也，言以大慈悲力故，演妙法音，令一切聞。”

③瑞彰:吉祥的顯現。如《阿彌陀經通贊疏》所言，菩薩“生時有十種吉祥事故”。俄聖彼得堡藏 Φ233《十吉祥》誦唱文殊因緣，有“光明滿室”、“甘露垂庭”、“地湧七珍”、“倉變金粟”、“象具六牙”、

303

"豬誕龍豚"、"雞生鳳子"、"馬生麒麟"、"神開伏藏"、"牛生白澤"十吉祥事。

④多羅聚落：據此文乃舍衛城（今尼泊爾奧都附近）的一個地方，是文殊的出生地。聚落，又作聚洛，或稱村落，即眾人所聚居之處，日本信行《翻梵語》卷八"聚落名"錄"多羅聚落"名。

然《方廣大莊嚴經》卷十一記"如來北逝經伽耶城，城中有龍名曰善見，明日設齋，奉請如來。如來食訖，往盧醯多婆蘇都村，次復至多羅聚落，次復經娑羅村"，似乎多羅聚落在伽耶城（今譯加雅，在比哈爾邦中部），疑異地同名。

⑤天童子：天神之子。守護佛法的諸天常以童子形出現于人界，以服侍人類，稱為天童。

⑥七寶蓋：即指七寶嚴飾的華蓋、懸蓋。華蓋類似於雕刻精細如傘狀的蓋，常懸于佛菩薩或戒師等的高座上，作為莊嚴之具。

⑦地湧伏藏：地下湧出寶藏。伏藏指埋藏於地中的寶物。

⑧金粟：金粟謂粟色黃如金，乃吉祥之兆。

⑨勝義：又作第一義、真實，指勝於世間世俗義的最勝真實道理。包含無相之所行，不可言說，絕諸表示，息諸諍論，超越一切尋思之境相。

⑩《金剛頂經》：闡說密教金剛界法門的經典，與《大日經》並稱為二部經。今有三譯本：唐代不空所譯《金剛頂一切如來真實攝大乘現證大教王經》，凡三卷；唐代金剛智所譯《金剛頂瑜伽中略出念誦經》，凡四卷；北宋施護所譯《一切如來真實攝大乘現證三昧教王經》，凡三十卷。文中所引的這段文字，可見于《金剛頂一切如來真實攝大乘現證大教王經》卷上"從彼金剛劍形出一切世界微塵等如

來身、一切如來智慧等,作一切佛神通遊戲",以及《金剛頂瑜伽中略出念誦經》卷一:"即從彼金剛箭身,一切世界微塵等如來身出現已,為作一切如來奉事等及一切如來神變。"

第二　文殊化身為貧女感應(出《清涼傳》)

世傳:昔有貧女,遇齋會赴集[一]①,自南而來。凌晨屆寺,携抱二子,一犬隨之,身無餘資[二],剪髮以施。未遑眾食,白主僧曰[三]:"欲先食[四],遽就他行。"僧亦許可,命僮與饌②,三倍貽之,意令貧女[五]、二子俱足。女曰:"犬亦當與。"僧勉強復與。女曰:"我腹有子③,更須分食[六]。"僧乃憤然語曰:"汝求僧食無厭。若是在腹未生,若為須食[七]?"叱之令去。貧女被呵[八],即時離地,倏然化身,即文殊像。犬為師子④,兒即善財及于闐王[九]⑤。五色雲氣,靄然遍空。因留偈曰[十]:"苦瓠連根苦,甜瓜徹蒂甜。是我超三界[十一],却被阿師嫌[十二]。"菩薩說偈已,遂隱不見。在會緇素⑥,無不驚嘆。主僧恨不識真聖,欲以刀割目[十三],眾人苦勉方止。爾時,貴賤等視貧富無二[十四],遂以貧女所施之髮,於菩薩乘雲起處建塔供養矣⑦。

此條出《廣清涼傳》卷中。

可參見《三國傳記》卷五《大聖文殊貧女變作事》(8)。

【校記】

[一]齋:原訛作"齊",據《廣清涼傳》改。《廣清涼傳》本句作"遇齋赴集"。赴:原作"起",據《廣清涼傳》改,形近而訛。

[二]資:《廣清涼傳》作"貲"。

［三］白：《廣清涼傳》作“告”。

［四］欲：《廣清涼傳》上有“今”字。

［五］令：原作“今”，據續藏本、《廣清涼傳》改。

［六］分：《三國》作“令”。

［七］若：《廣清涼傳》作“曷”。

［八］呵：《廣清涼傳》作“訶”，古通。

［九］財：原作“才”，據《廣清涼傳》《三國》改。

［十］偈：《廣清涼傳》上有“苦”字。

［十一］我：《廣清涼傳》作“吾”。

［十二］被阿：《廣清涼傳》訛作“彼可”。濤按：“彼可”不通，《三國》《要略錄》“被阿”是。

［十三］割：《廣清涼傳》作“剜”。

［十四］視：《廣清涼傳》《三國》作“觀”。

【注釋】

①齋會：會僧而施齋食，故名齋會。赴集：前往聚集。

②饌：飲食。

③我腹有子：此句猶言腹中懷子，希望多分食物。

④師子：即獅子，文殊菩薩的坐騎。

⑤善財：佛弟子名。《華嚴經》載善財童子為福城長者之子，出生時湧現種種珍寶，故稱為善財。後受文殊師利菩薩教誨，遍游南方諸國，歷參五十三員善知識，遇普賢菩薩而成就佛道。

于闐王：傳說中文殊菩薩的侍者。于闐是今新疆和田一帶的古國，它是佛教傳播的必經地，其國王被視為文殊菩薩的侍者。這一傳說在五代時已經盛行,如敦煌石窟第 220 窟中的五代壁畫描繪文殊端坐在青獅寶座之上,獅前站立雙手合十的善財童子,而于闐國王則手牽獅子,左上方榜題"普勸手持供養大聖感得于闐國王"。

⑥緇素:"緇"為黑,即穿著黑衣的出家僧侶;"素"即白,指穿著白衣的在家俗人。緇素相當於"僧俗"或"道俗"。

⑦於菩薩乘雲起處建塔供養:《廣清涼傳》卷二傳塔在五臺山華嚴寺,"聖宋雍熙二年重加修飾。塔基下曾掘得聖髮三五絡,髮知金色,頃復變黑,視之不定。眾目咸觀,誠叵思議。遂還於塔下藏瘞,即今華嚴寺東南隅塔。"

第三　阿育王造文殊像感應[一]（出《感通記》《珠林》等文①）

昔阿育王統攝此洲[二]②,學鬼王制獄[三]③,伏酷尤甚[四]。更作地獄,凶人為獄卒[五]。文殊現處鑊中,火熾水清,生青蓮花[六]。(王)心感悟[七],即日毀獄。八萬四千夫人同入火坑[八]④,(造)八萬四千塔[九],建立形像其數亦八萬四千也。此土東晉廬山文殊金像⑤,此其一也。

此條出《感通錄》卷中、《珠林》卷十三。阿育王事可參見《大唐西域記》卷八"摩揭陀國"。

【校記】

[一]像:目錄下有"八萬四千軀"五字。珠:原作"殊",據續藏本改。

[二]統:原作"綩",據續藏本、《感通錄》《珠林》等改。濤按:《感通錄》本句作"育王既統此州",《珠林》本句作"育王既統此洲"。

307

［三］王：原作"主"，據《感通錄》《珠林》改。

［四］伏酷：宋、元、明、本《感通錄》作"恐酷"，大本《感通錄》作"怨酷"；宮、宋、元、明本《珠林》作"酷毒"，麗藏本作《珠林》"怨酷"。

［五］卒：原作"率"，據文意改。

［六］花：《感通錄》《珠林》作"華"。

［七］王：疑脫，據《感通錄》《珠林》補。

［八］八萬四千夫人同入火坑：《感通錄》《珠林》無此句。濤按：疑句中有訛誤之字，指已被殺的夫人在阿育王毀獄後同出地獄火坑。

［九］造：疑脫，據《感通錄》《珠林》補。

【注釋】

①《感通記》：即道宣《集神州三寶感通錄》，此條出是書卷中。

②阿育王：古印度摩揭陀國的國王，華譯為無憂王，於公元前270年間，統一全印度，初奉婆羅門教，肆其暴行，殺戮兄弟、大臣，及無數人民，後來改信佛教，成為大護法，興慈悲，施仁政，於國內建八萬四千大寺及八萬四千寶塔，派遣宣教師，到四方傳教，將佛教發揚於國外。

③制獄：《大唐西域記》卷八備記阿育王制獄之事，玄奘至摩揭陀國波刹吒釐子城（華氏城），"王故宮北有石柱，高數十尺，是無憂王作地獄處……無憂王嗣位之後，舉措苛暴，乃立地獄，作害生靈。周垣峻峙，隅樓特起，猛焰洪鑪，鋸鋒利刃，備諸苦具，擬像幽塗。招募凶人，立為獄主。初以國中犯法罪人，無挍輕重，總入塗炭。後以行經獄次，擒以誅戮，至者皆死，遂滅口焉。"

④八萬四千夫人：僧祐《釋迦譜》卷五、《珠林》卷三七引《大阿育

王經》言阿育王："即殺八萬四千夫人。阿育王後於城外造立地獄，治諸罪人。佛知王殺諸夫人應墮地獄，即遣消散比丘化王。王發信悟，問比丘言：'殺八萬四千夫人，罪可得贖不？'道人言：'各為人起一塔，塔下著一舍利，當得脫罪耳。'"

據此知阿育王先殺夫人，後造塔贖罪，故疑八萬四千夫人非同入火坑，當作同出火坑。

⑤盧山文殊：據《感通錄》卷中、《珠林》卷十三記，盧山"東林寺重閣上"供文殊像。《感通錄》卷中："漁人每夕見海濱光，因以白侃。侃遣尋之，俄見一金像陵波而趣船側。檢其銘勒乃阿育王所造文殊師利菩薩像也"，後被慧遠攜至盧山。

第四　照果寺解脫禪師值（遇）文殊感應[一]（出《別傳》文①）

五臺縣照果寺釋解脫[二]②，俗姓邢[三]，本土（人）也[四]。常誦《法花》，并作佛光等觀③。追尋文殊④，於東堂之左再三逢遇[五]。初則禮已尋失，後則親承旨誨[六]。脫請問文殊曰："大士⑤！如何利益此土愚癡、無智、闕信難化眾生？"文殊告曰："我一日三時，入破散眾魔三昧破此土眾生魔業[七]，入智母三昧破愚癡闇⑥。往地獄中，一一地獄現作佛身，放光說法；往餓鬼城，能施飲食，餘人所施，入口化為火炭，唯我所施，能益身心，生天解脫；入畜生道，能除愚癡，開悟智解，皆令發菩提心。"脫又問曰："何眾生得化度？"文殊曰："畫我形像，造我形像，或以手爪，或如奄羅草⑦，口自發言稱南無，如此眾生，易可化度。自餘眾生，雖盡悲心，以自業故難可化度。"又問："脫如何即悟無生，永無退落？"文殊曰："汝往昔造我形像三寸許，善根既熟，今何須親禮於我。所自悔責[八]，必悟解耳。"脫敬承聖旨，因自內求[九],乃悟無生,兼增法喜。乃感諸佛現身說法矣。

此條首尾文字見《華嚴經傳記》卷四、《古清涼傳》卷上等,文殊自言利益眾生事未詳出處。

【校記】

[一]遇:疑脫,據目錄補。

[二]照:《古清涼傳》卷上作"昭"。

[三]姓邢:原訛作"性刑",據《續高僧傳》卷二十"釋解脫傳"、《華傳》《華嚴經隨疏演義鈔》卷十五改。

[四]人:疑脫,據《古清涼傳》補。續藏本本句作"西土人"。

[五]東堂之左:《華傳》《華嚴經隨疏演義鈔》作"屢往中臺東南華園北古大孚寺"。

[六]旨誨:《華傳》《華嚴經隨疏演義鈔》作"言誨",《古清涼傳》作"音訓"。

[七]昧:原作"時",據文意改。濤按:《大寶積經》卷一百三記:"文殊師利有大威神道德超世,即時正入破散諸魔三昧法門",故知"時"為"昧"之訛。

[八]所:《華傳》《古清涼傳》《華嚴經隨疏演義鈔》作"可"。

[九]求:《古清涼傳》作"尋"。

【注釋】

①《別傳》:其書未詳,古書以《別傳》為名者頗多。《古清涼傳》卷上及卷下兩引《別傳》,一敘釋解脫五臺山遇文殊,一敘智猛法師清涼山遇文殊事,故疑其名或作"五臺傳"、"文殊傳"之類。

②照果寺：隋唐五臺縣寺院，亦作昭果寺，寺名見《續高僧傳》卷二十"釋解脫傳"與卷二五"釋僧明傳"、《古清涼傳》卷上及卷下等。《續高僧傳》卷二十記釋解脫隋末便已棲居此寺，則寺最晚建于隋；卷二五記釋僧明、釋明隱住於此寺，永徽二年代州都督以釋明隱為昭果寺綱領，知唐初亦為代州名寺。《宋高僧傳》卷二六有"五臺山昭果寺業方傳"，據此知寺似在代州五臺山上；然唐代慧祥《古清涼傳》歷數五臺山上的伽藍而未言及昭果，提及該寺時言"五臺縣昭果寺"，故知昭果寺位處代州五臺縣而非五臺山上，倘寺在五臺山，釋解脫諸僧何必舍此而住他寺。

釋解脫：隋末唐初代州五臺縣僧。本姓邢，五臺夾川人氏，七歲出家，遍訪名師，首住昭果寺，後建佛光寺而住。志希謁拜文殊菩薩，後得悟解，有"文殊自文殊，解脫自解脫"之偈傳於後世。事見《續高僧傳》卷二十、《華嚴經傳記》卷四、《古清涼傳》卷上、《華嚴經隨疏演義鈔》卷十五、《華嚴經疏演義鈔》卷八、《釋氏六帖》卷十一諸書。《華嚴經傳記》卷四則載釋解脫貞觀十六年辭世，終年八十一；然《續高僧傳》則載其永徽中圓寂，晚於前書所記近十年。考法藏《華嚴經傳記》晚出，而釋解脫亡後道宣親聞其法身坐定五臺山窟中，則道宣《續高僧傳》所載卒年似更可信。釋解脫之事廣為流傳，敦煌卷子S.5573、S.4039等《五臺山讚》提及"解脫和尚滅度後"。

③佛光：觀想佛之光明。澄觀《大方廣佛華嚴經隨疏演義鈔》卷十五記釋解脫"讀《華嚴》，復依經作佛光觀"。

④追尋文殊：釋解脫曾多次訪求文殊，《續高僧傳》卷二十記沙門曜"與解脫上人至中臺東南下三十里大孚靈鷲寺請見文殊"。

⑤大士：梵語 mahāsattva，為菩薩美稱。梵語音譯作摩訶薩埵，

又作摩訶薩,與"菩薩"同義。大士指成辦上求佛果,下化眾生的大事業的人,菩薩為自利利他、大願大行之人,故有此美稱。

⑥三昧:指禪定境界,係修行者之心定於一處而不散亂的狀態。將心集中於專一物體的精神作用,可分兩種,一是與生俱來的精神集中能力(生得定),一是因後天的努力而使集中力增加(後得定)。前者乃前世業力的結果,後者由修行而得。心到達三昧的狀態時,起正智慧,進而與所觀境冥合,分明了知,而悟得真理,甚至於直接感見聖境,此稱三昧發得,或稱發定。

⑦奄羅草:疑作"奄羅菓",即菴羅果。佛典中的一種果名,究竟為何物異說紛紜,《維摩經略疏》卷一"菴羅是果樹之名。以菓目樹,故云菴羅樹。其菓似桃而非桃也,又云似榛定非榛也。"佛典多舉菴羅以譬喻,如《大般涅槃經》卷十四"如菴羅樹,花多果少。眾生發心乃有無量,及其成就,少不足言。"慧琳《一切經音義》卷十一釋"菴摩羅樹""梵語果樹名也,此國無。古譯或云菴婆羅,或曰菴羅樹,皆一也。《涅槃經》云:'如菴羅樹一年三變,有時生花,光色敷榮,有時生葉,滋茂蓊鬱,有時彫落,狀如枯樹。'又云:'如菴羅樹,花多果少'"。

第五 釋智猛畫文殊(像)精誠供養感應[一](出《別傳》等文)

釋智猛①,少甚愚癡,都無分別心。其父為用錢三十文畫文殊像,令其子對像。夢像放光,照兒頂,光入頂[二]。覺後,有自然辨智[三]②,如學法長年比丘。更質經律等[四],如文諳誦,文義無所不了③。出家之後,才智超人,號曰智猛。文殊化作梵僧,而來此土謁智猛矣。

此條末句見《古清涼傳》卷下引作《別傳》;末句又見《律相感通

傳》《道宣律師感通錄》《珠林》卷十四等。

可參見《三國傳記》卷六《釋智猛事》(8)。

【校記】

[一]像：疑脫，據目錄補。

[二]頂：濤按：《三國》作"其光兒身中入"，推測其意為其光入兒身中。

[三]辨：《三國》作"辯"。

[四]質：《三國》作"覽"。

【注釋】

①釋智猛：《古清涼傳》卷下引《別傳》，記文殊"周宇文時，化作梵僧，而來此土"，則知此處的釋智猛應為北周時人，非後秦時西行印度的釋智猛。《律相感通傳》《道宣律師感通錄》《珠林》卷十四記釋智猛曾奏請北周皇帝在五臺山高四臺建三會寺，隋大業中此寺廢毀而配入菩提寺。《律相感通傳》《珠林》記釋智猛北周時年方十八，《續高僧傳》卷八"隋京師淨影寺釋慧遠傳"附"僧猛"事，知師至隋時仍健在，善於相人，"振名東夏"。

②辨智：明辨事理，頗有才智。

③不了：不明白。言師諳熟經義，無所不明白。

第六　五臺縣張元通造文殊形像感應（新錄）

張元通，信心貞固[一]，發願造文殊像，高三尺，安室內方供養。至夜三更，梵僧兩三[二]①，手執香爐，來至室內，遶像三匝，忽然不

313

見。彌發信心,供養香花。明日日西,像放光。至五更,通夢見十方諸佛來集室內,以妙花供養形像,云:"是我本師。以敬師故,我等供養。"諸佛亦以妙(花)瓔珞供養元通[三]②,(云)[四]:"汝以信心造我師像,故來供養。"通夢中白諸佛言:"十方世界造文殊像及能畫之者,諸佛皆向其處耶?"佛言:"十方世界,若有此事,我等皆供養之。何以故? 我等發心:皆是文殊教化力。若有歸依文殊者,超過歸依十方諸佛。"即說偈言:"文殊大聖尊,十方諸佛師。歸依供養者,超供養諸佛。"說是偈已,忽然不現[五]。通復見聖眾來迎,云:"吾生金色世界云云。"通在生之時,隱而不語,注遺書收箱。壽終之後,人披見之。其像移照果寺,靈驗見在矣。

可參見《三國傳記》卷六《張元通造文殊形像事》(2)。

【校記】

[一]貞:《三國》作"堅"。

[二]兩三:《三國》作"三人來",疑是。

[三]花:疑脫,據《三國》補。

[四]云:疑脫。濤按:據《三國》疑此處脫字;然《三國》通篇皆作"曰",而《要略錄》上文作"云",姑依文意補作"云"。

[五]現:疑作"見"。

【注釋】

①梵僧:一指由西域或印度東來之異國僧侶,一指持戒清淨(即修梵行)的修行僧。然至其後,亦漸用以泛指一般僧人,蓋以出家修行佛道者,必以出離俗世、捨棄雜染、斷除淫欲為基本要務之故。

②瓔珞：用珠玉穿成的裝飾物，多用作頸飾。印度富貴人家多佩戴此物，而佛經中的菩薩、天人等像多以珠玉瓔珞嚴飾其身。

供養：稱供施、供給，或略稱供。供給資養之意，指以飲食、衣服等供給佛法僧三寶以及父母、師長、亡者。

第七　宋路昭太后造普賢菩薩像感應[一]（出《冥祥記》《冥感傳》①）

宋路昭太后[二]②，大明四年造普賢菩薩乘寶輿白象③，安（於）中興禪房[三]④，因設講于寺[四]。其年十月八日，齋畢解坐[五]⑤，會僧二百人。于時，寺宇始構[六]⑥，帝甚留心⑦，輦躇臨幸[七]⑧，旬必數四[八]⑨。僧從對勑[九]，禁衛嚴肅。爾日，僧名有定，熟摩久之[十]。忽有一僧，豫于座次，風貌秀舉[十一]，闔堂驚矚[十二]。齋主與語，往還百餘之[十三]，忽不復見。列筵同覩[十四]，識其神人矣[十五]。

此條見《冥祥記》《感通錄》，《珠林》卷十七引作《冥祥記》文字相同，《感通錄》所引事略；《高僧傳》卷七《釋道溫傳》文異；又《佛祖統紀》卷三六、《釋氏資鑑》卷三等所引較略。

【校記】

[一]昭：原作“照”，據《高僧傳》《珠林》改，《高僧傳》下有“皇”字。

[二]太：原作“大”，據《高僧傳》《感通錄》《珠林》改。

[三]於：疑脫，據《珠林》補。

[四]設：原作“說”，據《珠林》改。濤按：《感通錄》作“因設講

會”，亦知“說”乃“設”訛。

[五]齋：原誤作“齊”，據《高僧傳》《珠林》改，下同。

[六]構：原作“講”，據《高僧傳》《珠林》改。

[七]輦：原作“贊”，續藏本冠註曰“贊字更勘”，《珠林》作“輦”，從《珠林》。

[八]旬：原作“句”，續藏本冠註曰“句字更勘”，《珠林》作“旬”，從《珠林》。數：原作“致”，據《珠林》改。

[九]從對勅：《珠林》作“徒勤整”，疑是。

[十]熟摩：疑誤，《珠林》作“就席”。

[十一]貌：原作“毘”，續藏本、《感通錄》《珠林》作“貌”，今從之；《高僧傳》作“風容都雅”。

[十二]闔：原闕作“□”，據《珠林》補。濤按：此句《高僧傳》作“舉堂矚（囑）目”，《感通錄》作“一堂異之”，《珠林》作“闔堂驚矚”，故從後者。

[十三]之：疑作“言”，《珠林》作“言”；《高僧傳》本句作“與齋主共語百餘許言”，《感通錄》作“與語百餘”。

[十四]筵：原作“莚”，據《珠林》改。

[十五]識：《高僧傳》作“悟”。

【注釋】

①《冥感傳》：疑即道宣《南山靈感傳》，“靈”或涉上“冥”（《冥祥記》之“冥”）而誤。本卷“第二十一釋道泰念觀世音菩薩增壽命感應”條引作“《感傳》”，當出同書。今可考索此條見於道宣《感通錄》，而下文“第二十一”條又見道宣《續高僧傳》，可知此二《感傳》

之文皆出道宣著作,或同出道宣《南山靈感傳》,又被其《感通錄》《續高僧傳》傳抄。《南山靈感傳》,高麗義天《新編諸宗教藏總錄》卷二記"《南山靈感傳》二卷,道宣述";北宋圓照《芝園遺編》卷下"《終南山靈感傳》二卷,乾封二年於靈感寺撰,見行。"此書常被略稱為《靈感傳》,如《觀音義疏記》卷四、《翻譯名義集》卷七、《金光明經照解》卷上、《金光明經照解》卷下、《天臺三大部補注》卷十等引抄此書皆作《靈感傳》。《靈感傳》今已失傳,宋僧多部典籍曾轉引其部分篇章,證明了非濁生時此書廣為流布。

②路昭太后:南朝宋文帝劉義隆的妃嬪,孝武帝劉駿之母,姓路,丹陽建康人。初以色貌選充宋文帝后宮,生孝武帝而拜為淑媛。孝武帝即位,尊號曰皇太后。宋明帝泰始二年,崩,謚曰昭皇太后,事詳《宋書》卷四一《后妃列傳》。

③大明:宋孝武帝年號,457—464 年。

普賢菩薩:我國四大菩薩(觀音、文殊、地藏、普賢)之一。在娑婆世界,他與文殊菩薩並為釋迦牟尼的兩大脅侍,文殊菩薩駕獅子侍在釋尊的左側,普賢菩薩則乘白象侍在右側。普賢菩薩是大乘佛教行願的象徵,他曾經在過去無量劫中,行菩薩行、求一切智,修集了菩薩救護眾生的無邊行願。因此,他也是大乘佛教徒在實踐菩薩道時的行為典範。

④中興禪房:南朝建康寺院。東晉竺法義圓寂後,弟子曇爽于其墓所建新亭精舍。宋孝武南下討伐叛軍,至於此寺,後為寄寓開拓之意,改寺名為中興禪房,重加修造。求那跋陀羅曾被延請棲止此寺,此寺於大明至泰始(457—471)之世為建康首剎,後更名天安寺。事見《高僧傳》卷四《竺法義傳》。

⑤解座：解散法座。

⑥始構：指宋孝武帝擴建此寺。

⑦帝：指宋孝武帝劉駿，南朝宋的第五位皇帝，宋文帝之子。宋文帝末，太子劉劭弑帝，劉駿親率大軍討伐，奪取了皇位，謚號"孝武皇帝"，廟號"世祖"。事見《宋書》卷六《孝武帝本紀》。

⑧輦蹕：皇帝出行的車駕。

⑨數四：原作"致四"，語義不通，《珠林》作"數四"，乃數回、多次意。《東觀漢記·張純傳》："時舊典多闕，每有疑義，輒為訪純，自郊廟婚冠喪紀禮儀，多所正定，一日或數四引見。"

第八　窺沖法師造普賢像免難到印度感應（出《求法記》）

窺沖法師①，交州人也②。志望達到印度，即發願造普賢像，祈請云："普賢大士有恒順眾生願，豈捨貧道誠志？"更感夢普賢乘白象，摩沖頂言："汝有誠志，將往印度，若有留滯，我必救云。"夢覺歡喜，與明遠同舶而汎南海③。忽遭惡風，欲墮羅剎國④。沖專念普賢，其像現舶上，風靜，向獅子國[一]⑤。又復遭摩竭魚難⑥，沖專念普賢，其像現舶上，大魚合口而去，免難到師子國。更向西印度，見玄照法師⑦，共詣中印度[二]，禮菩提樹。更到竹林菌[三]⑧。遇微疾，如夢，見普賢云："依聖力滿足本願，獲六根淨，無令生悵。"注遺書卒云云。

此條窺沖行程見《求法高僧傳》卷上，普賢夢語感應事未詳出處。

【校記】

[一]獅子國：《求法傳》作"師子洲"。

［二］詣：原作“請”，據續藏本、《求法傳》改。

［三］竹林蘭：《求法傳》作“竹園”。

【注釋】

①窺沖法師：唐初前往印度求法的僧人，梵名 Citradeva 音譯作質呾囉提婆，意譯為錦天，事見《求法高僧傳》卷上。窺沖與明遠同舶而汎南海，至獅子國。明遠由獅子國駛向南印度，窺沖自獅子國航向西印度，並在西印度遇到了第二次赴印的玄照。《求法高僧傳校注》考玄照第二次赴印度時在乾封一、二年間（666—667），故知窺沖求法或在此時（《求法高僧傳校注》頁84）。

②交州：《舊唐書》卷四一《地理志》：“交州領交趾、懷德、南定、宋平四縣。”交州屬交州總管府，約在今越南河內附近一帶。

③明遠：唐初往印度求法僧人，益州清城人。唐高宗時，與窺沖法師同舟泛海，共趨印度，事見《求法高僧傳》卷上。

④羅刹國：大海中食人的羅刹鬼聚居之處。《一切經音義》卷二五記：“羅刹，此云惡鬼也。食人血肉，或飛空，或地行，捷疾可畏也。”《求法高僧傳》卷上《明遠傳》記師子洲有羅刹，知南海有此傳說。

⑤獅子國：即師子國、師子洲，今斯里蘭卡。《法顯傳》首載“師子國”，《大唐西域記》卷十一、《宋書》卷九七皆載其國。

⑥摩竭魚：摩竭，梵名 makara，意譯為大體魚、鯨魚、巨鼇。《華嚴經隨疏演義鈔》卷八九記：“摩竭魚，此云大體也，謂即此方巨鼇魚之類。兩目如日，張口如暗壑，能吞大舟，凡出漬流即如潮上，噏水如壑，高下如山大者，可長二百里也。”

⑦玄照法師：唐初往印度求法的僧人，太州仙掌（今陝西華陰縣）人。貞觀年間，向大興善寺僧玄證學習梵語，後來經吐蕃國而赴印度，在那爛陀寺學習經論，數年後回國。唐高宗乾封間，再赴西域求法，卒於印度。事見《求法高僧傳》卷上。

⑧竹林薗：即竹園，又作竹苑，或稱迦蘭陀竹園。此園原屬迦蘭陀，先送於外道，後來奉佛而為僧園，建有精舍，見《中本起經》上、《根本說一切有部毗奈耶破僧事》卷八。竹園在王舍城附近，《法顯傳》"出（王舍）舊城北行三百餘步，道西迦蘭陀竹園精舍，今現在。"《西域記》卷九記玄奘親歷此寺，"山城（王舍城）北門行一里餘，至迦蘭陀竹園，今有精舍，石基甎室，東闢其戶。如來在世，多居此中，說法開化，導凡拯俗。"（《西域記校注》頁734）

第九　高陸秦安義蒙普賢救療感應[一]（出《感應傳》①）

秦安義者②，高陸人也③，從少至長，放鷹射獵，以為家業。一日所殺，不知幾千，月至月，歲至歲，殺生都不可思計算。邪見之人云："安義好殺，身無恙。"生年五十有八，忽發瘡病，濃血穢身，臭氣不可親附。義婦日出之時，見瘡一一皰[二]，皆似雉嘴。生希有心，呼兒子，皆云似雉嘴；更告親屬，凡有所見，皆云似雉嘴脣，脣如動。爾時，馳使者請僧道俊法師，以明其狀。俊曰："此人鷹獵，罪報重積，現身尚還所唼食[三]，自非悔力，甚難救療。"問安義曰："身心奈何？"答云："身心如春。閉目見無量鳥獸嗔齗啄湌骨肉，願師見救療。"俊曰："現苦如此，況復後苦？須懺其罪。"義云："願垂慈訓。"俊曰："造普賢像，方得謝愆。"如斯之頃，悶絕氣絕，親屬啼泣。俊勸造形像，修普賢懺。三日方醒，云：吾初見馬頭、牛頭怒目攎掣[四]，云："汝愚癡人[五]，所殺之生雉鷄等類入身咀嚼皮肉，鹿羊等者杜廳各各訴非分奪命[六]，王依愬狀，遣使召問，不可違拒。"即返縛四支[七]，入火車中。忽追將還，途中無奈何事。值一沙門[八]，摺磨其身[九]，熱苦暫息。遂至王廳，見百千萬億禽獸，杻械、枷鎖、面縛[十]④、反縛罪人（多）[十一]⑤。爾時，先沙門來，王從座起，合掌而立。沙門入廳就座，王次入坐。沙門曰："此人是我檀越。親屬為供養我而悔其釁，將放赦之。"王曰："阿師所言，不可堅拒。今依所殺有情愬，方召勘之，此事如何？"沙門曰："朋友知識在人間為修懺悔，迴向彼諸。所殺生類，怨者皆解，怨心方脫苦。"王曰："實如師說，宜將放還。"王從座起，禮沙門曰："阿師共還。"爾時，沙門將安共出，忽見古家[十二]，以錫闢口，入安欻然不見。是時，親屬謂安曰："為汝造像，像即救安。"安聞是語，喜悲交集。身瘡方愈，氣力調和，更捨所有，供養其像，剃髮出家。誡家族子孫曰："以電露身，莫犯重罪。殺一生命，多劫受殃。冥事皆實，不可免過。"唯留此言，不知去處矣。

可參見《三國傳記》卷十一《為秦安義造普賢像事》(2)。

【校記】

[一]陲：據正文應作"陸"，續藏本冠註曰"陲、陸孰是更詳"，《三國》作"陰"。秦：目錄無此字。

[二]皰：疑作"破"。

[三]尚還所唼：《三國》作"返被吸"。

[四]搚掣：續藏本作"堵製"。

[五]癡：原作"氣"，據續藏本改。

[六]各：疑衍。《三國》二字存一。

[七]返:疑作"反"。縛:原作"傳",據續藏本改。支:原作"友",據續藏本改。

[八]一:下原衍"人",據文意刪。

[九]磨:《三國》作"摩"。

[十]面:原作"而",據《三國》改。濤按:《法傳》卷九"王舍城旃陀羅子"條言"杻械枷鎖反縛面縛罪人",卷八"揚州高郵縣李丘令"條言"庭中有無量罪人,杻械枷鎖撿繫反縛面縛等。"

[十一]多:疑脫,據《三國》補。濤按:此述安義所見地府罪人尤多,當依《三國》補"多"字。

[十二]家:疑作"冢"。濤按:下文述僧"以錫闕口",或襲入冢穴還陽之書寫模式,故疑作"冢"。

【注釋】

①《感應傳》:王延秀《感應傳》。《隋書·經籍志》《舊唐書·藝文志》《破邪論》卷下並載南朝宋尚書郎王延秀撰《感應傳》八卷,《廣弘明集》卷十三與卷十五四次引用該書,傳載造像建塔靈異之事,與此所記頗為相似;又據晉、前秦設高陸縣判斷,此必出於六朝人之著,故知此篇所引《感應傳》即王延秀《感應傳》。(考《觀世音應驗記三種》頁3言"王延秀《感應傳》據說也是專門收集觀世音應驗故事者",然據《廣弘明集》所錄內容判斷其并不局限於收集觀世音應驗。)

②秦安義:疑秦指前秦或後秦,安義乃姓名。《要略錄》卷下目錄並無"秦"字,徑作"安義";文中循呼名慣例以末字"義"指代其人,邪見之人徑呼"安義",而文末"將安共出"、"安聞是語"是以姓

指代其人,似無獨呼名中首字之理;《要略錄》每篇文首常署寫朝代,有漢、魏、晉、宋(南朝)、齊、隋、唐,而據六朝設高陸縣、是書為南朝宋人所著,則疑卷下篇題乃著者誤以秦為姓也,正如《珠林》卷十七"秦徐義者,高陸人也"之例。

③高陸:縣名。《晉書・地理志上》卷十四記京兆郡統縣有高陸,《水經注・渭水》卷十九:"白渠又東,枝渠出焉,東南逕高陵縣故城北……《太康地記》謂之曰高陸也。"(《水經注校證》頁464)高陸為漢之高陵縣,《通典》卷一七三載:"高陵,漢舊縣,屬左馮翊,左輔都尉之理。魏文帝黃初元年,改為高陸縣,屬京兆。自此以前,其縣在今縣西南一里高陸故城是也。"《隋書》卷二九《地理志》亦記:"高陵,後魏曰高陸,大業初改焉",則隋大業初復高陵故名,此後遂稱高陵。六朝之時,高陸先後屬前秦、後秦。

④面縛:雙手反綁於背而面向前。《史記・宋微子世家》:"周武王伐紂克殷,微子乃持其祭器造於軍門,肉袒面縛,左牽羊,右把茅,膝行而前以告。"司馬貞索隱:"面縛者,縛手於背而面向前也。"

⑤反縛:反綁兩手。

第十　上定林寺釋普明見普賢身感應(出《唐僧傳》①)

齊上定林寺釋普明②,懺悔為業[一]。誦《法花》,每至《勸發(品)》[二]③,輒見普賢乘白象立在其前云云[三]。

此條出《高僧傳》卷十二,事詳。《珠林》卷十七誤引作《唐高僧傳》;《三寶感通錄》卷下、《內典錄》卷十、《弘贊法華傳》卷六、《法華傳記》"宋臨淄釋普明"卷四,咸載其事。

可參見《今昔物語集》卷七《震旦定林寺普明轉讀〈法華經〉伏靈

語》(16);《三國傳記》卷十一《釋普明見普賢身事》(5)。

【校記】

[一]悔:《珠林》《感通錄》《內典錄》《弘贊》《法傳》作"誦"。

[二]至:《高僧傳》上有"誦"字。品:疑脫,據《珠林》《感通錄》《內典錄》《弘贊》《法傳》《物語》《三國》補。

[三]白:《高僧傳》《珠林》《感通錄》《內典錄》《弘贊》《法傳》無此字。立:原作"王",據《高僧傳》《感通錄》《內典錄》《珠林》《弘贊》《法傳》改。在:《感通錄》《內典錄》無。

【注釋】

①《唐僧傳》:即《唐高僧傳》,又稱《續高僧傳》。然此條不出於《唐高僧傳》,蓋非濁抄錄《珠林》文字,而《珠林》卷十七誤引作《唐高僧傳》,非濁不審,沿襲舊誤。此條唯《珠林》作齊上定林寺釋普明;釋普明事可參閱本書卷中第十九條。

②上定林寺:江蘇鍾山的古寺。劉宋元嘉元年(424)慧覽創建定林寺,元嘉十年,曇摩密多因寺處窪地乃更尋高地建寺,名上定林寺,原寺名下定林寺。

③勸發:指《法華經》第八卷第二十八品《普賢菩薩勸發品》。此品說普賢菩薩自東方來,以種種勝事激發持經人。

第十一 烏長那國達麗羅川中彌勒木像感應(出《外國記》①)

北印度烏長那國(或云馮杖)達麗羅川中有精舍[一]②,刻木彌勒像[二]③,金色[三],靈異潛通[四],長十丈餘[五],佛滅度後,末田地大阿羅漢之所造也[六]④。尊者作是念："釋迦大師以滅度[七]，弟子遠（付）彌勒三會脫者[八]，多釋迦遺法中一稱南無者、一摶施食人也。菩薩上生兜率，眾生依何見真容？"但恐造像，不似妙體，即以神力[九]，攜引工匠[十]，昇兜率天[十一]⑤，面見真相[十二]。三返以後，方就造功[十三]。在天之時，彌勒告末田地言："我以天眼觀見三千大千世界，其中有造我像者，密遣青衣，冥資其功，彼人決定不墮惡道。我成佛時，其像為前導，來至我所。"爾時，讚言："善哉汝等眾生！釋迦正像末，我相似像，引來至我所。"爾時，像昇虛空，放光說偈，聞者流淚，得三乘道果。末田地恭受旨誨，功乃畢焉。自有佛法僧[十四]，法流東土矣[十五]。

此條與《西域記》卷三、《釋迦方志》卷上、《珠林》卷一百文異。

可參見《今昔物語集》卷四《末田地阿羅漢造彌勒語》(39)。

【校記】

[一]長：《物語》作"仗"。精舍：《西域記》《珠林》作"大伽藍"。

[二]彌勒：《西域記》作"慈氏菩薩"，《釋志》作"木梅呾麗耶"，《珠林》作"慈氏"。

[三]色：《西域記》下有"晃昱"二字，《釋志》下有"晃朗"二字，《珠林》"色"作"光"，下有"晃曜"二字。

[四]異：《西域記》《珠林》作"鑒"。

[五]長十丈餘：《西域記》《釋志》《珠林》《續高僧傳》卷四作"高百餘尺"。

[六]末田地：《西域記》《釋志》《珠林》作"末田底迦"。

[七]以滅度；《物語》作"滅後"。

[八]付：疑脫，據續藏本補。《物語》意作"付囑"。

[九]神：《西域記》下有"通"字，《釋志》無"神"字、下有"通"字。

[十]引工匠：《西域記》作"引匠人"、《珠林》作"挈匠人"。

[十一]兜率天：《西域記》《釋志》《珠林》作"覩史多天"。

[十二]面見真相：《西域記》作"親觀妙相"，《珠林》作"親觀妙色"。

[十三]方就造功：《西域記》作"功乃畢焉"。

[十四]佛法僧：《西域記》作"此像"。

[十五]土：《西域記》作"派"，《珠林》作"漸"，《釋志》本句作"法方東流"。

【注釋】

①《外國記》：未詳，當已失傳。此條故事今見於《西域記》卷三、《釋迦方志》卷上、《珠林》卷一百，然文異，知非濁確引自《外國記》也。《外國記》當著於《西域記》之前，其所用詞語皆非唐人詞語：此篇"烏長那國"，唐人名為"烏仗那國"，《珠林》卷二九釋"舊云烏長"；此篇"末田地羅漢"，《西域記》《釋迦方志》《珠林》作"末田底迦羅漢"，《西域記》卷三言"舊曰末田地，訛略也"；又如此篇"彌勒"，《西域記》卷三、《珠林》卷一百作"慈氏"，《釋迦方志》卷一云"古云彌勒，唐言慈氏"；復如"兜率天"，《西域記》《釋迦方志》《珠林》作"覩史多天"，《西域記》卷三注"舊曰兜率陀也，又曰兜術陀，訛也"。綜上而言，《要略錄》所引《外國記》，當為唐前之書，是比玄奘西行記錄還要早的一部書籍。

②烏長那：又名烏杖那、烏萇，梵文 Udyāna，在今巴基斯坦北部斯瓦特河（Swāt）流域。法顯和玄奘皆曾遊歷此國，《法顯傳》載："烏萇國是正北天竺也。盡作中天竺語，中天竺所謂中國。俗人衣服、飲食，亦與中國同。佛法甚盛。"《續高僧傳》卷四《玄奘傳》："自北山行達烏長那國，即世中所謂北天竺烏長國也。其境周圍五千餘里，果實充備，為諸國所重。"《慈恩傳》卷二記其地理方位与風土世情，"從此又到烏鐸迦漢茶城，城北陟履山川，行六百餘里，入烏仗那國（唐言苑，昔阿輸迦王之苑也。舊稱烏長，訛也）夾蘇婆薩堵河。昔有伽藍一千四百所，僧徒一萬八千，今並荒蕪減少。"

馮杖：疑作"烏仗"。此國有多種譯名，《續高僧傳》卷四言"古烏仗之王都"、《西域記》卷三名"烏仗那"，《法顯傳》《魏書》作烏萇，《洛陽伽藍記》卷五作烏萇或烏場，《求法高僧傳》作乌長那，《新唐書》卷二二一《西域傳》作烏萇，《开元釋教錄》作鄔茶。

達麗羅川：梵文 Darada，故址在今克什米爾西北部印度河北岸達地斯坦（Dardistan）之達麗爾（Dārel）。季羨林《論梵文 ṭḍ 的音譯》一文（《中印文化關係史論文集》，1982，頁 337—377）根據玄奘的音譯和 Darel 今名，推斷該地原文應作 Daraḍa，在印度河西岸河谷。達麗羅川是古代翻越蔥嶺後進入印度的必經之地，這裏有一條陸路交通綫經過。法顯、宋雲等西行僧人皆經過此地，其途極其險峻，故《法顯傳》載"其道艱岨，崖岸嶮絕，其山唯石，壁立千仞，臨之目眩，欲進則投足無所"。

③彌勒：即彌勒菩薩，梵文 Maitreya，音譯彌勒，意譯慈氏。傳說他姓阿逸多，曰慈氏，生於南天竺婆羅門家庭，曾是佛陀弟子，先佛入滅而住兜率天的内院。後下生人間，于華林園龍華樹下修成正覺，曾

三度法會說法普化一切人、天,稱為龍華會,詳見《彌勒上生經》《彌勒下生經》《一切智光明仙人慈心因緣不食肉經》等。

彌勒"三會脫者"之事所載較多,《法顯傳》記:"彌勒出世,初轉法輪時,先度釋迦遺法中弟子,出家人及受三歸五戒八齋法供養三寶者,第二、第三次度有緣者。"《妙法蓮華經文句》卷四引《胎經》《報恩經》言弥勒"華林園第三大會,九十二億人者,是釋尊遺法中一稱南無佛人得見彌勒也"。《西域記》卷七亦記"三會說法,其濟度者,皆我遺法植福眾生也"。

④末田地:梵文 Madhyāntika 音譯,又譯作末田底迦、摩彈提、末闡提、末田鐸迦等,意譯日中或水中。佛教多種經典皆記載他是阿難的弟子,在如來寂滅之後五十年,修得六神通,具八解脫。

⑤兜率天:兜率,梵文音譯,又作覩史多、兜率陀、兜術他,意譯為知足、喜樂,聚集。佛教傳說此為欲界的"天處",由下起第四重,其內院為彌勒菩薩淨土,是理想的天上幻境。末田地攜引工匠昇兜率天事又見《法顯傳》:"其國(陀曆國,即達麗羅川)昔有羅漢,以神足力,將一巧匠上兜術天,觀彌勒菩薩長短、色貌,還下,刻木作像。前後三上觀,然後乃成。像長八丈,足趺八尺,齋日常有光明。諸國王競興供養。今故現在於此。"

第十二　濟陽江夷造彌勒像感應[一](出《僧傳》①)

晉世有譙國戴逵[二]②,字安道。逵第二子顒[三]③,字仲若,素韻淵澹④,雅好丘園[四]⑤。既負荷幽真[五],亦繼志(才)巧[六]。逵每製像,(常)共參慮[七]⑥。濟陽江夷少與顒友⑦,夷嘗託顒造觀世音像。致力懇思[八],欲令盡美,而相好不圓,積年無成。後夢有人告之曰:"江夷於觀(世)音無緣[九],可改為彌勒菩薩。"戴即停手,馳書報江,(信)未及發[十],而江書已至。俱於此夕感夢,語事符同⑧。戴喜於神通[十一],即改為彌勒。應於是觸手成妙[十二],初不稽思⑨,光顏圓滿,俄爾而成。有識讚(仰)[十三],感悟因緣之匪差矣。

此條出《珠林》卷十六,誤引作《梁高僧傳》。

【校記】

[一]像:目錄上有"菩薩"二字。

[二]譙:原訛作"燋",據《珠林》改。

[三]顗:原訛作"顥",下同。

[四]園:原作"國",據《珠林》改,續藏本冠註曰"國字更詳"。

[五]真:《珠林》作"貞"。

[六]才:疑脫,據《珠林》補。

[七]常:疑脫,據《珠林》補。

[八]致:原作"到",據續藏本、《珠林》改。愍:《珠林》作"罄"。

[九]世:疑脫,據《珠林》補。緣:原作"加",據《珠林》改。

[十]信:原脫,據《珠林》補。

[十一]通:《珠林》作"應"。

[十二]應:疑衍,《珠林》無此字。觸:原作"解",據《珠林》《佛祖統紀》卷五三改。

[十三]仰:疑脫,據《珠林》補。

【注釋】

①《僧傳》:原指《梁高僧傳》。本則見《珠林》卷十六,《珠林》引

作《梁高僧傳》,然實未載于《梁高僧傳》,而非濁不察,遂以訛傳訛,徑作《僧傳》。

②譙國:即譙郡,今安徽省亳州。相傳是戴姓的郡望。

戴逵:東晉人,博學多才,善鼓琴,長於繪畫,品性高潔,一生隱居不仕。生平見《晉書》卷九四《隱逸傳》。戴逵所造佛像,名滿天下,據張彥遠《歷代名畫記》卷五記"逵以古制模拙,至於開敬,不足動心。乃潛坐帷中,密聽眾論。所聽褒貶,輒加詳研,積思三年,刻像乃成",《三寶感通錄》卷中亦言"東夏製像之妙,未有如上之像也。致使道俗瞻仰,忽若親遇。"

③顒:戴顒,戴逵之子,深得乃父薰陶,文藝造詣精深。事見《宋書》卷九三《隱逸傳》。戴顒亦擅長造像,曾一眼挑出瓦官寺佛像之弊。《珠林》卷十六記戴顒所造此像藏在會稽龍華寺。

④淵澹:深遠淡泊。

⑤丘園:家園,鄉村,此指隱逸。

⑥參慮:參與謀劃。

⑦江夷:東晉末時濟陽考城(今河南蘭考縣)人,与戴顒交好。事見《宋書》卷五三《江夷傳》。

⑧符同:完全相同。

⑨稽思:不費思慮。

第十三　釋沿諤造彌勒菩薩感應[一](新錄)

釋沿諤①,少而出家,有義學嘉譽[二]②。常願生兜率天,作兜率天宮觀,註《義源》四卷。夢有青衣童子告諤云:"師若欲生兜率天,奉見慈氏大士,方造形像觀真容。"覺,即刻木為像。生年七十有餘而卒,臨終之時告徒眾曰:"我所造像,現虛空中。"從像生天矣。

【校記】

[一]沿:目錄作"沼"。

[二]嘉:原作"喜",據續藏本改。

【注釋】

①釋沿諤:未詳。本文記釋沿諤曾註《義源》四卷。據釋沿諤願生兜率天、作兜率天宮觀判斷,《義源》可能是有關闡釋淨土理論的著作,其書名或作《彌勒上生經義源》之類。釋沿諤之名或誤,目錄作"沼諤";《新編諸宗教藏總錄》卷一錄"紹譚"述《彌勒上生經義源甲鈔》四卷,"沿諤""沼諤""紹譚"字形相近,或同指一人。

②義學:指佛教教義理論的學說,如般若學、法相學等。

嘉譽:美譽,嘉名。

第十四　釋詮明法師發願造慈氏菩薩三寸檀像感應(新錄)

釋詮明法師發願造三寸刻檀慈氏菩薩像①,祈誓生兜率天,著《上生經抄》四卷以明幽玄②。夢其像漸長大,金色光明赫灼,對明微咲。明白像言:"我等願求生兜率天[一],將得生不?"像言:"我既得釋迦文大師要勢付屬[二]③,不念尚不捨之,況有念願。"作是言已,還復本像。明祕不語他人。沒後,見遺書中,知其感應。臨終之時,傍人夢見百千青衣人來迎,明指天而去矣。

可參見《三國傳記》卷十二《釋詮明法師事》(29)。

【校記】

[一]等:《三國》無此字。

[二]文:《三國》無此字。要勢付屬:《三國》作"付囑"。

【注釋】

①釋詮明:遼時南京(今北京)憫忠寺僧人。因避遼穆宗耶律明名諱,後改稱詮曉。遼聖宗賜號無礙大師。《順天府志》卷七記他在統和八年(990),創建憫忠寺內的釋迦太子殿。生平可參見畢素娟《遼代名僧詮明著作在敦煌藏經洞出現及有關問題——敦煌寫經卷子 P2159 經背 1 研究》(《中國歷史博物館館刊》,1992 年第 18—19 期,頁 133—140)。據《新編諸宗教藏總錄》卷一、《新編諸宗教藏總錄》卷三載,釋詮明著《法華經玄贊會古通今新鈔》十卷、《法華經玄贊科》四卷、《法華經玄贊大科》一卷、《金剛般若經宣演科》二卷、《金剛般若經宣演會古通今鈔》六卷、《金剛般若經消經鈔》二卷、《金剛般若經科》一卷、《彌勒上生經會古通今鈔》四卷、《成唯識論詳鏡幽微新鈔》十七卷、《成唯識論應新鈔科文》四卷、《成唯識論大科》一卷、《百法論金臺義府》十五卷、《續開元釋教錄》三卷等,可知釋詮明乃一博學僧侶。釋詮明的著作多已亡佚,今《應縣木塔遼代秘藏》存《上生經疏科文》一卷;敦煌 P. 2159 背面存《妙法蓮華經玄贊科文》第二卷殘卷;《宋藏遺珍》第三冊存《成唯識論述記應新抄科文》卷一、卷二,《應縣木塔遼代秘藏》存《成唯識論述記應新抄科文》卷三;《應縣木塔遼代秘藏》存《法華經玄贊會古通今新鈔》卷二、卷六;《宋藏遺珍》第三冊存《彌勒上生經疏會古通今新鈔》卷二、卷四。

②《上生經抄》:《新編諸宗教藏總錄》卷一作"《彌勒上生經會古通今鈔》",《宋藏遺珍》第三冊存書題名《彌勒上生經疏會古通今新鈔》,同一書也。今僅存卷二、卷四。

③釋迦文:釋迦牟尼的略稱。《長阿含經》卷十:"摩竭國有佛,名曰釋迦文。"

付屬:託付。

第十五　菩提樹下兩軀觀自在像感應

佛涅槃後[一],諸國君王傳聞佛說金剛座量[二]①,遂以兩軀觀自在菩薩像南北標界[三],東西而坐[四]。聞諸耆舊曰[五]:"此菩薩像身沒不見[六],佛法當盡。"今南隅菩薩沒過(胷)臆矣[七]。玄奘法師,大唐皇帝貞觀三年己丑八月[八],首途西域②。周穆王滿五十二年壬申,佛七十九,以二月十五日中夜入滅③。至首途年,一千五百七十八年矣。

此條前三句見《西域記》卷八、《慈恩傳》卷三、《釋迦方志》卷下、《淨名經關中釋抄》卷上、《法華經玄贊要集》卷二,《釋迦方志》事略,《淨名經關中釋抄》《法華經玄贊要集》文異。

【校記】

[一]涅槃:《玄贊要集》作"滅度"。

[二]國:下原衍"王",據《西域記》《釋抄》《玄贊要集》刪。《慈恩傳》無諸等十二字。座量:《玄贊要集》作"寶座"。

[三]界:《釋抄》作"記"。

[四]東西而坐:《釋志》作"面南而坐",《釋抄》無此句。《慈恩

333

傳》“西”作“向”,《玄贊要集》“西”作“面”。

[五]聞等五字:《慈恩傳》作“相傳”,《玄贊要集》作“彼諸耆舊相傳云”。

[六]像:《慈恩傳》無此字。

[七]過:《慈恩傳》作“至”。臆:原脱,據《西域記》補,《慈恩傳》《釋抄》下無“臆”字。

[八]唐:原訛作“宋”,據文意改。

【注釋】

①金剛:梵文 vajra 意譯,指金屬中最剛硬者。佛教經典常以金剛作譬喻,由於佛入金剛定,故其座稱金剛座。

②首途:上路,啟程。《文選·潘約〈齊故安陸昭王碑文〉》:“威令首塗,仁風載路。”李善注:“首塗,猶首路也。”

③入滅:佛滅度年代問題爭論較大,一般認為是在公元前 544 年,此說見於《阿育王傳》《蓮華面經》;《珠林》卷一百、《破邪論》卷上、《北山録》卷一等書,則言佛入滅于周穆王五十二年壬申歲二月十五日。

第十六　摩揭陀國孤山觀自在菩薩像感應(出同記及《慈恩傳》①)

摩揭陀國孤山正中精舍有觀自在菩薩像[一]②,軀量雖小,威神盛肅[二],手執蓮花[三],頂戴佛像。常有數人[四],斷食要心,求見菩薩。七日,二七日,乃至一月,其有感者,見菩薩妙相莊嚴[五],威光赫奕[六],從像中出,慰喻其人③。昔南海僧伽羅國王④,清旦以鏡照面，不見其身，乃覩摩揭陀國多羅林中孤山上有此菩薩像[七]⑤。王深感慶，圖以營求。既至此山，寔唯肖似[八]，因建立精舍[九]，興諸供養。其後諸王[十]，供養不絕(已上)。

其供養人恐諸來者坌汙尊儀[十一]⑥，去像四面各七步許竪木构欄[十二]。人來禮拜皆於构欄外[十三]，不得近像。所奉香花，亦(並)遙散[十四]。其得花住菩薩手及掛臂者，以為吉祥，以為得願。玄奘法師欲往求請，乃買種種花，穿之為鬘[十五]⑦，將到像所。至誠禮讚訖，而踞跪發三願[十六]⑧："一者，於此學已，歸本國得平安無難者[十七]，願花住尊手；二者，所修福惠[十八]，願生覩史多宮事慈氏菩薩，若如意者，願花貫掛尊兩臂；三者，聖教稱眾生中有一分無佛性者[十九]，玄奘今自疑不知有不？若有佛性，修行可成佛者，願花貫掛尊頸。"語訖，以花遙散，咸得如言[二十]。既滿所求[二一]，其傍見者言[二二]："未曾有[二三]。當來若成佛者[二四]，願憶今日因緣，先相度耳。"

此條前段見《西域記》卷九"摩揭陀國下"、《慈恩傳》卷三，《慈恩傳》所記較略；後段見《慈恩傳》卷三、《玄奘行狀》，文字稍異。

可參見《今昔物語集》卷四《天竺白檀觀音現身語》(28)。

【校記】

[一]有:《慈恩傳》《玄奘行狀》下有"刻檀"二字。《物語》作"白檀"。濤按:"摩揭陀國孤山"六字諸書皆無，疑系非濁所加。

[二]盛:除舊麗本《西域記》之外他本皆作"感"，《慈恩傳》"盛肅"作"特尊"。

[三]花:《西域記》作"華"，古通。

[四]數人：《慈恩傳》作"數十人"。

[五]菩薩：《西域記》上有"觀自在"三字。妙：《慈恩傳》作"具"。

[六]赫奕：《慈恩傳》作"朗曜"。

[七]摩揭陀國：《西域記》作"贍部洲摩揭陀國"，"揭"原作"訶"，據文題、正文首句、《西域記》等改。孤：《西域記》作"小"。

[八]肖：原作"背"，據續藏本、《西域記》改。

[九]立：《西域記》無此字。

[十]其：《西域記》作"自"。

[十一]供養：《玄奘行狀》作"守護"。

[十二]构：原作"拘"，據《慈恩傳》改，下同。《玄奘行狀》作"勾"，《物語》作"拘"。

[十三]构：《慈恩傳》無此字。

[十四]並：疑脫，據《慈恩傳》補。

[十五]鬘：《玄奘行狀》作"縵"。

[十六]而踞跪：宮、宋、元、明本《慈恩傳》作"向菩薩胡跪"，大本《慈恩傳》《玄奘行狀》作"向菩薩跪"。

[十七]歸：《慈恩傳》《玄奘行狀》上有"還"字。

[十八]惠：《慈恩傳》《玄奘行狀》作"慧"。

[十九]生：《慈恩傳》《玄奘行狀》下有"界"字。

[二十]咸：原作"感"，據《慈恩傳》《玄奘行狀》改。

[二一]求：《慈恩傳》《玄奘行狀》下有"歡喜無量"四字。

[二二]見者：《慈恩傳》作"同禮及守精舍人見已，彈指鳴足"，《玄奘行狀》作"於傍見者。莫不禮敬"。

[二三]有:《慈恩傳》下有"也"字。

[二四]佛:《慈恩傳》作"道"。

【注釋】

①同記:指與上條出於一書(即《西域記》)。上條脫引書名,考上條文字及本條文字引自《西域記》,可推知上條引書為《西域記》,其文字經非濁修改。

②摩揭陀國:摩揭陀,梵文 Magadha,又譯摩竭、摩揭、默竭陀、摩伽陀等,意譯無害、無惱害、不惡處、致甘露處等,為古印度十六大國之一,約在今印度比哈爾邦的巴特那(Patna)和加雅(Gayā)。早在公元前 7 世紀童龍(śiśunāga)王朝時摩揭陀國已非常強大,公元 320年,華氏城的旃陀羅笈多一世崛起並建立笈多王朝,摩揭陀國得到了飛速發展,其文學、藝術、經濟皆很繁榮。《法顯傳》描繪摩揭陀國都巴連弗邑(華氏城)說:"唯此國城邑為大,民人富盛,競行仁義。"(詳見《西域記校注》頁 620—623)

③慰喻:寬慰曉喻。

④僧伽羅國:僧伽羅,俗語 Simghala 音譯,意譯執師子國、師子國,即今斯里蘭卡(Srilanka)。中世紀時,該國是東西方貿易貨物的集散地。我國由海道運往西方的絲綢,多半先運到師子國,然後再轉運至西亞與東歐。(《西域記校注》頁 867 介紹甚詳)

⑤多羅:梵語 tāla 的音譯,一種高大喬木,學名 Borassusflabelliformis。《釋氏六帖》卷十八引作"多羅樹,其樹形如此方棕櫚,樹極高者七八十尺。枝葉繁茂,果熟即赤,如大石榴,人多食之",然與《西域記》卷十一所載形狀大殊。

⑥坌汙：塵埃污染。

⑦鬘：指花鬘，以香草結成花鬘供佛。

⑧踞跪：屈膝著地而跪，以示敬意。印度、西域地區的禮儀之一，亦作胡跪。有長跪、互跪二種。彎曲兩膝著地，兩大腿挺直謂長跪；交互以一膝屈地，另一腿打直稱互跪。佛教是以右膝著地之相為正義。

第十七　戒賢論師蒙三菩薩誨示感應[一]①（出《慈恩傳》）

玄奘法師至摩揭陀國[二]，入世無厭寺[三]②。值遇戒賢，眾號為正法藏。賢命覺賢法師曰[四]③："汝可為眾說我三年前病惱因緣。"覺（賢）聞已[五]，啼泣捫淚而說昔緣，云："和上昔患風病，每發，手足惱急如火燒[六]、刀刺之痛，乍發乍息，凡二十餘載。去三年前，苦痛尤甚，厭惡此身，欲不食取盡[七]。於夜中夢三天人，一黃金色，二瑠璃色，三白銀色，形貌端正，儀服輕明[八]④。來問和上曰：'汝欲棄此身耶？經云："設身有苦，不能厭離於身[九]。"汝於過去曾作國王，多惱眾生，故招此報。今宜觀宿愆[十]⑤，至誠懺悔，於苦安忍，懃宣經論，自當銷滅。直爾厭身[十一]，苦終不盡。'和上聞已，至誠禮拜。其金色人指碧色人[十二]，語和上云[十三]：'汝識不？此是觀自在菩薩。'指銀色云[十四]：'此是慈氏菩薩。'和上即禮拜慈氏，問曰：'戒賢常願生於尊處，不知得不？'報云：'汝廣傳正法，後當（得）生[十五]。'金色者自言：'我是曼殊室利菩薩⑥。我等當見汝空欲捨身[十六]，不為利益，故來勸汝。當依我語，顯揚正法《瑜伽論》等⑦，遍及未聞，汝身漸安穩[十七]，勿憂不差。有支那國僧樂通大法，欲就汝學，汝可傳之[十八]。'言已不見。自爾以來，和上所病瘳除[十九]。"

僧眾聞者，莫不稱嘆希有。玄奘可聖記矣。

此條出《慈恩傳》卷三。《大唐故三藏玄奘法師行狀》、《續高僧傳》卷四，事略而文異。

【校記】

[一]戒：目錄上有"世無厭寺"四字。

[二]揭：原作"詞"，據《慈恩傳》《玄奘行狀》《續高僧傳》改。

[三]世無厭寺：《慈恩傳》《玄奘行狀》作"那爛陀寺"，譯名不同。

[四]賢命覺賢法師：《慈恩傳》作"喚弟子佛陀跋陀羅（唐言覺賢）"，《續高僧傳》作"召弟子覺賢說己舊事"。

[五]賢：疑脫，據《慈恩傳》補。

[六]惱：《慈恩傳》《玄奘行狀》作"拘"。

[七]盡：原作"書"，續藏本冠註曰"書疑盡或滅"，據《慈恩傳》《玄奘行狀》改。

[八]服：原作"眼"，據續藏本、《慈恩傳》改。

[九]能：《慈恩傳》作"說"。

[十]觀：《慈恩傳》下有"省"字。

[十一]直：上原衍"真"，據續藏本、《慈恩傳》刪。

[十二]人：《慈恩傳》作"者"。

[十三]云：《慈恩傳》作"曰"，下同。

[十四]指：《慈恩傳》上有"又"字。

[十五]得：疑脫，據《慈恩傳》補。

[十六]當：疑衍，或"常"、"嘗"之訛，《慈恩傳》無此字。

[十七]身:《慈恩傳》下有"即"字。穩:《慈恩傳》作"穩"。

[十八]傳:《慈恩傳》作"待教"。

[十九]病:《慈恩傳》作"苦"。

【注釋】

①戒賢:公元6、7世紀間,大乘佛教瑜伽行派論師,為印度摩揭陀國那爛陀寺的僧人。戒賢本是東印度三摩呾吒國王族,少好學,遊歷諸方,訪求明哲,至那爛陀寺遇護法菩薩,聞法信悟而出家。師弘傳唯識教義,研習《瑜伽師地論》等。玄奘西遊時,向時任那爛陀寺大長老的戒賢求學,學到了很多佛教思想。戒賢深得大眾尊重,眾人不言其名,號為正法藏。

②世無厭寺:梵文 Nālandā,音譯那爛陀,意譯施無厭或世無厭。《大唐西域記》記此寺名稱起源是根據佛本生故事中的傳說,《續高僧傳》卷四"又北三十餘里至那爛陀寺,唐言施無厭也。贍部洲中寺之最者,勿高此矣,五王共造供給倍隆,故因名焉";義淨《大唐西域求法高僧傳》卷上則記"此是室利那爛陀莫訶毘訶羅樣,唐譯云吉祥神龍大住處也。西國凡喚君王及大官屬并大寺舍,皆先云室利,意取吉祥尊貴之義。那爛陀乃是龍名。近此有龍,名那伽爛陀,故以為號。"那爛陀的歷史極為悠久,早在公元前6世紀此處便是已建有許多佛教殿堂的王舍城郊區。第三次結集後大眾部僧侶曾在那爛陀集會討論,將它視為說一切有部的中心。阿育王曾在那爛陀施地建寺,開創那爛陀寺的歷史。但據出土最古文物三摩陀羅笈多王時的銅盤判斷,近代學者大都認為此寺建於公元5世紀之後。義淨《大唐西域求法高僧傳》記"(那爛陀寺)乃是古王室利鑠羯羅映底為北天苾

芻曷羅社檗社所造。此寺初基纔餘方堵，其後代國王苗裔相承，造製宏壯，則贍部洲中當今無以加也。"詳細記述該寺規模，介紹它經歷多次擴建。那爛陀寺藏書豐富，學者輩出，印度大乘佛教的許多大師都曾在此地講學或受業，西行求法的玄奘法師、玄照、義淨、慧輪等等皆曾在這裏學習。《續高僧傳》卷四稱："常住僧眾四千余人，外客道俗通及正邪乃出萬數"，《慈恩傳》卷三以載"僧徒主客常有萬人"。公元 1200 年左右，突厥人征服摩揭陀，那爛陀寺遭受劫難，自此衰落，淹沒於荒草之中，直至 20 世紀初方重見天日。（參《西域記校注》頁 750—754）

③覺賢：梵名佛陀跋陀羅，意譯覺賢。公元 6、7 世紀時摩揭陀國那爛陀寺的僧人，戒賢的弟子，亦是戒賢之侄。他在玄奘法師遊至那爛陀寺時已經七十多歲，博通經論，善於言談。

④輕明：薄而透明。《律戒本疏》："所著寶衣，輕明照徹，身體外現。"

⑤宿愆：舊時所犯過錯。

⑥曼殊室利：梵文 Mañjuśrī 音譯，又作文殊師利等，略稱文殊，意譯妙吉祥、妙德、妙首等。他與普賢左右隨侍釋迦牟尼，以智慧聞名。

⑦《瑜伽論》：即《瑜伽師地論》。彌勒講述，無著記，係瑜伽行學派的基本論書，亦為法相宗最重要的典籍。內容記錄作者聞彌勒自兜率天降至中天竺阿踰陀國講堂說法的經過，其中詳述瑜伽行觀法，主張客觀物體乃人類根本心識阿賴耶識所假現的現象，須遠離有與無、存在與非存在等對立觀念，始能悟入中道，為研究小乘與大乘佛教思想的一大寶庫。在玄奘之前，此論已有幾個譯本，玄奘在那爛陀寺從戒賢處得到全文并在歸國後譯成最完備的譯本。

第十八　戒日王子感觀自在菩薩像感應[一]①（出《西域》等文）

東印度金耳國王名月②，害羯若鞠闍國王名王增③。大臣辯了勸進先王之子、亡君之弟戒日為王[二]④。太子敢不許[三]，即詣殑伽河岸觀自在菩薩像前[四]⑤，斷食祈請。菩薩現形曰："汝於先身，在此林中為蘭若比丘[五]⑥，而精勤不懈。承茲福力，為此王子。金耳國王既毀佛法[六]，爾紹王位，宜重興隆，慈悲為志。不久，當王五天竺境[七]⑦。"於是受教而退，襲王位[八]。一一如聖言。三十年[九]，兵戈不起矣。

此條出《西域記》卷五，事詳。《釋迦方志》卷上、《珠林》卷二九事略。

【校記】

［一］觀自在菩薩：原作"自在"，據目錄改。

［二］亡：原作"已"，據《西域記》改。續藏本冠註曰"已以音通"。

［三］敢：疑作"戒日"或"初"之類。濤按：此句為非濁概括之語，《西域記》記王子初拒繼王位，願往觀自在菩薩像前請辭。

［四］殑：原作"兢"，據《西域記》《釋志》《珠林》改。

［五］蘭：《西域記》大本作"練"，練、蘭二字通用。比丘：《西域記》作"苾芻"。

［六］毀：《釋志》《珠林》作"滅"。

［七］天竺：《西域記》作"印度"。濤按：天竺乃舊譯，《西域記》卷二《印度總述》稱印度，疑非濁改為天竺。

［八］襲：《西域記》上有“即”字。

［九］三：《西域記》上有“垂”字。

【注釋】

①戒日：7 世紀古印度的著名國王，梵文音譯曷利沙伐彈那，意譯喜增。即位後稱號尸羅阿迭多（梵文 śilāditya），義云戒日，故世稱戒日王。《西域傳》對曷利沙伐彈那記載較多。他的名字亦見於《舊唐書》卷一九八、《通典》卷一九三，皆譯作尸羅逸多。

②金耳國：金耳，羯羅拏蘇伐刺那的意譯。金耳國，即今孟加拉與印度西孟加拉邦地區的高達國，都城在羯羅拏蘇伐刺那城，故《西域記》稱其羯羅拏蘇伐刺那國。

月：公元 6 世紀末 7 世紀前期是高達國國王。梵文 śaśāṅka，音譯設賞迦，意譯作月。

③害：王增被月所害一事見《西域記》卷五與《慈恩傳》卷二，《西域記》卷五載：“設賞迦王（唐言月），每謂臣曰：‘隣有賢主，國之禍也。’於是誘請，會而害之。”

羯若鞠闍國：古印度的國家。梵文 Kanyākubja 或 Kānyakubja，舊譯葛那及、罽饒夷等，意譯曲女城，位於恒河與卡里河交流處，都城亦名曲女城。《續高僧傳》卷二則譯為耳出城，《法顯傳》作罽饒夷，乃自方言音譯而來。《西域記》卷四曰：“羯若鞠闍國，唐言曲女城國，中印度境。”

王增：古印度羯若鞠闍國的國王，戒日王之兄，梵文 Rājyavardhana，音譯曷羅闍伐彈那，《西域記》注曰“唐言王增”。據 7 世紀印度作家波那跋吒《戒日王傳》載，王增奉父命率軍北征白匈奴人,未交戰便因父親病危而被召回。等他趕回國都時,父親波羅羯羅伐彈那業已辭世,母親亦已去世,他因難抑悲痛而決定隱居森林,欲將王位讓給弟弟曷利沙伐彈那。但曷利沙伐彈那不願繼位,願隨兄苦修。後來他因國難而倉促迎敵,擊潰提婆笈多侵略軍,卻不幸死於高達國設賞迦王(意譯作月)的陰謀。(詳見《西域記校注》頁433)

④辯了:羯若鞠闍國的大臣,梵文音譯婆尼,《西域記》注曰"唐言辯了",他力主擁護戒日王登基。

⑤殑伽河:即恒河。梵語殑伽,華言天堂來,以見其從高處而來也。此河是印度北部的大河,發源於喜馬拉雅山南麓,流經印度、孟加拉,其名常出現於佛典中。

⑥蘭若:梵文阿蘭若略稱,又譯作阿練若,略稱練若,原意為森林,意譯為寂靜處、空閒處。後來泛稱一般寺院。蘭若比丘意指住於山林的比丘。

⑦五天竺:中古時期,印度全域劃分為東、西、南、北、中五區,稱為五天竺,又稱五印度。略稱五天、五竺、五印,代指整個印度。

第十九　南天竺尸利密多菩薩(造)觀音靈像感應[一](出《釋智猛傳》①)

秦姚興京兆沙門釋智猛②,往遊西域廿年[二]③。至南天竺尸利密多羅菩薩塔[三],側有精舍,破壞日久,中有金色觀世音菩薩像,雨霜不濕像身。誠心祈請,見空中蓋[四]。傳聞於耆舊曰:昔有菩薩,名曰尸利密多,利生為懷,慈悲兼濟,最悲三途受苦眾生。更發(願)造觀世音像[五],三年功畢。靈異感動,若專心祈請,為現妙身,指誨所願[六]。菩薩於其像前,而作是念:"觀世音菩薩,能滅二十五有苦[七]④,於中三途最重⑤,靈像感通,助我誓願,將救重苦。"

至夜二更,靈像放光明,天地朗然。光中見十八泥梨受苦及三十六餓鬼城苦⑥、四十億畜生苦。靈像頓現百千軍[八],帶金甲,各各執持杖刃戈棒[九],入十八泥梨。始自阿鼻城[十],次第而摧破鑊器,苦具尋斷壞[十一]。爾時,牛頭等一切獄卒皆生恐怖心[十二],投捨苦器,馳走向閻魔城,而白王言:"忽有百千騎兵軍眾,帶金甲、執持戈刃,摧破鑊器,斷壞苦具,地獄反作涼池,苦器悉作蓮花,一切罪人皆離苦惱。未曾見是事,如何所作?"王曰:"將非是觀世音所作事耶?我等不及也。"即合掌向彼方說偈,言:"歸命觀世音,大自在神通。示現百千軍,能破三惡器。"如此破壞十八泥梨已,攝化而為說法。次入餓鬼城,右手流五百河,左手流五百河,於虛空中而雨甘露,一切飽滿[十三],而為說法。又復入畜生,以智光明破愚癡心[十四],而為說法,三塗在一時中[十五]。尸利密多見此希有事,自畫像緣[十六],彫石而注[十七]。其靈像者,即是此緣也。(私云:此事希奇,自非大聖嚴旨難思。晚撿新譯《大乘寶王經》有此利生相⑦,更勘彼文。今欲勸像造[十八],且錄傳之云云。今亦云:唐尸羅比丘,弘始年中到南天竺之密多羅菩薩遺跡觀世音寺云是⑧)

可參見《三國傳記》卷十二《尸利密多觀音像事》(23)。

【校記】

[一]造:疑脫,據文意補。

[二]廿:原訛作"少",據《三國》改。濤按:釋智猛於弘始六年(404)赴西域,元嘉元年(424)返,歷時廿載;訛作"少年"不通,釋智猛非少年時遊歷西域,且據《高僧傳》卷三《釋智猛傳》知其經陽關至

北印度,游至南印度頗經年月。

[三]羅:疑衍。濤按:目錄、文題、正文及《三國》皆無此字,然文末又作"密多羅"。

[四]蓋:《三國》下有"沙門驚騷嗟歎,焚香稽首此菩薩像"十四字,或系日僧注語。

[五]願:疑脫,據《三國》補。

[六]指誨:《三國》作"三界"。

[七]能滅:《三國》作"林"。

[八]頓:《三國》作"頻"。軍:疑下脫"騎",《三國》有"騎"字,下文牛頭等言"忽有百千騎兵軍眾"。

[九]戈:《三國》作"林"。

[十]城:原作"旨",據《三國》改。

[十一]尋:《三國》上有"等"字。

[十二]卒:原作"率",據文意、《三國》改。

[十三]切:《三國》下有"餓鬼類"三字。

[十四]智:《三國》下有"惠"字。

[十五]中:《三國》下有"摧破"二字。

[十六]緣:《三國》無此字。

[十七]注:《三國》作"立"。

[十八]像造:疑倒作"造像"。

【注釋】

①《釋智猛傳》:指釋智猛《游行外國傳》,今已失傳。《續高僧傳》卷三《釋智猛傳》言"猛諮問方土,為說四天子事,具在《猛傳》",

《出三藏記集》卷十五亦言"具在其傳"，據此知另有《釋智猛傳》一書，慧皎、僧祐為智猛作傳時曾參考了本書，此即慧皎所言"（元嘉）十六年七月造傳，記所遊歷"。僧祐《出三藏記集》卷八存《智猛遊外國傳》目，又《釋迦方志》卷二載"（智猛）宋元嘉末卒成都，遊西有傳，大有明據，題云《沙門智猛遊行外國傳》，曾於蜀部見之"，據此可知《釋智猛傳》指《沙門智猛遊行外國傳》。此書又名《遊行外國傳》《外國傳》《智猛遊外國傳》《遊外國傳》，如《隋書》卷二八《經籍志》"《遊行外國傳》一卷（沙門釋智猛撰）"、《舊唐書》卷四六《藝文志》"《外國傳》一卷（釋智猛撰）"、《新唐書》卷五八《藝文志》"僧智猛《遊行外國傳》一卷"、《初學記》卷二七"釋智孟《遊外國傳》"所記皆指此書。

②姚興：後秦第二任國君，姚萇之子。釋智猛於姚興在位時前往西域求法。

釋智猛：南北朝時的西行求法僧。釋智猛出家後聞外國沙門說天竺佛跡及方等眾經，慨然而有求法遠遊之志。與曇纂等十五人自長安出發，出陽關西行求法，經罽賓、奇沙、迦維羅衛，至華氏城，同行抵天竺者僅有五人。他於華氏城訪得《大般泥洹經》《摩訶僧祇律》及餘經梵本。南朝宋元嘉元年（424）時自天竺返回，於涼州譯出《大般泥洹經》二十卷。元嘉十四年入蜀，十六年于鍾山定林寺寫傳，記述遊歷事蹟，元嘉末年示寂于成都。

③往遊西域廿年：《續高僧傳》卷三《釋智猛傳》及《出三藏記集》卷二、卷八、卷十五，載釋智猛於弘始六年（404）甲辰之歲結伴西行，經二十餘載，於甲子歲（424）自天竺返回涼州。此文乃釋智猛自述"往遊西域廿年"。

④二十五有:指眾生輪回生死的二十五種存在境界。

⑤三途:血途、刀途、火途,是三惡道的別名。血途是畜生道,因畜生常在被殺,或互相吞食之處;刀途是餓鬼道,因餓鬼常在饑餓,或刀劍杖逼迫之處;火途是地獄道,因地獄常在寒冰,或猛火燒煎之處。

⑥泥梨:即泥犁,梵語 niraya 的音譯,意即地獄。泥犁乃是無福之處,此處喜樂之類一切全無,是十界中最劣的境界。

⑦《大乘寶王經》:此指《大乘莊嚴寶王經》。北宋有兩本《大乘寶王經》,中印度來華僧人法天譯《最上大乘金剛大教寶王經》二卷,中印度惹爛馱囉國(迦濕彌羅國)來華僧人天息災譯《大乘莊嚴寶王經》四卷。非濁所述觀自在菩薩入地獄救眾生事見於天息災譯《大乘莊嚴寶王經》。《大乘莊嚴寶王經》始譯於宋太宗時,《釋氏稽古略》卷四"壬午太平興國七年"後記"西天中印度惹蘭陀羅國密林寺天息災三藏,與法天施護等譯《大乘莊嚴寶王經》",但未明言譯成時間。據《大中祥符法寶錄》卷三記"(太平興國)八年三月譯成經四卷"有"《大乘莊嚴寶王經》一部四卷",故知此經譯成于太平興國八年(983)。此經譯成後,流傳遼國,非濁有幸閱讀此經,故稱為"新譯《大乘寶王經》"。

利生:指佛、菩薩濟度利益眾生。非濁所見的觀自在菩薩利生相,在《大乘莊嚴寶王經》卷一中記載甚詳:"此大光明是聖觀自在菩薩摩訶薩入大阿鼻地獄之中,為欲救度一切受大苦惱諸有情故。救彼苦已,復入大城救度一切餓鬼之苦。……是時,閻魔天子諦心思惟:是何天人威力如是? 為大自在天、為那羅延等到彼地獄變現如是不可思議? 為是大力十頭羅剎威神變化耶? 爾時,閻魔天子以天眼通觀此天上,觀諸天已。是時,復觀阿鼻地獄,見觀自在菩薩摩訶薩,如是見已。"

⑧弘始：後秦皇帝姚興的第二个年號，399 至 416 年。文末所記唐尸羅比丘在弘始年中到南天竺密多羅菩薩事未詳。據非濁注語推測，前言錄傳《大乘寶王經》中利生相，後引述《釋智猛傳》事，故疑"唐尸羅比丘"是釋智猛在《游行外國傳》中的自稱，或其梵名乎？

第二十　晉居士劉度等造立觀音形像免害感應[一]（出《冥祥記》）

晉劉度，平原遼城人也[二]①。鄉里有一千餘家[三]，並奉大法②，造立形像，供養僧尼[四]。值虜主木末時[五]③，此縣常有遁逃[六]④。末大怒[七]，欲盡滅一城[八]。眾並兇懼[九]⑤，分必彌盡[十]⑥。度乃潔誠率眾，歸命觀世音。頃之，未見物從空下[十一]，繞其所住屋柱[十二]⑦。驚視，乃《觀世音經》。使人讀之[十三]，未大歡喜，用省刑戮[十四]。於是，此城即得免害云云[十五]。

此條見《珠林》卷十七、《廣記》卷一一零引作《冥祥記》，又見《系觀世音應驗記》。

【校記】

［一］形：目錄無此字。害：原作"苦"，據目錄改。

［二］遼：《廣記》卷一一零作"聊"。按《晉書》卷十四《地理志上》平原郡（今山東平縣西南）下無遼城縣而有聊城縣，知《廣記》所載為是，然《珠林》《系觀世音應驗記》皆作"遼城"，知非濁所據底本如是，故不改。

［三］有一：《廣記》《系觀世音應驗記》無二字。

〔四〕僧尼:《系觀世音應驗記》作"眾僧"。

〔五〕值虜:原訛作"緬慮",據《珠林》《廣記》改。未:《廣記》《法苑珠林校注》《系觀世音應驗記》作"末",下同。

〔六〕常:《珠林》《系觀世音應驗記》作"嘗",《廣記》作"常"。逋逃:《系觀世音應驗記》作"逃叛"。

〔七〕怒:原訛作"怨",據《珠林》《廣記》《系觀世音應驗記》改。

〔八〕欲盡滅:《系觀世音應驗記》作"盡欲殺"。

〔九〕並:《廣記》作"皆"。

〔十〕彌:宮、宋、元、明本《珠林》作"彌",麗本《珠林》及續藏本、《廣記》作"殄"。

〔十一〕空:《系觀世音應驗記》作"天"。下:《珠林》上有"中"字。

〔十二〕所住:《廣記》無二字。

〔十三〕使人讀之:《廣記》無四字。

〔十四〕用:《廣記》作"因",《系觀世音應驗記》作"因"。

〔十五〕是此:原倒作"此是",據《珠林》《廣記》改。

【注釋】

①平原遼城:即平原聊城。平原郡並無遼城縣,考《晉書》卷十四《地理志上》知晉平原郡轄聊城縣,在今山東省陽穀縣東北。《太平廣記》卷一一零引《冥祥記》作"平原聊城",故知《冥祥記》原文當作"平原聊城"。然《法苑珠林》《系觀世音應驗記》訛作"平原遼城",或時有"平原遼城"之說;依據《要略錄》抄引慣例,所引《冥祥記》抄錄《法苑珠林》之文,故以訛傳訛,錄作"平原遼城"。

②大法：佛法。《系觀世音應驗記》徑作"並事佛"。

③木末：依《太平廣記》當作"木末"，然《要略錄》從《法苑珠林》而作"木末"，此指北魏明元帝拓跋木末。董志翹《觀世音應驗記三種譯注》認為"木末"即西秦末代國王乞伏木末（也寫作乞伏暮末），事見《魏書·乞伏暮末傳》《北史·乞伏慕末傳》。然"乞伏暮末"說，考之以史疑點頗多，正如王國良《冥報記研究》疑乞伏茂蔓（即乞伏暮末）"勢力未達山東"（見王國良《冥報記研究》頁 145），西秦盤踞於西北而未轄平原郡；且文記晉時劉度，而乞伏暮末登基（公元428—431）時東晉已亡近十年，時間上亦有出入。東晉末年、南朝之初，平原聊城實為北魏所轄，故其虜主當指北魏明元帝拓跋嗣，拓跋嗣字木末，故稱拓跋木末。《宋書》卷二五《天文志三》"盧循、木末，南北交侵"，言盧循與拓跋木末南北擾晉，《太平寰宇記》卷五四"博州"條記"後魏明元帝于此置平原鎮，孝文帝罷鎮置平原郡"，明載北魏明元帝拓跋木末治此地。《宋書》卷九五《索虜傳》《南齊書》卷五七《魏虜傳》皆記拓跋木末之事，並稱北魏為虜，視為"虜主"。

④逋逃：逃亡。

⑤兇懼：恐懼，驚擾不安。

⑥分：料想，估計。

⑦繞其所住屋柱：晉時寫經用卷軸，故而打開後的長軸會纏繞樑柱。

第二十一　釋道泰念觀世音菩薩增壽命感應[一]（出《唐僧傳》文及《本記》《感傳》①）

魏常山衡唐精舍釋道泰者[二]②，魏末人[三]。夢（人）謂曰[四]：

"爾至其年^[五],當終於四十二矣。"泰寤懼之^[六]。及至其年^[七],遇重病^[八],甚憂,悉以身資爲福。有友人曰^[九]:"余聞供養六十億菩薩^[十],與一稱觀世音福同無異^[十一]。君何不至心歸依,可必增壽^[十二]。"泰乃感悟^[十三]③,四日四夜專精不絶^[十四]。所坐帷下,忽見光明從户外而入,見觀音足跌踝間金色朗照,語泰曰:"若其機感厚^[十五],定業亦能(轉)^[十六]。若過現緣淺,微苦亦無驗。若發歸命心,當知機感厚。若聞不稱念,當如宿緣淺^[十七]。汝念觀世音耶!"泰褰帷顧^[十八]④,(便)不復見^[十九]。悲喜流汗,便覺體輕,所(患悉)愈^[二十]。(聖)力所加^[二一],終延年矣^[二二]。

此條見《續高僧傳》卷二五"道泰傳"、《法華傳記》卷五"魏常山衡唐精舍釋道泰"、《珠林》卷十七引作《唐高僧傳》;又《珠林》卷十七别條引《冥祥記》、《廣記》卷一一零引《珠林》、《續光世音應驗記》,文異。

可參見《三國傳記》卷八《釋道秦念觀音增壽命事》(5)。

【校記】

[一]泰:原作"秦",據《續高僧傳》《珠林》《法傳》《續光世音應驗記》《廣記》改,下同。

[二]者:《續高僧傳》《珠林》《法傳》無此字。

[三]魏:《續高僧傳》《珠林》《法傳》上有"元"字。

[四]人:原脱,據《續高僧傳》《珠林》《法傳》《三國》補。

[五]爾:《續高僧傳》《法傳》作"若"。其:《續高僧傳》《珠林》作"某"。

[六]寤懼之:《續高僧傳》作"心惡之"。

〔七〕其：《續高僧傳》《法傳》作"期"。

〔八〕重：《珠林》無此字。

〔九〕有：《續高僧傳》《法傳》無此字。

〔十〕十：《續高僧傳》《珠林》《法傳》下有"二"字。

〔十一〕無異：《續高僧傳》《法傳》無二字。

〔十二〕可必：《三國》作"必可"，疑是。

〔十三〕悟：原作"語"，據《續高僧傳》《珠林》《法傳》《續光世音應驗記》《三國》改。

〔十四〕四：《續高僧傳》《法傳》作"遂於"，《珠林》上有"遂"字。

〔十五〕若其：《續高僧傳》《珠林》《法傳》《續光世音應驗記》等無下三十九字。

〔十六〕轉：原脫。濤按：文意偈之第二句末脫一字，據《法華文句記》卷十《釋普門品》"若其機感厚，定業亦能轉。若過現緣淺，微苦亦無徵"、《三國》補。此句不見諸本所載，疑系非濁所加。

〔十七〕如：《三國》作"知"。

〔十八〕泰：《續高僧傳》《珠林》上有"比"字。顧：《續高僧傳》《珠林》《法傳》作"頃"。

〔十九〕便：原脫，據《續高僧傳》《珠林》《法傳》《三國》補。

〔二十〕所愈：《續高僧傳》《珠林》作"所患悉愈"，《法傳》作"所患遂愈"，《三國》作"病愈"。

〔二一〕聖：原脫，據《珠林》《三國》補；《續高僧傳》《法傳》《續光世音應驗記》無此字及下七字。

〔二二〕終：《珠林》上有"後"字。

【注釋】

①《本記》《感傳》:《本記》疑指《冥祥記》或《法華傳記》;《感傳》疑即道宣《靈感傳》,詳參本卷第七條注。

②常山:原名恒山,避漢文帝劉恒諱改,為五嶽中的北嶽,在今山西大同渾源縣。衡唐精舍即為恒山的一個寺院。《法華傳記》卷十"魏常山衡唐精舍蝙蝠"記寺中有蝙蝠塔。

道泰:《法苑珠林》卷十七兩引道泰之事,一引作《唐高僧傳》,一引作《冥祥記》。前者記"魏常山衡唐精舍釋道泰者,元魏末人",後者則記"晉沙門釋道泰,常山衡唐精舍僧也",事同而朝代有異,當採自不同傳聞。

③感悟:有所感觸而醒悟。

④褰帷:撩起帷幔。

第二十二　魯郡孤女供養觀世音朽像感應（新錄）

魯郡有孤女住精舍故地①,於麥田中見朽木似聖像,收置草屋。其朽像出處,麥叢滋茂,女謂像力,以所食上分而供養之[一]。後遭疾而終,一日一夜還活。以屋地施精舍,以身服造觀世音像[二],啼泣供養。人怪問由。女答:我死(時)[三],見兩人收火車上而持去。忽有一沙門,五體損壞,語持車人曰:"我代此人,是我檀越[四]。"持車人置車於地[五],合掌白言:"大士乞吾,不測王誠[六],當放此女。"即火車上沙門[七]②。沙門將吾歸屋。爾時,白沙門言:"師誰救吾?"答:"我是觀世音也。汝不識麥田中朽木,即我像也云云。"妾見此利益,不惜田屋而已。

可參見《三國傳記》卷七《魯郡孤女蘇事》(24)。

【校記】

[一]上：疑作"半"或衍。濤按："上"字不通，參《珠林》卷五九有句"所食半分供養於僧"，疑作"半"，或衍字。

[二]身服：原作"身眼"，續藏本冠註曰"身眼二字未詳"，據《三國》改。

[三]時：原脫，據《三國》補。

[四]檀：原作"旦"，據《三國》改。

[五]人：下原衍"置車人"三字，據續藏本、《三國》刪。濤按："置車人"三字當系抄者傳抄重錄。

[六]不測王誠：文不通，疑有脫文。濤按：《三國》本句作"吾雖不測大王，誠感大慈大悲行願，免自業自得罪人。"

[七]即火車上沙門：濤按：此句不通，疑"即"、"上"下皆脫某字，《三國》本句作"即出從火車沙門"。

【注釋】

①魯郡：西漢高后八年（前180）廢魯國為魯郡，治魯縣（今山東曲阜市），景帝三年（前154）復為魯國。王莽時為魯郡，後多反復。晉改為魯郡；宋武帝置兗州治滑臺；隋大業二年，將兗州改為魯郡，《舊唐書》卷三八《地理志》記"武德五年，平徐圓朗，置兗州，領任城、瑕丘、平陸、龔丘、曲阜、鄒、泗水七縣。……天寶元年，改兗州為魯郡。乾元元年，復為兗州。"

②火車：載罪人運于地獄之車，能自車發火。

第二十三　憍薩羅國造十一面觀音像免疾疫難感應①（出《西國傳》）

佛滅度後八百年中[一]，憍薩羅國中疾疫流行，病死半分，經歷三年，不得免難。王臣共議，立誓祈請十方世界天上天下有大悲者必來救護。爾時，夢見聖像具足十一面，身黃金色，光明照耀。舒手摩王頂言②："我以十一面守護王國。"夢覺告臣，王臣人民一日中造十一面觀音像，一時免難。以是，已後一百年中，未遭此難矣。

可參見《三國傳記》卷七《憍薩羅國免疫難事》(23)。

【校記】

[一]八:《三國》無此字。

【注釋】

①憍薩羅國:憍薩羅，梵文 Kosala 音譯。此國名見於史詩《羅摩衍那》及《廣博本集》《毗濕奴往世書》等，其領域包括今印度納格浦爾以南錢達(Chandā)全部及其以東康克爾(Kanker)一代地區。

十一面觀音:六觀音之一，全稱十一面觀音菩薩，系觀世音菩薩的化身。其梵名意譯為十一最勝，或十一首，因其形像具有十一頭面，故稱為十一面觀音。此觀音由其神咒而聞名，神咒名為"十一面觀世音神咒"，威力甚大。

②舒手:張開手。舒手摩頂即伸右手摩其頂，是佛教授戒傳法時的儀軌。

第二十四　造千臂千眼觀自在像法延壽感應^[一]（出《千臂經》中①）

昔婆羅柰國有(一)長者^{[二]②}，唯有一子，壽命年合得十六^[三]。至年十五，有(一)婆羅門巡門乞食^[四]，見長者愁憂不樂^{[五]③}，夫妻憔悴，面無光澤。沙門問^[六]："長者何為不樂?"長者說向因緣。婆羅門答曰^[七]："長者不須愁憂，但取貧道處分，子壽年長遠^[八]。"于時，婆羅門作此像法^[九]，用千臂呪一日一夜。得閻魔王報云："長者子壽年只合十六^[十]，今已十五，唯有一年。今遇善緣^[十一]，得年八十，故來相報。"爾時，長者夫妻歡喜^[十二]，罄捨家資以施眾僧^[十三]。當知此像法不可思議也^[十四]。

此條見《千眼千臂觀世音菩薩陀羅尼神呪經》《千手千眼觀世音菩薩姥陀羅尼身經》；寧夏西夏方塔出土《佛頂心觀世音菩薩大陀羅尼經》卷上略載其事，文異。

可參見《三國傳記》卷八《昔長者子壽驗事》(4)；《真言傳》卷二《千手陀羅尼之事》。

【校記】

［一］觀自在像法：目錄作"觀音像"。

［二］婆：《千臂經》《陀羅尼身經》《三國》《真言傳》作"波"。柰：《陀羅尼身經》作"奈"。一：疑脫，據《千臂經》《陀羅尼身經》補。

［三］命：《千臂經》《陀羅尼身經》無此字。合得：《陀羅尼身經》作"只合"。

［四］一：疑脫，據《千臂經》《三國》補。

[五]長:《千臂經》上有"其"字。

[六]沙門問:《千臂經》作"婆羅門問曰"。

[七]曰:原作"其",據《千臂經》改。

[八]子:《千臂經》《陀羅尼身經》下有"得"字。

[九]作此像法,用千臂呪:《千臂經》《陀羅尼身經》作"作此法門"。《三國》作"造千臂千眼觀自在像,誦千臂呪",疑"用"為"誦"。

[十]子壽年:麗本《千臂經》作"其子命根",疑"根"應作"限"。合:原作"今",據續藏本、《千臂經》《陀羅尼身經》改。

[十一]緣:麗本《千臂經》上衍"因"字。

[十二]喜:《千臂經》《陀羅尼身經》下有"踊躍"二字。

[十三]以:麗本《千臂經》訛作"次"。施:《千臂經》《陀羅尼身經》下有"佛法"二字。

[十四]像:《千臂經》《陀羅尼身經》無此字。

【注釋】

①《千臂經》:此指唐代智通譯《千眼千臂觀世音菩薩陀羅尼神呪經》,凡二卷。本經系智通譯自北印度僧所奉進的梵本經典,内容記載了千手觀音的印呪法及壇法等。菩提流志所譯《千手千眼觀世音菩薩姥陀羅尼身經》是本經的異譯,故亦載本篇故事。

②婆羅奈:又譯作婆羅疤斯、波羅那斯,今名瓦臘納西,在今印度阿拉哈巴德(Allāhābād)下游八十英里,位於恒河左岸。此即古代的迦屍國,後來一般以迦屍國為國名,而以婆羅奈為首都名,故《一切經音義》載婆羅疤斯:"或云婆羅奈斯,又作婆羅奈,同一也。舊譯云江遶城。"

③愁憂：義同憂愁。

第二十五　罽賓國行千臂千眼像法免難感應（同《經》）

昔罽賓國有疾病流行^[一]①，人得病（者）^[二]，不過一日、二日並死^[三]。有婆羅門真諦^[四]②，時將此像法施行救療^[五]，應時消滅^[六]。行病鬼王出於國境矣^[七]。

此條見《千眼千臂觀世音菩薩陀羅尼神呪經》《千手千眼觀世音菩薩姥陀羅尼身經》；寧夏西夏方塔出土《佛頂心觀世音菩薩大陀羅尼經》卷上略載其事，文異。

【校記】

[一]昔：麗本《千臂經》下有"有"字。有疾病：宋、元本《千臂經》作"疫患"，麗本《千臂經》作"疫疾"，明、大本《千臂經》作"有疫病"，《陀羅尼身經》作"乃疫病"，疑作有疫病。

[二]者：疑脫，據《千臂經》《佛頂心觀世音菩薩大陀羅尼經》補。

[三]日：疑衍，《千臂經》《陀羅尼身經》無此字。

[四]諦：麗本《千臂經》《陀羅尼身經》作"帝"。

[五]時等九字：宋、元、麗本《千臂經》作"將此法行"，明、大本《千臂經》作"起大慈悲心施此法門救療一國"。

[六]應時：宋、元、麗本《千臂經》作"疫病應時即得"，明、大本《千臂經》作"疫病應時"。

[七]行：明、大本《千臂經》上有"時"字。出：明、大本《千臂經》上有"應時"二字。於：《千臂經》《佛頂心觀世音菩薩大陀羅尼經》

作"離"。

【注釋】

①罽賓國:即迦濕彌羅國,古印度國家。漢魏南北朝時皆譯作罽賓,故《西域記》卷三記"(迦濕彌羅)舊曰罽賓",此後罽賓則指別的國家,如《隋書》罽賓指漕國(Ghazni),唐代罽賓指迦畢試國。迦濕彌羅是梵文 Kāśmīra 或 Kaśmīra 的音譯,其領域自古分為 Kamraj 和 Meraj 兩大部分,前者為印度河與巴哈特河交匯處以下,後者在交匯處上游南半部地區。

②真諦:唐代印度來華僧人。波崙《千眼千臂觀世音菩薩陀羅尼神咒經序》記:"波崙又於婆羅門真諦律師聞此像由來,云有大力鬼神毗那翼迦,能障一切善法,不使成就,一切惡業,必令增長",波崙是活躍在唐高宗、武后時的沙門,據其序知婆羅門真諦律師是在波崙生活時代或稍前的一位來華婆羅門僧(並非梁朝來華的真諦三藏),波崙曾向其請教像之由來。而《千眼千臂觀世音菩薩陀羅尼神咒經》經文亦提及真諦,說明此經翻譯時真諦已經來華,考《開元釋教錄》卷八記:"《千眼千臂觀世音菩薩陀羅尼神咒經》二卷,或一卷。貞觀中在內譯初出,與唐流志《千眼千手身經》同本,沙門波崙製序",據此知本經譯於貞觀中,則文中提及的婆羅門真諦當是貞觀間便已來華的印度僧人。

第二十六　大婆羅門家諸小兒等感千手千眼觀音像感應(出《外國記》)

昔有一沙門,奉行大法,次第乞食至大婆羅門家。時,婆羅門家中遇此沙門已,屋棟梁摧折[一],打破水瓶瓮器[二],牛馬絕靷[三],四方馳走[四]。爾時,婆羅門謂:"不祥之人來入吾家[五],有此變怪。"沙門聞已,答婆羅門曰:"汝頗見汝家兒子等腹脹面腫、身重眼暗、疾鬼所惱不[六]?"婆羅門言:"我先見之。"沙門復言:"汝家內有惡鬼夜叉吸人精氣[七],令汝家內有疾病[八]。是諸鬼等以畏我故逃避有此事[九]。"應時,兒子諸惱方除。婆羅門言:"汝有何力?"沙門答曰:"我以親近如來大法,負千手像,有此威神[十]。"婆羅門夫婦聞已觀已[十一],歡喜供養之矣。

此條可參見鳩摩羅什譯《大莊嚴論經》卷五,文字稍異。

【校記】

[一]梁:疑衍,《大莊嚴論經》無此字。

[二]水瓶瓮器:《大莊嚴論經》作"水瓮"。

[三]牛馬:《大莊嚴論經》作"牸牛"。靷:原作"剃",據《大莊嚴論經》改。

[四]方:《大莊嚴論經》作"向"。

[五]祥:《大莊嚴論經》作"吉"。

[六]鬼:疑訛或衍。濤按:《大莊嚴論經》與本句異,據文意推測"鬼"字或衍或訛傳他字。

[七]惡鬼夜叉:《大莊嚴論經》作"夜叉鬼"。

[八]令:原作"今",據《大莊嚴論經》改。

[九]有此事:《大莊嚴論經》作"以是令汝樑折瓮破牸牛絕靷"。

[十]神:《大莊嚴論經》作"力"。

[十一]觀已:疑衍,續藏本無二字。

第二十七　南印度國造不空羂索像感應(出《西域記》①)

南印度國荒廢[一]②,君臣不保壽,人民亡喪[二]。王遣使請中天竺尸利密多[三],欲救國災。密多來至此國,白王言:"有大聖不空羂索觀自在③,大王方造像安置城西南閣。"王受教已,即造形像安置城西南閣。像放光明,照一由旬④。王臣保壽,五穀豐饒,人民(謗樂)[四]。從餘國愍感其像[五]。有城南故寺,即移閣為寺矣。

可參見《三國傳記》卷十二《南印度小國造不空羂索像事》(16)。

【校記】

[一]國:《三國》上作"有小國名摩訶剌侘,其土俗有恩必報,有怨必報。昔"。

[二]亡:原作"已",據《三國》改。

[三]密:原作"蜜",據下文、《三國》改。

[四]謗樂:疑脱,據《三國》補。

[五]從餘等十八字:《三國》作"其像有城南故從餘國愍感移閣余為寺矣"。

【注釋】

①《西域記》:本篇注引《西域記》,然內容不見於《大唐西域記》。《三國傳記》抄錄此文多"有小國名摩訶剌侘,其土俗有恩必報,有怨必報"諸語,此三句見於《大唐西域記》卷十一。若上三句確為《要略錄》脱文,則非濁僅引《大唐西域記》三句而參考他書。考本

篇提及尸利密多,本卷"南天竺尸利密多菩薩觀音靈像感應"條亦記尸利密多在南天竺國造觀音像,故疑兩篇同出一處,或皆如後條所言出自釋智猛《游行外國傳》。

②南印度國:《三國傳記》記此"國名摩訶剌侘",考摩訶剌侘國領土包括今印度哥達瓦里河上游流域及該河與克里希那河的中間地區。《西域記》卷十一記玄奘游至此國,"城南不遠,有故伽藍,中有觀自在菩薩石像。靈鑒潛被,願求多果",或即文中城南故寺。

③不空羂索觀自在:六觀音之一,全稱不空羂索觀世音菩薩。又稱不空王觀世音菩薩、不空廣大明王觀世音菩薩、不空悉地王觀世音菩薩、不空羂索菩薩。依密教所傳,在過去九十一劫的最後一劫中,觀世音菩薩曾經接受世間自在王如來的傳授,而學得不空羂索心王母陀羅尼。此後,觀世音菩薩即常以該真言教法,化導無量百千眾生。因此,當觀世音菩薩示現化身以此法度眾時,便稱為不空羂索觀音。

④由旬:印度的里程單位,梵名又音譯作俞旬、由延、踰繕那、踰闍那。原指公牛掛軛行走一日的里程,各書記載不一,有四十里、三十里、十六里等多種說法。

第二十八　涼州姚徐曲為亡親畫觀自在像感應（新錄）

涼州徐曲①,姓姚氏,少喪父母,不識恩分。長聞報恩緣,兩目流淚,更畫千手千眼觀自在②、六觀自在像③,於舊宅而供養之。經一年半,全無微感[一]。明年七月十四日夜,空中呼徐曲。不識所由,作問:"是誰?"答:"我等是汝双親也。恣造惡業,墮地獄吞熱鐵丸。去年二月十八日,六口沙門威光赫赫入地獄城[二]。獄卒見生敬心,敢不遮礙④。入地獄已,攝收光明,為我等説法。初無識知,漸漸教誘,没生天上者百千人[三],我等生第二天。初知汝恩[四],然天上受樂無間,餘事易忘,是故遲來。"徐曲曰:"以何為據,知是父母?"答:"汝不信我言者,將見藏中黄箱為汝收金錢百丸。"語已無音。明見藏箱,誠如所言,悲喜交集[五]。見畫像日時[六],雅合先言矣[七]。

可參見《三國傳記》卷八《涼州徐曲為亡親畫觀自在像得利益事》(2)。

【校記】

[一]微:疑"徵"之形訛。

[二]口:疑衍。

[三]没:疑衍,《三國》無此字。

[四]恩:《三國》下有"故欲報謝"四字。

[五]悲:原作"喜",據續藏本改。

[六]見:《三國》作"勘"。

[七]先:《三國》作"天"。

【注釋】

①涼州:西漢建郡,治所在隴縣(今陝西省隴縣),轄域約為今甘肅、寧夏、青海三省區湟水流域,陝西省定邊、吳旗、鳳縣、略陽等縣和內蒙古自治區額濟納旗等地。此後郡名多有更換,北魏時因地理因素,改涼州為敦煌鎮,太和十四年(490年),復置涼州;西魏時分涼州西部置西涼州;北周時因其處於西域軍事要地中,於此設置涼州總管府。隋文帝廢郡改置涼州,煬帝時改稱武威郡,轄域僅有今甘肅省永

昌以東、天祝以西地區。唐代天寶元年（742年），改武威郡，乾元元年（758年），復為涼州。北宋天聖六年（1028年），改為西涼府。

②千手千眼觀自在：六觀音之一。指具有千手、千眼，每一手掌各有一眼的觀音菩薩。全稱千手千眼觀自在，又稱千手千眼觀世音、千眼千臂觀世音、千手聖觀自在、千臂觀音等。“千”，表無量、圓滿之義。“千手”象徵此觀音大悲利他之方便無量廣大，“千眼”象徵應物化導時觀察機根之智圓滿無礙。

③六觀自在：指教化六道的六種觀世音菩薩，即大悲、大慈、師子無畏、大光普照、天人丈夫、大梵深遠等。

④遮礙：阻礙。

第二十九　荊州趙文侍為亡親畫六觀(世)音感應[一]（出《司命志》①）

趙文侍者，荊州人也②。其父母邪見③，不信三寶。文侍事觀世音，父母亡後，作是念言：“吾双親邪見不信，不知何處[二]。須圖六觀世音像將救六道，父母豈不入其數？”雇巧手圖六觀音像[三]，未加綵畫，夜夢見六觀音。文侍合掌，白六觀世音言：“願慈悲者[四]，將知父母生處。”爾時，大悲觀世音告文侍曰：“汝父在大焦熱地獄④，受燒煮苦。汝圖我像，我往彼地獄放光說法，救地獄苦。”大慈觀音言：“若移餓鬼，我當救濟。但(汝)母正在餓鬼[五]⑤，我往彼處，手雨甘露，令得飽滿，而為說法。”師子無畏觀音言[六]：“若移畜生中⑥，我當濟救之。”大光明普照觀音言[七]：“若移阿修羅中⑦，我能救之。”天人丈夫觀音言：“若移人道⑧，我示淨土道路。”大梵深遠觀音言：“若生天上⑨，我能救退沒苦，出三有界。”六觀音說如是語已。忽然覺悟,更圖綵,方成,(像)放光[八],遠見即如有燈光,近見即滅。父感夢之二丈夫乘紫雲來下[九],告文侍言:"我等蒙觀音救濟往生淨土云(云)[十]。"聞者皆謂文侍父母來告云云。

可參見《三國傳記》卷十一《荆州趙文侍為亡親畫六觀音事》(26);《私聚百因緣集》卷六《荆州趙文侍事》(15)。

【校記】

[一]世:疑脫,據目錄補。

[二]何:疑作"生"。濤按:《私聚》作"生處不知",《三國》作"其生所不知何處",且據下文"將知父母生處"推測或作"生"。

[三]手:《三國》作"筆"。

[四]者:《私聚》無此字。

[五]汝:疑脫,據《三國》補。

[六]師子無畏:《三國》作"馬頭"。

[七]大光明普照:《三國》作"師子無畏"。

[八]像:疑脫,據《三國》補。

[九]父感夢之:續藏本冠註曰"父等四字更詳"。濤按:疑"父"作"復",與前夢相對。《三國》作"又夢",疑是。二:下原衍"人",據文意刪。

[十]云:疑脫,據《私聚》補。

【注釋】

①《司命志》:是書不詳。《要略錄》本條及下條皆引是書,下條記唐代宗大曆之後事,稱則天為天后、不言代宗而稱作帝,仿佛唐人

口吻,據此推知此書最早可能成書于唐大曆間。考兩則内容皆記觀音菩薩感應事,與唐代現存《定命論》《定命錄》《知命錄》等志怪作品述命有定數的内容尚不相同,或出於佛教徒之手。

②荆州:東漢置荆州轄郡七,縣一百一十七,治所漢壽(今湖南漢壽縣北)。漢末移治襄陽,今湖北襄陽市,建安十四年,劉備領荆州牧,移治公安(今湖北公安西北)。唐武德四年,改隋南郡為荆州,天寶元年改為江陵郡,乾元元年復為荆州大都督府。

③邪見:佛教指無視因果道理的謬論,泛指乖謬不合正法的見解。

④大焦熱地獄:地獄之一,又作大熱炙地獄、極熱地獄、釜煮地獄。以極焦熱,燒炙罪人,令其皮肉焦爛,苦痛辛酸,萬毒並至,故有此名。

⑤餓鬼:餓鬼道,六道之一。前生若造惡業、多貪欲者,死後墮餓鬼道,常苦於饑渴。

⑥畜生:畜生道,六道之一。前生若種畜生之業因,死後即趨往畜生道。

⑦阿修羅:六道之一,由性多嗔恚的阿修羅為首。

⑧人道:六道之一,人界也。

⑨天上:指六道中的天界。天道分佈在欲界、色界、無色界三界之中。

第三十　梁朝漢州善寂寺觀音、地藏畫像感應(出同記)

梁朝漢州德陽縣善寂寺東廊壁上①,張僧繇畫觀音[一]②、地藏各一軀[二]。狀若僧貌,𧙕披而坐[三],時人瞻禮,異光煥發。至麟德元年,寺僧瞻敬,歎異於常[四]。是以後絹就壁上摸寫[五],(散)將供養[六],發光無異,時人展轉摸寫者甚眾。至麟德三年[七],玉記起任資州刺史[八]③,常以摸寫[九],精誠供養。同行船有十隻[十],忽遇惡風頓起[十一],九隻船沒[十二]。遭此波濤,唯玉記船更無恐怖。將知菩薩弘大慈悲,有如是之力焉[十三]。至垂拱二年[十四],天后聞之④,勅令畫人摸寫,光發如前[十五],於內道場供養[十六]⑤。至于大曆元年,寶壽寺大德於道場中見光異相⑥,寫表聞奏。帝乃虔心頂禮,讚嘆其光。菩薩現(光)時[十七],國當安泰[十八]。後有商人妻妊娠得二十八月不產[十九],忽覩光明,便即摸寫[二十],一心發願於是菩薩[二一]。當夜便即生下一男[二二],相好端嚴,見者歡喜矣[二三]。

此條參見《地藏菩薩像靈驗記》卷一;《石門文字禪》卷十八記事較略,《佛祖綱目》卷三七引《石門文字禪》。《石門文字禪》卷十八"放光二大士贊"、《佛祖綱目》卷三七記事為"高安龔德莊"于丙申(宋徽宗政和六年,1116)所傳,晚於非濁所記,蓋時有傳聞若斯。

【校記】

[一]僧繇:原作"繒彩",據《靈驗記》《文字禪》改。

[二]地:《靈驗記》上有"並"字。

[三]鋖:《靈驗記》作"斂"。

[四]歎:原作"欲",據《靈驗記》改。

[五]後絹就壁上摸:《靈驗記》作"將稀親壁上模"。摸:疑"模"之訛,《靈驗記》作"模",下同。

[六]散:疑脫,據《靈驗記》補。

[七]至:《靈驗記》無此字。

[八]玉：續藏本、《靈驗記》作“王”，下同。《石門文字禪》此名作“王紀”，疑是。

[九]常：原作“當”，據《靈驗記》改。

[十]有十隻：《靈驗記》作“十艘”。

[十一]惡：《靈驗記》無此字。

[十二]隻船沒：《靈驗記》作“艘沒溺”。

[十三]之：《靈驗記》作“威”。

[十四]二：《靈驗記》《文字禪》作“三”。

[十五]光發：《靈驗記》作“放光”。

[十六]內：《靈驗記》訛作“同”。

[十七]菩薩：續藏本無二字。光：疑脱，據《靈驗記》補。

[十八]當：《靈驗記》作“常”。

[十九]後：《靈驗記》作“復”。濤按：《文字禪》記商人妻在唐高宗時得王紀所贈摹像，如依此時間綫索大曆元年之“後”說不成立，“後”當作“復”字。得：《靈驗記》作“經”。

[二十]即：《靈驗記》無此字。

[二一]是：《靈驗記》無此字。

[二二]即生下：《靈驗記》作“生”。

[二三]見：《靈驗記》上有“而”字。

【注釋】

①漢州德陽：德陽縣在南朝梁時並不屬漢州。《通典》卷一七六《州郡六》記德陽“（南朝）宋、齊為廣漢郡”，《元和郡縣圖志》卷三一載德陽“本漢綿竹縣地，後漢分綿竹縣立德陽，屬廣漢郡。周閔帝元

年,郡縣並廢。武德三年復置,屬益州,垂拱二年割屬漢州"。《舊唐書》卷四一《地理志四》亦載唐時始置漢州,"垂拱二年,分益州五縣置漢州。天寶元年,改為德陽郡。乾元元年,復為漢州。"即今四川德陽市。文稱漢州德陽縣,是以唐時郡縣名稱之。

善寂寺:德陽縣寺廟,唐垂拱二年前屬益州,垂拱二年後屬漢州。王勃《益州德陽縣善寂寺碑》記此寺為梁武帝所建,"爾其碧雞仙宇,分絕障於金堤;石兔遙源,控長江於玉峽",唐時在原址重加修建。唐高宗顯慶(656—661)時,"又於佛堂東壁,畫二聖僧,丹青未畢,大啟神光",若如王勃所記東壁畫像為唐顯慶年間所繪,則知此篇所言張僧繇畫像恐為後人杜撰。

②張僧繇:南朝梁時畫家。擅寫真,亦善畫龍、鷹、花卉、山水等。擅作人物故事畫及宗教畫。此篇述像發光芒事,將其作者定為張僧繇,然漢州地名、東壁畫像時間皆有疑問,恐系後人傳言而已。《法苑珠林》卷十四記益州法聚寺有張僧繇地藏菩薩畫,放光情節、時間與此相似,疑後人以此為本事而敷衍成益州善寂寺之新事。

③資州:西魏初置資陽,後得延承。唐武德元年改隋資陽郡為資州。天寶元年改為資陽郡,乾元元年復為資州。治所在資陽縣,即今四川資陽。

④天后:指武則天。《石門文字禪》卷十八、《佛祖綱目》稱作則天,而唐人多稱則天為天后,故疑此篇本事出唐人之手,《要略錄》《地藏菩薩像靈驗記》皆引自唐人之文。

⑤內道場:皇宮內的佛事道場。武則天於洛陽皇宮置內道場,中宗、睿宗不改,至代宗而益厚,常使僧百余人在宮中禮拜佛像、念誦經文,謂之內道場。

⑥寶壽寺：唐長安城內寺。寺乃天寶七年所建，《舊唐書》卷一八四《高力士傳》記高力士在“來庭坊造寶壽佛寺”。

第三十一　雍州鄠縣李趙待為亡父造大勢至像感應

李趙待者，雍州鄠縣人也①。其父發惡見②，撥無佛法③，夢感神責，吐血而死。趙待本自歸心大勢至④，念佛更為救父苦，造三尺勢至金像。始就刻彫日，大地振動。人皆謂地震，推吉凶。經二月，功方畢，夢見金人，頂戴寶冠，云：“汝識先地振否？我是大勢至菩薩也。汝造我像，我赴汝請，來入此界。時，舉足下足，大千震動⑤，三惡眾生皆離苦。我依念佛門，入無生忍⑥，攝取十方念佛眾生。汝造形像，兼修念佛，其父離地獄苦[一]，我授手送淨土[二]⑦。”聞是語，舉目欲瞻禮⑧，忽然夢覺。待悲喜交集，修念莫廢矣。

可參見《三國傳記》卷十《雍州李趙待為亡父造勢至菩薩事》(29)。

【校記】

[一]其：疑作“汝”。

[二]手：《三國》作“三昧愣嚴手臂”。淨：《三國》作“十樂不退淨”。

【注釋】

①鄠縣：西漢初年，置鄠縣，故治在今陝西西安鄠邑區。三國、魏、北魏、西魏、北周多屬雍州；唐初屬雍州，開元元年改雍州為京兆郡，遂屬京兆府，北宋時屬永興軍路京兆府京兆郡。依此縣沿置史，

疑此篇的本事或發生于唐開元元年前。

②惡見:違背佛教真理之見。

③撥無:撥無意謂否定。佛教典籍有撥無因果之語,謂否定三世因果之理,不具正信之心,但生邪惡之見,而於一切善惡因緣果報,悉皆撥以為無。

④大勢至:即大勢至菩薩,淨土信仰中的重要菩薩。又譯作摩訶那缽、得大勢、大勢志、大精進,或簡稱勢至、勢志。大勢至菩薩為阿彌陀三尊之一,他與觀世音菩薩同為阿彌陀佛的脅侍。相對于觀音的代表慈悲,大勢至菩薩象徵智慧。

⑤大千:大千世界。

⑥無生忍:即無生法忍,指安住於不生不滅的真理而不再墮入惡道。

⑦授手:即佛、菩薩伸手引導眾生入淨土。《觀無量壽經》曰:"阿彌陀佛放大光明,照行者身,與諸菩薩授手迎接。"

⑧瞻禮:瞻仰禮拜。

第三十二　地藏菩薩過去為女人尋其母生處救苦感應(出《本願經》①)

過去不可思議阿僧祇劫有佛②,號覺花定自在王如來[一]③。像法之中,有(一)婆羅門(女)宿福深厚[二],眾所欽敬。其母信邪,輕三寶[三]。是時,聖女廣說方便,勸誘其母,令生正見。而此女母未全生信[四],不久命終,魂神墮在地獄[五]。時,聖女遂賣家宅[六],廣求香花及諸供具,於先佛塔寺大興供養[七]。瞻禮尊容,私自念言:"佛名大覺,若在世時,我母死後,儻來問佛,必知生處。"時,彼佛以聲造空中言："女勿致悲哀[八]，我今示汝母之去處。但早返舍，端坐思惟吾名號[九]，即當知母所生去處。"時，聖女即歸其舍，以憶母故，端坐念彼佛名。經一日一夜，忽見自身到一海邊，其水湧沸，多諸惡獸，盡復鐵身，飛走海上。見諸男女百千萬出沒海中，被諸惡獸爭取飡噉[十]。又見夜叉其形容異[十一]。時，聖女問一鬼（王）名無毒言[十二]："此是何處？"無毒答言："此是大鐵圍山西面第一重海④。"聖女言："我聞此山內地獄在中，是事實否？"無毒答言："實有。"聖女又問："此水何緣而沸？多諸罪人？"鬼（王）言："此是閻浮提造惡眾生新死之者，經四十九日後，無人繼嗣為作功德，（救）拔苦難[十三]，生時又無善果，當據本業所感地獄，自然先渡此海。海東十萬由旬[十四]，又有一海，其苦倍此。彼海之東，又有一海，其苦復倍。三業惡果之所招感[十五]，共號三塗業海[十六]。"聖女又問："地獄何在？"答曰："三海之內是大地獄，其數百千，各各差別。"聖女又問："我母死來未久[十七]，不知生處何趣？"鬼（王）言："菩薩之母，在生習何行業？"女言："我母邪見，譏毀三寶，設或暫信，旋又不敬。"鬼（王）言："母姓氏何？"女言："我父我母俱婆羅門種，父號尸羅善見[十八]，母號悅帝利。"鬼（王）言："聖者却返，無致憂惱悲戀[十九]。悅帝利罪女生天以來，經今三日。承孝順之子為母設供[二十]、修福。非唯菩薩之母得脫[二一]，此日罪人悉得受樂[二二]，俱同生天訖[二三]。"聖女如夢歸，悟此事已[二四]，便於覺花定自在王如來塔像之前立誓願[二五]："願我盡未來劫有罪苦眾生[二六]，廣設方便，使令解脫。"時，鬼王無毒者，今財首菩薩是[二七]⑤。婆羅門女者，即地藏菩薩是也[二八]。

此條出《地藏菩薩本願經》卷上《忉利天宮神通品》，《要略錄》

縮略較多。

　　可參見《三國傳記》卷五《地藏菩薩過去為女人尋其母生處救苦事》(1)。

【校記】

　[一]號:《本願經》下有"曰"字。

　[二]一:疑脫,據《本願經》補。濤按:《三國》無"一"字。女:原脫,據《本願經》《三國》補。濤按:文末稱"婆羅門女",文首"婆羅門"下當脫"女"字。

　[三]輕:《本願經》上有"常"字。

　[四]全:原作"令",據《本願經》改。

　[五]地獄:《本願經》《三國》上有"無間"二字。

　[六]聖:《本願經》作"婆羅門"。濤按:《本願經》下文時作婆羅門女、間或稱聖女。

　[七]興:原作"真",續藏本作"伸",《本願經》作"興",據文意從《本願經》。

　[八]女:《本願經》上有"泣者聖"三字。濤按:非濁或略去"泣者聖"三字,然"女"古通"汝",似應留之。致:《本願經》作"至"。

　[九]名:《本願經》上有"之"字。

　[十]湌:《本願經》《三國》作"食"。

　[十一]容:《本願經》作"各"。

　[十二]王:原脫,據《本願經》補,下同。濤按:文末稱鬼王無毒,則文中脫"王",應從《本願經》。言:《本願經》作"曰",下同。

　[十三]救:疑脫,據《本願經》補。

［十四］十：原作"去"，據《本願經》改。

［十五］果：《本願經》作"因"。

［十六］共：原作"苦"，據《本願經》改。濤按：《三國》作"故"，亦通。三塗：《本願經》無二字。

［十七］死：原作"元"，據續藏本、《本願經》改。

［十八］見：《本願經》作"現"。濤按：《地藏菩薩像靈驗記》"陳都陳氏女為救母造地藏像感通記"條介紹地藏事亦言"父名尸羅善現"，疑本文應為"現"。

［十九］致：《本願經》《三國》作"至"。惱：《本願經》作"憶"。

［二十］孝：原作"李"，據續藏本、《本願經》《三國》改。

［二一］脫：《本願經》下有"地獄"二字。

［二二］得：原作"等"，據《本願經》改。

［二三］天：《本願經》無此字。

［二四］事：原作"哀"，據《本願經》《三國》改。

［二五］立：《本願經》《三國》下有"弘"字。

［二六］有：《本願經》《三國》上有"應"字。

［二七］今：《本願經》上有"當"字。

［二八］也：《本願經》無此字。

【注釋】

①《本願經》：即《地藏菩薩本願經》，二卷。本經詳述地藏菩薩的本生誓願及利濟眾生事，強調經典本身的不可思議。現存本經雖題為唐于闐國三藏沙門實叉難陀譯，但《開元釋教錄》《貞元新定釋教目錄》並無記載，高麗藏、宋藏、元藏亦未收錄。直至明藏始見本

經,因此學界認為本經當非實叉難陀所譯。日本學者松本文三郎甚至認為本經成於元末明初,但據《要略錄》引徵此經推斷,這一經典早在遼道宗清寧年間(1055—1064)便已流傳遼國,這比学界據天仁二年(1109)日僧濟暹《持念地藏菩薩疏要鈔》引本經而得出本經成書於此前的時間推斷還要早。

②阿僧祇劫:無數劫。阿僧祇是梵語的音譯,意譯為無數或無央數,是多到沒有數目可以計算的意思。

③覺花定自在王如來:佛名號,出《地藏菩薩本願經》。

④大鐵圍山:圍繞世界的鐵山叫作鐵圍山。《大毗婆沙論》卷一三三載,此世界的中央為須彌山,由四寶所成,其周圍有由健達羅等七座金山,各山間各有一海,圍繞第七座尼民達羅山之第八海即是城海,閻浮等四大洲位於此海中。此城海之周圍有山,如牆繞之,故稱輪圍;又因其由鐵所成,故名鐵圍山。

⑤財首菩薩:《地藏經》記財首菩薩是無毒鬼王所修成的。財首菩薩修行七聖財,具足、信、戒、多聞、舍、智慧、慚愧七種財寶。《觀佛三昧經》卷九則記金幢王子改邪歸正,修得財首菩薩。

第三十三　唐益州法聚寺地藏菩薩畫像感應

唐益州郭下法聚寺畫地藏菩薩①,却坐繩床垂脚[一]②,高八九寸[二]。本像是張僧繇畫。至麟德二年七月,當寺僧圖得一本,放光乍出沒,如似金環[三],大同本光。如是展轉圖寫出者,類皆放光。當年八月,勅追一本入宮供養[四]。現今京城內外(道)俗畫者供養[五],並皆放光。信知佛力,不可測(量)[六]。(家別一本,不別引記③)

此條出《珠林》卷十四;《地藏菩薩像靈驗記》卷上亦載此事。

可參見《釋氏六帖》卷一"像化靈異"。

【校記】

[一]却:《靈驗記》訛作"初"。

[二]九寸:《靈驗記》作"寸六分"。

[三]似:《靈驗記》作"煆"。

[四]追:《靈驗記》作"進"。

[五]道:原脫,據《珠林》補。《靈驗記》本句作"現京城内俗畫者供養"。

[六]量:原脫,據《珠林》補。

【注釋】

①郭下:指益州州治成都。

法聚寺:《續高僧傳》卷二六《隋京師經藏寺釋智隱傳》載:"仁壽創福,勅送舍利于益州之法聚寺,寺即蜀王秀之所造也。"據此,知寺乃隋時蜀王楊秀所建,位於成都府。《宋高僧傳》卷二一《唐成都府法聚寺法江傳》亦載"寺内有仁壽中文帝樹舍利塔"。此條所記法聚寺與本卷第三十條"梁朝漢州善寂寺觀音、地藏畫像感應"相似,疑此條所記張僧繇畫地藏菩薩放光事影響了漢州善寂寺地藏畫像的創作。

②却坐:犹言静坐。《法苑珠林》卷八四"忽見婦人弊衣挾帛,却坐階上聽僧誦經"。

繩床:又作坐床、坐禪床、交椅、胡床、交床。為繩制的坐具,可供

377

僧侶居士坐臥使用。

③"家別一本，不別引記"：此乃《珠林》原話，非濁照抄原文。考本條出自《珠林》卷十四"唐法聚寺畫地藏放光記"，而《珠林》其事上之第二條言及"唐雍州鄠縣金像"，其事下一條語及"唐簡州金水縣"；巧合的是，《要略錄》本條引自《珠林》，本條上之第二條語"唐雍州鄠縣"事，而下一條言"簡州金水縣"事。據此篇章順序，推測非濁編撰本書時受到了《珠林》啟發，可能在翻閱《珠林》時觸動文思，借鑒《珠林》而新錄了此上第二條及下條。

第三十四　唐簡州金水縣劉侍郎家杖頭地藏感應^[一]（新錄）

簡州金水縣侍郎①，姓劉氏。有因緣往隣家，途中拾杖，見頭刻像，不知其何像^[二]，持歸插壁中，多歲不念所置。後遭疾而死，心胸少暖，不葬之^[三]。經一日二夜還活，流淚悔過自責，投身大地。家人問："主何故爾？"答："吾初死之時，兩騎冥官介前與後，驅去至王廳^[四]，（王）怒目呵視^[五]。時，有一沙門，形貌醜鄙②，來至廳（前）^[六]。王見敬之，從座而下^[七]，胡跪，白沙門言：'大士何因緣來至此？'沙門曰：'汝所召侍郎是年來施主也^[八]③，今欲救之。'王言：'業既決定，此事云何？'沙門曰：'吾昔於忉利天上受釋迦如來付屬，能救定業眾生，豈捨侍郎？'王言：'大士志願堅固，不動如金剛山，須放還人間。'沙門歡喜，執郎手還，至生路，辭郎而別。郎白沙門言：'不知君何人乎？'沙門曰：'吾是地藏菩薩也。汝平生時，途中見我像，持歸置壁中，能憶念不忘^[九]？'作是言已，忽然不見。既見此勝利^[十]④，憶昔怠過，自責而已。"聞者嘆異。見壁有杖頭像，苦加刻綵，高五寸，像放光。安置家內^[十一]，捨為精舍^[十二]，號地藏院矣[十三]。

此條可參見《地藏菩薩像靈驗記》卷上，文異；可參見《三國傳記》卷五《唐劉侍郎蘇生事》(5)。

【校記】

[一]簡：原作"蕑"，據文意及《靈驗記》改。劉：《靈驗記》作"鄧"，《三國》作"劉"，疑《三國》形訛，或作"鄧"。

[二]知：《靈驗記》作"識"。

[三]不：疑上脫某字，《靈驗記》上有"疑"字，《三國》上有"故"字。

[四]廳：《靈驗記》下有"前"字，疑脫。

[五]王：疑脫，據《靈驗記》《三國》補。

[六]前：疑脫，據《靈驗記》《三國》補。

[七]下：《靈驗記》作"起"。

[八]是：《三國》下有"我"字。《靈驗記》此句有別。

[九]忘：疑衍，《靈驗記》《三國》無此字。

[十]利：《靈驗記》作"感"。

[十一]安置：《靈驗記》作"明照"。

[十二]為：《靈驗記》上有"家"字。

[十三]院：《靈驗記》作"臺"。

【注釋】

①金水縣：據《舊唐書》卷四一《地理四》《元和郡縣圖志》卷三一記，唐武德元年(618)，為避李淵諱，改益州金淵縣為金水縣，武德

三年,金水縣改屬簡州。五代時期,金水縣先後屬前蜀(907—925)、後唐(923—936)、後蜀(934—965)的版圖,縣名及隸屬關係未變,金水縣仍屬簡州。宋乾德五年(967),於金水縣立懷安軍。據文題"唐"字,金水縣侍郎杖頭地藏的本事可能發生於宋前。

　　侍郎:中書、門下及尚書省所屬各部均設侍郎,為長官之副,官位較高,如唐代各部侍郎為正四品官員。

　　②醜鄙:醜陋。

　　③年來:近年以來或一年以來。

　　④勝利:舉辦法事的盛大利益。

第三十五　地藏菩薩救喬提長者家惡鬼難感應(出《地藏大道心驅策法》等文①)

　　昔如來在靈鷲山時②,地藏菩薩遊行諸國,教化眾生,到毘富羅山下③,至喬提長者家[一]④。其長者家內,被鬼奪其精氣[二],其家有五百人並皆悶絕至不覺悟,經于旬日[三]。地藏菩薩見是事已,即作是念,言:"實可苦哉! 實可痛哉! 世間有如是等不可說事,我今愍此眾生而作救濟。"說此語時,便即騰身而往靈鷲山下,(白佛言)[四]:"見彼喬提長者家有五百餘人,皆被惡鬼奪其精氣[五],悶絕在地,已經數日。我見是已,生怜愍心,生愛護心。唯願世尊許我設此救濟之法[六]⑤,令諸惡鬼降伏於人[七],令諸行者隨意驅使,復令長者還得如故。"爾時,世尊從頂上毫放光万尋[八],照地藏菩薩身。是時,大會之眾各相謂曰:"今日如來放光照菩薩身,此菩薩必成大法[九],教化眾生。"時,地藏菩薩白佛言:"我今有一神呪,能去邪心[十],復驅使諸惡鬼等[十一]。我過去無量無邊久遠有佛號曰燈光王[十二]，其佛滅後，於像法中我住凡夫地。有一仙人在俱特羅山[十三]，善行道術[十四]。我見眾生被諸鬼所惱[十五]，如彼長者家無異也。我於爾時作是誓[十六]：'願遇知識，當効降伏之法[十七]。'說此語已，即往俱特羅處[十八]，訪彼仙人[十九]。仙人見我⑥，心生歡喜。即便諮問彼仙方法。爾時，仙人於三日之間令我開解[二十]，預知萬里消息善惡[二一]。又一切惡鬼並集我所，依師法教，調伏其心⑦，令發道心[二二]。於須臾間，一（切）地獄受苦眾生各乘蓮花[二三]，諸苦停息。爾時，仙人見我得如是神力，與授記而作是言：'汝於無量無邊世佛與授記，名曰地藏。於五濁世中人天地獄[二四]⑧，常化身救度眾生[二五]，令出災難。'今見長者如本無異，我今往彼家，特救護之。"世尊聽許。菩薩往化五百餘人，一時還活也。

此條見《坴大道心驅策法》；《地藏菩薩像靈驗記》卷上略記此事。

可參見《三國傳記》卷五《地藏尊度救喬提長者家中人事》(4)；可參見《私聚百因緣集》卷四《閻羅地藏本跡之事》(5)引《（三寶）感應（要略）錄》，文略。

【校記】

[一]喬：《驅策法》作"高"，《靈驗記》作"橋"，下同。

[二]鬼：《驅策法》上有"諸"字。

[三]日：《驅策法》下有"時"字。

[四]白佛言：原脫，據《驅策法》《三國》補。

[五]被：《驅策法》無此字。奪：《驅策法》《靈驗記》作"脫"。

[六]設:《驅策法》作"說"。

[七]令:原作"今",據《驅策法》改。降:《驅策法》作"除"。

[八]毫:原作"龍",據《驅策法》《三國》改。万:原作"方",據《驅策法》《三國》改。

[九]必:原作"空",據《驅策法》《三國》改。

[十]去:原作"失",據《驅策法》改。

[十一]復:《驅策法》下有"能"字。

[十二]過:《驅策法》上有"於"字。燈:原作"燒",據《驅策法》改。濤按:非濁續《一切佛菩薩名集》卷一載"南無燈光王佛",是書無"燒光王",可知"燒"字訛。

[十三]特:《三國》作"持"。

[十四]行:《驅策法》作"解",《三國》作"行"。

[十五]鬼:《驅策法》上有"惡"字。

[十六]誓:《驅策法》下有"言"字。

[十七]劾:《驅策法》作"教"。

[十八]處:《驅策法》作"所"。

[十九]訪:原作"語",據《驅策法》改。

[二十]之:《驅策法》無此字。

[二一]預:《驅策法》作"須",不如"預"字佳;《三國》作"領"。里:原作"理",據《驅策法》《三國》改。

[二二]心:《驅策法》作"意"。

[二三]切:原脫,據《驅策法》《三國》補。花:《驅策法》作"華",古通。

[二四]世中人天地獄:《驅策法》作"難世中人天地藏"。《三

國》作"惡世六趣中"，《私聚》作"惡世"。

［二五］常：下原衍"當"字，據《驅策法》刪。

【注釋】

①《地藏大道心驅策法》：即《坴大道心驅策法》。此經失譯，凡一卷，今見於《大正藏》第二十冊，卷末書"寬治元年（1087）七月二十五日未時書了"，知其在寬治元年時已傳至日本。而非濁在二十餘年前便翻閱此書並抄錄其文字，署名為《地藏大道心驅策法》，可知其最晚譯成於北宋時。此著是密教典籍，述地藏菩薩救助喬提長者家因緣，附有大量密教咒文。

②靈鷲山：位於中印度摩揭陀國王舍城東北。簡稱靈山，或稱鷲峰、靈嶽。如來曾在此講法，故佛教經典時常提及此山。

③毘富羅山：毘富羅，梵文 Vipula 的音譯，又譯作毘布羅、毘浮羅、鞞浮羅。此山亦即廣博脇山，《瑜伽論記》卷一"廣博脇山者，舊云毘富羅山"。《地藏菩薩像靈驗記》卷上記地藏菩薩游至"摩竭提國毘富羅山下，橋提長者家門"，據此可知毘富羅山在摩揭陀國，即王舍城也。《西域記》卷九稱"毘布羅山"在摩揭陀國山城北門西，但與現在學界的認識不同，有人認為此山指王舍舊城外西面的 Vaibhāra 山，也有人認為此山即城東北的 Vipula 山，迄今未成定論。

④長者：積財具德者的通稱。

⑤世尊：釋迦牟尼十種通號之一，他具足眾多功德，能利益世間，於世獨尊，故稱世尊。

⑥仙人：印度的宗教修行者。音譯利師、哩始。又作仙人、神仙、大仙、仙聖。略稱仙。早在佛教出現之前，印度的宗教修行者已被稱

為仙人,此一名稱始見於《梨俱吠陀》,其中尤以七仙人廣為人知。

⑦調伏:謂調和身口意三業,以制伏諸惡。

⑧五濁:末法時代中五種惡劣的生存狀態。

第三十六　彌提國王畫五大力像免鬼病感應①(新錄)

天竺法師傳說:佛滅度後千三百年中②,彌提國百鬼亂入,疾疫流行,人民病痛,妖死蓋多[一]。王臣大眾相議云:"昔,無上法王勅五大力菩薩守護我等國土③。然我等宿運不幸[二],上癈法王教勅,下亂國土寶祚,進恥先王,退眒後王[三]。如何除妖怪,方免災禍?"時智臣白王:"須圖五大力菩薩像,設仁王齋會[四]④,延國土寶祚,除人民災禍。"即以初年月八日⑤,勅國中人民,令圖五大力菩薩。王臣以上妙細疊畫之。至夜初更,綠色方滿。金剛波羅蜜多菩薩放五色光,金剛寶菩薩放白光,金剛手菩薩放青色光[五],金剛藥叉菩薩放瑠璃光,金剛利菩薩放金色光,自然照耀一國土中如晝。王臣歡喜,遇斯光者,身心安樂;諸惡鬼神,見光出於國[六];若入死門,還得蘇活;若當時病者,消除方安。一時之中,國內皆得安穩,身心快樂,如入禪定。至三更,像方收光。從其以來,此國免百病。每年法式初年月八日設仁王齋會,供養五大力菩薩像。將三百歲,相續不絕矣。

可參見《三國傳記》卷五《彌提國王畫五大力像免鬼病事》(10);《真言傳》卷二《仁王經之事》。

【校記】

[一]妖:疑作"夭",《三國》作"致"。

[二]幸:《三國》作"義"。

[三]眖：《三國》作"欺"。

[四]齋：原作"齊"，據文意、《三國》改。

[五]色：《三國》無此字。

[六]國：《三國》下有"境"。

【注釋】

①彌提國：疑即彌提羅，古印度城名。傳為彌提羅或彌提 Mithi 所建，是毗提訶國遮那竭王的首都，《羅摩衍那》中的女主角悉多即為此地遮那竭王之女。其地在今尼泊爾境內。

②佛滅度後千三百年：佛陀滅度的時間有多種說法。如依本卷"第十五"條"菩提樹下兩軀觀自在像感應"所述至貞觀三年（629）佛已滅度一千五百七十八年推算，則此處所言佛滅度後千三百年當在東晉穆帝永和年間（345—356）；若依現代人的計算，佛陀滅度千三百年後在唐玄宗朝前後。此文述彌提國在佛滅度後千三百年供養五大力菩薩像，自此"三百歲後"的時間最早約在唐高宗永徽時，最晚是北宋仁宗時（遼興宗或遼道宗時）。而非濁撰寫此書即在遼道宗清寧間，或親自聽聞來遼的天竺法師傳說此事（遼時有印度僧人，可參見朱子方《遼代佛學著譯考》列有印度僧人著作）。

③五大力菩薩：指下文提及的金剛波羅蜜多菩薩、金剛寶菩薩、金剛手菩薩、金剛藥叉菩薩、金剛利菩薩五位菩薩。五大力菩薩是密教所信仰的五大力尊，傳言他們能護持三寶，守護國土。但因新舊譯本的不同，菩薩名存有差異。

④仁王齋會：又稱仁王齋、仁王般若會、仁王道場、百座道場、百座會。祈求風調雨順、國泰民安，而講贊《仁王般若經》的法會。《仁

王般若經》云國家混亂、罹受災難時,若持誦此經,則可令五穀豐收,國泰民安。

⑤初年月八日:《仁王經疏》卷上云:"言初年月八日者,即正月八日。"

第三十七　唐益州法聚寺釋法安畫滅惡趣菩薩像感應(新錄)

釋法安,住法聚寺,修方等懺①。累日專修,更無微應[一],詣像前啼哭自責[二]。夢見異冠神語安云:"汝有重罪,懺悔所不及。"安問:"何等重罪?"神曰:"犯用常住僧物,此罪難滅。"安曰:"更有滅罪方便否?"神曰:"更畫滅惡趣菩薩像②,專誦隨求,明罪漸微薄[三],行方等懺悔,障除可見化身。"夢覺,流淚,更畫滅惡趣菩薩像[四],專修懺悔,閉目即得見化佛。生年六十七方卒,臨終奇瑞蓋多矣。

可參見《三國傳記》卷十一《唐法聚寺法安畫滅惡趣菩薩像事》(29);《真言傳》卷二《隨求陀羅尼之事》。

【校記】

[一]微應:《三國》作"微感應";《真言傳》作"徵應",疑是。

[二]詣:原作"請",據續藏本改。

[三]明:《三國》作"明咒念佛"。漸:疑作"慇"。

[四]更:《三國》作"即"。

【注釋】

①方等懺:方等三昧之懺法。方等三昧是天臺宗智顗大師依《大方等陀羅尼經》制立的三昧行。三昧,謂專行其法而調伏其心。

②滅惡趣菩薩：密教胎藏界除蓋障院的菩薩，又名破惡趣菩薩，除惡菩薩。密號曰除障金剛，他以破滅三惡趣為本誓。佛教繪畫中的滅惡趣菩薩白黃色，左手屈中指，附於大指，餘指於胸伸展，坐於赤蓮之上。

第三十八　代州總因寺釋妙運畫藥王、藥上像感應[一]（新錄）

釋妙運，住總因寺①，誦《法花經》為業。常願生兜率天上奉事彌勒菩薩，更畫藥王、藥上二菩薩像②，祈願感應。生年七十有餘，微疾頓發[二]，語師友言："化佛來迎，說此言：'汝畫藥王、藥上二菩薩像，若有人識二菩薩名字者，一切人、天亦應禮拜。不久必生兜率內院，奉事慈氏菩薩云[三]。'"不久而卒矣。

此條見《法華傳記》卷六"代州總因寺釋妙蓮"，《要略錄》縮減極多。

可參見《三國傳記》卷十一《代州總因寺妙運事》(20)。

【校記】

[一]運：《法傳》作"蓮"，《三國》作"運"，未詳孰是。

[二]發：《法傳》作"起"。

[三]云：疑下脫"云"。

【注釋】

①總因寺：《廣清涼傳》卷中記唐開元間"代州總因寺沙門福運"事，《廣清涼傳》卷下記代郡"釋嘉福""年七歲，於本州總因寺出家"，《法華傳記》卷六記"代州總因寺釋妙蓮"，據此可知代州有總因

寺,盛于唐開元前後,餘事待考。

②藥王、藥上二菩薩:佛教傳說中的兩位菩薩。據《觀藥王藥上二菩薩經》載琉璃光照如來佛涅槃後,有日藏比丘為諸眾弘揚佛法。其中有一位星宿光長者以雪山良藥供養日藏比丘等人,發菩提心誓願除滅眾生之病苦。長者之弟電光明亦追隨乃兄,持藥供養眾僧。星宿光長者就是後來的藥王菩薩,其弟電光明就是藥上菩薩。

第三十九　陀羅尼自在王菩薩於地獄鑊緣上說法救苦感應(新錄①)

唐真寂寺沙門惠生②,是惠如禪師弟子[一]③。誦大乘,遂一日一夜不動,如入禪定。及曉,更開眼④,悲喜交集,流淚汗血[二]。眾僧問所由[三]。答曰:"吾被請閻魔王宮。王從座而起[四],恭敬語言:'阿師見地獄否?'答:'雖聞其名,未見其實。'乃勒使者,遂令去[五]。於東方次第見三十二大城,一一城中皆有地獄,受苦之輩多是沙門。於鐵鑊緣上有一沙門說法,示教利喜⑤。罪人即問:'公何人,於地獄中說法?'沙門答曰:'我是陀羅尼自在王菩薩。於此大鐵圍中有無量沙門地獄,貪著世利、犯佛戒品[六]、聖教同宿、住穢伽藍、無慚愧心、虛受信施、不淨說法、誑惑世間,如斯等,罪皆感(地)獄果[七]。我以悲哀彼諸沙門愚癡招苦,或於鑊緣上、或於鐵車上,隨所為說法,令憶念昔所犯罪業,愧懺厭離,悔過自責。'吾自見聞此事,是故悲喜。"聞者嘆異[八],改惡蓋多矣。

此條見《法華傳記》卷六"唐真寂寺釋慧生",頗詳。

可參見《三國傳記》卷十一《真寂寺釋惠生事》(23)。

【校記】

[一]惠:《法傳》作"慧",下同,二字古通。

[二]流淚汗血:《三國》作"流汗落淚"。

[三]眾:原作"乘",據《法傳》改。

[四]起:《法傳》作"下"。

[五]令:《法傳》作"使而"。

[六]戒品:《法傳》作"淨戒"。《三國》作"誡品"。

[七]地:原脫,據《三國》補。

[八]嘆:原作"難",據續藏本、《三國》改。濤按:"難"乃"嘆"之形訛。

【注釋】

①新錄:檢《法華傳記》,可知此條新錄源於是書。然《法華傳記》並無陀羅尼自在王菩薩自語一節,系後人或非濁增飾。

②真寂寺:在隋唐長安城義寧坊南門之東。據《續高僧傳》卷十六"釋信行傳"、《冥報記》卷上、韋述《兩京新記》卷三,此寺本屬隋尚書左僕射、齊國公高熲宅邸,開皇三年舍宅為寺,延請釋信行入住弘法,唐武德二年改稱化度寺。

③惠如禪師:即慧如,隋末僧人。《法華傳記》卷六、《冥報記》記師精勤苦行,坐禪入定以為務。隋大業中,借坐禪之隙修行妙法。

④開眼:或是體悟真理之意。"更開眼"《法華傳記》作"更而慧生開眼"。

⑤示教利喜:佛陀教化眾生的四種方式。即示、教、利、喜的

389

並稱。

第四十　馬鳴、龍樹師弟感應(出《本業因緣論》①)

昔迦葉佛出世之中時有一長者名曰輪秀[一]，有女曰殊他[二]。如是二人，各以七寶獻迦葉佛，請其嗣育[三]。爾時，世尊告二人言："速去還本所[四]。汝等所請求，十七日已經當得成就，所願滿足。"爾時，二人頭至地禮佛[五]，却返本處。第十七日已滿足[六]。其日夢中彼殊他女，即得好夢，甚大歡喜。無所譬喻，所謂第一明放日輪來入腹中[七]，第二耀了滿月之輪來入腹中。得此祥者[八]，已經九月，即生二子，兄名曰珠，弟名月鏡，隨其前相，立名字故。如是二子，歲至一七[九]，即便出家，詣迦葉佛②，隨佛世尊修其行法。常作是願：生生處處不相(捨)離[十]。同學知識，互為師弟子[十一]，建立正法，具足妙行，念一覺海。昔日珠者，今馬鳴菩薩是。以此事故，此二菩薩不相(捨)離，俱行(俱)轉[十二]，出現本跡[十三]，利益眾生也。《金剛正智經》中馬鳴過去成佛，號大光明佛，龍樹名妙雲相佛。《大莊嚴三昧經》中馬鳴過去成佛號日月星明佛，龍樹名妙雲自在王如來云云。

此條見唐聖法鈔《釋摩訶衍論記》引《本事因緣論》。

【校記】

[一]中時：《釋摩》作"時中"。秀：《釋摩》作"香"。

[二]殊他：《釋摩》作"珠池"，下同。

[三]嗣育：原訛作"副恩"，據《釋摩》改。

[四]速：原作"連"，據續藏本、《釋摩》改。本：《釋摩》無此字。

[五]至：《釋摩》無此字。

[六]已：《釋摩》上有“悉”字。

[七]放：《釋摩》作“散”。來：上原有“了”字，據《釋摩》删。

[八]祥者：《釋摩》作“吉祥”。

[九]歲至一七：原作“才至一七日”，據《釋摩》改。濤按：一七日嬰兒斷無主動詣佛之舉，此必傳抄之訛，故依《釋摩》改。

[十]捨：原脱，據《釋摩》補。下同。

[十一]互為師弟子：《釋摩》無五字。

[十二]俱：原脱，據《釋摩》補。

[十三]跡：《釋摩》作“釋”。

【注釋】

①《本業因緣論》：即《釋摩訶衍論記》所言的《本事因緣論》，“業”、“事”孰是待考。唐聖法鈔《釋摩訶衍論記》（成書於1094年的《東域傳燈目錄》曾載日本已傳有此書）記錄此事，并言“如是因緣在無著菩薩《本事因緣論》第三卷也”，據此可知本事載於《本事因緣論》。然《要略錄》此篇非出於《本事因緣論》原典，系傳抄《釋摩訶衍論記》文字也。《釋摩訶衍論記》釋解《釋摩訶衍論》“馬鳴、龍樹”名時轉載上述故事，并注曰“如是因緣在無著菩薩《本事因緣論》第三卷也”，下文繼續引用他典而闡釋“光明妙雲言光明者，馬鳴往古如來名字；言妙雲者，龍樹往古如來名字。如是二字名，脩多羅中各各異說。謂《金剛正智經》中作如是說：‘馬鳴菩薩大光明佛，龍樹菩薩妙雲相佛。’《大莊嚴三昧經》中作如是說：‘馬鳴菩薩徧照通達無邊如來，龍樹菩薩徧覆初生如來甚深。’《道場經》中作如是說：‘馬鳴

菩薩日月星明如來.’今依《金剛正智經》序主作如是說:‘光明妙雲相焉料音羅間反寶水月也,此字在《三三昧經》第八卷也’……”《釋摩訶衍論記》的上述注釋文字,被非濁融入本篇之中,即文末“《金剛正智經》中馬鳴過去成佛,號大光明佛,龍樹名妙雲相佛。《大莊嚴三昧經》中馬鳴過去成佛號日月星明佛,龍樹名妙雲自在王如來云云”等語。《釋摩訶衍論記》抄錄《金剛正智經》《大莊嚴三昧經》等文字,以釋馬鳴、龍樹之名,非濁不察,徑直抄錄,故不慎留下抄錄痕跡。

②迦叶佛:過去七佛中的第六佛,現在賢劫千佛的第三佛。又作迦葉波佛、迦攝波佛、迦攝佛。意譯飲光佛。出世于釋迦牟尼佛之前,相傳為釋迦牟尼佛前世之師。

第四十一　釋道詮禪師造龍樹菩薩像生淨土感應(出《淨土傳》①)

釋道詮②,不知何處人。少有義學嘉譽③,以《智度論》為心要④,以龍樹為師宗。發願云:“大士龍樹蒙佛誠言,證歡喜地,往安樂國,補彌陀化十方攝生⑤。願垂哀愍,得生彼國。”更造三尺形像,香花供養,專心祈願。夢感一沙門云:“汝淨土業,必定無疑。却後三年,方往生安樂國。”詮云:“我有師友,豈先捨壽[一],此事如何?”沙門曰:“須白阿彌陀佛,還來告其實。”夢覺,彌祈請我及師友捨壽[二]。先後經三日後,又復夢沙門來告詮曰:“以汝言白阿彌陀佛,佛言:‘汝師却後十二年卒,汝却後十七年方卒,汝母二十年方卒。但汝願微妙,須延三年壽加二十年,却後二十三年方生此國。’佛教如斯。”復問:“我父母師友生淨土否?”答:“同心發願,必生無疑。”詮歡喜，復問："君何人?"答："我是龍樹，付法藏中第十三⑥。汝造我像，頻來告之。"其後二十三年，正月十五日而卒。其父母師友，皆同佛記明知，同生淨土。詮臨終時，紫雲蓋菴，音樂聞空，奇瑞非一，見聞在實矣。

【校記】

［一］豈：疑作"谁"。

［二］捨壽：疑作"誰先"或"余壽"。

【注釋】

①《淨土傳》：未詳。

②釋道詮：《續高僧傳》卷十二《釋慧海傳》記"忽有齊州僧道詮齎畫無量壽像來"，本書卷上亦引此文，未知兩處釋道詮是否為一人。

③義學：指精於研究經書中旨義深邃的學問。

④《智度論》：《大智度論》的簡稱。此書凡一百卷，龍樹菩薩造，後秦鳩摩羅什譯，是解釋《大品般若經》的論著。本書對學說、思想、用例、傳說、歷史、地理、實踐規定、僧伽之解說甚為詳細。所引用經典、論書包含原始佛教聖典、部派佛教諸論書，以及初期大乘《法華》《華嚴》等諸經典。並言及勝論派及其他印度的思想，可說是當時的佛教百科全書，可借此瞭解龍樹以前佛教學說的概要。

⑤攝生：以慈心攝取眾生。龍樹大力弘傳佛法，摧伏各種外道，教化眾生以依從佛法。

⑥付法藏：此指付囑傳遞佛陀的正法。佛陀入滅後，為了傳持佛

陀所教示的深邃佛法思想,迦葉尊者結集法藏,受持二十年後,付囑于阿難,阿難再付囑于商那和修,輾轉至於龍樹。

第四十二 淄州釋惠海畫無著、世親像得天迎感應①(新錄)

釋惠海者,洞法相源,朗經法宗。自畫無著、世親像,思慕所釋深妙,於《攝論》《唯識》頗求決幽②。夢二童子來[一],告曰:"汝當生兜率天。汝所圖無著、世親在彼天上,慈氏菩薩為侍者[二]。"海白:"吾不欣捨壽,暫在人間,住持遺教。"天童子曰:"汝從我暫往兜率天,決所疑。"即從天童往兜率天,見四十九重摩尼殿,青衣人其中充滿。進入內院,見慈氏及無著、世親皆俗服,語海曰:"汝不可禮我等,在家、出家尊卑不同。須諮問所疑?"海述所疑。慈氏使二侍者為令釋通。復從天童來下,廣弘佛教。然祕此事,不語他人。沒後,遺書中注載之。今傳聞錄之。

【校記】

[一]二:下原衍"人",據文意刪。"人"或是"天"之訛,下有天童子。

[二]慈氏菩薩為:據文意疑作"為慈氏菩薩"。

【注釋】

①無著:梵語 Asaṅga 的意譯,音譯為阿僧伽,是約四至五世紀時古印度的佛教哲學家。據《婆藪盤豆法師傳》載,他原為健馱邏國人,棄小乘而習大乘,終成為瑜伽行派理論體系的主要建立者,他的《瑜伽師地論》被玄奘譯為漢文。

世親：梵語 Vasubandhu 的意譯，一作天親，音譯作伐蘇畔度，無著之弟。他出家後在迦濕彌羅國研究小乘佛教一切有部的理論，後於健馱邏隨如意論師，又隨其兄無著改習大乘，成為瑜伽行派的重要理論家。他曾著小乘論著多種，如有《唯識二十論》《唯識三十論頌》《大乘百法明門論》《辨中邊論》等。

②《攝論》：即《攝大乘論》。印度大乘佛教的重要著作，是瑜伽行派根本論典之一。無著菩薩所造，有後魏佛陀扇多二卷譯本、陳真諦三卷譯本、唐玄奘三卷譯本。前二種謂之攝大乘論，後一種謂之攝大乘論本。

《唯識》：可能指世親所著《唯識二十論》《唯識三十論頌》，皆是闡釋佛教大乘瑜伽行派的論書。

自餘感應良繁，不能具述。今略錄三五，以示信徹發誓。

偈曰：

已依集錄及口傳，略錄三寶感應錄。

乃至見聞讚毀者，同蒙利益出生死。

釋迦如來末法中，一聞三寶生少信。

三世罪障盡消除，當生必見諸聖眾。

願錄感應諸功德，回施法界諸有情。

令獲勝生增福惠，同證廣大三菩提①。

【注釋】

①三菩提：意譯為正等覺或等正覺。佛教認為三菩提是斷煩惱障而證涅槃的一切智和斷所知障而知諸法的一切種智，具有最高智慧、覺悟而成正道的意思。

文獻輯錄

1. 遼·真延《佛頂尊勝陁羅尼幢記》（清·蔣溥《盤山志》卷八）

非濁字貞照，號純慧，俗姓張氏，范陽人。嬰足疾，遯跡盤山，敷課於大白傘蓋。每宴坐誦持，常有山神部從敬持，尋克痊復。遂於重熙八年冬召赴闕。

真延《佛頂尊勝陁羅尼幢記》

京師奉福寺懺悔主，崇禄大夫、檢校太尉、純慧大師之息化也。附靈塔之巽位，樹佛頂尊勝陁羅尼幢，廣丈有尺。門弟子狀師實行，以記為請。大師諱非濁，字貞照，俗姓張氏，其先范陽人。重熙初，礼故守太師兼侍中圓融國師為師。居無何，嬰足疾，乃遯匿盤山，敷課於白傘蓋。每宴坐誦持，常有山神敬持，尋克痊。八年冬，有詔赴闕，興宗皇帝賜以紫衣。十八年，勅授上京管內都僧録。秩滿，授燕京管內左街僧録。屬鼎湖（濤按：《日下舊聞考》等作駕）上仙，驛徵赴闕，今上以師受眷先朝，乃恩加崇禄大夫、檢校太保。次年，加檢校太傅、太尉。師搜訪闕章，聿修睿典，撰《往生集》二十卷進呈。上嘉贊久之，親為序引，尋命龕次入藏。清寧六年春，鑾輿幸燕，回次花林。師侍坐於殿，面受燕京內懺悔主菩薩戒師。明年二月，設壇于本寺，懺受之徒，不可勝紀。九年四月，示寂，告終于竹林寺。即以其年五月，移竁于昌平縣。司空豳國公仰師高躅,建立寺塔,並营是幢。庶陵壑有遷,而音塵不泯。

清寧九年五月日。

2. 遼·思孝《大藏教諸佛菩薩名號集序》(《房山石經》第 28 冊 No. 1072 勿字號)

爰有燕京弘法寺挍勘諫議大夫昌黎志德,進《明呪集都》三十卷,括一大藏一切明呪。上京臨潢府僧錄純慧大師沙門非濁,進《名號集》二十二卷,撮一大藏一切名號,斯集之為利也,莫可得而言之。且如一呪之功,尚不可以河沙筭,況一藏之明呪乎? 一名之益,猶不可以剎壤籌,況一藏之名号乎?

……

純慧大師,鳴艫飛帆,雲離自島;懸盂挂錫,萍寄彼藍。講《花嚴》億頌圓經,傳《金剛》三聚淨戒,八方輻輳,同歸不退轉輪;四眾子來,若覲大慈悲父。本州僧政沙門法常,當寺僧首沙門義鑑,虔守遺編,保護情踰玄鑒士;慶逢當器,委憑禮重玄奘師,即以授之,託其弘耳。濁公於是喜強緣而得遇,希巨利以摩碎,細披但劑於半珠,熟視未成於全寶。以宋朝新譯及我國創添經數頗多,云皆莫覿,因伸石補,用冀天圓。復雙益於新名,乃兩增於舊卷。拾乎前闕,菁英巳悉於華龕;示乃來蒙,雨露未清於塵域。師會帝於累聖殿中宣預道場,乃以其集捧之呈進。帝躬披閱,久而誥曰:"朕於宵旰時餘,勸懲務外,每謂但恢繩政安民,止擅於一期;不廓綫詮利物,難臻於永劫。蒙仁今以是集見囑,信如鮑叔之能知我,卜商之善起予者矣。兼乃仁禮太師,侍中國師為聲聞戒鄔波馱耶。朕禮太師,侍中國師為菩薩戒阿遮梨耶。然位異於君臣,而義同於昆季。緬憶如來之付,共合遵承;

復思親教之恩,彼應酬苔。況當九有已靜烽煙,冝使四民,俱崇香火。"尋頒綸旨,委以有司俾刻印文,示諸未諭。

……

時皇朝七代歲次癸巳重熙二十有二年律中大呂賞生十葉午時序訖。

3.《大藏教諸佛菩薩名號集》續二卷（房山石經第 28 冊 No. 1072 多字號）

上京管內僧錄純慧大師賜紫沙門非濁續。

文略……

4. 高麗·義天《大覺國師文集》卷十一《答大宋元照律師書》

承示及慈湣三藏《淨土集》一冊,並《新刪定尼戒本》等,已令印經所重雕流布也。其《淨土集》自來未行,而近有海客將到《禪宗解謗書》一卷,始知慧日有《淨土集》。方欲求本,忽見流通,誠所謂法王大寶,自然而至也。但恨才獲(濤按:黃純豔校本作輝)半球,未窺全寶耳。盛制大部律乘、淨土文字,切望寄示為幸。《資持記》已令開板也。此間亦有新行《隨願往生集》一部二十卷,又有《大無量壽》《小彌陀》《十六觀》《稱讚淨土》等經,新舊章疏一十余家,續當附上。

5. 高麗·義天《新編諸宗教藏總錄》卷一"首楞嚴經"

《玄贊科》三卷非濁述。

6. 高麗·義天《新編諸宗教藏總錄》卷三

《隨願》往生集二十卷非濁集。

7. 元·慶吉祥《至元法寶勘同總錄》卷十

新編《隨願往生集》二十卷,沙門非濁集。上一集二十卷二帙,禪主二號。

8. 清·于敏中《日下舊聞考》卷九十五"郊坰"（北京古籍出版社 1985 年版，第 1587—1586 頁）

廣恩寺，遼之奉福寺也，在白雲觀西南，地名栗園，按《遼史》，南京有栗園，蕭罕嘉努嘗典之，疑即此地也。土人目寺為三教寺，中有石幢，題曰守司空幽國公中書令為故太尉大師特建佛頂尊勝陀羅尼幢記講僧真延撰並書，末云清寧九年歲次癸卯七月庚子朔十三日壬子記。幢南有碑，正統初太監僧保錢安立。（《析津日記》按：罕嘉努舊作韓家努。今對音譯改。）

［臣等謹按］遼太宗天顯十三年始以幽州為南京，以其地在上京之南也，是為五京之一。

［又按］今白雲觀之西，土人猶呼三教寺，遺址已廢，遼之石幢浮圖、明之碑記皆不可考。太康十年正月，復建南京奉福寺浮圖。（遼史道宗紀）

《遼佛頂尊勝陁羅尼幢記》

京師奉福寺，懺悔主崇禄大夫檢校太尉純慧大師之息化也。附靈塔之巽位，樹佛頂尊勝陁羅尼幢，廣丈有尺。門弟子狀師實行以記為請。大師諱非濁，字貞照，俗姓張氏，其先范陽人。重熙初，礼故守太師兼侍中圓融國師為師。居無何，嬰脚疾，乃遯匿盤山，敷課於白繖蓋。每宴坐誦持，常有山神敬持，尋克痊。八年冬，有詔赴闕，興宗皇帝賜以紫衣。十八年，勅授上京管内都僧錄。秩滿，授燕京管内左街僧錄。屬鼎駕上仙，驛徵赴闕，今上以師受眷先朝，乃恩加崇禄大夫檢校太保。次年，加檢校太傅。師搜訪闕章，聿修睿典，撰《往生集》二十卷進呈。上嘉贊久之，親為帙引，尋命龕次入藏。清寧六年春,鑾輿幸燕,回次花林。師侍坐於殿,面受燕京內懺悔主菩薩戒師。明年二月,設壇于本寺,懺受之徒,不可勝計。九年四月,示寂,告終于竹林寺。即以其年五月,移窆于昌平縣。司空豳國公仰師高躅,建立寺塔,並营是幢。庶陵壑有遷,而音塵不泯。

清寧九年五月讲僧真延撰并書。

9. 清·于敏中《日下舊聞考》卷一一六"京畿"(北京古籍出版社1985 年版,第 924 頁)

純慧大師嬰足疾,乃遯跡盤山,敷課於白傘蓋。每宴坐誦持,常有山神部從敬持。尋克痊復,遂於重熙八年召赴闕。(《奉福寺石幢記》)

[臣等謹按]遼僧真延《奉福寺石幢記》,載純慧大師名非獨(濤按:獨作濁),字貞照,遯跡盤山,敷課大白傘蓋。考藏經,有大白傘蓋之名,原書于字,蓋大字之訛。

10. 清·周家楣、清·繆荃孫《光緒順天府志·金石志二》(北京古籍出版社 1987 年版,第 6785 頁)

奉福寺尊勝經幢(存。前經後記,八面刻,講論真言(濤按:言作延)撰記並正書,清甯(濤按:甯作寧)九年七月十三日。在宛平白雲觀西廣恩寺)。

11. 清·厲鶚《辽史拾遺》卷十六《補經籍志》子类

僧非濁撰《往生集》二十卷。

出奉福寺《尊勝陀羅尼石幢記》。

12. 清·錢大昕《補元史藝文志(遼代部分)》子部

非濁《往生集》二十卷。

字貞照,清寧中授燕京管內懺悔主菩薩戒師,加崇祿大夫檢校太尉。

13. 清·繆荃孫《遼藝文志》釋道類

非濁《往生集》二十卷(出奉福寺《石幢記》)。

14. 清·王仁俊《遼史藝文志補證》子部釋家類

僧非濁《往生集》二十卷(厲、錢、繆有,出奉福寺《尊勝陀羅尼石幢記》《至元法寶勘同總錄》。按僧真延撰《非濁禪師實行記》云:"撰《往生集》二十卷,檢校太傅太尉")。

15. 黃仁恒《補遼史藝文志》子部釋家類

僧非濁《往生集》二十卷。

朱彝尊《日下舊聞》二十一載:《奉福寺尊勝陀羅尼石幢記》曰:"僧非濁號純慧大師,搜訪闕章,聿修睿典,撰《往生集》二十卷進呈,上嘉贊久之。(仁恒案:上謂道宗)親為帙引,尋命龕次入藏。"

《三寶感應要略錄》三卷

《續藏經目錄》曰:非濁集。

16. 黃仁恒《遼代金石錄》卷三(《遼痕五種》,廣文書局1972年版)

《奉福寺尊勝陁羅尼幢記》

僧真延撰,記曰:遼純慧大師諱非濁,字貞照。重熙初,禮故守太師兼侍中圓融國師為師。嬰足疾,遯匿盤山。八年,興宗皇帝賜以紫衣,授燕京管內左街僧錄。今上加檢校太傅、太尉。清寧六年授燕京內懺悔主菩薩戒師。九年四月,示寂。五月,建立寺塔,並營是幢。清寧九年五月日。

《析津日記》曰:廣恩寺,即遼之奉福寺也。中有石幢,題曰:"守司空薊國公中書令奉為故太尉大師特建佛頂尊勝陀羅尼幢記講僧真延撰並書",末云:"清寧九年歲次癸卯七月庚子朔十三日壬子記。"
(日下舊聞二十一)

《畿輔通志·金石略一》曰:"真延訪碑錄作真廷",疑誤。《光緒
順天府志·金石二》曰:"奉福寺幢存,前經後記,八面刻,正書。在
宛平白雲觀西廣恩寺。"

17.民國·喻謙《新續高僧傳》卷三《遼燕京奉福寺沙門釋非濁傳》

釋非濁,字真照,俗姓張氏,范陽人。重熙初,礼圓融國師為師。
居無何,嬰足疾,遯跡盤山,敷課於太白峰巔。每宴坐誦持,時見山靈
部從敬持。久之,疾漸痊。重熙八年冬,有詔赴闕,興宗契厥道要,寵
之紫衣。十八年,授上京管内都僧錄。尋遷燕京管内左街僧錄。清
寧改元,加崇禄大夫、檢校太保。踰年,晉檢校太傅、太尉,賜號純慧
大師。濁搜訪闕章,聿修睿典,撰《往生集》二十卷,進呈御筵,大愜
皇愫,鑒賞久之,親為序引,命龕次入藏。清寧六年春,鑾輿幸燕,回
次花林。濁侍坐於殿,親受燕京内懺悔主菩薩戒師。明年二月,設壇
于奉福寺,懺受之徒,不可勝紀。清寧九年四月,示寂,告終于竹林
寺,旋移窆于昌平縣。司空閻國公仰其高躅,建立寺塔,並营佛頂尊
勝陁羅尼幢,高踰尋丈。庶陵壑有遷,而音塵不泯。文具山志。釋真
延為之記。

18.《唐常愍遊天竺記》逸文(《大正藏》第 51 冊,第 995 頁)

(《遊天竺記》,又名《遊歷記》,其文載在《三寶感應要略錄》,今
唯略示所在)。

一第一優填王波斯匿王釋迦金木像感應《三寶感應要略錄》卷
上(大正五一 P. 827a)。

二第十北印度僧伽補羅國沙門達磨流支感釋迦像驚感應《三寶感應要略錄》卷上（大正五一 P. 830b）。

三第二十九造毘盧遮那佛像拂障難感應《三寶感應要略錄》卷上（大正五一 P. 833b）。

19. 陳祚龍《釋非濁新傳》（《中華佛教文化史散策二集》，新文豐出版股份有限公司 1979 年版，第 123—124 頁）

釋非濁、俗姓張氏，字真照，范陽人也。遼興宗重熙初，礼圓融國師為師。

居無何，嬰足疾，遐跡盤山，敷課於太白峰顛。每宴坐誦持，時見山靈部從敬持。久之，疾漸瘥。重熙八年冬，有詔赴闕。興宗契厥道要，寵之紫衣。十八年，授上京管內都僧錄，尋遷燕京管內左街僧錄。

道宗即位，加崇禄大夫、檢校太保。清寧二年，晉檢校太傅、太尉、賜號純慧大師。

濁搜訪闕章，聿修睿典，撰往生集二十卷。進呈御筵，大愜皇悰，鑒賞久之，親為序引，命龕次入蔵。六年春，鑾輿幸燕，回次花林。濁侍坐於殿，親受燕京內懺悔主、菩薩戒師。七年二月，設壇奉福寺，懺受之徒，不可勝紀。

九年四月，示寂，告終于竹林寺，旋移窆于昌平縣。司空薊國公仰濁高躅，建立寺塔，並营佛頂尊勝陁羅尼幢，高踰尋丈。庶幾陵壑有遷，而音塵不泯。文具山志，釋真延特為記焉。

20. 陳述《遼代宗教史論證》（《紀念陳垣誕辰百周年史學論文集》，北京師範大學出版社 1981 年版，第 314 頁）

非濁字貞照，"重熙初，禮故守太師兼侍中圓融國師為師……八年冬，有詔赴闕，興宗皇帝賜以紫衣，十八年，敕授上京管內都僧錄，秩滿,授燕京管內左街僧錄,屬鼎駕上仙,驛徵赴闕,今上以師受眷先朝,乃恩加崇祿大夫檢校太保,次年,加檢校太傅太尉,師搜訪闕章,聿修睿典,撰《往生集》二十卷進呈,上嘉贊久之,親為帙引,尋命龕次入藏。清寧六年春,鑾輿幸燕,回次花林,師坐於殿,面受燕京管內懺悔主菩薩師。明年二月,設壇於本寺,懺受之徒,不可勝紀。"非濁又撰《三寶感應要略錄》三卷,分記佛寶、法寶、僧寶等瑞異,今存。

21. 日·野上俊靜《遼金的佛教》(《黑龍江文物叢刊》1981 年第 1 期,第 82 頁)

曾參加大藏經編纂的非濁,不僅精通戒律,且對淨土宗也很熱心,他編纂了《隨願往生集》,他的著作此外還有《三寶感應要略錄》。

22. 湯用彤《隋唐佛教史稿》(中華書局 1982 年版,第 96—97 頁)

《三寶感應要略錄》

現存,說為宋人非濁撰(一說唐人),中所引書之記感應者,應考定列入本表。

……

《翻經雜記》,則掇拾譯經事實(《三寶感應要略錄》引之,似唐人作)。

23. 朱子方《遼代佛教的宗派、學僧及其著述》(《遼金契丹女真史研究》1986 年第 1 期)

淨土宗在遼代亦頗流行,而弘揚淨土的大師以燕京奉福寺懺悔主非濁為最著名。他是故守太師兼侍中圓融國師澄淵的弟子。重熙八年冬,召赴闕,興宗賜紫衣。先後授上京管內都僧錄,燕京管內左街僧錄。清寧元年,加崇祿大夫檢校太保,次年,晉升檢校太傅、太尉,賜號純慧大師。六年春,道宗幸燕,親受燕京管內懺悔主菩薩戒師。非濁"搜訪闕章,隶修睿典",撰《往生集))二十卷",深得道宗嘉贊,並"親為帙引,尋命龕次入《藏》"。《義天錄》著錄作"《隨願往生集》二十卷,非濁集"。此書由高麗傳至日本,對日本平安朝末期及鎌倉幕府時代之文學、佛教界影響甚大。惜今不傳。此外,非濁還撰有《三寶感應要略錄》三卷,郎思孝撰有《觀無量壽經直釋》一卷,及上述詮明關於《彌勒上生經》的《科》《鈔》等等,都是有關淨土信仰的著作。

24. 朱子方《遼代佛學著譯考》(陳述:《遼金史論集》第二輯,書目文獻出版社 1987 年版,第 185—187 頁)

僧非濁續《大藏教諸佛菩薩名號集》二卷。

按非濁字真照,俗姓張,范陽人,重熙初,禮故守太師兼侍中圓融國師為師。遁跡盤山,八年(1039)冬,詔赴闕,興宗賜紫衣,十八年,敕授上京管內都僧錄。非濁續撰此《名號集》當在此時。前引思孝《序》又云:"奈伺機岡契,逼大限以云殂,道失能弘,因成墜地,人徽所托,屢歷周星。後遇海山純慧大師鳴艫飛帆,雲離自島,懸盂掛錫,萍寄彼藍……本州僧政沙門法常、當寺僧首沙門義鑒虔守遺編……即以授之,托其弘耳。濁公於是喜,強緣而得遇,希巨利以靡辭。細披但剟於半珠,熟視未成于全寶,以宋朝新譯及我國創添,經數頗多,云皆莫睹,因伸石補,用冀天圓。復雙益於新名,乃兩增於舊卷……師會帝於累聖殿中,宣預道場,乃以其集捧之進呈,帝躬披閱……尋頒綸旨,委以有司,俾刻印文,示諸未諭"。非濁所以續撰的緣由及其進呈經過,讀此可以了然。其第二十一、二十二兩卷末題:"上京管內都僧錄純慧大師賜紫沙門非濁續"。"皇統九年三月二十日成造”等款識。

僧非濁《隨願往生集》二十卷。

簡稱《往生集》。沙門真延《非濁禪師實行幢記》云:“今上(遼道宗)以師受眷光朝,乃恩加崇祿大夫檢校太保。次年,加檢校太傅、太尉。師搜訪闕章,聿修睿典,撰《往生集》二十卷進呈,上嘉贊久之,親為帙引,尋命龕次入藏”。可知此書已刊入《契丹藏》。《義天錄》卷三及元《至元法寶勘同錄》著錄。後由高麗傳至日本,對日本平安朝末期及鐮倉幕府時代之文學、佛學甚有影響。今名古屋市寶性院真福寺藏戒珠集《往生淨土傳》及神奈川縣金澤文庫藏《漢家類聚往生傳》皆在其影響下之佛教著作。

僧非濁《三寶感應要略錄》三卷。

前有作者《自序》,說明所謂“三寶”指“靈像感應以為佛寶,尊經感應以為法寶,菩薩感應以為僧寶”。《大正藏》卷五一收入,《遼代佛教》《新藏目》均著錄,惟後者作“宋非濁”,則誤。

僧非濁《首楞嚴經玄贊科》三卷

《首楞嚴經玄贊科》全稱《大佛頂如來密因修證了義諸菩薩萬行首楞嚴》,略稱《大佛頂首楞嚴經》《楞嚴經》《大佛頂經》等,屬大乘秘密部,十卷,唐般刺密帝譯。此經不載于麗、宋、元、明四《大藏》,因有真偽之爭。呂氏《新漢藏目》列於“疑偽目”。其注疏者多為宋、明時人。《義天錄》卷一有惟愨述《首楞嚴經玄贊》二十卷,又《玄贊》六卷。此兩書之不同處,前者全寫經文,其隨科贊釋則與六卷本大同小異;後者略去經文,僅標科節釋文。考惟愨為宋人(濤按:《宋高僧傳》卷六等記惟愨為唐僧,本文誤考),此是非濁為惟愨《玄贊》所撰之科文。已佚。

25.陳述《全遼文》(中華書局 1992 年版,第 180—181 頁;陳述《遼文匯》亦錄此文)

非濁禪師實行幢記(清寧九年)

京師奉福寺懺悔主。崇祿大夫檢校太尉純慧大師之息化也。附靈塔之巽位。樹佛頂尊勝陀羅尼幢。廣丈有尺。門弟子狀師行實。以記為請。大師諱非濁。字貞照。俗姓張氏。其先范陽人。重熙初。禮故守太師兼侍中圓融國師為師。居無何。嬰腳疾。乃遯匿盤山。敷課于白繖蓋。每宴坐誦持。常有山神敬侍。尋克痊。八年冬。有詔赴闕。興宗皇帝賜以紫衣。十八年。敕授上京管內都僧錄。秩滿。授燕京管內左街僧錄。屬鼎駕上仙。驛征赴闕。今上以師受眷先朝。乃恩加崇祿大夫檢校太保。次年。加檢校太傅太尉。師搜訪闕章。聿修睿典。撰往生集二十卷進呈。上嘉贊久之。親為帙引。尋命龕次入藏。清寧六年春。鑾輿幸燕。回次花林。師坐(坐:《日下舊聞》作侍坐)於殿。面受燕京管內懺悔主菩薩戒師。明年二月。設壇於本寺。懺受之徒。不可勝紀。九年四月。示疾,告終于竹林寺。即以其年五月。移窆於昌平縣。司空蓟國公仰師高躅。建立寺塔。並營是幢。庶陵壑有遷,而音塵不泯。

清寧九年五月講僧真延撰並書。(拓本。參見《日下舊聞》)

按《日下舊聞》載遼《奉福寺佛頂尊勝陁羅尼幢記》即右文。

《拾遺》引《析津日記》曰:廣恩寺,遼之奉福寺也,在白雲觀西南,地名粟園。按《遼史》南京有粟園,蕭韓家奴嘗典之。疑即此地也。近年房山縣北鄭村遼塔址出土慶曆五年《佛頂尊勝陁羅尼幢記》,有"北衙粟園莊官"銜名。

26. 蔣祖怡張滌雲《全遼詩話》(岳麓書社 1992 年版,第 90—91 頁)

僧非濁①

僧非濁,字貞照,號純慧大師[一]。嬰腳疾,乃遯跡盤山[二],敷課於白傘蓋②。每宴坐誦持,常有山神敬持。尋克痊。興宗特賜紫衣[三]。道宗時召赴闕,屢加檢校太傅太尉。師撰《往生集》二十卷以進,道宗嘉贊久之,親為序引,尋命龕次入藏。(《盤山志》[四])

【校勘】

①一卷本無此條。

②《日下舊聞考》作"敷課大白傘蓋"。並按云:考《藏經》,有大白傘蓋之名,原書"於"字,蓋"大"字之訛。

【箋注】

[一]非濁,俗姓張氏,其先范陽(今河北涿縣)人。遼興宗重熙初,禮太師兼侍中圓融國師為師。道宗清寧六年,面受燕京管內懺悔主菩薩戒師,設壇於奉福寺。九年(西元 1063 年),告終于竹林寺,門徒真延作《非濁禪師實行幢記》。

[二]盤山曾名四正山、徐無山、盤龍山,因魏人田疇隱居於此,改稱田盤山,簡稱盤山。位於今天津市薊縣西北,一峰插雲,雄偉多姿,歷代被譽為中國十五大名山之一。

[三]《非濁禪師實行幢記》:重熙八年冬,有詔赴闕,興宗皇帝賜以紫衣。

[四]原注:參《奉福寺石幢記》。《至元法寶勘同總錄》:新編《隨願往生集》二十卷,沙門非濁集二帙,禪主二號。案:今《藏》已刪

去矣。

27. 方詩銘《冥報記·輯校說明》（中華書局 1992 年版，第 6 頁）

《三寶感應要略錄》三卷，宋釋子非濁集，見日本《大正藏》卷五一史傳部三，所據為日本大谷大學藏日本慶安三年（西元一六五零年）刊本，教以《大日本續藏經》本。……儘管如此，但《三寶感應要略錄》曾引及《冥報記》，為前所未知，並可備校。

28. 陳士強《佛典精解》（上海古籍出版社 1992 年版，第 1317—1320 頁）、《大藏經總目提要文史藏》（上海古籍出版社 2008 年版，第 517—520 頁）

第四品遼非濁《三寶感應要略錄》三卷。

文略……

29. 向南《遼代石刻文編》（河北教育出版社 1995 年版，第 317—318 頁）

純慧大師塔幢記清寧九年

塔幢原在北京白雲觀西廣恩寺內，八面刻，前經後記，正書。《盤山志》《日下舊聞》《遼文存》俱載此記，據諸本參校錄文。

京師奉福寺，懺悔主、崇祿大夫、檢校太尉、純慧大師之息化也，附靈塔之巽位，樹佛頂尊勝陀羅尼幢，廣丈有尺。門弟子狀師實行，以記為請。大師諱非濁，字貞照，俗姓張氏，其先范陽人。重熙初，禮故守太師、兼侍中、圓融國師為師。居無何，嬰腳疾，乃遜匿盤山。敷課於白繖蓋，每宴坐誦持，常有山神敬侍，尋克痊。八年冬，有詔赴闕，興宗皇帝賜以紫衣。十八年，敕授上京管內都僧錄。秩滿，授燕京管內左街僧錄①。屬鼎駕上仙，驛徵赴闕。今上以師受眷先朝，乃恩加崇祿大夫、檢校太保。次年，加檢校太傅、太尉。師搜訪闕章，聿

修睿典,撰《往生集》二十卷進呈。上嘉贊久之,親為帙(帙一作序)
引,尋命寵次入藏。清寧六年春,鑾輿幸燕,回次花林。師坐於殿
(坐,一作侍坐),面受燕京管內懺悔主菩薩戒師。明年二月,設壇於
本寺,懺受之徒,不可勝紀。九年四月,示疾,告終於竹林寺。即以其
年五月,移窆於昌平縣。司空圗國公②,仰師高躅,建立寺塔,並營是
幢。庶陵壑有遷,而音塵不泯。

　　清寧九年五月講僧真延撰並書。

　　①左街僧錄《宋史·職官志》:"左右街僧錄司,掌寺院僧尼帳籍
及僧官補授之事。"

　　②司空圗國公應指耶律合里只。《合里只傳》:"耶律合里只,字
特滿,六院夷離菫蒲古只之後。清寧七年,入為北院大王,封圗國
公。"唯紀傳失載合里只加司空事。

　　**30. 姜立勳、富麗、羅志發《北京的宗教》(天津古籍出版社 1995
年版,第65頁)**

　　遼代燕京地區民間普遍崇奉者,又有淨土之宗。其代表人物,則
有高僧非濁。祖上為范陽(今河北涿州)人。重熙初年,拜燕京奉福
寺著名律學大師澄淵為師。其後不久,又至薊州盤山,肄習密宗之佛
法,又修煉淨土之行。重熙八年(1039),受到遼興宗召見,並賜紫
衣。其後,歷任上京管內都僧錄、燕京管內左街僧錄等僧職。遼道
宗時,又加封崇祿大夫、檢校太保、太傅、太尉等高爵。非濁遂撰
《隨願往生集》二十卷,進獻。道宗親為之作"引文",並下令將其
刊入《契丹藏》中。非濁又撰有《三寶感應要略錄》,認為"靈像感
應以為佛寶,尊經感應以為法寶,菩薩感應以為僧寶",(見《全遼
文》所引其為是書所作自序)以此宣揚淨土宗學的種種"好處"。

清寧六年(1060),遼道宗巡幸燕京,又召見非濁,"面受燕京管內懺悔主、菩薩戒師"。並在奉福寺為其設立戒壇,開戒傳法,"懺受之徒,不可勝計。"(見遼僧真延撰《非濁禪師實行幢記》)為弘傳淨土宗而盡力。

31. 蘇晉仁《佛教文化與歷史》(中央民族大學出版社 1998 年版,第 260 頁)

《一切佛菩薩名集》第六(勿)字號無撰人名。

此書《至元法寶勘同總錄》卷十著錄,作遼沙門思孝集,二十二卷。按房山石經存有此書全文,前二十卷為利州太子寺講經論沙門德雲集,後二卷是上京臨潢府僧錄純慧大師非濁以宋、遼新譯經中的佛、菩薩名號補輯而成。重熙二十二年(1053)上進于遼興宗,興宗命沙門思孝撰序,收入《契丹藏》中。《至元法寶勘同總錄》誤以寫序的人為作者。德雲事蹟不詳。非濁字真照,范陽人,興宗賜以紫衣,授檢校太傅、太尉,撰有《往生集》二十卷,是遼代義學名僧,《新續高僧傳四集》卷三有傳。

32. 王巍《遼代著述研究》(張暢耕主編:《遼金史論集》第六輯,社會科學文獻出版社 2001 年版,第 177 頁)

(54)《大藏教諸佛菩薩名號集》二卷釋非濁撰

《房山雲居寺石經》之一,非濁續撰,卷末題:"上京管內都僧錄純慧大師賜紫沙門非濁續"、"皇統九年三月二十日成造"等款識。

(55)《隨願往生集》二十卷釋非濁撰

簡稱《往生集》。《義天錄》卷三及元《至元法寶勘同錄》著錄。後由高麗傳至日本,今佚。

33. 黃震雲《論遼代的韻文》（余恕誠:《中國詩學研究第 3 輯遼金詩學研究專輯》,上海古籍出版社 2004 年版,第 134 頁）

遼人也比較注重收藏詩歌。僧非濁撰有《往生集》二十卷以進,道宗親為帙引,而命龕次入藏(《全遼詩話》,第 91 頁)。

34. 張龍妹、曲莉《日本文學(上編)》（高等教育出版社 2008 年版,第 57、60 頁）

(《今昔物語集》)每兩篇一組的類聚編排方式,震旦、本朝佛法部的功德、靈驗故事按照佛、法、僧的順序進行排列的特點,受到了我國遼代高僧非濁編撰的《三寶感應要略錄》一書的影響。

……

天竺部和震旦部的故事主要採自日本自己編撰的懲戒啟蒙類書籍,如平安末期的《注好選》等,直接採自原典的衹有《三寶感應要略錄》《冥報記》《孝子傳》等小規模的中國故事集。

35. 王崗《北京宗教史》（人民出版社 2011 年版,第 41 頁）

遼代燕京地區民間普遍崇奉者,又有淨土之宗。其代表人物,則有高僧非濁。祖上為范陽(今河北涿州)人。重熙初年,拜燕京奉福寺著名律學大師澄淵為師。其後不久,又至薊州盤山,肆習密宗之佛法,又修煉淨土之行。重熙八年(1039),受到遼興宗召見,並賜紫衣。其後,歷任上京管內都僧錄、燕京管內左街僧錄等僧職。遼道宗時,又加封崇祿大夫、檢校太保、太傅、太尉等高爵。非濁遂撰《隨願往生集》二十卷,進獻。道宗親為之作"引文",並下令將其刊入《契丹藏》中。非濁又撰有《三寶感應要略錄》,認為"靈像感應以為佛寶,尊經感應以為法寶,菩薩感應以為僧寶",(見《全遼文》所引其為是書所作自序)以此宣揚淨土宗學的種種"好處"。清寧六年(1060

年），遼道宗巡幸燕京，又召見非濁，"面受燕京管內懺悔主、菩薩戒師"。並在奉福寺為其設立戒壇，開戒傳法，"懺受之徒，不可勝計。"為弘傳淨土宗而盡力。

主要參考文獻

龍樹《大智度論》,《大正藏》第 25 冊。

〔三國吳〕支謙譯《菩薩本緣經》,《大正藏》第 3 冊。

〔東晉〕僧伽提婆譯《增一阿含經》,《大正藏》第 2 冊。

〔東晉〕佛陀跋陀羅譯《觀佛三昧海經》,《大正藏》第 15 冊。

〔晉〕法顯《法顯傳》《大正藏》第 51 冊。

章巽校注《法顯傳校注》,北京:中華書局,2008 年。

〔北涼〕曇無讖譯《悲華經》,《大正藏》第 3 冊

〔後秦〕鳩摩羅什譯《妙法蓮華經》,《大正藏》第 9 冊。

〔後秦〕鳩摩羅什《阿彌陀經》,《大正藏》第 12 冊。

〔後秦〕佛陀耶舍、竺佛念譯《長阿含經》,《大正藏》第 1 冊。

〔北魏〕般若流支譯《正法念處經》,《大正藏》第 17 冊。

〔北魏〕吉迦夜,曇曜譯《雜寶藏經》,《大正藏》第 4 冊。

〔北涼〕曇無讖譯《大般涅槃經》,《大正藏》第 12 冊。

〔北涼〕浮陀跋摩,道泰譯《阿毗曇毗婆沙論》,《大正藏》第 28 冊。

〔北齊〕那連提耶舍譯《大悲經》,《大正藏》第 12 冊。

[南朝宋]畺良耶舍譯《觀無量壽經》,《大正藏》第 12 冊。

[南朝齊]求那毘地譯《百喻經》,《大正藏》第 4 冊。

[梁]僧旻、寶唱等集《經律異相》,《大正藏》第 53 冊。

[梁]釋僧祐《釋迦譜》,《大正藏》第 50 冊。

[梁]釋僧祐《弘明集》,《大正藏》第 52 冊。

[梁]釋僧祐《出三藏記集》,北京:中華書局,1995 年。

[梁]慧皎《高僧傳》,北京:中華書局,1992 年。

[隋]智顗說,灌頂記《妙法蓮華經文句》,《大正藏》第 34 冊。

[隋]費長房《歷代三寶紀》,《大正藏》第 49 冊。

[唐]迦才《淨土論》,《大正藏》第 47 冊。

[唐]法琳《辨正論》,《大正藏》第 52 冊。

[唐]玄奘《大唐西域記》,《大正藏》第 51 冊。

　　季羨林校注《大唐西域記校注》,北京:中華書局,2000 年。

[唐]義淨《大唐西域求法高僧傳》,《大正藏》第 51 冊。

　　王邦維校注《大唐西域求法高僧傳校注》,北京:中華書局,1988 年。

[唐]義淨《南海寄歸內法傳》,《大正藏》第 54 冊。

[唐]慧立、彥悰《大唐大慈恩寺三藏法師傳》,《大正藏》第 50 冊。

　　孫毓棠、謝方點校《大慈恩寺三藏法師傳》,北京:中華書局,2000 年。

[唐]道宣撰《廣弘明集》,《大正藏》第 52 冊。

[唐]道宣撰《集神州三寶感通錄》,《大正藏》第 52 冊。

[唐]道宣撰《大唐內典錄》,《大正藏》第 55 冊。

［唐］道宣《釋迦方志》，《大正藏》第 51 冊。

［唐］道宣《續高僧傳》，《大正藏》第 50 冊。

［唐］道世撰，周叔迦、蘇晉仁校注《法苑珠林校注》，北京：中華書局，2003 年。

［唐］實叉難陀譯《地藏菩薩本願經》，《大正藏》第 13 冊。

［唐］般剌蜜帝譯《大佛頂萬行首楞嚴經》，《大正藏》第 19 冊。

［唐］提雲般若譯《佛說大乘造像功德經》，《大正藏》第 16 冊。

［唐］僧詳撰《法華經傳記》，《大正藏》第 51 冊。

［唐］惠祥撰《弘贊法華傳》，《大正藏》第 51 冊。

［唐］懷信《釋門自鏡錄》，《大藏經》第 51 冊。

［唐］法藏集《華嚴經傳記》，《大正藏》第 51 冊。

［唐］惠英撰《華嚴感應傳》，《大正藏》第 51 冊。

［唐］孟獻忠《金剛般若經集驗記》，《卍續藏》第 149 冊，臺北：臺灣新文豐出版公司，1994 年。

［唐］復禮撰《十門辯惑論》，《大正藏》第 52 冊。

［唐］藏川《佛說地藏菩薩發心因緣十王經》，《卍續藏》第 150 冊，臺北：臺灣新文豐出版公司，1994 年。

［唐］釋大覺《四分律行事鈔批》，《卍續藏》第 68 冊，臺北：臺灣新文豐出版公司，1994 年。

［唐］釋定賓《四分律疏飾宗義記》，《卍續藏》第 68 冊，臺北：臺灣新文豐出版公司，1994 年。

［唐］釋海雲《兩部大法相承師資付法記》，《大正藏》第 51 冊。

［唐］智通譯《千眼千臂觀世音菩薩陀羅尼神呪經》，《大正藏》第 20 冊。

［唐］菩提流志譯《千手千眼觀世音菩薩姥陀羅尼身經》,《大正藏》第 20 冊。

［唐］道液《淨名經關中釋抄》,《大正藏》第 85 冊。

［唐］智升《開元釋教錄》,《大正藏》第 55 冊。

［唐］圓照《貞元新定釋教目錄》,《大正藏》第 55 冊。

［唐］靖邁《古今譯經圖紀》,《大正藏》第 55 冊。

［唐］智升《續古今譯經圖紀》,《大正藏》第 55 冊。

［唐］文諗、少康《往生西方淨土瑞應刪傳》,《大正藏》第 51 冊。

［唐］慧祥《古清涼傳》,《大正藏》第 51 冊。

［唐］棲復《法華經玄贊要集》,《卍續藏》第 53 冊。

［唐］澄觀《華嚴經隨疏演義鈔》,《大正藏》第 36 冊。

［五代］義楚《釋氏六帖》,杭州:浙江古籍出版社,1990 年。

［宋］贊寧撰,范祥雍點校《宋高僧傳》,北京:中華書局,1987 年。

［宋］贊寧《大宋僧史略》,《大正藏》第 54 冊。

［宋］賾藏主《古尊宿語錄》,北京:中華書局,1994 年。

［宋］晦堂師明編《續古尊宿語要》,《卍續藏》第 118 冊,臺北:臺灣新文豐出版公司,1994 年。

［宋］志磐《佛祖統紀》,《大藏經》第 49 冊。

［宋］宗曉《樂邦文類》,《大正藏》第 47 冊。

［宋］延壽《宗鏡錄》,《大正藏》第 48 冊。

［宋］宗鑑《釋門正統》,《卍續藏》第 130 冊,臺北:臺灣新文豐出版公司,1994 年。

［宋］延一《廣清涼傳》,《大正藏》第 51 冊。

［元］覺岸《釋氏稽古略》,《大正藏》第 49 冊。

［宋］志磐《佛祖統紀》,《大正藏》第 49 冊。

［宋］德洪《石門文字禪》,《嘉興藏》第 23 冊。

［宋］法雲《翻譯名義集》,《大正藏》第 54 冊。

［宋］常謹《地藏菩薩像靈驗記》,《卍續藏》第 149 冊,臺北:臺灣新文豐出版公司,1994 年。

［元］普瑞《華嚴懸談會玄記》,《卍續藏》第 12 冊,臺北:臺灣新文豐出版公司,1994 年。

［明］釋受汰《金光明經感應記》,《卍續藏》第 92 冊,臺北:臺灣新文豐出版公司,1994 年。

《金剛般若波羅蜜經感應傳》,《卍續藏》第 149 冊,臺北:臺灣新文豐出版公司,1994 年。

P. 2094《持誦金剛經靈驗功德記》,上海古籍出版社、法國國家圖書館編《法國國家圖書館藏敦煌西域文獻》,上海古籍出版社,2001 年。

［日］《今昔物語集》,鈴鹿家舊藏本。

芳賀矢一《考證今昔物語集》,東京:富山房,1914。

［日］《三國傳記》,《大日本佛教全書》卷 148。

［日］《私聚百因緣集》,《大日本佛教全書》卷 148。

［日］榮海《真言傳》,《大日本佛教全書》卷 106。

［高麗］義天《新編諸宗教藏總錄》,《大正藏》第 55 冊。

［晉］干寶撰,李劍國輯校《新輯搜神記》,北京:中華書局,2007 年。

［南朝宋］劉敬叔撰,范寧校點《異苑》,北京:中華書局,

1996 年。

　　[南朝宋]陶潛撰,李劍國輯校《新輯搜神後記》,北京:中華書局,2007 年。

　　[南朝宋]劉義慶撰,鄭晚晴輯注《幽明錄》,北京:文化藝術出版社,1988 年。

　　[唐]魏徵《隋書》,北京:中華書局,1973 年。

　　[唐]房玄齡《晉書》,北京:中華書局,1974 年。

　　[唐]韋述撰,辛德勇輯校《兩京新記輯校》,西安:三秦出版社,2006 年。

　　[唐]長孫無忌等撰,劉俊文點校《唐律疏議》,北京:中華書局,1983 年。

　　[唐]杜佑《通典》,北京:中華書局,1988 年。

　　[唐]李吉甫撰,賀次君點校《元和郡縣圖志》,北京:中華書局,1983 年。

　　[唐]唐臨撰,方詩銘輯校《冥報記》,北京:中華書局,1992 年。

　　[唐]郎餘令撰,方詩銘輯校《冥報拾遺》,北京:中華書局,1992 年。

　　[唐]戴孚撰,方詩銘輯校《廣異記》,北京:中華書局,1992 年。

　　[唐]張鷟撰,趙守儼點校《朝野僉載》,北京:中華書局,1997 年。

　　[唐]穀神子《博異志》,北京:中華書局,1983 年。

　　[唐]薛用弱《集異記》,北京:中華書局,1980 年。

　　[唐]劉肅撰,許德楠、李鼎霞點校《大唐新語》,北京:中華書局,1958 年。

〔後晉〕劉昫《舊唐書》,北京:中華書局,1975 年。

〔宋〕王溥《唐會要》,北京:中華書局,1955 年。

〔宋〕歐陽修、宋祁《新唐書》,北京:中華書局,1975 年。

〔宋〕司馬光《資治通鑒》,北京:中華書局,1956 年。

〔宋〕宋敏求《長安志》,臺北:成文出版社,1990 年。

〔宋〕祝穆《方輿勝覽》,北京:中華書局,2003 年。

〔宋〕李昉《太平廣記》,北京:中華書局 1961 年。

〔宋〕李昉《太平御覽》,北京:中華書局 1960 年。

〔元〕馬端臨《文獻通考》,北京:中華書局,1986 年。

〔清〕徐松撰,李健超《增訂唐兩京城坊考》,西安:三秦出版社,2006 年。

〔清〕楊守敬《日本訪書志》,清光緒二十三年(1897)刊(楊氏鄰蘇園)。

〔清〕彭定求《全唐詩》,北京:中華書局,1999 年。

〔清〕董誥等編《全唐文》,北京:中華書局,1983 年。

陳尚君輯校《全唐文補編》,北京:中華書局,2005 年。

魯迅《古小說鉤沉》,《魯迅輯錄古籍叢編》第 1 卷,北京:人民文學出版社,1999 年。

董志翹《觀世音應驗記三種譯注》,杭州:江蘇古籍出版社,2002 年。

王國良《冥祥記研究》,臺北:文史哲出版社,1999 年。

湯用彤《隋唐佛教史稿》,北京:中華書局,1982 年。

藍吉富《中華佛教百科全書》,臺北:臺灣中華佛教百科文獻基金會,1994 年。

李劍國《唐五代志怪傳奇敘錄》，天津：南開大學出版社，1993 年。

丁福保《佛學大辭典》，上海：上海書店，1991 年。

慈怡《佛光大辭典》，高雄：佛光文化事業有限公司，1988 年。

［日］諸橋轍次《大漢和辭典》卷 1，東京：大修館書店，1986 年。

［日］中村元《佛教語大辭典》卷上，東京：東京書籍株式會社，1975 年。

［日］望月信亨《望月佛教大辭典》，東京：世界聖典刊行協會，1933 年。

［日］荻原雲來編纂《梵和大辭典》，臺北：新文豐出版公司，1979 年。

黃純豔點校《高麗大覺國師文集》，蘭州：甘肅人民出版社，2007 年。

責任編輯:洪　瓊

圖書在版編目(CIP)數據

三寶感應要略録/(遼)釋非濁 編　邵穎濤 校注. —北京:人民出版社，
　2018.6
ISBN 978－7－01－019311－3

Ⅰ.①三…　Ⅱ.①釋…②邵…　Ⅲ.①佛教-古籍-中國-遼代　Ⅳ.①B94

中國版本圖書館 CIP 數據核字(2018)第 093684 號

三寶感應要略録

SANBAO GANYING YAOLÜELU

(遼)釋非濁　編　邵穎濤 校注

人民出版社 出版發行
(100706　北京市東城區隆福寺街 99 號)

北京市文林印務有限公司印刷　新華書店經銷

2018 年 6 月第 1 版　2018 年 6 月北京第 1 次印刷
開本:710 毫米×1000 毫米 1/16　印張:28.75
字數:330 千字

ISBN 978－7－01－019311－3　定價:89.00 元

郵購地址 100706　北京市東城區隆福寺街 99 號
人民東方圖書銷售中心　電話 (010)65250042　65289539